本 书 资 源

数字化资源

＊视频讲解

＊延伸阅读

＊即测即评

读者关注"博雅学与练"微信公众号后扫描右侧二维码即可获取上述资源。

一书一码，相关资源仅供一人使用。

读者在使用过程中如遇到技术问题，可发邮件至lij@pup.cn。

教辅资源

＊教学课件

＊教学大纲

＊考试用模拟题

＊案例分析提示

任课教师如需要，可根据书后的"教辅申请说明"获取上述资源。

内部控制学（第四版）

4th edition

Internal Control

池国华 主编

图书在版编目(CIP)数据

内部控制学/池国华主编.—4 版.—北京:北京大学出版社,2022.1
21 世纪经济与管理规划教材.财务管理系列
ISBN 978-7-301-32627-5

Ⅰ.①内… Ⅱ.①池… Ⅲ.①企业内部管理—高等学校—教材 Ⅳ.①F272.3

中国版本图书馆 CIP 数据核字(2021)第 208242 号

书　　名	内部控制学(第四版) NEIBU KONGZHI XUE(DI-SI BAN)
著作责任者	池国华　主编
责 任 编 辑	李　娟
标 准 书 号	ISBN 978-7-301-32627-5
出 版 发 行	北京大学出版社
地　　　址	北京市海淀区成府路 205 号　100871
网　　　址	http://www.pup.cn
微信公众号	北京大学经管书苑（pupembook）
电 子 邮 箱	编辑部 em@pup.cn　总编室 zpup@pup.cn
电　　　话	邮购部 010-62752015　发行部 010-62750672　编辑部 010-62752926
印 刷 者	北京市科星印刷有限责任公司
经 销 者	新华书店
	787 毫米×1092 毫米　16 开本　18.25 印张　429 千字 2010 年 3 月第 1 版　2013 年 10 月第 2 版　2017 年 1 月第 3 版 2022 年 1 月第 4 版　2024 年 2 月第 4 次印刷
印　　　数	15001—20000 册
定　　　价	45.00 元

未经许可，不得以任何方式复制或抄袭本书之部分或全部内容。
版权所有，侵权必究
举报电话: 010-62752024　电子邮箱: fd@pup.cn
图书如有印装质量问题，请与出版部联系，电话: 010-62756370

丛书出版说明

　　教材作为人才培养重要的一环,一直都是高等院校与大学出版社工作的重中之重。"21世纪经济与管理规划教材"是我社组织在经济与管理各领域颇具影响力的专家学者编写而成的,面向在校学生或有自学需求的社会读者;不仅涵盖经济与管理领域传统课程,还涵盖学科发展衍生的新兴课程;在吸收国内外同类最新教材优点的基础上,注重思想性、科学性、系统性,以及学生综合素质的培养,以帮助学生打下扎实的专业基础和掌握最新的学科前沿知识,满足高等院校培养高质量人才的需要。自出版以来,本系列教材被众多高等院校选用,得到了授课教师的广泛好评。

　　随着信息技术的飞速进步,在线学习、翻转课堂等新的教学/学习模式不断涌现并日渐流行,终身学习的理念深入人心;而在教材以外,学生们还能从各种渠道获取纷繁复杂的信息。如何引导他们树立正确的世界观、人生观、价值观,是新时代给高等教育带来的一个重大挑战。为了适应这些变化,我们特对"21世纪经济与管理规划教材"进行了改版升级。

　　首先,为深入贯彻落实习近平总书记关于教育的重要论述、全国教育大会精神以及中共中央办公厅、国务院办公厅《关于深化新时代学校思想政治理论课改革创新的若干意见》,我们按照国家教材委员会《全国大中小学教材建设规划(2019—2022年)》《习近平新时代中国特色社会主义思想进课程教材指南》《关于做好党的二十大精神进教材工作的通知》和教育部《普通高等学校教材管理办法》《高等学校课程思政建设指导纲要》等文件精神,将课程思政内容尤其是党的二十大精神融入教材,以坚持正确导向,强化价值引领,落实立德树人根本任务,立足中国实践,形成具有中国特色的教材体系。

　　其次,响应国家积极组织构建信息技术与教育教学深度融合、多种介质综合运用、表现力丰富的高质量数字化教材体系的要求,本系列教材在形式上将不再局限于传统纸质教材,而是会根据学科特点,添加讲解重点难点的视频音频、检测学习效果的在线测评、扩展学习内容的延伸阅读、展示运算过程及结果的软件应用等数字资源,以增强教材的表现力和吸引力,有效服务线上教学、混合式教学等新型教学模式。

　　为了使本系列教材具有持续的生命力,我们将积极与作者沟通,争取按学制周期对教材进行修订。您在使用本系列教材的过程中,如果发现任何问题或者有任何意见或建议,欢迎随时与我们联系(请发邮件至 em@pup.cn)。我们会将您的宝贵意见或建议及时反馈给作者,以便修订再版时进一步完善教材内容,更好地满足教师教学和学生学习的需要。

最后,感谢所有参与编写和为我们出谋划策提供帮助的专家学者,以及广大使用本系列教材的师生。希望本系列教材能够为我国高等院校经管专业教育贡献绵薄之力!

北京大学出版社
经济与管理图书事业部

第四版前言

2010年是中国内部控制发展历程的一个关键节点,因为这一年财政部会同证监会、审计署、银监会、保监会共同发布了我国第一套权威、统一的企业内部控制规范指引体系。而这一年于我而言也是一个重要的起点,因为本书的第一版正是在这一年的3月正式面世。回顾过去的十年,中国企业内部控制规范实施已经走过了从无到有的阶段,目前正处于从有到优的关键时期,而本书也历经三次修订,从第一版变成了今天的第四版,可谓见证了中国企业内部控制规范从无到有的整个过程。我认为本书之所以能够具有如此持久的生命力,首先需要感谢所有学习过这本书的高校师生和社会公众,感谢你们的选择与支持;其次需要感谢为本书的编辑出版不辞辛劳的北京大学出版社及其编辑团队,感谢你们的付出与鼓励;最后也要感谢这十年来参与本书写作修订、资料整理、校对审核工作的所有老师和研究生,感谢你们的参与和帮助。正因为有了你们,我们才有持续的动力维护和完善这本书,包括进行本次的修订。

从本书第一版出版至今,我们一直秉承着为读者提供一本既"知其然"又"知其所以然"、既"好用"又"好看"的内部控制教材的理念。第四版是我们在保持第三版基本特色与优点的基础上修订而成的。修订之后本书的特色主要体现在以下方面:

(1) 重点突出,与时俱进。本书删繁就简,以介绍我国内部控制发展历程中的里程碑式的权威文件《企业内部控制基本规范》为主线,同时反映企业内部控制配套指引精髓,重点讲解内部控制的基本概念、基本原理和基本方法,并吸收国内外内部控制的前沿发展与最新成果,比如COSO2017年发布的《企业风险管理——与战略和业绩的整合》、审计署2018年出台的《审计署关于内部审计工作的规定》、国资委2019年印发的《关于加强中央企业内部控制体系建设与监督工作的实施意见》等。

(2) 价值引领,融入思政。专业教材既要体现专业知识的广度与深度,又要反映人文教育的力度与温度,既要将历史与现实相结合,又要融知识传授与价值引领于一体，为此本书按照教育部《高等学校课程思政建设指导纲要》(2020)、国家教材委员会《习近平新时代中国特色社会主义思想进课程教材指南》(2021)等文件的要求，围绕内部控制这一主线，以法治思维、风险管理、社会责任、职业道德、反舞弊等为重点，通过讲话引用、案例融入、资料展现等多种形式融合思政基本要求，特别在教材不同部分反映了党的二十大报告相关内容，有助于新时代高校的人才培养。

(3) 图文并茂，强调实用。本书采用大量的实际案例，既有内部控制的失败教训，也有内部控制的成功经验。全书共有100多个案例，其中除一些经典的案例保留以外，90%以上的案例都是本次修订更新的，主要目的是增强案例的时效性；同时配有大量图表，一方面突出可操作性，更好地体现学以致用的目的，另一方面大大增强本书的可读性，更加便于读者理解。

(4) 配套丰富，教学相长。本书体例架构上设置的"引言""学习目标""案例引入""名人名言""思考题""案例分析题""技能训练题"等功能性栏目，以及第四版新增的"视频讲解""延伸阅读""即测即评"等数字化资源，不仅可以增加教学活动的便利性，而且可以提高学生学习的灵活性。除此以外，本书还为任课教师提供了系统的教学配套资料，包括教学课件、教学大纲、考试用模拟题、案例分析提示等，任课教师可填写书后的"教辅申请说明"免费索取。

本书既适合会计学、财务管理、审计学、资产评估等专业的本科生使用，也适合这些专业的研究生以及MBA、MPA、MPAcc、MV、Maud等专业硕士使用，还可作为企业内部培训的教材使用。

本书由南京审计大学池国华教授担任主编，参编人员包括东北财经大学樊子君副教授、曲明博士，南京审计大学王蕾博士，邢台学院朱俊卿博士，具体分工如下：第一章，池国华；第二章，池国华；第三章，樊子君、王蕾；第四章，曲明、王蕾；第五章，池国华、王蕾；第六章，朱俊卿、池国华；第七章，樊子君、池国华。

在本书的写作过程中，我们参阅了国内外大量的文献和资料，其中信息明确的已列于资料来源或参考文献中，而信息不全的部分，因无法详细查证其出处，故未能列出。在此，对所有内部控制研究领域的专家和学者致以最诚挚的谢意。

由于作者水平有限，书中难免会有缺点、错误，恳请读者批评指正，以便我们在下一次修订时加以完善。

作者

2021年8月18日

2023年2月重印时修改

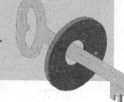

目 录

第一章 内部控制发展历程 ········· 1
  第一节 内部控制的历史演进 ········· 3
  第二节 建立和实施内部控制的现实意义 ········· 21
  第三节 我国内部控制的相关法规 ········· 27

第二章 内部控制基本理论 ········· 43
  第一节 内部控制的定义与本质 ········· 45
  第二节 内部控制的目标与类型 ········· 51
  第三节 内部控制的对象与要素 ········· 62
  第四节 内部控制的原则与局限性 ········· 66

第三章 内部环境 ········· 75
  第一节 组织架构 ········· 78
  第二节 发展战略 ········· 87
  第三节 人力资源 ········· 95
  第四节 社会责任 ········· 103
  第五节 企业文化 ········· 110

第四章 风险评估 ········· 119
  第一节 风险概述 ········· 121
  第二节 目标设定 ········· 126
  第三节 风险识别 ········· 131
  第四节 风险分析 ········· 137
  第五节 风险应对 ········· 143

第五章 控制活动 ········· 153
  第一节 不相容职务分离控制 ········· 157
  第二节 授权审批控制 ········· 161
  第三节 会计系统控制 ········· 169
  第四节 财产保护控制 ········· 174
  第五节 预算控制 ········· 179

第六节 运营分析控制 …………………………………………… 189
  第七节 绩效考评控制 …………………………………………… 197

第六章 信息与沟通 ……………………………………………………… 209
  第一节 信息 ……………………………………………………… 212
  第二节 沟通 ……………………………………………………… 219
  第三节 信息技术与信息系统 …………………………………… 233

第七章 内部监督 ……………………………………………………… 243
  第一节 内部监督机构及其职责 ………………………………… 245
  第二节 内部监督程序与方式 …………………………………… 254
  第三节 内部控制缺陷认定与内部控制评价 ……………………… 259

主要参考书目 ……………………………………………………………… 277
附录 企业内部控制基本规范 ………………………………………… 279

21世纪经济与管理规划教材

财务管理系列

第一章

内部控制发展历程

【引言】

本章首先介绍了内部控制发展的五个阶段和最新进展,接着阐述了建立和实施内部控制的现实意义,最后简要说明了我国内部控制的相关法规。

【学习目标】

完成本章的学习后,您将能够:

1. 掌握内部控制发展的五个阶段及其标志性成果;
2. 理解内部控制的现实意义和发展动态;
3. 了解我国内部控制的相关法规,掌握我国企业内部控制规范指引体系的构成。

案例引入
英国巴林银行倒闭事件

1995年2月27日，英国中央银行英格兰银行宣布巴林银行不得从事交易活动并申请资产清理；10天后，巴林银行以1英镑的象征性价格被荷兰国际集团收购，这意味着巴林银行彻底倒闭。这一事件是新加坡成为国际金融中心以来第一起轰动全球的金融丑闻，在亚洲、欧洲和美洲地区的金融界引发了剧烈的波动。

巴林银行创建于1763年，至倒闭之际已经存续了232年，1994年税前利润高达15亿美元。20世纪初，巴林银行幸运地获得一个特殊客户群体即英国王室，因此被称为"英国皇冠上的一颗明珠"。但这样一家历史悠久、实力雄厚的银行最终却被一名年仅28岁的交易员搞垮了。实际上，这名叫作尼克·李森的交易员还担任巴林银行新加坡期货公司总经理。他越权操作，违规投资，而巴林银行总行对新加坡分行的监管又失效，结果其交易造成高达8.6亿英镑的亏空，远远超过巴林银行3.5亿英镑的注册资本总额。最终尼克·李森因欺诈罪被判有期徒刑6年半。

1999年7月，尼克·李森因患癌症被保外就医，并回到了伦敦。此前，他在狱中撰写了《我如何弄垮巴林银行》一书，该书很快被拍成了电影。但是，比尼克·李森感受更为深刻的，恐怕是巴林银行CEO（首席执行官）彼得·诺里斯。中央电视台《经济半小时》的特别节目《资本市场》曾经采访过他，他引咎辞职之后成为伦敦郊区一家小电影院的老板。他说："我认为可以从中吸取很多教训，最基本的一条就是不要想当然地认为所有的员工都是正直、诚实的，因为这就是人类本性的可悲之处。多年来，巴林银行一直认为雇用的员工都是值得信赖的，都信奉巴林银行的企业文化，都将公司的利益时刻放在心中。而在李森的事件中，我们发现他在巴林银行服务期间一直是不诚实的。所有金融机构的管理层都应该从李森事件中吸取教训，意识到用人的风险所在。巴林银行存在着内部管理机制的诸多不足，一直没有及时发现李森的犯罪行为，而当发现时却为时已晚。所以，我认为教训是，应该随时保持极高的警惕性。"

资料来源：根据公开报道及相关资料整理。

巴林银行事件引发了人们的思考。从表面上看，交易员的违规操作直接导致了巴林银行的倒闭。然而，隐藏在背后的内部控制失效才是巴林银行倒闭的根本原因。那么，究竟什么是内部控制？它对于企业的生存和发展具有什么作用？在介绍内部控制的基本理论前，我们首先需要了解内部控制的历史和现实意义，并初步了解我国有关内部控制的法规。

第一节　内部控制的历史演进

内部控制的思想在人类日常经济生活中的运用由来已久。经过人类历史的漫长发展，现代内部控制作为一个完整的概念，于20世纪30年代被首次提出。此后，内部控制理论不断完善,逐渐被人们了解和接受。具体来说,内部控制理论和实务经历了大致五个发展阶段。

一、内部牵制阶段

早在公元前 3600 年以前的美索不达米亚文化时期,就出现了内部控制的雏形。在当时极为简单的财物管理活动中,经手钱财的人用各种标志记录财物的生产和使用情况,以防止其丢失和被挪用。例如,经手钱财者要为付出款项提供付款清单,并由另一个记录员将这些清单汇总报告。

> 一毫财赋之出入,数人耳目之通焉。
> ——朱熹,《周礼·理其财之所出》

到 15 世纪末,随着资本主义经济的初步发展,内部牵制也发展到了一个新的阶段。以在意大利出现的复式记账方法为标志,内部牵制制度渐趋成熟。它的主要内容是账目间的相互核对及实施要在一定程度上实现岗位分离。18 世纪产业革命以后,企业规模逐渐扩大,公司制企业开始出现,特别是公司内部稽核制度因收效显著而被各大企业纷纷效仿。当时,这种内部牵制制度主要由职责分工、会计记账、人员轮换等控制要素构成,目的是防范财产物资流转和管理中的舞弊,保证企业资产的安全和完整。

20 世纪初期,西方资本主义经济得到了极大的发展,生产关系和生产力的重大变化促进了社会化大生产的发展、加剧了企业间的竞争,企业的内部控制管理成了关系企业生死存亡的关键因素。在激烈的竞争中,一些企业逐步摸索出组织调节、制约和检查生产活动的办法,即当时的内部牵制制度。它基本上以查错防弊为目的,以职务分离和交互核对为手段,以钱、账、物等为主要针对事项,这也是现代内部控制理论中有关组织控制、职务分离控制的雏形。当时,一般认为,内部牵制是账户和程序组成的协作系统,这个系统使得员工在从事本职工作时,独立地对其他员工的工作进行连续性的检查,以确定其舞弊的可能性。对内部牵制概念解释最为全面的是《柯勒会计辞典》(*Kohler's Dictionary for Accountants*)。《柯勒会计辞典》认为:内部牵制是指以提供有效的组织和经营,并防止错误和其他非法业务发生的业务流程设计。其主要特点是以任何个人或部门不能单独控制任何一项或一部分业务权力的方式进行组织上的责任分工,每项业务通过正常发挥其他个人或部门的功能进行交叉检查或交叉控制。设计有效的内部牵制能使每项业务完整、正确地经过规定的处理程序,而在这种规定的处理程序中,内部牵制机制永远是一个不可缺少的组成部分。

案例 1-1　　入职一年多 90 后女出纳贪 700 余万元

爱马仕、路易威登、香奈儿……60 余个奢侈品包包为何出现在法庭上?动辄几十万元的奢侈品,它们的"主人"又是谁? 2020 年 9 月 25 日,《北京青年报》记者从北京市东城区人民法院获悉,该院目前正在审理一起贪污犯罪案,而对涉案物品鉴定评估的现场就设在了法庭内。

据了解,这些涉案物品均是在一起职务犯罪案件中查获的。2019年3月,王某因涉嫌贪污罪被东城区监察委员会留置,同年9月被开除公职。2019年12月,王某被东城区人民法院判处有期徒刑12年,并处罚金人民币100万元、追缴违法所得700余万元。

90后的王某于2017年通过公开招聘入职东城区某单位,从事出纳工作。因在工作、生活和网络游戏中结交了大量出手阔绰的朋友,她养成了及时行乐、恣意挥霍的不良消费观念。在这些不良观念的影响下,她在工作还不满一个月时,就开始想方设法侵吞、骗取公共财物。比如通过假的银行对账单,模仿单位领导签字,使用现金支票,把公款转移到个人的银行账户中。后来,她连现金支票都懒得用了,直接通过银联转账将单位账户的钱转到自己名下。而整个单位对王某的违法犯罪行为毫无察觉,致使其更加肆无忌惮。

2017年11月至2019年2月,王某在担任出纳的一年零三个月时间内,利用职务便利,伪造报销申请,骗取、侵吞单位大额存款720余万元,用于个人奢侈消费。

因为钱不是靠自己辛苦工作赚来的,所以她消费起来一点也不心疼,用的东西大都是奢侈品牌,其中一件衣服价值6.4万元,一个包超过20万元。王某表示,"之前那段时间,觉得自己特别了不起,不停地逛,不停地买,根本不考虑价格"。买完东西,还拍照发朋友圈,在他人的艳羡和追捧中获得心理上的满足。

此外,王某对网络游戏还有一种畸形的执着,她是一个游戏群的群主,每个月都会花3000~5000元请其他玩家帮她升级,仅网络游戏一项,投入就高达70余万元。

资料来源:节选自《北京青年报》2020年9月26日同名报道,作者宋霞。

内部牵制制度的出现有其科学合理性,主要基于以下两个假定:第一,因为相互有了制衡,所以在经办一项交易或事项时,两个或两个以上人员或部门无意识地犯同样错误的概率大大低于一个人或部门;第二,两个或两个以上人员或部门有意识地合伙舞弊的可能性大大低于一个人或部门。

资料介绍

稻盛和夫谈双重确认原则

双重确认是指在日常工作开展中,各个工作流程的所有票据处理和进款处理都让两个或两个以上的人或者部门相互核实、确认,由此推进工作。实际上我们不妨将其理解为确认两遍以上数据报告之类。

大家都知道人无完人,犯错总是难免的。据说2%的出错通过双重确认可降到0.04%。把犯错概率降下来,是京瓷会计学强调双重确认的目的。双重确认原则的贯彻不仅是发现和防止差错的有效手段,也是为了营造一个珍惜人的职场环境。人都有脆弱的一面,偶然的一念之差就会让人犯下过错。考虑到人心脆弱的一面,为了保护员工,所有的会计处理都要有人复核,这种双重确认原则十分有效。

稻盛和夫举例谈道,1995年日本有名的城市银行大和银行的纽约分店有一名职员,在长达11年间,从事美国国债的账外交易,给公司造成了1400亿日元的巨额损失。这个事件被揭发以后,大和银行不仅被迫从美国撤退,而且后来不得不被其他银行吞并,现在已不复存在。在一名银行职员身上发生的事件为什么能成为导火线,引发历史悠久的大和银行崩溃呢?原因就在于缺乏双重确认制度,或者虽有制度却没能严格遵守。

稻盛和夫自创办京瓷以来,针对各种事项,一一制定了具体的管理办法。说起来有点烦琐,但为了便于理解,我们还是举出具体的事例来说明双重确认的管理方法。首先,管理进出款项。原则是:管钱的人和开票的人必须分开。小公司里,常常是社长亲自开立付款票据,并且自己付出现金。这样做即便没有恶意也可以随心所欲。为了防止这类情况的发生,开票人和管钱人必须分开。到银行存钱,买材料付款,支付劳务费,或者支付其他费用,付款人和开票人必须分开。管钱的人在收款时不能因为账户上有金钱入账就开进款票据,他首先要与那笔收入有关的部门联系,请该部门明确进款的具体内容并开出票据,然后进行入账处理。也就是说,开票的人和管钱的人绝对要分开,这就叫双重确认原则。处理小笔现金时,每天结束时合计的现金余额,与由票据做成的余额表相一致,是理所当然的。但是,这不是指在最后合计时让两者相一致,而是必须在每一个时点,现金动,票据也动,两者相一致。为此,在上班时间内,必须由现金出纳以外的人,以适当的频度,对现金余额和票据进行确认。

在购买物品或服务时,双重确认制度也必不可缺。要求购买的部门必须向采购部门开具委托购买的票据,请采购人员发出订单;禁止要求购买的部门直接打电话联系供应商,商榷价格和交货期。按公司正规的采购程序采购,可以避免在采购过程中出现与供应商勾结等问题,也可以确保向供应商支付货款。另外,公司内的自动售货机和公用电话的现金回收也要严格管理。尽管一次收取的金额微不足道,但日积月累,总金额也不小。更重要的是,正所谓"千里之堤,溃于蚁穴",看起来似乎微小的事情也不能疏忽。

双重确认原则,无关金额大小和事件轻重,都必须彻底遵守,这是铁律。乍一看都是理所当然的事,但即便是理所当然的事,要切实遵守,实际上也很难。只发布指示并不能保证彻底贯彻,所以领导必须亲临现场,检查制度的落实情况。只有反复确认检查,双重确认原则才能在公司内固定、扎根。存在这样一个严格的制度,员工犯罪就可以防患于未然,体现经营者诚挚的关爱之心;同时,也可以营造出一个具有紧张感的、生机勃勃的职场氛围,促使企业长期持续地发展。

资料来源:改编自稻盛和夫,《经营与会计》,曹岫岩译,东方出版社2013年版。

由此可见,内部牵制的最初形式和基本形态是以不相容职务分离为主要内容的流程设计,其目的比较单一,即保证财产物资的安全和完整,防止贪污、舞弊。作为一种管理制度,内部牵制基本上不涉及会计信息的真实性和工作效率的提高问题,因此其应用范围和管理作用都比较有限。到20世纪40年代末,生产的社会化程度空前提高,股份有限公司迅速发展,市场竞争进一步加剧。为了在激烈的竞争中生存及发展,企业迫切需要在管理上采用更为完善、有效的控制方法。同时,为了适应股份日益分散的形式和保护社会公众投资者的利益,西方国家纷纷以法律的形式要求企业披露会计信息,这样对会计信息的真实性就提出了更高的要求。因此,传统的内部牵制制度已经无法满足上述企业管理和会计信息披露的需要,现代意义上的内部控制的产生成为一种必然。

二、内部控制制度阶段

20世纪30年代至70年代初,内部控制制度的概念在内部牵制思想的基础上产生,它是传统的内部牵制思想与古典管理理论相结合的产物,是在社会化大生产、企业规模扩大、新技术的应用以及公司股份制形式出现等因素的推动下形成的。

最早提出内部会计控制系统的是1934年美国发布的《证券交易法》。该法规定:证券发行人应设计并维护一套能提供合理保证的内部会计控制系统。1949年,美国注册会计师协会(AICPA)所属的审计程序委员会发布了一份题为《内部控制:系统协调的要素及其对管理部门和独立公共会计师的重要性》的特别报告,首次正式提出了内部控制的权威性定义,即"内部控制包括组织机构的设计和企业内部采取的所有协调方法和措施,旨在保护资产,检查会计信息的准确性和可靠性,提高经营效率,促进既定管理政策的贯彻执行",这就形成了内部控制的思想。这一定义强调内部控制"制度"不局限于与会计和财务部门相关的控制方面,而且还包括预算控制、成本控制、定期报告、统计分析和内部审计等。但是,由于审计人员认为该定义的含义过于宽泛,AICPA于1953年在其颁布的《审计程序说明第19号》中,对内部控制定义作了正式修正,并将内部控制按照其特点分为会计控制和管理控制两个部分,前者在于保护企业资产、检查会计数据的准确性和可靠性,后者在于提高经营效率、促使有关人员遵守既定的管理方针。这种划分是为了规范内部控制检查和评价的范围,缩小注册会计师的责任范围。

1958年,出于审计人员测试与财务报表有关的内部控制的需要,审计程序委员会又发布了《审计程序公报第29号——独立审计人员评价内部控制的范围》,也将内部控制分为内部会计控制和内部管理控制两类,其中前者涉及与财产安全和会计记录的准确性、可靠性有直接联系的所有方法及程序,如授权与批准控制、对从事财物记录与审核的职务及从事经营与财产保管的职务实行分离控制、实物控制和内部审计等;后者主要是与贯彻管理方针和提高经营效率有关的所有方法及程序,一般与财务会计只是间接相关,如统计分析、时间动作研究、业绩报告、员工培训、质量控制等。该公报将内部控制一分为二,使得审计人员在研究和评价企业内部控制制度的基础上确定实质性测试的范围及方式成为可能。由此,内部控制进入"制度二分法"或"二要素"阶段。

案例1-2　　中天运会计师事务所因粤传媒并购案受罚

2019年12月21日,证监会在官方网站上公布《行政处罚决定书》,公布对中天运会计师事务所(以下简称"中天运所")及两名注册会计师的处罚结果。

经查明,当事人存在以下违法事实:

中天运所为广东广州日报传媒股份有限公司(以下简称"粤传媒")收购上海香榭丽传媒股份有限公司(以下简称"香榭丽")项目的审计服务机构,项目收费66万元,款项均已到账。朱晓崴和李朝阳为该项目的签字会计师。

一、香榭丽通过制作"虚假合同"虚增利润,导致粤传媒在收购香榭丽过程中披露的相关文件存在虚假记载

香榭丽2011年年报、2012年年报、2013年半年报和2013年年报的净利润分别虚增了4 083.30万元、10 294.68万元、5 976.94万元和16 211.85万元,虚增金额分别占香榭丽当期经审计净利润的112%、279%、536.28%和346%。

二、中天运所在粤传媒收购香榭丽项目审计过程中未勤勉尽责,出具的审计报告存在虚假记载

(一)中天运所在风险评估阶段,未保持应有的职业谨慎和职业怀疑,未识别出其中存在的舞弊风险

中天运所在对香榭丽2011年年报、2012年年报、2013年半年报审计(以下简称"香榭丽630审计")过程中,已经识别出了香榭丽因面临业绩压力,存在收入高估的舞弊风险,以及香榭丽因未成立内审部门,存在管理层凌驾于内部控制之上的风险。

中天运所未基于识别出的上述风险和"公司单"的重大性及异常性,对"公司单"保持应有的职业谨慎和职业怀疑。

(二)中天运所在了解被审计单位内部控制及控制测试审计程序中,对审批签名不全单据仍得出"控制有效并得到执行"的审计结论

根据审计工作底稿,中天运所将香榭丽销售与收款循环的内部控制"偏差"定义为:销售合同申请表未经审核签批,或合同订单未经审核,或LED审批播出确认单未经审批,或未收到客户确认的业务回执。香榭丽销售与收款循环的内部控制是通过上述环节中的审核签批实现的,各环节的审核签批即为该业务循环的控制点,审核签批的缺失即为控制未得到执行。香榭丽完整的销售业务审批流程中,涉及销售合同申请表、用印申请单、合同订单、LED审批播出确认单等单据,其中销售合同申请表由销售人员填写,需经本组区域销售总监、本地区域销售总经理、首席营销官、首席财务官、总经理签字审批;用印申请单、合同订单由销售人员和法务编制,需经法务经理、销售经理、财务经理和总经理签字审批;LED审批播出确认单由媒体审批人员发起,需经销售人员、销售经理、区域销售经理和总经理签字审批。根据中天运所在审计底稿"订单/合同审批与执行"部分的记录,中天运所已了解上述业务流程和审批流程。但在实际执行过程中,中天运所在了解到内部控制有关穿行测试以及控制测试中抽取的样本均存在大量审批签名不全的情况下(如在香榭丽630审计项目中,中天运所抽取了两份合同进行穿行测试,其中两份合同订单均存在缺少销售总监、区域销售总监、首席营销官签名的情形),仍得出"控制有效并得到执行"的结论。中天运所未对上述"偏差"的原因进行调查,也未对上述"偏差"产生的影响进行评估,审计程序流于形式。

综上,香榭丽在销售与收款业务流程中,业务单据审批签字存在大量不全现象,表明其内部控制存在重大缺陷,而中天运所未严格按照准则执业,导致未能对香榭丽内部控制情况作出正确的评价。

(三)中天运所执行的实质性程序存在缺陷

1. 中天运所在对香榭丽营业收入和应收账款执行函证审计程序时,未对询证函保持有效的控制,未针对函证过程中出现的异常情况追加必要的审计程序。

2. 中天运所未对利用其他审计机构以前期间获取的审计证据执行恰当的审计程序，中天运所获取的审计证据的可靠性存在缺陷。

中天运所在香榭丽630审计中，获取了立信会计师事务所（特殊普通合伙，以下简称"立信所"）对香榭丽IPO（首次公开募股）审计时的销售客户访谈资料。中天运所将该访谈资料作为其不进行现场访谈的理由，从而未对香榭丽销售客户执行现场访谈的审计程序；中天运所还将该访谈资料用于收入及应收账款函证程序，如在香榭丽630审计中，中天运所在发函控制表中列示了南京龙禧广告有限公司为函证对象，但未对南京龙禧广告有限公司应收账款进行函证，而是使用了立信所的函证作为替代；在向销售客户发送询证函时，中天运所使用了该访谈资料中记录的联系地址等信息。

中天运所从立信所获取的上述访谈资料的可靠性存在缺陷。一是该资料系中天运所从香榭丽处获取，而非直接从立信所处获取，中天运所获取该资料缺乏独立性。二是中天运所审计工作底稿中未见立信所向其回函沟通的记录，签字会计师李朝阳也承认立信所认为他们不是前后任关系，未给他们回函。而李朝阳则声称其进行了口头沟通，但审计工作底稿中并无相关记录，难以证实中天运所执行了与立信所的沟通程序。三是中天运所审计工作底稿中未见其对该访谈资料进行充分、独立复核的记录。因此，中天运所从香榭丽处获取的立信所的访谈资料缺乏独立性，且无证据表明中天运所就该资料的真实、可靠性与立信所进行了沟通核实，也无证据表明中天运所对该资料进行了充分复核。

3. 中天运所针对舞弊风险执行的程序不恰当，获取的审计证据可靠性不足，不足以将香榭丽的审计风险降至可接受的低水平，导致未发现香榭丽财务造假的事实。

在中天运所针对香榭丽营业收入和应收账款执行的检查合同原件、检查播放月报、检查播放报告、检查播放回执、现场录拍视频、检查合同定价、进行独立函询、查阅立信所的访谈资料等八项实质性审计程序中，检查合同原件、检查播放月报、检查播放报告、检查播放回执、检查合同定价、查阅立信所的访谈资料等六个审计程序，均依赖于香榭丽提供的可靠性较低的文件资料。此外，中天运所在其函证过程中存在较多瑕疵，所获取的证据效力较低。

香榭丽存在财务业绩压力并缺乏内部审计监督，存在舞弊风险的压力、动机和机会。"公司单"的存在和内部控制缺陷进一步增加了香榭丽营业收入和应收账款的舞弊风险。针对舞弊风险，中天运所所执行的审计程序有效性较弱，获取的证据可靠性较低，不足以将香榭丽营业收入和应收账款的审计风险降至可接受的低水平，难以达到合理保证的要求。

（四）中天运所审计过程中存在的其他缺陷

中天运所提供的审计工作底稿存在部分缺失，如对香榭丽630审计时，回函快递单存在缺失情况，对香榭丽2013年年报审计时，控制测试抽取的样本存在合同和用印审批缺失情况。

中天运所作为粤传媒收购香榭丽项目的审计机构，在执业过程中，未严格遵守《中国注册会计师审计准则》的相关规定。收购过程中香榭丽存在舞弊的动机和机会，销售收款业务存在较高舞弊风险。中天运所针对销售收款业务执行审计程序时,未保持应有的职业谨慎和职业怀疑,未严格执行风险评估程序,未执行恰当的进一步审计程序,未针对销售收款业务存在的舞弊风险获取充分、适当的审计证据,未勤勉尽责,导致未发现香榭丽相关财务报告存在虚假陈述的事实,出具了含有虚假记载的审计报告。

根据当事人违法行为的事实、性质、情节与社会危害程度,依据《证券法》第二百二十三条的规定,证监会决定:① 没收中天运所业务收入66万元,并处以198万元罚款;② 对直接负责的主管人员朱晓葳、李朝阳给予警告,并分别处以5万元罚款。

1972年,美国AICPA在《审计准则公告第1号》中,重新并且更加明确地阐述了内部会计控制和内部管理控制的定义,指出:内部管理控制包括(但不限于)组织规划及与管理当局进行经济业务授权的决策过程有关的程序和记录。这种授权与完成该组织的经营管理目标有关,同时也是建立内部会计控制的起点。内部会计控制包括(但不限于)组织规划、保护资产安全以及与财务报表可靠性有关的程序和记录。因此,它应该合理地保证:① 按照管理当局的授权进行工作;② 经济业务的会计记录要符合公认的会计准则或标准;③ 只有经过授权才能接近资产;④ 账面资产要经常与实际资产进行核对,并对两者之间的差异采取适当措施。

> 没有制度,什么都无法持续;没有人,什么都无法实现。
> ——郭平,华为副董事长

三、内部控制结构阶段

20世纪80年代,资本主义进入发展的黄金阶段。这一阶段以及随后到来的滞胀使西方国家对内部控制的研究进一步深化,即人们对内部控制的研究重点逐步从一般含义向具体内容深化。在实践中,审计人员发现很难准确区分内部会计控制和内部管理控制,而且后者对前者有很大影响,无法在审计时完全忽略。于是,1988年,美国AICPA发布《审计准则公告第55号》(SAS55),并规定从1990年1月起取代1972年发布的《审计准则公告第1号》。这个公告首次以"内部控制结构"的概念代替"内部控制制度",明确"企业内部控制结构包括为提供实现企业特定目标的合理保证而建立的各种政策和程序"。该公告认为,内部控制结构由下列三个要素组成:

1. 控制环境

控制环境是指对建立、加强或削弱特定政策与程序的效率有重大影响的各种因素,包括:管理者的思想和经营作风;组织结构;董事会及其所属委员会,特别是审计委员会的职能;确定职权和责任的方法;管理者监控和检查工作时所使用的控制方法,包括经营计划、预算、预测、利润计划、责任会计和内部审计;人事工作方针及其执行;影响企业业务的各种外部关系,如与银行的关系;等等。

2. 会计制度

会计制度是指为确认、归类、分析、登记和编报各项经济业务,明确资产与负债的经管责任而规定的各种方法,包括:鉴定和登记一切合法的经济业务;对各项经济业务进行及时和适当的分类,作为编制财务报表的依据;将各项经济业务按照适当的货币价值计价,以便列入财务报表;确定经济业务发生的日期,以便按照会计期间进行记录;在财务报表中恰当地表述经济业务及揭示有关内容。

延伸阅读 1-1　2020年12月十大企业社会责任警示事件

> 制度好可以使坏人无法任意横行,制度不好可以使好人无法充分做好事,甚至会走向反面。
> ——邓小平

3. 控制程序

控制程序是指企业为保证目标的实现而建立的政策和程序,如经济业务和经济活动的适当授权;明确各个人员的职责分工,如指派不同的人员分别承担业务批准、业务记录和财产保管的职责,以防止有关人员对正常经济业务图谋不轨和隐匿各种错弊;账簿和凭证的设置、记录与使用,以保证经济业务活动得到正确的记载,如出厂凭证应事先编号,以便控制发货业务;资产及记录的限制接触,如接触电脑程序和档案资料要经过批准;已经登记的业务及其记录与复核,如常规的账面复核,存款、借款调节表的编制,电脑编程控制,以及管理者对明细报告的检查等。

内部控制结构阶段对于内部控制发展的贡献主要体现在两个方面:其一,控制环境首次被纳入内部控制的范畴。因为人们在管理实践中逐渐认识到控制环境不应是内部控制的外部因素,而应作为内部控制的一个组成部分来考虑,它主要表现在股东、董事会、经营者及其他员工对内部控制的态度和行为,是充分有效的内部控制体系得以建立和运行的坚实基础及有力保障。其二,不再区分会计控制和管理控制而统一以要素来表述。因为人们发现内部会计控制和管理控制在实践中其实是相互联系、难以分割的。

此时的内部控制融会计控制和管理控制于一体,从"制度二分法"阶段步入"结构分析法"阶段,即"三要素阶段"。这是内部控制发展史上的一次重要转变。

四、内部控制整合框架阶段

1992年9月,COSO发布了著名的报告《内部控制——整合框架》(*Internal Control: Integrated Framework*,简称内部控制框架),并于1994年进行了修订。① 这一报告已经成为内部控制领域最为权威的文献之一。该报告是内部控制发展历程中的一座重要里程碑,其对内部控制发展的贡

视频讲解 1-1　内部控制整合框架阶段

---

① COSO(Committee of Sponsoring Organizations)是 Treadway 委员会的发起组织委员会的简称。Treadway 委员会即反欺诈财务报告全国委员会(National Commission on Fraudulent Financial Reporting),因其首任主席的姓名而通常被称为 Treadway 委员会。该委员会由美国注册会计师协会(AICPA)、美国会计协会(AAA)、财务经理人协会(FEI)、内部审计师协会(IIA)、管理会计师协会(IMA)五个组织于1985年发起设立。1987年,Treadway 委员会发布了一份报告,建议发起组织沟通协作,整合各种内部控制的概念和定义。

献可以概括为"一个定义、三项目标、五种要素"。

"一个定义"是指该报告对内部控制下了迄今为止最权威的一个定义:"内部控制是由企业董事会、经理阶层以及其他员工实施的,旨在为经营的效率和效果、财务报告的可靠性、相关法律法规的遵循性等目标的实现提供合理保证的过程。"

"三项目标"是指内部控制具有三项目标:经营目标、报告目标和合规目标。由此可见,财务报告的可靠性并不是内部控制唯一的目标,换言之,内部控制并不等于会计控制。

"五种要素"是指内部控制是由五个相互独立而又相互联系的要素(控制环境、风险评估、控制活动、信息与沟通和监控)构成的,如图1-1所示。

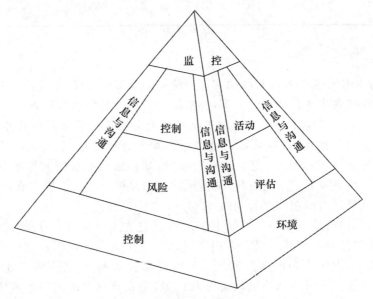

图1-1　COSO的内部控制框架

(1) 控制环境。控制环境主要指企业内部的文化、价值观、组织结构、管理理念和风格等。这些因素是企业内部控制的基础,将对企业内部控制的运行及效果产生广泛而深远的影响。具体来说,包括员工的忠诚程度和职业道德、人员的胜任能力、管理者的管理哲学和经营风格、董事会及审计委员会的构成、组织机构的权责划分、人力资源的政策等。

(2) 风险评估。风险评估是指识别和分析与实现目标相关的风险,并采取相应的行动措施加以控制。这一过程包括风险识别和风险分析两个部分。企业的风险通常主要来自外部环境和内部条件的变化。其中,风险识别包括对外部因素(如技术发展、竞争、经济变化)和内部因素(如员工素质、公司活动性质、信息系统处理的特点)进行检查。风险分析则涉及估计风险的重大程度、预测风险发生的可能性、控制风险的措施等。

(3) 控制活动。控制活动是指企业对所确认的风险采取必要的措施,以保证企业目标得以实现的政策和程序。一般来说,与内部控制相关的控制活动包括职务分离、实物控制、信息处理控制、业绩评价等。其中,职务分离是指为了防止单个雇员舞弊或隐藏不正当行为而进行的职责划分。一般来说,应该分离的职务有:业务授权与业务执行、业务执行与业务记录、业务记录与业务稽核等。实物控制是指对企业的具体实物所采取的控制行为,如针对现金、存货、固定资产、有价证券等所进行的控制。信息处理控制可分为两类:一般控制和应用控制。一般控制通常与信息系统的设计和管理有关,应用控制则与个别数据在信息系统中处理的方式有关。业绩评价是指将实际业绩与业绩标准进行比较,以便确定业绩的完成程度和质量。

(4) 信息与沟通。信息与沟通是指为了使管理者和员工能够很好地行使职权与完成任务,企业各个部门及员工之间必须沟通与交流相关的信息。这些信息既有外部的信息,也有内部的信息。通常而言,信息与沟通包括确认记录有效的经济业务、采用恰当的货币价值计量、在财务报告中恰当揭示等。沟通的目的主要是让员工了解其职责,了解其在工作中如何与他人联系,如何向上级报告例外情况,等等。沟通的方式一般有政策手册、财务报告手册、备查簿,以及口头交流或管理示例等。

(5) 监控。监控是指评价内部控制的质量,也就是评价内部控制制度的设计与执行情况,包括日常的监督活动、内部审计等。监控通常由内部审计、财务会计、法务合规等部门执行。监控部门与监控人员定期或不定期地对内部控制制度的设计与执行情况进行检查和评价,并对内部控制的有效性作出判断,在此基础上提出有针对性的整改建议,以促进企业内部控制不断完善、持续改进。

同以往的内部控制理论及研究成果相比,COSO 报告提出了许多有价值的新观点:第一,明确对内部控制的"责任"。该报告认为,不仅仅是管理部门、内部审计或董事会,组织中的每个人都对内部控制负有责任。第二,强调内部控制应与企业的经营过程相结合。内部控制是企业经营过程的一部分,应与经营过程结合在一起,而不是凌驾于企业的基本活动之上。第三,强调内部控制是一个"动态过程"。内部控制是一个发现问题、解决问题,发现新问题、解决新问题的循环往复的过程。第四,强调"人"的重要性。只有人能制定企业的目标,并设置控制的机制;反过来,内部控制也影响着人的行为。第五,强调"软控制"的作用。软控制主要是指那些属于精神层面的事物,如高级管理阶层的管理风格、管理哲学,以及内部控制意识、企业文化等。第六,强调风险意识。管理阶层必须密切注意各层级的风险,并采取必要的管理措施防范风险。第七,糅合管理与控制的界限。在 COSO 报告中,控制已不再是管理的一部分,管理和控制的职能与界限已经模糊了。第八,强调内部控制的分类及目标。COSO 报告将内部控制目标分为三类,即经营效率效果性目标(经营目标)、财务报告可靠性目标(报告目标)以及法律法规遵循性目标(合规目标)。

COSO 报告提出的内部控制理论和体系由于集内部控制理论与实践发展之大成,因此在业内备受推崇,已经成为世界通行的内部控制权威标准,被国际和各国审计准则制定机构、银行监管机构和其他机构采纳。

五、风险管理整合框架阶段

自 COSO 报告发布以来,内部控制框架已经被世界上的许多企业采用,理论界和实务界也纷纷对该框架提出改进建议,认为其对风险的强调不够,使得内部控制没有和风险管理工作全面深入地融合在一起。因此,2001年,COSO开展了一个项目,委托普华永道会计师事务所开发一个对于管理当局评价和改进所在组织风险管理简便易行的框架。正是在开发这个框架期间,2001年12月,美国最大的能源公司之一安然公司突然申请破产保护,此后上市公司和证券市场丑闻不断,特别是2002年6月的世界通信(简称世通)公司会计丑闻事件,彻底打击了投资者对资本市场的信心。美国国会和政府加速制定与采用新的法律以试图改变这一局面。在这一背景下,2002年7月美国总统小布什签署出台了《2002年公众公司会计改革和投资者保护法案》,该法案由参议院银行委员会主席保罗·萨班斯(Paul Sarbanes)和众议院金融服务委员会主席迈克·奥克斯利(Mike Oxley)联合提出,又被称为《萨班斯-奥克斯利法案》(Sarbanes-Oxley Act,简称《SOX法案》)。该法案是继美国《1933年证券法》《1934年证券交易法》以来的又一部具有里程碑意义的法案。《SOX法案》强调了公司内部控制的重要性,从管理者、内部审计及外部审计等几个层面对公司内部控制作了具体规定,并设置了问责机制和相应的惩罚措施,成为继20世纪30年代美国经济危机以来,政府制定的涉及范围最广、处罚措施最严厉的公司法律。

资料介绍

瑞幸能逃过《SOX法案》的惩罚吗?

财务造假的瑞幸,可能会面临一个很不好过的"坎儿":那就是《SOX法案》的制裁!

说起《SOX法案》,必须要提当年造假的安然。2001年11月8日,安然承认在过去5年内虚报盈利5.86亿美元;2001年12月2日,安然向破产法院申请破产保护。

正是由于安然案件的教训,美国国会和政府加速通过了《SOX法案》。

《SOX法案》的意义在于整顿资本市场的秩序,重塑投资者的信心。其另一个名字是《2002年公众公司会计改革和投资者保护法案》,足见其目的所在。而该法案最引人关注的一点,就是对敢于"越雷池一步"的造假公司"处以极刑"。

根据资料,《SOX法案》主要包括以下几方面的内容:成立独立的公众公司会计监察委员会,监管执行公众公司审计职业;加强注册会计师的独立性;加大公司的财务报告责任;强化财务披露义务;加重违法行为的处罚措施。

那么,瑞幸能逃过《SOX法案》的惩罚吗?

瑞幸"自曝家丑"有一个非常关键的信息点需要我们关注,那就是造假者的身份。瑞幸在《致全体瑞幸伙伴的一封信》中称:"公司向美国证券交易委员会提交公告,公司首席运营官(COO)刘剑及其下属等四位管理人员涉嫌财务数据造假,正在接受公司内部调查。"

公司COO造假,不能让公司主要高层置身事外。

第一,《SOX法案》"404条款"要求首席执行官(CEO)和首席财务官(CFO)的承诺和保证。与中资公司联系紧密的,是《SOX法案》"404条款"。它要求上市公司的CEO和CFO对公司出具财务报告的真实性、公允性作出承诺和保证。

第二,《SOX法案》惩罚措施严厉,目标明确。根据资料,对于造假,《SOX法案》有多项规定,比如:故意进行证券欺诈的犯罪最高可判处入狱25年,对犯有欺诈罪的个人和公司的罚金最高可达500万美元和2 500万美元;公司CEO和CFO必须对报送财务报告的合法性和公允表达进行保证,违反此规定者,将被处以50万美元以下的罚款或者判处入狱5年;故意破坏和捏造文件以阻止、妨碍或影响调查行为被视为犯罪,将被处以罚款或判处入狱20年,或予以并罚。

第三,公司COO能承担一切罪责吗?这可不是那么简单的事情。公司COO造假,其他高层会不知道吗?看来,瑞幸的未来,就要看其行为与《SOX法案》哪里能"挂上钩"了。

当年的安然事件中,广大投资者以及一批财团遭受严重的损失。这一次,瑞幸的投资者恐怕也将面临无法预料的损失。除了法律对财务造假的制裁,瑞幸还将面临投资者的诉讼。与国内股市造假的低成本相比,美国上市公司造假的成本要高得多,不知道瑞幸能不能"刀下余生"!

此外,我国新修订的《证券法》第一章总则第二条规定:"在中华人民共和国境外的证券发行和交易活动,扰乱中华人民共和国境内市场秩序,损害境内投资者合法权益的,依照本法有关规定处理并追究法律责任。"在国内,瑞幸也将面临法律的制裁!

至少在美国,瑞幸很难逃过《SOX法案》的惩罚。这时,我们又想起浑水公司的那份报告,浑水公司称"在瑞幸6.45亿美元的首次公开募股之后,该公司从2019年第三季度开始捏造财务和运营数据,已经演变成了一场骗局。"这场"骗局"该结束了。

资料来源:新浪财经2020年4月3日同名报道,作者姜伯静。

2004年9月,COSO在借鉴以往有关内部控制研究报告基本精神的基础上,结合《SOX法案》在财务报告方面的具体要求,发布了新的研究报告《企业风险管理——整合框架》(*Enterprise Risk Management*:*Integrated Framework*,简称企业风险管理框架)。该框架指出,"企业风险管理是一个过程,它由一个主体的董事会、管理当局和其他人员实施,应用于战略制定并贯穿于企业之中,旨在识别可能会影响主体的潜在事项,管理风险以使其在该主体的风险容量之内,并为主体目标的实现提供合理保证"。这一阶段的显著变化是将内部控制上升至企业风险管理的高度来认识。

> 成功的秘诀有三条:第一,尽量避免风险,保住本金;第二,尽量避免风险,保住本金;第三,坚决牢记第一条、第二条。
> ——〔美〕沃伦·巴菲特,著名投资人

基于这一认识,COSO提出了战略目标、经营目标、报告目标和合规目标四类目标,并指出风险管理包括八个相互关联的构成要素:内部环境、目标设定、事项识别、风险评估、风险应对、控制活动、信息与沟通、监控。根据COSO的这份研究报告,内部控制的目标、要素与组织层级之间形成了一个相互作用、紧密相连的有机统一体系;同时,对内部控制要素的进一步细分和充实,使内部控制与风险管理日益融合。企业风险管理框架如

图 1-2 所示。

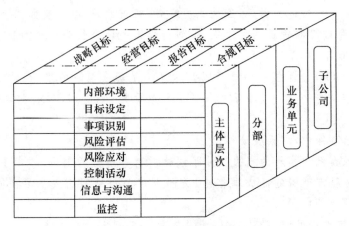

图 1-2　企业风险管理框架

相对于内部控制框架,企业风险管理框架的创新在于:

第一,从目标上看,企业风险管理框架不仅涵盖了内部控制框架中的经营目标、报告目标和合规目标,而且提出了一个更具管理意义和管理层次的战略目标,同时还扩大了报告的范畴。企业风险管理框架指出,企业风险管理应贯穿于战略目标的制定、分解和执行过程,从而为战略目标的实现提供合理保证。报告范畴的扩大表现在内部控制框架中的报告目标只与公开披露的财务报表的可靠性相关,而企业风险管理框架中的财务报告范围有很大的扩展,覆盖了企业编制的所有报告。

第二,从内容上看,企业风险管理框架除了包括内部控制框架中的五个要素,还增加了目标设定、事项识别和风险应对三个管理要素,目标设定、事项识别、风险评估与风险应对四个要素环环相扣,共同构成了风险管理的完整过程。此外,对原有要素也进行了深化和拓展,如引入了风险偏好和风险文化,将原有的"控制环境"改为"内部环境"。

第三,从概念上看,企业风险管理框架提出了两个新概念——风险偏好和风险容忍度。风险偏好反映了企业对于风险的态度,是指企业在实现其目标的过程中愿意接受的风险的数量。企业的风险偏好与企业的战略目标直接相关,企业在制定战略时,应考虑将该战略的既定收益与企业的风险偏好结合起来。风险容忍度是指在企业目标实现过程中对差异的可接受程度,是企业在风险偏好的基础上设定的在目标实现过程中对差异的可接受程度和可容忍限度。

第四,从观念上看,企业风险管理框架提出了一个新的观念——风险组合观。企业风险管理要求企业管理者以风险组合的观念看待风险,对相关的风险进行识别并采取措施使企业所承担的风险在风险偏好的范围内。对企业的每个单位而言,其风险可能在该单位的风险容忍度范围内,但从企业总体来看,总风险可能超过企业整体的风险偏好范围。因此,应从企业整体的角度评估风险。

需要说明的是,企业风险管理框架虽然晚于内部控制框架产生,但是它并不是要完全替代内部控制框架。在企业管理实践中,内部控制是基础,风险管理只是建立在内部控制基础之上的、具有更高层次和更有综合意义的控制活动。如果离开良好的内部控制系统,所谓的风险管理只能是一句空话而已。

案例1-3　奥马电器:互联网金融业务爆雷拖垮上市公司

2019年6月13日晚间,曾经的出口冰箱第一股、市值60亿元的公司奥马电器发布部分债务逾期公告。截至2019年6月12日,公司逾期债务合计2.72亿元,占公司最近一期经审计净资产的11.57%。

公告显示,逾期债务共计5笔,除1笔是信托公司借款外,其余4笔均为银行短期借款,本金合计2.61亿元,逾期利息1 112万元。这些短期借款到期日分别为2018年11月1日,2019年1月24日、4月30日、5月14日、6月12日。

奥马电器在公告中表示,因债务逾期,公司可能会面临支付相关违约金、滞纳金和罚息等情况,进而导致财务费用增加、融资能力下降,从而加剧公司资金紧张状况,对部分业务造成不利影响。公司称,目前正在积极与相关债权人协商和解方案,争取尽快与相关债权人就债务解决方案达成一致意见,包括但不限于展期、部分偿还等方式,同时通过加快回收应收账款、处置资产等方式全力筹措偿债资金,保证日常生产经营的正常开展。

曾经的明星公司奥马电器沦落至债务逾期,源于其实际控制人赵国栋倾公司之力大肆布局的互联网金融业务折戟。

公开资料显示,2003年,赵国栋创立网银在线,2012年10月,网银在线被京东收购,赵国栋就任京东副总裁。2015年3月,赵国栋离开京东2个月后,创立钱包金服集团,迅速获得1 000万美元的A轮融资。当年5月,钱包金服收购互联网金融公司中融金。

2015年11月,赵国栋推动奥马电器以6.12亿元现金收购中融金51%的股权。2017年4月,奥马电器又支付7.84亿元现金收购了中融金剩下的49%的股权。

通过在互联网金融领域大肆攻城略地,奥马电器形成了冰箱与金融双主业。2018年上半年,金融业务似乎给奥马电器带来了不菲业绩。中融金营收5亿元,净利润1.47亿元,钱包金服营收1.54亿元,净利润7 625万元。二者净利润合计占公司上半年净利润的50%。

然而,随着互联网金融业务整治的持续推进,网贷行业集中性风险大爆发,钱包金服也不例外。钱包金服出现兑付问题,引发了奥马电器旗下金融平台的连锁反应。正因为如此,奥马电器多年的积累一下子被掏空。

2018年,因商业保理、助贷、车贷业务等部分应收账款预计无法收回,奥马电器计提坏账准备14.15亿元,对此前高溢价收购的中融金计提商誉减值准备5.48亿元。资产减值损失合计高达20.47亿元,导致奥马电器当年巨亏19.03亿元,过去10年的净利润还不够这一次亏损的。

2018年12月19日,奥马电器与中山金控签署合作框架协议,寻求纾困资金,应对奥马电器流动性风险。就在这时,奥马电器子公司合计5.39亿元募资被银行划走,公司债务危机被点燃。彼时,公司回复深交所,公司及子公司银行借款本金37.17亿元,逾期本金2亿元。

2018年年报显示,截至2018年年底,奥马电器短期借款21.57亿元、一年内到期的非流动负债 9.67 亿元、长期借款 1.56 亿元,合计为 32.80 亿元,其中一年内需要偿还的借款为 31.24 亿元,长短期债务结构极不合理。同期,货币资金虽然有 22.89 亿元,但有高达 16.33 亿元货币资金受限,公司能动用的资金只有 6.56 亿元。毫无疑问,6.56 亿元全部用于偿还债务也远远不够。

资料来源:改编自《长江商报》2019 年 6 月 17 日报道,原标题为"奥马电器:赵国栋砸 30 亿互金业务爆雷拖垮上市公司",作者明鸿泽。

六、内部控制的最新进展

(一) COSO 内部控制框架的更新

COSO《内部控制——整合框架》发布于 1992 年,随着资本市场和商业环境发生天翻地覆的变化,2013 年 5 月 14 日,COSO 发布了《2013 年内部控制——整合框架》(简称新内部控制框架)及其配套指南。新内部控制框架的发布有助于公司高管在企业运营、法规遵循以及财务报告等方面采取更为严密的内部控制措施,提升内部控制质量。

新内部控制框架涵盖内容摘要、具体内容、多份附录、一份应用指南(提供解释性工具)以及一份概要(提供方法和示例说明在财务报告内部控制上的应用)。与旧内部控制框架相比,新内部控制框架在基本概念、内容和结构,以及内部控制的定义和五要素、评价内部控制体系的有效性标准等方面均没有变化,因此新内部控制框架不应称为改动,而是一种升级。其主要有三大亮点,即更实、更活、更稳。

首先,与旧内部控制框架相比,新内部控制框架细化了董事会及其下设专业委员会的描述,且包含了很多案例,以增强从业者对内部控制体系建设的理解。不过,更有意义的是新内部控制框架的一些实质性变动。新内部控制框架在继承旧内部控制框架中内部控制的基本概念和核心内容的基础上,提供了内部控制体系建设的原则、要素和工具,具体变化体现在突出了原则导向,即在原有五要素基础上提出了 17 项原则,并进一步提炼出 82 个代表相关原则的主要特征和重点关注点的要素,这是本次修改的亮点,使内部控制体系的评价更加有据可循。新内部控制框架提出的 17 项原则是比较"实"的地方,因为旧内部控制框架只有五个要素,更像一个学术模型,具体要怎么做并没有非常明确的答案,这 17 项原则相对来说都是更明确的动作,这为企业做好内部控制提供了一套路线图,为企业评价内部控制提供了一张打分表。

其次,新内部控制框架强调企业可有自己的判断。新内部控制框架相对于旧内部控制框架,在内部控制建设和评价中,强调依赖于管理层自身的判断,而不是严格基于证据。新内部控制框架强调董事会、管理层和内审人员拥有"判断力",这是它比较"活"的地方。新内部控制框架认为,内部控制如何实施,如何评价,如何认定有效性,企业可以有自己的判断。这本质上是在为内部控制解套,是新内部控制框架的灵魂。另外,新内部控制框架强调在内部控制建设过程中应注重与效率的结合,建议管理层通过判断,去除那些失效、冗余乃至完全无效的控制,提升控制的效率和效果,而非单纯地为了控制而控制。

最后，新内部控制框架强调内部控制有效性的认定。新内部控制框架对于如何确保内部控制体系的有效性进行了进一步澄清，尤其强调内部控制五要素中的每一项都会受到其他要素的影响，应视为一个整体来对待，并且描述了不同要素下的控制措施如何影响其他要素下的原则，有助于整合性地看待内部控制体系和控制措施，而非孤立对待。新内部控制框架在指出内部控制的局限性方面比旧内部控制框架更加明确，指出了内部控制在决策和应对外部事件上的局限性。这些都体现了新内部控制框架"稳"的方面。

随着我国内部控制规范体系的广泛深入实施，内部控制变成了上市公司的底线要求。这种从"前沿"到"底线"的变化，集中体现在上市公司要强制披露其内部控制的有效性并接受审计上。那么，是不是审计通过了，上市公司就没风险、没问题了呢？实际情况并非如此，一些风险事件还是发生了。所以，新内部控制框架强调了内部控制对天灾（外部事件）和人祸（人为失误）无能为力。旧内部控制框架既已得到修订，未来有可能会影响到我国企业的内部控制建设。

资料介绍

新内部控制框架的 17 项原则

本框架确立的 17 项原则代表与每个控制要素相关的基本概念。因为这些原则直接从控制要素中提炼，所以一个组织可以直接应用这些原则来实施内部控制。这些原则都可以应用于经营目标、报告目标和合规目标。每个控制要素内的原则如下：

- 控制环境

1. 组织对正直和道德等价值观作出承诺。
2. 董事会独立于管理层，并对内部控制的推进与成效加以监督控制。
3. 管理层围绕其目标，在治理层监督下，建立健全组织架构、汇报关系以及合理的授权与责任等机制。
4. 组织对吸引、开发和保留认同组织目标的人才作出承诺。
5. 组织根据其目标，使员工各自担负起内部控制的相关责任。

- 风险评估

6. 就识别和评估与其目标相关的风险，组织作出清晰的目标设定。
7. 组织对影响其目标实现的风险进行全范围的识别和分析，并以此为基础决定风险应如何进行管理。
8. 组织在风险评估过程中考虑潜在的舞弊行为。
9. 组织识别和评估对内部控制体系可能造成较大影响的改变。

- 控制活动

10. 组织选择并开展控制活动，将风险对其目标实现的影响降到可接受的水平。
11. 对（信息）技术，组织选择并开展一般控制，以支持其目标的实现。
12. 组织通过合理的政策制度和保证这些政策制度切实执行的流程程序，来实施控制活动。

- 信息与沟通

13. 组织获取或生成并使用相关、有质量的信息来支持内部控制发挥作用。

14. 组织在其内部沟通传递包括内部控制目标和责任在内的必要信息，以支持内部控制发挥作用。

15. 组织与外部相关方就影响内部控制发挥作用的事宜进行沟通。

- 监督活动

16. 组织选择、推动并实施持续且（或）独立的评估，以确认控制要素存在且正常运转。

17. 组织在相应的时间范围内评价内部控制的缺陷，并视情况与应采取正确行动的相关方（如高级管理层、董事会）沟通。

（二）COSO企业风险管理框架的更新

2004年版企业风险管理框架发布已有十几年的时间，其间，风险的复杂性发生重大变化，由于新环境、新技术的不断演变，新的风险也层出不穷，基于风险导向的管理理念逐渐兴起并成为主流，渗透到企业管理的方方面面。在此前提下，COSO在2014年首次启动对企业风险管理框架的修订工作，并委托普华永道会计师事务所着手框架的更新。这项计划旨在日益复杂的商业环境下提高企业风险管理的相关性，反映风险管理理论和实践的新发展，以便组织从风险管理中获得价值的提升。2017年9月，COSO正式发布了一份名为《企业风险管理——与战略和绩效整合》（Enterprise Risk Management：Integrating with Strategy and Performance）的报告文件（简称新企业风险管理框架）。

与2004年版旧企业风险管理框架相比，新企业风险管理框架主要有以下变化：

第一，采用国际文件惯用的要素加原则的结构。在框架结构的设计上，摒弃旧企业风险管理框架脱胎于旧内部控制框架的八要素设计，而是借鉴新内部控制框架中应用要素和原则的编写结构，在5个要素下细分出20条原则。

第二，简化企业风险管理的含义。旧企业风险管理框架对企业风险管理的定义为：企业风险管理是一个过程，它由主体的董事会、管理层和其他人员实施，应用于战略制定并贯穿于企业之中，旨在识别可能会影响主体的潜在事项，在风险容量的范围内管理风险，为主体目标的实现提供合理保证。新企业风险管理框架对企业风险管理的定义为：组织在创造、保持和实现价值的过程中，结合战略制定和执行，赖以进行管理风险的文化、能力和实践。

第三，强调风险和价值之间的关系。新的企业风险管理定义提升了对战略和绩效的讨论，新企业风险管理框架强调企业风险管理在创造、保持和实现价值中的角色。企业风险管理不再主要侧重于防止对企业价值的侵蚀事件和将风险降到可接受的水平，而是被视为不可或缺的战略设定以及抓住机遇来创造和保持价值的一部分。企业风险管理成为一个动态的、管理主体整个价值链的一部分。

第四，重新确定企业风险管理的侧重点。新企业风险管理框架强调企业风险管理工作要融入所有业务流程。从战略目标的设定到商业目标的形成，再到执行过程中完成绩效的情况,企业风险管理工作不是额外的和独立的工作。企业风险管理的角色是要参与组织运营,管理绩效完成过程中的风险,并最终实现组织对价值的追求。

第五,增强企业风险管理和绩效的协同性。新企业风险管理框架探索了企业风险管理工作如何识别和评估影响绩效实现的风险;通过设定可接受的绩效波动范围,表述了绩效的变化导致商业目标下的风险概况的变化,反之亦然;强调了风险评估和风险报告不是用来生成一堆潜在风险清单,而是这些风险如何影响战略和商业目标的实现。

第六,明确将企业风险管理纳入决策流程。所有主体核心价值链上的每个阶段都会面临大量的决策,因为所有主体都追求创造、保持和实现价值,这些决策通常都围绕战略目标选择、商业和绩效目标设定以及资源分配进行。整合融入企业全寿命周期各个环节的企业风险管理工作支持了这种具有风险意识的各种决策。新企业风险管理框架按步骤分析了组织的风险概况信息如何用于提升整体的决策水平。这些信息包括风险类型和严重程度,如何影响商业环境,理解识别和评估风险的基础假设,以及主体的风险文化和风险偏好等。

第七,说明风险管理和内部控制的关系。COSO表示新企业风险管理框架不是要取代或接替新内部控制框架,两个框架各不相同但互相补充,虽然两个框架都采用了要素加原则的写法,但内容大不相同。为了避免冗余,一些典型的内部控制内容在新企业风险管理框架中并未列示,也许最有代表性的就是控制活动;同样,在内部控制中介绍过的一部分内容在新企业风险管理框架中被进一步发展和完善了,比如关于治理的内容。

第八,优化风险偏好和容忍度的概念。新企业风险管理框架重新定义风险偏好和风险容忍度的概念,风险偏好大致保留了原来的定义,即主体在追求战略和业务目标的过程中愿意承受的风险量;风险容忍度不再理解为风险偏好的细化或具体化,而是用绩效的语言来表达。通过重新

延伸阅读 1-2 一天内四家知名企业宣布破产重整或启动债务重组

定义风险容忍度,可以更加明确地表明在给定的绩效目标下应当承担多少风险,组织可以清晰地看出当前绩效下可接受风险的边界。这些边界可以让组织评估绩效的变化是否在可接受的范围之内。

第二节 建立和实施内部控制的现实意义

伴随着我国企业的迅猛发展,各种潜在风险也日益显现,尤其是在全球化背景下,类似瑞幸咖啡、獐子岛、汇源果汁、华晨集团、富贵鸟因内部控制缺失或失效而引发的财务舞弊、会计造假、终止上市、经营失败甚至破产倒闭等案例时有发生。尽管加强企业内部控制并不一定可以完全杜绝类似事件的发生,但缺乏有效的内部控制却是万万不能的。企业只有建立和有效实施科学的内部控制体系,才能夯实内部管理基础、提升风险控制能力。在后金融危机时代,投资国际资本市场将成为不可逆转的潮流和趋势。面对国际市场日趋激烈的竞争和复杂环境,我国企业要真正实现"走出去"战略,只有苦练内功、强化内部控制,构筑"安全网"和"防火墙",才能实现可持续增长。

一、内部控制是企业实现管理现代化的科学方法

> 管理企业就好比驾驶一辆车,车速越快,越需要好的控制系统。
> ——〔美〕罗伯特·A. 安东尼,著名管理学家

企业所追求的目标是生存、发展和获利,其中生存是前提,获利是目标,发展是途径。企业要想在市场中生存下去,并获得发展,最终实现获利,就需要建立现代企业制度。现代企业制度具有产权明晰、权责明确、政企分开、管理科学四项基本内容。它是以公司治理结构为核心的企业制度,明确划分了股东(大)会、董事会、监事会和经理层的权力、责任和利益,从而形成相互制衡的关系。它实行的前提是所有权与经营权分离。由于两权分离,所有者与经营者之间不可避免地形成委托-代理关系。这种关系必然造成所有者在了解企业信息时处于不利地位,容易造成代理成本过高,导致"内部人控制"。为避免这种情况的出现,所有者必然要求建立完善的制度来监督经营者的行为,以保证所有者的权益不受侵害。

对于企业的经营者而言,要确保所有者授权经营资产的保值增值,就需要实施科学管理,而科学管理应该以战略管理为核心。战略是与企业目标相关联并且支撑其实现的基础,是企业与其组织环境相互作用以实现企业目标的综合性计划,是管理者为实现其企业价值最大化的根本目标而针对环境作出的一种反应和选择。对一个企业而言,如果没有明确的战略规划,在激烈竞争的市场环境中就容易迷失方向;当然,有了明确的战略规划,也不一定就能取得良好的经营业绩,因为战略目标的实现还需要战略实施。可见,战略的定位及其实施是贯穿企业整个经营过程的主线。对企业而言,战略定位是治理层所需要控制的,战略实施是管理层所需要控制的。企业正是通过有效和高效地利用其资源、保障信息真实、合法合规经营等一系列措施来实现企业战略的。因此,企业的经营者需要通过建立和实施内部控制来对战略定位与战略实施的过程加以控制。

从我国目前的情况来看,企业的发展越来越受到市场的制约。在买方市场已经形成、竞争日益激烈的背景下,消费者越来越看重高质量、多品种、大品牌、低成本、规模经济的企业和产品,那种靠粗放型、高消耗、低质量、高成本来维持生产经营的企业将受到市场越来越严峻的挑战,从而越来越难以为继。这就迫使企业不得不苦练"内功",即重视自身管理水平的提高,通过控制成本费用来确保利润目标的实现。

资料介绍

刘汉章:国企改革"邯钢经验"的创造者

出生于1936年的刘汉章是邯钢最早的建设者之一。1984年,刘汉章出任邯钢总厂厂长,刚一上任便开始进行改革。

刘汉章坚持从实际出发，提出"量力而行、滚动前进、梯度发展"的方针，自筹资金，先后对一炼钢、二炼钢、中板、高线等进行技术改革。

1988年，国家冶金部在邯钢召开现场会，推广邯钢技术改革发展经验（邯钢被誉为"我国地方钢铁企业开出的一列特别快车"）。

1989年，钢铁市场疲软，钢价急剧下跌，原燃料、电费等成本却大幅上涨，邯钢生产的钢材90%出现亏损。当大多数国有企业还在坐等市场好转、乞求政府"关爱"时，刘汉章和他的班子决定解放思想，走向市场！

刘汉章带领干部职工冲破计划经济思想观念的束缚，创立并推行"模拟市场核算，实行成本否决"经营机制，形成"千斤重担人人挑，人人肩上有指标"的责任体系。

新机制从1991年1月正式实施，2月、3月各盈利400万元，4月盈利600万元，5月盈利800万元，6月盈利1700万元……此后5年实现的效益超过前32年的总和。

邯钢巨变引起广泛关注。1992年，冶金部在冶金行业推广邯钢做法。1993年，国家经贸委组织29个省、自治区、直辖市经贸委主任、部分企业厂长到邯钢学习。1996年，国务院专门发出通知，要求各地区、各有关部门结合实际学习和推广"邯钢经验"。

"邯钢经验"在全国掀起一次企业管理模式革命。截至2000年，先后有3万余家企事业单位、30万人次到邯钢学习"取经"。"邯钢经验"为国有企业"三年脱困"、实现"两个转变"提供了宝贵经验。刘汉章曾说："邯钢把商业秘密、经验、技术无偿地奉献给社会，就是想帮中国国有企业都搞好。"

刘汉章担任邯钢"一把手"18年，企业总资产由6亿元增加到256亿元，年钢产量由64万吨增加到543万吨。邯钢由一家地方小钢厂发展成为享誉海内外的特大型钢铁企业，成为工业学大庆之后的第二个典型，被誉为"我国工业战线上的一面红旗"。

资料来源：改编自新华网客户端2018年12月28日同名报道，作者王民、刘桃熊。

我国企业环境所面临的另一个变化是，商品经营已经进入微利时代。微利时代的到来促使许多中国企业开拓新的经营领域，寻求新的经营方式——资本经营。但是资本经营较传统的商品经营更加充满风险。再加上经济全球化、信息化、知识化的趋势，企业所面临的风险更加复杂和多变。如何规避和控制这些风险，除企业领导人应具有高瞻远瞩的眼光外，更重要的是制度创新。而其中最重要的内容就是建立和实施内部控制制度。总之，一个重视内部控制的买方时代已经来临，企业如果再不重视内部控制，就会被时代淘汰。

从目前的状况来看，一些企业在发展到一定阶段后，机构设置、财务管理水平和人力资源的配备等方面不能适应其进一步发展的需要，进而出现资金、人员失控的现象，这种失控往往导致企业的失败。从严管理、实现管理创新、使传统的管理模式向现代企业的管理模式过渡、加强内部控制制度是企业实现管理现代化的科学方法，建立和健全内部控制制度是企业发展的必然结果。

案例 1-4　　　　　止于至善　涓滴成流　追求管理合理化

台塑由中国台湾地区著名企业家王永庆先生创办，至今已有55年的历史。台塑把西方先进的管理理论、日韩企业的管理经验与中国传统文化有机结合，探索出一套具有鲜明特色的管理模式——"合理化"管理模式，其核心为管理制度化、制度表单化、表单电脑化。

（1）管理制度化。王永庆认为，管理的手段靠制度。有效的管理，要靠制度不断地检讨、修正与改善，有效的管理制度必须依靠认真的执行才能有所收获。

（2）制度表单化。制度的执行靠规范，把制度内容以固定、规范的内涵表现出来，并有所量化、分类、评级，制度的执行就有了一半的基础。表格在台塑管理制度中具有很重要的地位，并直接影响每一项工作的完成效果。例如，台塑的投资项目申请均为表格形式，包括商品市场分析表、投资条件分析表、制造流程图，等等。

（3）表单电脑化。台塑的制度强调一定要以表单、记录的形式表现出来，一方面有利于制度的数量化、规范化，便于执行；另一方面有利于制度的计算机化，以信息化系统的形式予以固化，反过来推动制度的执行。

资料来源：改编自《价值中国》2009年11月27日同名报道，作者贺宗春。

二、内部控制是防止会计信息失真的有效途径

在市场经济环境中，会计信息的重要性和作用已日益为人们所认识。无论是国家的宏观经济调控和监管、投资者的投资决策、债权人的信贷决策，还是企业管理当局的管理决策，都要以会计信息为依据；在两权分离的企业里，经营者向所有者报告受托责任的履行过程和履行结果，需要以会计信息为依据；国家、企业所有者、经营者和员工之间的利益分配，需要以会计信息为依据。因此，会计信息的真实性成为各利益相关方关注的焦点。

就上市公司而言，前有"琼民源""四川红光""东方锅炉""蓝田股份""银广夏"等案件，后有"新大地""万福生科""康得新""康美药业""獐子岛"等案件。这些案件的发生不仅损害了投资者的利益，打击了投资者的信心，更重要的是扰乱了市场秩序，影响了证券市场的健康发展。

资料介绍

证监会严厉打击上市公司财务造假

上市公司真实、准确、完整、及时地披露信息是证券市场健康有序运行的重要基础。财务造假严重挑战信息披露制度的严肃性，严重毁坏市场诚信基础，严重破坏市场信心，严重损害投资者利益，是证券市场的"毒瘤"，必须坚决从严从重打击。2019年以来，证监会立足于提升上市公司质量的总体目标和服务实体经济的工作要求，强化协同，严格

标准,优化机制,严厉打击上市公司财务造假,已累计对22家上市公司财务造假行为立案调查,对18起典型案件作出行政处罚,向公安机关移送财务造假涉嫌犯罪案件6起。

这些案件呈现以下特点:一是造假周期长,涉案金额大。经查,索菱股份(002766)2016年至2018年连续三年虚构海外业务、伪造回款单据,虚增巨额利润。二是手段隐蔽、复杂。经查,藏格控股(000408)2017年7月至2018年串通上百家客户,利用大宗商品贸易的特殊性实施造假。三是系统性造假突出。经查,龙力生物(002604)2015年至2017年上半年为虚增公司利润,定期通过删改财务核算账套实施造假。四是主观恶性明显。经查,东方金钰(600086)2016年至2018年上半年以全资孙公司为平台,虚构翡翠原石购销业务,通过造假方式实现业绩目标。此外,上市公司财务造假往往与未按规定披露重大信息、大股东非法占用上市公司资金等严重损害投资者利益的其他违法犯罪行为相伴而生,审计、评估等中介机构未能勤勉尽责执业、"看门人"作用缺失的问题依然突出。

下一步,证监会将继续坚持市场化、法治化原则,重拳打击上市公司财务造假、欺诈等恶性违法行为,用足用好新《证券法》,集中执法资源,加大执法力度,从严从重从快追究相关机构和人员的违法责任,加大证券违法违规成本,涉嫌刑事犯罪的依法移送公安机关,坚决净化市场环境,保护投资者合法权益,切实维护市场纪律和市场秩序,促进资本市场健康稳定发展。

资料来源:中国证监会网站2020年4月24日同名报道。

一般而言,内部控制包括会计控制和管理控制,而会计控制运行的有效性与会计信息的质量直接挂钩,也就是说,会计信息失真必然伴随着内部控制失效。美国安然造假案之后,为了治理会计信息失真,美国颁布了《SOX法案》,其中规定CEO/CFO必须对公开披露的财务报告(年报和季报)进行个人书面认证。认证内容包括:① 本人审查了报告。据本人所知,报告不存在有关重要事实的虚假陈述、遗漏或者误导,符合《证券交易法》的相关要求。② 在关于公司的财务状况和经营成果的所有重要方面,报告所含财务陈述和信息均为公允表达。在内部控制方面,本人已经向公司外部审计和审计委员会披露了内部控制系统设计与运行的一切重大缺陷以及以往发生的、牵涉公司要员的欺诈行为。③ 本人负责建立和运行公司内部控制系统,在报告提交前90天内评估了内部控制系统的有效性,确认系统能够有效提供重要信息。④ 若内部控制系统发生重大变化,CEO/CFO须声明哪些因素导致了内部控制系统的重大变化,是否已经采取措施纠正内部控制系统的缺陷。从上述规定可以看出内部控制对会计报告真实性的重要程度。自此之后,越来越多的国家和地区将强化内部控制制度建设作为防控财务舞弊事件发生的根本措施。

三、内部控制是遏制经济犯罪的必要手段

近年来,各级经侦部门充分发挥职能作用,严厉打击各种经济犯罪活动,侦破了一大

批大案要案，抓获了一大批经济犯罪嫌疑人，为国家、集体和人民群众挽回了大量的经济损失，取得了显著的成绩。但正如党的二十大报告指出的那样，"只要存在腐败问题产生的土壤和条件，反腐败斗争就一刻不能停，必须永远吹冲锋号"。当前经济犯罪活动依然猖獗，经济犯罪形势依然严峻，经济犯罪案件还处于高发态势，经济犯罪总量居高不下，犯罪种类不断增多，涉及的领域和地域也不断扩大。可以说，对经济犯罪仅靠"打击"这一手段是不行的，必须同时使用"防范"手段，遵循"打防结合、以防为主、标本兼治"的方针，这样才能从源头上遏制经济犯罪的发生。

经济犯罪有一个共同的特点，即罪犯所在单位的内部控制比较薄弱，甚至根本没有。因此，要减少违法犯罪的机会和条件，加强各单位的内部控制制度建设是重要举措之一。只有在有效的内部控制环境下工作和生活，人们才有可能遵守法律和道德规范。高尚的道德品质和自觉守法行为大多产生于健康有效的内部控制环境中。因此，内部控制是遏制经济犯罪的必要手段。

延伸阅读 1-3　《SOX法案》大限在即，中国企业冲刺

案例 1-5　对舞弊行为零容忍｜"海亮集团除名查询系统"正式上线

据海亮集团 2020 年 9 月 4 日公布，"海亮集团除名查询系统"正式上线，并面向社会公开发布该除名系统，这一举措是对企业舞弊、贪腐行为发起总攻的决心表现，也是对企业廉正、诚信文化打造的信心传达。

海亮集团始终秉承"以人为本、诚信共赢"的核心价值观，激浊扬清、从善如流，坚持有腐必反，有贪必肃，着力打造风清气正的廉正文化和诚信文化。

为进一步推动落实廉正、诚信文化建设，海亮集团现已在官网上线"海亮集团除名查询系统"并向全社会开放。

该系统实时更新"因'违反海亮廉正、诚信等相关规章制度'而被海亮除名的员工"信息，以此实现海亮集团廉正、诚信文化建设的内部监察、警示及外部价值输出，更好地承担社会责任。

海亮集团创始人、明德院院长冯海良在廉正大会上强调，"企业反舞弊任重道远，只有进行时，没有完成时"。海亮集团将以该除名查询系统为窗口，进一步推动落实廉正、诚信文化建设，深化加强内部监察、审计、问责制度，怀抱对舞弊、腐败零容忍的态度，坚决消除存量、遏制增量，让海亮集团在健康的轨道上持续远航！

资料来源：海亮集团官网 2020 年 9 月 4 日同名报道。

总而言之，内部控制的完善不能一蹴而就，企业应加强对内部控制的重视，建立和完善企业的内部控制制度，让内部控制真正在企业经营管理中发挥应有的作用，促进企业的发展，从而改变当前企业由于内部控制缺失或失效而造成的造假、会计信息失真、财务舞弊、经济犯罪的现象，以维护正常的社会经济秩序，让内部控制制度成为企业化解风险、创造效益的武器。

第三节 我国内部控制的相关法规

我国市场经济迅猛的发展实践远远超前于企业管理和控制的理论研究与政策规范,"摸着石头过河"成为我国经济发展中现实和无奈的选择。我国股市的众多公司舞弊案给广大投资者和新生的资本市场留下了令人揪心的隐痛。如何有效治理公司舞弊,维持企业有效运营,以保护广大投资者的利益和保障资本市场的健康发展,已经成为影响我国经济持续发展的问题。国外的监管者和理论界将目光投向了内部控制,并取得了一定的成效,其理论研究和内部控制实践为我国提供了可以借鉴的内容。

进入21世纪以来,在借鉴其他国家和经济组织内部控制规范的基础上,我国相关部门陆续颁布了与内部控制直接相关的一系列法律法规,我国内部控制规章制度从无到有,不断完善。下面就重要法律法规作一简要介绍。

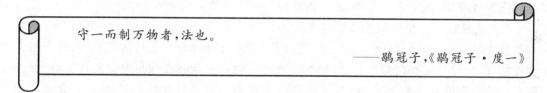

守一而制万物者,法也。

——鹖冠子,《鹖冠子·度一》

一、《会计法》有关内部控制的规定

1999年修订的《会计法》是我国第一部体现内部会计控制要求的法律,该法将企业(单位)内部控制制度当作保障会计信息"真实和完整"的基本手段之一。《会计法》第二十七条明确提出,各单位应当建立、健全本单位内部会计监督制度。单位内部会计监督制度应当符合下列要求:① 记账人员与经济业务事项和会计事项的审批人员、经办人员、财物保管人员的职责权限应当明确,并相互分离、相互制约;② 重大对外投资、资产处置、资金调度和其他重要经济业务事项的决策和执行的相互监督、相互制约程序应当明确;③ 财产清查的范围、期限和组织程序应当明确;④ 对会计资料定期进行内部审计的办法和程序应当明确。虽然该条款没有直接提到内部控制,但其具体监督内容都符合内部控制的基本要求。第三十七条规定:会计机构内部应当建立稽核制度。出纳人员不得兼任稽核、会计档案保管和收入、支出、费用、债权债务账目的登记工作。

2017年11月4日,第十二届全国人民代表大会常务委员会第三十次会议对《会计法》作出修正,并自2017年11月5日起施行。但其中有关内部会计控制的规定并没有变动。

《会计法》是我国对内部控制的最高法律规范,但因为是《会计法》,所以规范的内容局限于内部会计控制的要求,没有涉及全部内部控制。

二、《党政主要领导干部和国有企事业单位主要领导人员经济责任审计规定》有关内部控制的规定

2019年7月7日,中共中央办公厅、国务院办公厅印发了《党政主要领导干部和国有

企事业单位主要领导人员经济责任审计规定》,并发出通知,要求各地区各部门认真遵照执行。

其中,第十九条明确规定:"国有企业主要领导人员经济责任审计的内容包括:① 贯彻执行党和国家经济方针政策、决策部署情况;② 企业发展战略规划的制定、执行和效果情况;③ 重大经济事项的决策、执行和效果情况;④ 企业法人治理结构的建立、健全和运行情况,内部控制制度的制定和执行情况;⑤ 企业财务的真实合法效益情况,风险管控情况,境外资产管理情况,生态环境保护情况;⑥ 在经济活动中落实有关党风廉政建设责任和遵守廉洁从业规定情况;⑦ 以往审计发现问题的整改情况;⑧ 其他需要审计的内容。"

三、审计署有关内部控制的最新规定

2010 年 9 月,审计署颁布了《中华人民共和国国家审计准则》(审计署令第 8 号),并自 2011 年 1 月 1 日起施行;原《审计机关内部控制测评准则》同时废止。《中华人民共和国国家审计准则》共七章二百条,涉及内部控制的主要有:

(1) 责任认定。审计机关和审计人员执行审计业务,应当区分被审计单位的责任和审计机关的责任。在财政收支、财务收支以及有关经济活动中,履行法定职责、遵守相关法律法规、建立并实施内部控制、按照有关会计准则和会计制度编报财务会计报告、保持财务会计资料的真实性和完整性,是被审计单位的责任。依据法律法规和本准则的规定,对被审计单位财政收支、财务收支以及有关经济活动独立实施审计并作出审计结论,是审计机关的责任。

(2) 内部控制审计范围。审计人员可以从下列方面调查了解被审计单位相关内部控制及其执行情况:① 控制环境,即管理模式、组织结构、责权配置、人力资源制度等;② 风险评估,即被审计单位确定、分析与实现内部控制目标相关的风险,以及采取的应对措施;③ 控制活动,即根据风险评估结果采取的控制措施,包括不相容职务分离控制、授权审批控制、资产保护控制、预算控制、业绩分析和绩效考评控制等;④ 信息与沟通,即收集、处理、传递与内部控制相关的信息,并能有效沟通的情况;⑤ 对控制的监督,即对各项内部控制设计、职责及其履行情况的监督检查。

(3) 内部控制测试的要求。审计人员认为存在下列情形之一的,应当测试相关内部控制的有效性:① 某项内部控制设计合理且预期运行有效,能够防止重要问题的发生;② 仅实施实质性审查不足以为发现重要问题提供适当、充分的审计证据。审计人员决定不依赖某项内部控制的,可以对审计事项直接进行实质性审查。被审计单位规模较小、业务比较简单的,审计人员可以对审计事项直接进行实质性审查。

2018 年 1 月 12 日,审计署发布了《审计署关于内部审计工作的规定》(审计署令第 11 号,以下简称 11 号令),自 2018 年 3 月 1 日起施行;审计署于 2003 年 3 月 4 日发布的《审计署关于内部审计工作的规定》(审计署令第 4 号,以下简称 4 号令)同时废止。11 号令的出台,充分显示了国家审计机关对内部审计工作的重视。与 4 号令相比,11 号令主要修订了内部审计目标、范围、职能与职责、党组织对内部审计的领导、审计独立性和审计问题整改等。其中第三条指出:"本规定所称内部审计,是指对本单位及所属单位财政财务收支、经济活动、内部控制、风险管理实施独立、客观的监督、评价和建议,以促进单位

完善治理、实现目标的活动。"可见,内部控制、风险管理已经成为内部审计的对象。同时,11号令拓宽了内部审计范围,增加了内部控制、风险管理、政策跟踪、战略、资源环境等业务的审计。

四、银保监会有关内部控制的规定

2010年8月,保监会制定了《保险公司内部控制基本准则》。该准则自2011年1月1日起施行,此前的《保险公司内部控制制度建设指导原则》同时废止。该准则借鉴国际经验,基于前期公司和监管部门的实践,提出了三个层次的内部控制活动框架,即将保险公司所有内部控制活动分为前台控制、后台控制和基础控制三个层次。前台控制是对直接面对市场和客户的营销及交易行为的控制活动;后台控制是对业务处理和后援支持等运营行为的控制活动;基础控制是对为公司经营运作提供决策支持和资源保障等管理行为的控制活动。

2014年9月,银监会对2007年颁布的《商业银行内部控制指引》进行了修订完善,主要从以下四个方面引导商业银行强化内部控制管理:① 内部控制评价方面,细化要求持续改进。补充完善了内部控制评价的工作要求,要求商业银行建立内部控制评价制度,明确内部控制评价的实施主体、频率、内容、程序、方法和标准,强化内部控制评价结果运用,推动内部控制评价工作制度化、规范化,以促进商业银行不断改进其内部控制设计与运行。② 内部控制监督方面,建立健全长效机制。修订的指引单设章节,从内、外部两方面提出内部控制监督的相关要求。商业银行应构建覆盖各级机构、各个产品、各个业务流程的监督检查体系,银监会及其派出机构通过非现场监管和现场检查等方式实施对商业银行内部控制的持续监管,强调发挥内、外部监督合力。③ 监管约束方面,加大违规处罚力度。增加了有关违反规定的处罚措施。银监会及其派出机构对内部控制存在缺陷的商业银行,责成其限期整改,对逾期未整改的商业银行,根据有关规定采取监管措施。④ 监管引领方面,充分体现原则导向。对商业银行风险管理、信息系统控制、岗位设置、会计核算、员工管理、新机构设立和业务创新等提出了内部控制的原则性要求,没有针对具体业务的章节和条款。此次修订使内容更加全面,体现了原则性、导向性的要求,有利于引导商业银行秉承稳健经营的理念,根据自身发展需要,科学确定内部控制管理重点,合理配置资源,提高内部控制管理的有效性。

2015年12月,为进一步加强保险资金运用内部控制建设,提升保险机构资金运用内部控制管理水平,有效防范和化解风险,根据《中华人民共和国保险法》《保险资金运用管理暂行办法》及相关规定,保监会制定了《保险资金运用内部控制指引》及《保险资金运用内部控制应用指引》(第1—3号)。该指引采取总、分框架结构,包括两个层面:一是总指引,明确了保险资金运用内部控制目标、原则和基本要素,并围绕资金运用内部控制的内部环境、风险评估、控制活动、信息与沟通和内部监督等要素,细化了关键控制点及控制活动等;二是配套应用指引,主要针对保险资金具体投资领域的内部控制建设,包括对职责分工与授权批准、投资研究与决策控制、投资执行控制、投资后管理等重点环节内部控制的标准和要求。总指引与配套应用指引共同组成"1+N"的保险资金运用内部控制指引体系,更加体系化和具有操作性。在首次发布的《保险资金运用内部控制应用指引》

(第1—3号)中,分别对银行存款、固定收益投资、股票及股票型基金的关键环节制定了内部控制标准和流程,将有效防范上述投资领域的主要风险和问题,比如股票投资领域的资产配置风险、内幕交易和利益输送风险等问题。

2019年12月30日,中国银保监会办公厅发布了《关于进一步做好银行业保险业反洗钱和反恐怖融资工作的通知》,强调"银保监会及其派出机构应当将反洗钱和反恐怖融资工作情况纳入机构日常监管工作范围,督促银行保险机构建立健全反洗钱和反恐怖融资内部控制机制"。

五、证监会有关内部控制的规定

2001年1月31日,证监会发布了《证券公司内部控制指引》,指出公司内部控制包括内部控制机制和内部控制制度两个方面。内部控制机制是指公司的内部组织结构及其相互之间的运行制约关系;内部控制制度是指公司为防范金融风险,保护资产的安全与完整,促进各项经营活动的有效实施而制定的各种业务操作程序、管理方法与控制措施的总称。

2006年6月5日,上海证券交易所正式对外发布了《上海证券交易所上市公司内部控制指引》,并自2006年7月1日起正式实施。这是我国首部指导上市公司建立健全内部控制制度的规范性文件,类似于美国证监会颁布的《SOX法案》,意在推动和指导上市公司建立健全和有效实施内部控制制度,提高上市公司的风险管理水平,保护投资者的合法权益。《上海证券交易所上市公司内部控制指引》对企业的影响主要包括两个方面:第一,强制性地要求上市公司在定期报告和临时公告中披露内部控制制度的实施情况;第二,对上市公司建立健全和有效实施内部控制制度、提高上市公司的风险管理水平提出规范性的指导意见。

2006年9月28日,深圳证券交易所发布了《深圳证券交易所上市公司内部控制指引》,要求深市主板上市公司自即日起至2007年6月30日建立健全内部控制制度,并从2007年年报开始,按照内部控制指引的要求披露内部控制制度的制定和实施情况。《深圳证券交易所上市公司内部控制指引》共70条,包括总则、基本要求、对控股子公司的管理控制、关联交易的内部控制、对外担保的内部控制、募集资金使用的内部控制、重大投资的内部控制、信息披露的内部控制、内部控制的检查和披露、附则等章节。该指引强调,公司的控制活动应当涵盖公司所有的运营环节,并重点加强对控股子公司的管理、关联交易、对外担保、募集资金使用、重大投资(含委托理财)、信息披露等控制活动;明确公司董事会对内部控制负责;要求公司设立专职部门负责内部控制,定期向董事会报告;要求发现内部控制存在重大问题时,公司董事会应报告交易所并公告。

近年来,证监会在对上市公司内部控制信息披露进行审查时发现,上市公司内部控制评价信息披露存在一定的问题,包括内部控制评价报告内容与格式不统一,内部控制缺陷认定和分类标准制定不恰当,披露不充分,缺陷认定主观性强、随意性大,评价结论不客观等。因此,2014年1月,为进一步规范上市公司内部控制信息披露,证监会在总结经验的基础上,与财政部联合发布《公开发行证券的公司信息披露编报规则指引第21号——年度内部控制评价报告的一般规定》。该规定明确了内部控制评价报告的构成要素,并针对核心构成要素(如重要声明、内部控制评价结论、内部控制评价工作情况等),逐一说明了需要披露的主要内容及相关要求。对于内部控制评价结论,该规定要求披露财务报告内部控制是否有效的结论,并披露是否发现非财务报告内部控制重大缺陷。对于内部控制评价工作情况,该规定要求公司区分财务报告内部控制与非财务报告内部控制,分别披露重大缺陷及重要缺陷的认定标准、缺陷认定和整改情况等。

2018年3月,为指导证券公司建立健全投资银行类业务内部控制,完善自我约束机制,提高风险防范能力,证监会制定并发布了《证券公司投资银行类业务内部控制指引》。该指引共8章103条,主要包括以下四方面的要求:一是聚焦投资银行类业务经营管理中的主要矛盾和突出问题,通过明确业务承做实施集中统一管理、健全业务制度体系、规范薪酬激励机制等方面的要求,着力解决业务活动管控不足、过度激励等导致投资银行类业务风险产生的根源性问题;二是突出投资银行类业务内部控制标准的统一,在充分考虑不同公司和各类投资银行业务内部控制现行标准的基础上,归纳、提炼出包括内部控制流程,持续督导和受托管理,问核、工作日志、底稿管理等适用于全行业的统一内部控制要求;三是完善以项目组和业务部门,质量控制、内核、合规、风险管理为主的"三道防线"基本架构,构建分工合理、权责明确、相互制衡、有效监督的投资银行类业务内部控制体系;四是强调投资银行类业务内部控制的有效性,细化各道防线具体履职形式,加强对投资银行类业务立项、质量控制、内核等执行层面的规范和指导,从内部控制人员配备,立项和内核等会议人员构成和比例、表决机制,现场核查等方面提出具体要求。

2020年8月,为推进上市公司分类监管、精准监管、科技监管,健全风险防控制度,提升一线监管效能,促进上市公司提高信息披露质量和规范运作水平,推动上市公司实现高质量发展,深圳证券交易所制定了《深圳证券交易所上市公司风险分类管理办法》。该办法按照上市公司风险严重程度和受监管关注程度的不同,将上市公司从高到低依次分为高风险类、次高风险类、关注类、正常类四个等级。深圳证券交易所将从财务舞弊风险、经营风险、治理及运作风险、市场风险、退市风险五个维度对上市公司风险等级进行评估分类,评级指标包括基础类指标和触发类指标。其中,基础类指标以上市公司日常运作及财务数据为基础并结合行业特点进行设置。深圳证券交易所通过对基础类指标进行不同的风险赋权,结合触发类指标计算各公司的风险值,并综合考虑公司所处行业特性、公司特性、日常监管情况等调整并确定上市公司的分类等级。

> 法律绝非一成不变的,相反,正如天空和海洋因风浪而起变化一样,法律也因情况和时运而变化。
> ——〔德〕黑格尔,《法哲学原理》

六、国资委有关内部控制的规定

为增强企业竞争力,提高投资回报,促进企业持续、健康、稳定发展,根据《中华人民共和国公司法》《企业国有资产监督管理暂行条例》等法律法规,国务院国有资产监督管理委员会于 2006 年 6 月 6 日出台了《中央企业全面风险管理指引》。该指引共 10 章 70 条,借鉴了发达国家有关企业风险管理的法律法规、国外先进的大公司在风险管理方面的通行做法,以及国内有关内部控制机制建设方面的规定,对中央企业开展全面风险管理工作的总体原则、基本流程、组织体系、风险评估、风险管理策略、风险管理解决方案、监督与改进、风险管理文化、风险管理信息系统等方面进行了详细阐述,对指引的贯彻落实也提出了明确的要求。

2018 年 11 月 2 日,为推动中央企业全面加强合规管理,加快提升依法合规经营管理水平,着力打造法治央企,保障企业持续健康发展,国务院国有资产监督管理委员会制定了《中央企业合规管理指引(试行)》(以下简称"指引")。指引所称合规,是指中央企业及其员工的经营管理行为符合法律法规、监管规定、行业准则和企业章程、规章制度以及国际条约、规则等要求;所称合规风险,是指中央企业及其员工因不合规行为,引发法律责任、受到相关处罚、造成经济或声誉损失以及其他负面影响的可能性;所称合规管理,是指以有效防控合规风险为目的,以企业和员工经营管理行为为对象,开展包括制度制定、风险识别、合规审查、风险应对、责任追究、考核评价、合规培训等有组织、有计划的管理活动。

指引明确了中央企业董事会、监事会、经理层的合规管理职责,提出中央企业设立合规委员会,与企业法治建设领导小组或风险控制委员会等合署,承担合规管理的组织领导和统筹协调工作,定期召开会议,研究决定合规管理重大事项或提出意见建议,指导、监督和评价合规管理工作。指引提出加强对市场交易、安全环保、产品质量、劳动用工、财务税收、知识产权、商业伙伴等一系列重点领域的合规管理。

根据指引,中央企业要强化海外投资经营行为的合规管理:① 深入研究投资所在国法律法规及相关国际规则,全面掌握禁止性规定,明确海外投资经营行为的红线、底线;② 健全海外合规经营的制度、体系、流程,重视开展项目的合规论证和尽职调查,依法加强对境外机构的管控,规范经营管理行为;③ 定期排查梳理海外投资经营业务的风险状况,重点关注重大决策、重大合同、大额资金管控和境外子企业公司治理等方面存在的合规风险,妥善处理,及时报告,防止扩大蔓延。

2019 年 10 月 19 日,为深入贯彻习近平新时代中国特色社会主义思想和党的十九大精神,认真落实党中央、国务院关于防范化解重大风险和推动高质量发展的决策部署,充分发挥内部控制体系对中央企业强基固本作用,进一步提升中央企业防范化解重大风险能力,加快培育具有全球竞争力的世界一流企业,国务院国资委印发了《关于加强中央企业内部控制体系建设与监督工作的实施意见》(国资发监督规〔2019〕101 号,以下简称《实施意见》)。

《实施意见》对中央企业内部控制体系建设与监督工作提出规范性要求,突出以下工作重点:一是建立健全内部控制体系。从优化内部控制体系、强化集团管控、完善管理制度、健全监督评价体系等方面,建立健全以风险管理为导向、合规管理监督为重点,严格、规范、全面、有效的内部控制体系,实现"强内控、防风险、促合规"的管控目标。二是加强内部控制体系有效执行。聚焦关键业务、改革重点领域、国有资本运营重要环节以及境外国有资产监管,加强重要岗位和关键人员在授权、审批、执行、报告等方面的权责管控,形成相互衔接、相互制衡、相互监督的工作机制,切实提高重大风险防控能力。三是强化内部控制体系刚性约束。将信息化建设作为加强内部控制体系刚性约束的重要手段,推动内部控制措施嵌入业务信息系统,推进信息系统间的集成共享,实现经营管理决策和执行活动可控、可追溯、可检查,有效减少人为违规操纵因素。四是突出"强监管,严问责"。以监督问责为重要抓手,通过加大出资人监督和企业监督评价力度,强化整改落实和责任追究工作,形成"以查促改""以改促建"的动态优化机制,促进中央企业不断完善内部控制体系。

七、财政部有关内部控制的规定

(一)企业内部控制规范体系

2006年3月5日,温家宝总理在第十届全国人大第四次会议上作《政府工作报告》时指出,我国应当"引进借鉴国外先进管理经验,规范公司治理结构,完善内控机制与管理制度,推进制度创新"。为此,按照总理要求,2006年7月15日,财政部会同有关部门发起成立具有广泛代表性的企业内部控制标准委员会,共同研究推进企业内部控制规范体系建设问题,加快推进我国企业内部控制标准体系建设。

视频讲解1-2　中国企业内部控制规范体系

2008年、2010年财政部会同证监会、审计署、银监会、保监会先后发布《企业内部控制基本规范》和《企业内部控制配套指引》,标志着我国适用于大中型企业的内部控制规范体系基本形成,主要包括基本规范、配套指引、解释公告与操作指南三个层次,如图1-3所示。其中,基本规范是内部控制体系的最高层次,起统驭作用;配套指引是内部控制体系的主要内容,是为促进企业建立、实施和评价内部控制,规范会计师事务所内部控制审计行为所提供的指引;解释公告是对内部控制规范体系实施过程中所出现的新情况和新问题的解答,是对内部控制规范体系的重要补充;操作指南是对不同行业的企业内部控制规范体系的建设方法、控制程序、实施步骤、考核办法等的具体规范,是内部控制规范体系落地具体行业、具体企业的实际应用指南,同时也是内部控制规范体系的重要组成部分。

1. 基本规范

根据财政部等五部委的文件精神,颁布《企业内部控制基本规范》的目的是加强和规范企业内部控制,提高企业经营管理水平和风险防范能力,促进企业的可持续发展,维护社会主义市场经济秩序和社会公众利益。该规范确立了我国企业建立和实施内部控制的基础框架,是我国内部控制建设的纲领性文件。它描述了建立与实施内部控制体系必须依托的框架结构,规定了内部控制的定义、目标、原则、要素等,是制定应用指引、评价指引、审计指引和企业内部控制制度的基本依据。

《企业内部控制基本规范》的主要内容可以概括为"三个五",即"五个目标""五个原则""五个要素"。其中,"五个目标"是指"合理保证企业经营管理合法合规、资产安全、财务报告及相关信息真实完整,提高经营效率和效果,促进企业实现发展战略"。这里"合理保证财务报告及相关信息真实完整"与公司年度财务报告密切相关。这表明,加强企业内部控制建设对于合理保证年报质量是极为重要的。《SOX法案》404条款主要就是

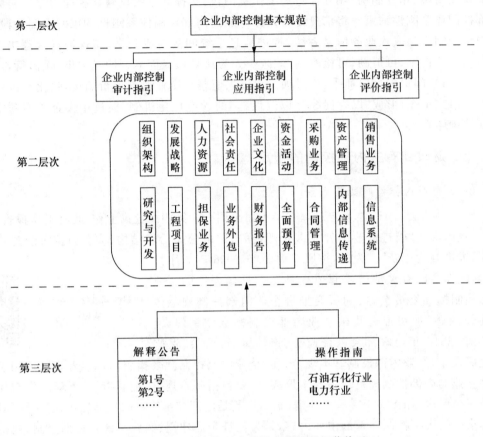

图 1-3 适用于大中型企业的内部控制规范体系

基于这方面的考虑设计的。"五个原则"是指内部控制建设应当遵循的原则,即"全面性、重要性、制衡性、适应性、成本效益"原则。"五个要素"是指企业建立与实施有效的内部控制应当包括的要素,即"内部环境、风险评估、控制活动、信息与沟通、内部监督"。该规范共七章五十条,各章分别是:总则、内部环境、风险评估、控制活动、信息与沟通、内部监督和附则。

《企业内部控制基本规范》坚持立足我国国情、借鉴国际惯例,确立了我国企业建立和实施内部控制的基础框架,并在以下方面取得了重大突破:

(1) 科学界定内部控制的内涵。强调内部控制是由企业董事会、监事会、经理层和全体员工实施的、旨在实现控制目标的过程,有利于树立全面、全员、全过程控制的理念。

(2) 准确定位内部控制的目标。要求在合理保证企业经营管理合法合规、资产安全、财务报告及相关信息真实完整,提高经营效率和效果的基础上,着力促进企业实现发展战略。

(3) 合理确定内部控制的原则。要求企业在建立和实施内部控制全过程中贯彻全面性原则、重要性原则、制衡性原则、适应性原则和成本效益原则。

(4) 统筹构建内部控制的要素。有机融合世界主要经济体加强内部控制的做法和经验,构建了以内部环境为重要基础、以风险评估为重要环节、以控制活动为重要手段、以信息与沟通为重要条件、以内部监督为重要保证,相互联系、相互促进的五个要素的内部控制框架。

(5) 开创性地建立了以企业为主体、以政府监管为促进、以中介机构审计为重要组成部分的内部控制实施机制。要求企业实行内部控制自我评价制度,并将各责任单位和全体员工实施内部控制的情况纳入绩效考评体系;国务院有关监管部门有权对企业建立并实施内部控制的情况进行监督检查;明确企业可以依法委托会计师事务所对本企业内部控制的有效性进行审计,出具审计报告。

2. 配套指引

《企业内部控制基本规范》为企业内部控制体系建设勾勒了宏观的基本框架,但没有从具体要素内涵和业务层面为企业提供具体指引。《企业内部控制配套指引》颁布的目的就是促进企业建立、实施和评价内部控制,规范会计师事务所内部控制审计行为。《企业内部控制配套指引》在遵循基本规范的定义、目标、原则和要素的基础上为企业提供更为细化和明确的操作标准,是对基本规范的进一步补充和说明,具有指导性、示范性、应用性和实操性的特点。

《企业内部控制配套指引》由《企业内部控制应用指引》(共21项,已发布18项,涉及银行、证券和保险等业务的3项指引暂未发布)、《企业内部控制评价指引》和《企业内部控制审计指引》组成。其中,应用指引是为企业按照内部控制原则和内部控制五要素建立健全本企业内部控制所提供的指引,在配套指引乃至整个内部控制规范体系中占据主体地位;评价指引是为企业管理层对本企业内部控制有效性进行自我评价提供的指引;审计指引是注册会计师和会计师事务所执行内部控制审计业务的执业准则。三者之间既相互独立又相互联系,形成了一个有机整体。

(1) 应用指引。《企业内部控制应用指引》可以划分为三类:内部环境类指引、控制活动类指引、控制手段类指引。这三类指引基本涵盖了企业资金流、实物流、人力流和信息流等各项业务及事项。内部环境是企业实施内部控制的基础,支配着企业全体员工的内部控制意识,影响着全体员工实施控制活动和履行控制责任的态度、认识及行为。内部环境类指引有5项,包括组织架构、发展战略、人力资源、社会责任和企业文化等指引。控制活动类指引是对各项具体业务活动实施的控制。此类指引有9项,包括资金活动、采购业务、资产管理、销售业务、研究与开发、工程项目、担保业务、业务外包、财务报告等指引。控制手段类指引偏重于"工具"性质,往往涉及企业整体业务或管理。此类指引有4项,包括全面预算、合同管理、内部信息传递和信息系统等指引。

(2) 评价指引。内部控制评价是指企业董事会或类似决策机构对内部控制的有效性进行全面评价、形成评价结论、出具评价报告的过程。在企业内部控制实务中,内部控制评价是极为重要的一环,它与日常监督共同构成了对内部控制制度本身的控制。《企业内部控制评价指引》的主要内容包括:实施内部控制评价应遵循的原则、内部控制评价的组织、内部控制评价的内容、内部控制评价的流程与方法、内部控制评价缺陷的认定、内部控制评价报告及其报送与披露。

(3) 审计指引。内部控制审计是指会计师事务所接受委托,对特定基准日企业内部控制设计与运行的有效性进行审计。它是企业内部控制规范体系实施中引入的强制性要求，既有利于促进企业健全内部控制体系，又能增强企业财务报告的可靠性。《企业内部控制审计指引》的主要内容包括：审计责任划分、审计范围、整合审计、计划审计工作、实施审计工作、评价控制缺陷、出具审计报告以及记录审计工作。

3. 解释公告

解释公告是财政部等五部委针对企业内部控制规范体系实施过程中出现的新情况和新问题的明确及解答，是政府监管机构对企业内部控制规范体系实施过程的监控和反馈。其发布的目的是具体解释企业内部控制规范体系实施过程中出现的问题，及时对规范体系进行有益补充，形成政策制定者与政策实施者之间的良性互动，完成规范体系试点工作，从而推动其顺利实施。

《企业内部控制基本规范》及其配套指引于2011年1月1日在境内外同时上市的公司和部分在境内主板上市的公司实施与试点。在一年的具体执行过程中，纳入实施范围的企业反映了一些问题。为此，财政部等五部委对这些问题进行了研究，并征求了有关上市公司、咨询公司等单位的意见，在此基础上制定了《企业内部控制规范体系实施中相关问题解释第1号》（简称《解释公告1号》），并于2012年2月印发。《解释公告1号》对企业内部控制规范体系的10个重要问题进行了解释，具体如规范体系的强制性与指导性关系、规范体系的实施范围、规范体系与其他监管部门规定的关系、内部控制与风险管理的关系、规范体系的政策盲区、内部控制的成本与效益、内部控制与其他管理体系的关系、内部控制缺陷的认定标准、内部控制机构设置、内部控制评价报告等。

2012年以后，企业内部控制规范体系在我国境内主板上市公司正式实施，在实施过程中出现了一些新情况、新问题，部分企业还存在理解认识上的不到位和实际执行上的偏差。为了稳步推进规范体系的贯彻实施，财政部等五部委对这些新情况、新问题进行了认真研究，并征求了有关上市公司、咨询机构和有关部门的意见，制定了《企业内部控制规范体系实施中相关问题解释第2号》（简称《解释公告2号》），并于2012年9月印发。《解释公告2号》对企业内部控制规范体系的10个重要问题进行了解释，具体如内部控制组织实施、内部控制实施的进度与重点、内部控制人才队伍培养、集团企业内部控制评价、中介机构工作、内部控制评价组织形式、内部控制缺陷处理、会计师事务所工作、内部控制审计、小型企业内部控制建设等。

4. 操作指南

尽管《企业内部控制基本规范》为我国企业内部控制的建立和实施提供了基本框架，《企业内部控制配套指引》为我国企业内部控制实施过程中的具体业务控制提供了具体的操作标准，但《企业内部控制配套指引》只是对一般生产型工业企业常见的18项业务的内部控制加以规范，而执行企业内部控制规范体系的企业数量众多、业务类型多样，且分布于各个行业，规范体系在不同行业企业的具体落实过程中仍需要操作指南加以规范和引导。因此，为了满足不同行业企业的个性化需求，对内部控制规范体系的建设方法、控制程序、实施步骤、考核办法进行行业内的具体规定，财政部启动了分行业的内部控制操作指南的编制工作，以期为各类企业建设实施内部控制规范体系提供经验借鉴和具体的实务操作指导。截至当前，财政部已经编制并发布了石油石化行业和电力行业的操作指南。

2013年12月28日,财政部根据《公司法》《会计法》《证券法》《企业内部控制基本规范》及《企业内部控制配套指引》等相关规定编制并发布了《石油石化行业内部控制操作指南》。之所以选择石油石化行业作为编制操作指南的起点,是基于以下两点考虑:第一,石油石化行业关乎国家的能源安全,是国家的经济命脉。中石油、中石化、中海油三大石油公司作为我国国民经济的重要支柱,承担着保证国家石油能源安全的重任。第二,三大石油公司作为较早在境内外同时上市的公司,自21世纪初就按照《SOX法案》的要求,遵循COSO内部控制框架,建立了较为完善的内部控制体系,同时也是实施我国企业内部控制规范体系的首批企业,积累了应对境内外资本市场严格监管的丰富经验。

该操作指南依据《企业内部控制基本规范》及其配套指引,在借鉴和吸收三家石油石化企业内部控制管理成果和具体经验做法的基础上,以内部控制五大要素为主线(以内部环境为基础,以风险评估为关键,以控制活动为重点,以信息与沟通为条件,以检查与评价为保证),以三家企业上、中、下游的主要业务为基本内容,以现代信息技术为手段,以内部控制缺陷原因分析及改进为补充,分析提出了石油石化行业内部控制的设计原则、基本思路和建设方法,总结归纳了石油石化行业公司层面和一般业务层面存在的具体风险及相应的控制措施,形成了具有石油石化行业特点的内部控制建设与实施的操作指南。该操作指南共七章,包括总论、内部环境建设、风险评估、主要业务控制活动、信息系统内部控制的应用与保障、信息与沟通、内部控制的检查与评价等。

继《石油石化行业内部控制操作指南》发布后,2014年12月,财政部又推出了《电力行业内部控制操作指南》。该指南在深入分析电力行业历史沿革、发展趋势、产业特点和管理现状的基础上,科学规划了电力企业内部控制规范体系建设路线图及实施方案。在总结发电、输配电、变电、电力建设、电力设计和其他电力辅助产业等全产业链管理经验的基础上,该指南系统地提出了建立以内部控制环境建设为基础、以分享管理控制为导向、以控制活动为手段、以信息与沟通为桥梁、以内部监督为促进的闭环运行的电力企业内部控制体系。该指南共七章,分别为:电力行业基本情况与内部控制建设背景、内部控制体系建设与运行、内部环境、风险评估、控制活动、信息与沟通、内部监督等。该指南属于参考性文件,供电网企业、发电企业、电力建设企业、电力设计企业和其他辅助性电力企业在内部控制体系的建立、实施、评价与改进工作中参考使用。由于电力行业包含发电、输电、配电、变电、电力建设、电力设计及电力辅助等多个环节,产业链覆盖电网、发电、电力建设、电力设计等多类企业,业态分布广泛,管控模式各不相同,因此各电力企业可以参考本指南提供的基本思路,结合内外部环境、发展阶段和业务规模等因素,探索建立并实施符合本企业实际的内部控制体系及内部控制操作手册。

延伸阅读1-4 《我国上市公司2018年执行企业内部控制规范体系情况分析报告》(节选)

(二)行政事业单位内部控制规范

为配合深化行政体制改革的迫切需要,积极推动和建设职能科学、结构优化、廉洁高效、人民满意的服务型政府,切实贯彻落实十八大提出的"健全权力运行制约和监督体系""让权力在阳光下运行"的工作任务,加快涉及公共财政领域的配套改革,是有效推进政治经济体制改革的重要突破口。为此,财政部于2012年11月出台了《行政事业单位内部控制规范(试行)》,并自2014年1月1日起施行。

《行政事业单位内部控制规范(试行)》的颁布与实施,标志着社会主义市场经济体制的完善,首先表现为政府职能的转变已成为现实,全行业时代推行和实施内部控制的机遇期已趋于成熟。以推行和开展有效内部控制、提升管理效率和水平为目的的科学管理机制,已开始从企业管理领域的应用,逐步拓展到包括政府公共服务管理领域在内的全社会各个领域的管理工作。

根据《行政事业单位内部控制规范(试行)》的定义,行政事业单位内部控制是指通过制定制度、实施措施和执行程序,实现对行政事业单位经济活动风险的防范和管控,包括对其预算管理、收支管理、政府采购管理、资产管理、建设项目管理以及合同管理等主要经济活动的风险控制。行政事业单位实施内部控制的具体工作包括梳理单位各类经济活动的业务流程,明确业务环节,系统分析经济活动风险、确定风险点、选择风险应对策略,在此基础上根据国家有关规定建立健全各项内部管理制度并督促相关工作人员认真执行。

《行政事业单位内部控制规范(试行)》共包括六章六十五条,前五章是对行政事业单位内部控制的具体要求,包括第一章总则、第二章风险评估和控制方法、第三章单位层面内部控制、第四章业务层面内部控制、第五章评价与监督、第六章附则(规定了其具体施行的时间)。其中,业务层面内部控制包括预算业务控制、收支业务控制、政府采购业务控制、资产控制、建设项目控制以及合同控制,涵盖了行政事业单位最主要的经济活动。

自《行政事业单位内部控制规范(试行)》发布实施以来,全国各行政事业单位积极推进内部控制建设,取得了初步成效。但也存在部分单位重视不够、制度建设不健全、发展水平不均衡等问题。为此,2015年12月,财政部印发了《财政部关于全面推进行政事业单位内部控制建设的指导意见》(财会〔2015〕24号),行政事业单位内部控制工作进入新一轮发力期。该指导意见明确强调,行政事业单位内部控制建设要坚持全面推进、坚持科学规划、坚持问题导向、坚持共同治理。其中,在坚持问题导向方面,该指导意见要求,行政事业单位应当针对内部管理的薄弱环节和风险隐患,特别是涉及内部权力集中的财政资金分配使用、国有资产监管、政府投资、政府采购、公共资源转让、公共工程建设等重点领域和关键岗位,合理配置权责、细化权力运行流程,明确关键控制节点和风险评估要求,提高内部控制的针对性和有效性。同时,该指导意见还提出了全面推进行政事业单位内部控制建设的总体目标,

延伸阅读1-5 《公立医院内部控制管理办法》解读

并确定了四项主要任务,还按照共同治理的要求,从加强组织领导、抓好贯彻落实、强化督导检查和深入宣传教育等四个方面作出部署、提出要求。

(三)小型企业内部控制规范

2017年6月,财政部正式印发《小企业内部控制规范(试行)》,这一制度的出台将填

补"大众创业、万众创新"浪潮下小企业建立健全内部控制规范体系的制度空白。

《小企业内部控制规范(试行)》包括总则、内部控制建立与实施、内部控制监督、附则等四章共四十条。在内部控制建立与实施方面，规范主要明确了小企业内部控制建立与实施工作的总体要求，风险评估的对象、方法、内容、方式、频率，特别说明了小企业常见的风险类别、常用的风险应对策略，明确了小企业建立内部控制的重点领域、常见的内部控制措施等。

当前，小企业的良好发展已经成为推动我国经济转型升级的重要力量，引导和推动内部控制建设，对于小企业尤其是小型上市公司而言，在提高管理水平、降低经营风险、减少各类经济损失，以及降低因内部控制本身而带来的成本负担和效率损失，促进小企业健康成长和科学发展等方面，具有重要的战略意义。

其时，除主板上市公司之外，中小板、创业板上市公司并未纳入《企业内部控制基本规范》及其配套指引的强制实施范围，而是自愿参照《企业内部控制基本规范》及其配套指引开展内部控制建设和实施，这些企业在参照执行的过程中，出现了适用性不强、实施成本过高等问题。对此，此次发布的《小企业内部控制规范(试行)》在设计时就考虑到小企业的需求，例如对小企业内部控制采用"实质重于形式"的原则，意味着小企业不用拘泥于具体的形式和手段，只要实现控制目标即可。再如，对于部分内部控制手段采用非强制性要求，便于小企业采用最符合自身实际情况的手段开展内部控制工作，切实为小企业降低成本。对于非上市的小企业而言，《小企业内部控制规范(试行)》的定位是为小企业在建设和实施内部控制体系时提供指南及参考性标准，由小企业自愿选择采用，不要求强制执行，目的是引导小企业建立和有效实施内部控制，提高小企业的经营管理水平和风险防范能力，推动我国广大小企业规范健康发展。

本章小结

现代内部控制作为一个完整的概念，于 20 世纪 30 年代被首次提出。此后，内部控制理论不断完善，逐渐被人们了解和接受。具体来说，内部控制理论和实务经历了大致五个发展阶段：内部牵制阶段、内部控制制度阶段、内部控制结构阶段、内部控制整合框架阶段、风险管理整合框架阶段。

内部控制制度作为组织内部的一种制度安排，对于企业合理支配和利用资源、有效应对风险从而实现价值创造的终极目标具有不可估量的作用。它是企业实现管理现代化的科学方法，是防治会计信息失真的有效途径，是遏制经济犯罪的必要手段。

20 世纪 90 年代以来，在借鉴其他国家和经济组织内部控制规范的基础上，我国内部控制从无到有，取得了迅猛发展，内部控制的法规也在日臻完善。其中最重要的是 2008 年、2010 年财政部会同证监会、审计署、银监会、保监会先后发布的《企业内部控制基本规范》和《企业内部控制配套指引》，这标志着我国适用于大中型企业的内部控制规范体系基本形成，主要包括基本规范、配套指引、解释公告与操作指南三个层次。

即测即评

学完本章内容后,学生可扫描左侧二维码完成客观题测验(共包含 10 个单选题、5 个多选题、5 个判断题),提交结果后即可看到答案及相关解析。

 思考题

1. 内部控制理论的发展经历了哪些阶段?其标志性成果是什么?
2. 为什么说内部牵制制度有其合理性?
3. COSO 报告中如何定义内部控制的概念?"过程"反映了内部控制的什么特征?
4. 分析 COSO 前后两份报告的联系和区别。
5. 建立和实施内部控制的现实意义有哪些?
6. 请对"《企业内部控制基本规范》是中国版的《SOX 法案》"这一说法进行评述。
7. 请简要说明 COSO《内部控制——整合框架》报告的最新进展。
8. 请简要说明我国适用于大中型企业的内部控制规范体系。
9. 请阐述财政部制定并颁布《行政事业单位内部控制规范(试行)》的意义。
10. 为什么财政部又制定并出台了《小企业内部控制规范(试行)》?

 案例分析

企业内部控制——生死攸关的大事

从 2018 年开始,中国众多企业陷入困境,就连万达集团、海航集团都要依靠变卖资产求生。还有众多企业甚至未能成功渡过难关,永远地倒下了。那么,这些企业究竟为何纷纷倒下了呢?

内部控制是一个企业重要的根本,是其生死攸关的大事。没有有效的内部控制制度的支撑,任何企业都像在高空中走钢丝,随时可能掉下来。下面列举了 2018 年以来中国破产的部分企业。①

1. 渤海钢铁集团

2018 年 8 月 24 日,天津市高级人民法院正式裁定受理债权人天津赛瑞机器设备有

---

① 案例企业资料主要节选自以下来源:(1) 朱邦凌,"2018 最大破产案:世界 500 强渤海钢铁轰然倒下,负债 1920 亿",网易 2018 年 12 月 31 日;(2) 贤笔与心,"从曾经百亿企业到负债 30 多亿——看富贵鸟兴衰之路",腾讯新闻 2020 年 8 月 1 日;(3) 券商中国,"暴风集团终退市 400 亿市值灰飞烟灭 创始人被捕总部失联",新浪财经 2020 年 8 月 29 日。

限公司提出对渤海钢铁集团破产重整的申请,备受关注的渤海钢铁集团正式进入破产重整程序,这意味着其重组改制迈出了关键一步,股权债权处置走上了市场化、法治化之路。债权人包括北京银行天津分行等105家银行业金融机构和类金融机构,北方信托、天津信托、国民信托等多家信托公司亦牵涉其中。据公开资料统计,三家信托所涉集合信托项目规模合计逾20亿元。

2015年,国内钢铁行业陷入整体低迷状态,渤海钢铁集团的债务危机随之爆发。2016年3月,渤海钢铁集团突然爆出负债1920亿元的消息,让这家国有企业一夜出名。危机爆发后,渤海钢铁集团的内部管理问题也被逐渐揭开。媒体报道,在对渤海钢铁集团及下属子公司的巡视中发现,渤海钢铁集团存在"以钢吃钢"的现象,一些领导人员利用职权和掌握的资源设租寻租,围猎国有资产。报告还指出,公司内部监管漏洞多,对资金、资产、资源、资本和工程项目的管理缺失缺位,造成国有资产流失。

2. 富贵鸟

2019年8月26日,已经停牌三年的富贵鸟正式宣布退市,在资本市场上画上了句号,中国曾经一代鞋王就此陨落!

1991年,富贵鸟正式成立,经过20多年的发展,从一家仅有几十名员工的小企业发展成为近万员工的大企业,2011年其品牌价值被估值90.82亿元,1998—2012年获"首届中国鞋王""中国真皮鞋王""中国驰名商标"等众多奖项。2013年,富贵鸟赴港上市,但是资本的道路并非富贵鸟的康庄大道。2013—2014年,富贵鸟整体营业收入呈现稳步增长的趋势,前途似乎一片光明。然而从2015年开始,富贵鸟业绩开始下滑,2015—2016年公司净利润分别为3.92亿元、1.63亿元;2017年转亏,净损失为1088.7万元,从增长放缓一路跌入亏损境地。2018年4月,富贵鸟发生债券违约。上市六年,一半时间处于停牌状态,最终于2019年8月正式宣布破产退市。

3. 暴风集团

2020年8月28日,由于持续未披露2019年年报,暴风集团触发退市情形,深圳证券交易所决定暴风集团股票终止上市。这只曾在40天内创造出36个涨停板"神话"并达到400亿元市值的股票,如今市值只剩下4.88亿元。

生态建设失败、业绩亏损、创始人被捕、总部失联、高管集体离职、员工被遣散、机构陷入诉讼、游资火中取栗爆炒股价……"暴风"后一地鸡毛。

2015年,作为第一家拆解VIE(可变利益实体)结构回归A股的互联网公司——暴风集团登陆创业板。正好赶上牛市,同时在"互联网+"、暴风魔镜、VR(虚拟现实)等概念的加持下,公司在上市后40天内拉出36个涨停板,一度被市场封为涨停板"神话",在2015年5月末股价达到327.01元,涨了40多倍,市值达到400亿元以上。

从2018年开始,公司业绩出现恶化。暴风集团2018年归母净利润亏损高达10.9亿元,主要原因在于暴风TV的亏损。随后公司业绩持续亏损,根据2019年第三季报数据显示,截至9月30日,暴风集团净亏损3.86亿元。

根据上述案例,结合你对内部控制的理解,回答以下问题:

(1) 为什么内部控制对于企业来说生死攸关？
(2) 你认为应该如何避免企业破产？

技能训练题

请分行业收集并整理最近五年经营失败（包括破产、退市等情形）的中国上市公司案例，并分组从内部控制的角度分析其经营失败的主要原因。

21世纪经济与管理规划教材

财务管理系列

第二章

内部控制基本理论

【引言】

本章主要依据《企业内部控制基本规范》介绍了内部控制的定义、本质、目标、类型、对象、要素等一系列基本理论问题,同时明确了内部控制建立和实施的原则,指出内部控制具有局限性。

【学习目标】

完成本章的学习后,您将能够:
1. 理解内部控制的定义和本质;
2. 掌握内部控制的目标,理解内部控制的类型;
3. 理解内部控制的对象,熟悉内部控制的要素;
4. 理解内部控制建立和实施的原则,掌握内部控制的局限性。

案例引入
浦发银行成都分行因内部控制失效而收巨额罚单

在浦发银行成都分行涉及千亿不良贷款腾挪曝光9个月后,银监会开出了2018年第一张罚单,经银监会查实,浦发银行成都分行为掩盖不良贷款,违规办理信贷、同业、理财、信用证和保理等业务,向1493家空壳企业授信775亿元,四川银监局依法对浦发银行成都分行罚款4.62亿元,浦发银行内部问责近200人。

银监会表示,此案暴露出浦发银行成都分行存在诸多问题:一是内部控制严重失效。该分行多年来采用违规手段发放贷款,银行内部控制体系未能及时发现并纠正。二是片面追求业务规模的超高速发展。该分行采取弄虚作假、炮制业绩的不当手段,粉饰报表、虚增利润,过度追求分行业绩考核在总行的排名。三是合规意识淡薄。为达到绕开总行授权限制、规避监管的目的,该分行化整为零,批量造假,以表面形式的合规掩盖重大违规。此外,该案也反映出浦发银行总行对分行长期不良贷款为零等异常情况失察、考核激励机制不当、轮岗制度执行不力、对监管部门提示的风险重视不够等问题。

"浦发银行成都分行不良贷款掩盖事件,暴露出的不仅仅是浦发银行的问题,也是众多银行存在的问题,即在追求业绩的情况下如何做好内部风险控制。"前述商业银行管理人士称,无论是此次浦发银行成都分行有组织地集体腾挪不良资产,还是此前广发银行内外部人士勾结,通过同业资金运作掩盖百亿元坏账,都暴露出了目前银行业内部控制体系的脆弱。

资料来源:张燕,"浦发银行成都分行'有组织的造假案件'曝光 '零不良'神话破灭",《中国经济周刊》2018年第5期。

那么,内部控制究竟是一种什么机制?组织要通过内部控制达成什么样的目标?内部控制包含哪些内容和要素?为了保障控制目标的实现,内部控制在建立和实施过程中要遵循哪些原则?为什么内部控制不能绝对保证组织不出任何问题?它的局限性又体现在哪些方面?本章将为你解答这些问题。

第一节 内部控制的定义与本质

> 一个国家乃至一个民族,其衰亡是从内部开始的,外部力量不过是其衰亡前的最后一击。
> ——〔英〕阿诺尔德·约瑟·汤因比,著名历史学家

一、内部控制的定义

内部控制是指为确保实现企业目标而实施的程序和政策。内部控制的产生和发展

总是与社会生产力和人类经营管理方式等因素密切相关的,由于经济、政治及其法律等背景的影响以及各领域发展的不均衡,不同的组织和机构基于不同的角度与层次,对内部控制的定义有着不同的理解和认识。以下为美国、英国、加拿大及我国对内部控制的定义。由于美国COSO对内部控制的定义已在第一章中详述,故本章不再重述。

（一）美国PCAOB对内部控制的定义

美国公众公司会计监督委员会(PCAOB)发布的《审计准则第2号》规定,注册会计师对企业财务报告进行审计必须关注财务报告内部控制,同时管理层应该对企业内部控制作出评估。所谓财务报告内部控制,是指在企业主要的高级管理人员、主要财务负责人或行使类似职能的人员的监督下设计的一套流程,并由公司董事会、管理层和其他人批准生效。该流程可以为财务报告的可靠性及根据公认会计原则编制的对外财务报表提供合理保证,它包括如下政策和程序：① 保证以合理的详尽程度、准确和公允地反映企业交易与资产处置的有关记录；② 为按照公认会计原则编制财务报表记录交易,以及企业的收入和支出是按照管理层与公司董事会的授权执行,提供合理的保证；③ 为预防或及时发现对财务报表有重大影响的未经授权的企业资产的购置、使用或处理,提供合理保证。可见,PCAOB所规定的财务报告内部控制的定义也属于会计控制的范畴。

（二）英国《Turnbull指南》中的内部控制框架

从英国历史变迁的视角看,其内部控制的发展离不开公司治理研究的推动。其中,卡德伯利报告(Cadbury Report,1992)、哈姆佩尔报告(Hampel Report,1998)和特恩布尔报告(Turnbull Report,1999)堪称英国内部控制发展过程中的三大里程碑。而特恩布尔报告作为英国《公司治理委员会综合准则》的操作指南尤其值得一提,因此也被称为《Turnbull指南》。

《Turnbull指南》中的内部控制框架与COSO较为相似,其也把控制分为经营、财务和合规三个方面,同时还给出了与COSO相似的内部控制元素,包括风险评估、控制环境、控制活动、信息和沟通、监控。《Turnbull指南》的特点是更加关注风险与控制的关系并对这种关系进行着重阐述。该指南把风险管理、内部控制和商业目标联系起来,指出：风险管理是企业每个人的责任；董事会应当在获得信息和作出承诺的基础上仔细检查企业制度的有效性,并在遇到风险时快速作出反应；企业应当强调内部审计的职能,以确保经营目标的实现。

（三）加拿大CoCo委员会对内部控制的定义

加拿大特许会计师协会(CICA)下属的控制基准委员会(The Criteria of Control Board,简称CoCo委员会)专门对控制系统的设计、评估和报告进行研究,并发布相关指南。其中,CoCo委员会于1995年发布的《控制指南》(*Guidance on Control*,简称《CoCo指南》)将"内部控制"的定义扩展到"控制"：控制是将一个企业中包括资源、系统、过程、文化、结构和任务等在内的要素结合在一起,支持并实现企业目标的过程。该定义有四个要点：① 控制需要全员参与,包括董事会、经理层和所有员工；② 控制只对企业目标的实现提供合理保证,而不是绝对保证；③ 控制的最终目标是创造价值,而不是单纯地控制成本；④ 有效的控制需要保持独立性和整体性、稳定性和环境适应性之间的平衡。

（四）我国对内部控制的定义

我国财政部联合其他四部委于 2008 年 6 月发布的《企业内部控制基本规范》指出，"内部控制是由企业董事会、监事会、经理层和全体员工实施的、旨在实现控制目标的过程"。可见，我国对于内部控制的定义主要借鉴了 COSO 报告的精神。

为了更好地理解这个定义，我们有必要对这一定义作进一步的说明：

第一，内部控制的主体属于企业的内部人员，即内部控制来自企业的内部需求。如果控制者来自企业外部，那么由其对企业实施的控制就属于外部控制，如税务控制、政府审计控制。在实施内部控制过程中，上至董事长，下至基层员工，人人都应该成为内部控制的实施主体，即应强调"全员控制"的理念。

第二，内部控制的建立与实施是有目的的，即实现控制目标。内部控制的目标不仅包括报告目标，还包括经营目标和战略目标等，即应强调"全面控制"的理念，而不仅仅是会计控制。内部控制的目标将在本章第二节中详细介绍。

第三，内部控制只能为上述目标的实现提供"合理保证"而非"绝对保证"。"合理保证"意味着内部控制制度的设计和执行并不代表可以"包治百病"，也不意味着企业可以"万事无忧"，只是有内部控制制度的企业相对而言要比没有内部控制制度的企业更不容易发生错误和舞弊，执行得好的企业一般要比执行得不好的企业更有效率。

第四，内部控制是一个动态的过程，即从整体控制看，包括制度设计、制度执行和制度评价（即对制度设计和执行情况的监督检查）等阶段；从业务控制看，一般应采取事前控制、事中控制和事后控制等措施，即应强调"全程控制"的理念。

资料介绍

其他内部控制定义

2010 年 8 月，中国保监会印发了《保险公司内部控制基本准则》，指出"内部控制是指保险公司各层级的机构和人员，依据各自的职责，采取适当措施，合理防范和有效控制经营管理中的各种风险，防止公司经营偏离发展战略和经营目标的机制和过程"。

2012 年 11 月，财政部印发了《行政事业单位内部控制规范（试行）》，指出"内部控制是指单位为实现控制目标，通过制定制度、实施措施和执行程序，对经济活动的风险进行防范和管控"。

2014 年 9 月，中国银监会印发了修订后的《商业银行内部控制指引》，指出"内部控制是商业银行董事会、监事会、高级管理层和全体员工参与的，通过制定和实施系统化的制度、流程和方法，实现控制目标的动态过程和机制"。

二、内部控制的本质

内部控制广泛存在于社会各类型组织中，包括企业、政府机关、非营利性组织等。内

视频讲解 2-1　内部控制的本质

部控制的本质与组织关系有着密不可分的联系,由于组织关系存在契约关系与科层关系两种形式,因此内部控制的本质也可以从制衡、监督与激励三个侧面进行反映。[①] 下面以企业为例分别阐述内部控制本质的三个方面。

(一) 内部控制的本质之一:制衡

企业在设立时会形成一种契约关系,此时所形成的企业内部控制的本质是制衡。制衡实际上是平等签约的各方在权利、义务上的相互牵制或制约。在企业设立时,政府、所有者、经营者、员工这四个不同主体提供了四种不同要素,而这四种要素又是完全不同质的,这就意味着每一个要素都是不可或缺的,四个主体在法定权利上都是平等的,缺少了任何一个要素或者任何一个主体不参与到企业之中,企业就不可能存在和运转下去。既然如此,这四个主体就是处于一个平行层次的不同权利主体,谁都没有在法律上的特殊权力,因此这四个主体是相互制衡的。制衡不仅表现在设立契约的各要素提供主体之间,也表现在各要素提供主体内部。政府作为环境要素的提供主体存在于企业之外,所以不在分析之列。所有者之间、经营者团队内部和员工之间都存在平等的契约关系。就所有者之间而言,尽管他们提供的都是资本,具有同质性,但是从数量上说,缺少了任何一个所有者提供的资本量,企业都不可能设立并运行;就经营者团队内部和员工之间而言,他们或者提供的要素具有不同质性,或者提供同质的要素在量上具有不可缺少性,缺少了任何一个主体,企业都不可能运行。因此,他们具有地位上的相互平等性,这就决定了他们必须采取制衡的方式维护各自的利益。同时,不同所有者、经营者团队的不同角色以及不同岗位的员工都有自身的利益诉求,在追求自身利益最大化的过程中也可能侵蚀他方的利益,为此必须通过相互制衡防止这种行为的发生。

案例 2-1　一人兼四职,三九集团破产中的权力"失衡"

三九集团的前身是 1986 年退伍军人赵新先创立的南方制药厂。1991 年,中国人民解放军总后勤部出资 1 亿元从广州第一军医大学手中收购了南方制药厂,成立了以三九医药、三九生化和三九发展为一体的三九集团,总资产达 200 多亿元。此后,三九集团为加快发展偏离了经营医药的主业,斥巨资投向房地产、进出口贸易、食品、酒业、金融、汽车等领域,承债式收购了近 60 家企业,累积了大量的债务风险。涉足过多陌生领域且规模过大,难以实施有效管理,给集团带来巨大的财务窟窿。截至 2003 年年底,三九集团及其下属公司欠银行 98 亿元。2005 年 4 月 28 日,为缓和财务危机,三九集团不得不将旗下上市公司三九发展卖给浙江民营企业鼎立建设集团,三九生化卖给山西民营企业振兴集团。自此"三九系"这一词汇从历史上消失了。

三九集团从风光一时到陷入破产危机,暴露出了制度弊端、风险意识缺失、管理迷

---

① 关于内部控制的制衡与监督本质的阐述,主要参考谢志华,"内部控制:本质与结构",《会计研究》2009 年第 12 期。

失、财控不足等诸多内部控制方面的问题。尤其是在"家长制"管理制度下,过于集中的权力让三九集团的治理结构设置形同虚设。在长达二十多年的时间里,赵新先在三九集团中占据着绝对主导的地位,他超越了一切制度的约束,以他的意志作为决策依据。赵新先一人身兼四职,包括党委书记、总裁、董事长、监事会主席,三九集团无论在公司运营、企业管理还是在人事任免上,都更像一家"赵氏企业","一言堂"的决策机制并没有随着企业规模的迅速扩大而得到改变。在这种机制下,赵新先的个人决策失误能够直接导致企业的失败,集团经营风险极大。赵新先的独断专行,正是权力集中而无法实现制衡的表现。

资料来源:改编自王娜、王晓杰,"国有企业内部控制问题研究——以三九集团为例",《中小企业管理与科技(下旬刊)》2013年第7期。

(二)内部控制的本质之二:监督

企业在运行时会形成科层的等级关系,此时所形成的企业内部控制的本质是监督。监督实质上是依靠科层权力等级进行的。因为在科层体系中高层权力者作出决策,低层执行者必须保证决策的执行,所以监督是单向的,是高层对低层的控制。这显然与制衡不同,首先,制衡是各主体之间的一种平等的权利关系;其次,各主体之间是一种牵制或者制约关系,它表现为双向性或多向性。在科层体系中,高层权力者既是决策者又是监督者,低层执行者既是决策执行者又是被监督者。从决策者与执行者的关系来看,他们表现为委托-代理关系。由于委托人与代理人的目标函数不一致,并且双方又存在信息不对称,因此就产生了委托-代理问题。委托人既需要充分发挥代理人的专业优势,又期望实现自身利益最大化,唯一的方法就是对代理人实行控制,而代理人私人信息的存在(即信息不对称)是有效控制的障碍。信息不对称会产生逆向选择和道德风险。由此可见,内部控制产生的本源就是委托-代理问题,同时信息不对称(包括逆向选择和道德风险)是内部控制要解决的核心问题,因此必须通过监督的方式防止逆向选择和道德风险的发生。

制衡和监督有着天然的关系,表现为没有制衡,监督就难以有效地发挥作用。这主要反映在两个方面:首先,制衡是解决监督体系中最高权力者无法监督问题的唯一途径,而这一问题不被解决,监督体系就有可能完全或部分失灵。监督的特征是必须依靠高层次的权力监督低层次的权力,而最高权力者无人可能再监督。既然不能用再监督的方式,就只能选择制衡的方式,也就是在最高权力层次实行分权而治,形成分权主体之间的相互制约或相互牵制。只有通过分权而治使最高权力主体的运行合理、有效,依科层体系而形成的监督体系才能合理、有效。其次,监督的效率往往也受制于制衡的有效性。在公司制企业中,各投入要素的主体之间相互制衡,可以使各要素主体侵蚀其他要素主体的行为减少,从而减少监督的必要;在公司制企业中,不同要素投入主体内部的相互制衡,也会减少不同要素投入主体内部各成员侵蚀其他成员的行为,从而减少监督的必要。更为重要的是,在一个相互制衡的体系中,各分权主体对同一事项、行为在分权的前提下,以流程为载体,又把分权而治的事件、行为协同起来,产生期望的整体效应最大化。

在这一相互关联的流程运转中,不仅各环节相互制衡,而且信息的公开程度高,各制约或牵制的主体之间会因相互的知情权而难以进行侵蚀行为。即使存在各主体共同的侵蚀行为,也会在监督体系发挥作用时找到破绽。在依科层体系而形成的监督中,所着力解决的是各个层次的群体侵蚀行为。

(三) 内部控制的本质之三:激励

如前所述,内部控制产生的本源就是委托-代理问题,内部控制要解决的核心问题是信息不对称(包括逆向选择和道德风险),但是除通过监督的方式防止逆向选择和道德风险的发生之外,我们还可以采取激励机制解决决策者与执行者之间的信息不对称问题,如对经营者进行绩效考核,实行利益挂钩,采用股票期权或年薪制等,使执行者能够主动、有效地执行决策。除此之外,企业文化建设也能发挥激励作用。良好的企业文化是企业中的黏合剂,能够凝聚人心,促使企业内部人员积极主动地去防控风险。

案例 2-2   锦化分厂串通舞弊案

38岁的程某是锦化化工集团氯碱股份有限公司(简称锦化氯碱)聚醚分厂8万吨环氧丙烷车间工段长。程某在任职期间,发现在对本厂丙烯(环氧丙烷原料)回收装置的尾气排放进行控制后,可使丙烯消耗降低,进而提高环氧丙烷产量,产生超过公司计划的"余量"。于是在休假期间,他与本单位职工陈某(在逃)预谋,勾结锦化氯碱聚醚分厂相关人员,利用各自在职务上的便利条件,窃取尚未被公司具体掌握的这部分"余量"。

自2002年3月至2006年1月,以程某、陈某、封某为首的犯罪团伙预谋后,勾结锦化集团的个别相关分厂的车间主任、车间班长、工人以及保卫处安保人员、货门监控员等人,利用其熟知的生产、保管、销售等便利条件,先后作案100余起。主犯程某与封某参与盗窃环氧丙烷3180余吨,价值约3449万元;盗窃聚醚322吨,价值约462万元;总价值约3911万元。二人分别获得赃款1000余万元和100余万元。案发后警方依法扣押、追缴程某非法所得赃款807万元。

可见,程某等人的串通合谋行为形成"侵占国有资产一条龙",破坏了不相容职务相分离控制所蕴含的制衡作用,使内部控制制度归于无效。

资料来源:李晓慧,"构建动态调整的内部控制机制——由锦化集团内部盗窃案引发的思考",《财务与会计(综合版)》2008年第3期。

通过前文的分析,我们可以将内部控制的本质以一个简洁的等式加以概括,即"内部控制=制衡+监督+激励"。内部控制形式上表现为组织的制度安排,但其有效落实最终还是依赖于人,因此,抓住人性的特征来设计内部控制也是内部控制建设的关键所在。人性具有两面性,既有善的一面,也有恶的一面。要实现组织目标,需要利用恰当的制度设计以抑制人性中恶的一面,这也正是制衡和监督成为内部控制本质的原因所在;同时,恰当的制度设计还应有利于激发人性中善的一面,即体现内部控制本质之激励。因此,从人性的角度而言,内部控制有其存在的必要性,内部控制的本质与人的两面性特征相切合。

第二节 内部控制的目标与类型

> 目标管理的最大好处是,它使管理者能够控制他们自己的成绩。这种自我控制可以成为更强劲的动力,推动他们尽最大的力量把工作做好。
>
> ——〔美〕切斯特·巴纳德,管理学家

一、内部控制的目标

目标是主体在一定时间内期望达到的成果。德鲁克认为,不是有了工作才有目标,而是有了目标才能确定每个人的工作。高层管理者在确定组织目标后,必须对其进行有效的分解,使其转变为各个部门的分目标,管理者再根据分目标对下级进行考核。只有完成了分目标,企业的总目标才有完成的希望。就内部控制而言,确立控制目标并逐层分解目标是控制的开始,内部控制的所有方法、程序和措施无一不是围绕着目标展开的,如果没有目标,内部控制就会失去方向。因而从某种意义上讲,目标也是一种控制手段。

我国《企业内部控制基本规范》规定,内部控制的目标是合理保证企业经营管理合法合规、资产安全、财务报告及相关信息真实完整,提高经营效率和效果,促进企业实现发展战略。上述目标是一个完整的内部控制目标体系不可或缺的组成部分,然而,由于所处的控制层级不同,各个目标在整个目标体系中的地位和作用也存在差异。

资料介绍

其他规范涉及的内部控制目标

2010年8月,中国保监会印发了《保险公司内部控制基本准则》,指出保险公司内部控制的目标包括行为合规性目标、资产安全性目标、信息真实性目标、经营有效性目标和战略保障性目标。

2012年11月,财政部印发了《行政事业单位内部控制规范(试行)》,指出"单位内部控制的目标主要包括:合理保证单位经济活动合法合规、资产安全和使用有效、财务信息真实完整,有效防范舞弊和预防腐败,提高公共服务的效率和效果"。

2014年9月,中国银监会印发了修订后的《商业银行内部控制指引》,指出商业银行内部控制的目标包括:保证国家有关法律法规及规章的贯彻执行;保证商业银行发展战略和经营目标的实现;保证商业银行风险管理的有效性;保证商业银行业务记录、会计信息、财务信息和其他管理信息的真实、准确、完整和及时。

(一)战略目标

> 凡事预则立,不预则废。
> ——《礼记·中庸》

促进企业实现发展战略是内部控制的最高目标,也是终极目标。企业战略是与企业目标相关联并且支持其实现的基础,是管理者为实现企业价值最大化的根本目标而针对环境作出的一种反应和选择。一个企业为实现其战略目标,首要的任务是在分析内外部环境的基础上制定战略,明确战略目标;其次是在对风险进行识别、评估并制定相应风险应对措施的基础上形成战略规划;最后,需要将该战略目标分解成相应的子目标,再将子目标层层分解到各个业务部门、行政部门和生产过程。鉴于企业战略实现的重要性与复杂性,所有内部控制行为首先必须围绕促进企业实现发展战略这一目标展开。

延伸阅读 2-1 戴尔公司的成本优势战略与微软公司的产品差异化战略

案例 2-3 三株大事记

1994年8月,以吴炳新为首的济南大陆拓销公司和其子吴思伟的南京克立公司合并,成立了济南三株实业有限公司(简称三株),三株口服液同时宣告研制成功,第一年的销售额即达到1.25亿元。

1995年,三株利用其四级营销体系挺进农村市场。同年,三株在《人民日报》上刊出了第一个"五年规划",吴炳新提出的目标是:销售额在1995年达到16亿至20亿元,1996年达到100亿元,1997年达到300亿元,1998年达到600亿元,1999年争取达到900亿元。

1996年,三株的销售额达到了80亿元,而农村市场的销售额占到了三株总销售额的60%。在鼎盛时期,三株在全国所有大城市、省会城市和绝大部分地级市注册了600家子公司,在县、乡、镇有2000个办事处,各级营销人员总数超过15万人。与此相应的是,公司内部部门林立、层级繁多。

1997年上半年,三株开始向医疗、精细化工、生物工程、材料工程、物理电子及化妆品等行业发展,一口气吞下20多家制药厂,投入资金超过5亿元。

1998年5月,社会上传言,三株已向有关方面申请破产,由于欠下巨额贷款,其申请最终未被批准,吴炳新否认了这一传闻。

2000年,三株企业网站消失,全国销售近乎停止。

资料来源:吴晓波,《大败局Ⅰ》,浙江大学出版社2019年版。

在企业战略的制定和实施过程中,企业的内部控制体系须确保完成以下任务:

(1)由公司董事会或总经理办公会制定总体战略,由股东大会表决通过,根据外部环境和内部机构的变化不断调整战略目标,在制定目标的过程中企业战略应在企业风险容忍度之内。

(2) 将企业战略按阶段和内容划分为具体的经营目标,各项经营活动应围绕经营目标开展。

(3) 根据既定的企业战略实施方案进行资源分配,使组织、人员、流程与基础结构相协调,以便促成战略的实施。

(4) 为企业战略分解后的各级指标提供可计量的基准,根据这些指标的实现程度和实现水平对从事各项活动的主体进行绩效考核。

案例 2-4　　　　　　　　从中航油新加坡事件看战略风险

从内部控制的发展轨迹可以看出,内部控制从以往单纯的以"纠错防弊"为目的发展到现在的以保障"企业实施战略"为目的,是经济发展和环境变化的必然趋势。中国航油新加坡股份有限公司(以下简称"中航油新加坡")以巨亏的事实充分说明了这一趋势的迫切性和重要性。

中航油新加坡成立于 1993 年,是中国航油集团的海外控股子公司,该公司凭借对国内进口航油市场的实质性垄断,净资产由 1997 年的 16.8 万美元增至 2003 年的 1.28 亿美元,6 年间增长了 761 倍。然而 2004 年 11 月,中航油新加坡突然向新加坡最高法院申请破产保护,原因是公司此前的石油衍生品交易出现约 5.5 亿美元的巨额亏损。作为一家上市公司难道没有人从其财务报表中洞察出潜在的风险、错误和舞弊吗?但通过审核中航油的内部控制并查阅其审计报告,并没有发现错误和舞弊现象。究其根本,当今的财务会计以权责发生制为确认基础,以历史成本为计量属性,这种模式使得财务报告无法反映衍生品价格频繁变动的状况和其隐含的潜在损失或收益,即便财务报告充分可靠也无法揭示和控制其中的风险。"纠错防弊"型的内部控制架空了这种风险。

然而,如果从"企业战略"视角考虑此问题,中航油作为负责中国大部分航空燃油进口的国有控股公司,其首要的战略目标是在控制采购成本的情况下,稳定地向国内航空体系供应燃油。但中航油借助其可以在境外期货市场从事套期保值业务的资格,大量从事场外的石油期权买卖,并且出售的是看涨期权,而不是通过买入看涨期权来锁定价格控制采购成本,达到套期保值的目的(理论上,看涨期权的卖出方盈利有限而亏损无限,买入方亏损有限而盈利无限),并且交易数量大大超过其交收能力。因此,中航油的交易行为偏离了企业的战略方向,在隐瞒股东和架空风险管理委员会权力的条件下大大增加了公司的战略风险,最终酿成了 5.5 亿美元的巨亏。

资料来源:乔跃峰,"内部控制从纠错防弊导向到实施战略导向",《会计师》2010 年第 9 期。

(二) 经营目标

经营目标即实施内部控制要提高经营的效率和效果。效果可以理解为"做正确的事",效率可以理解为"正确地做事"。现代企业的根本目标应该是实现资本保值增值、维护股东利益,这一目标决定了着眼于企业营运效率和效果的经营目标在企业内部控制目标体系中占有支配地位,并发挥主导作用。经营目标是企业实现战略目标的核心和关键,战略目标是与企业使命有关的总括性目标,它需要通过分解和细化为经营目标才能得以落实,没有经营目标,战略目标制定得再好也没有任何意义。

经营目标需要反映特定企业自身及所处特定经济环境的特点,全面考虑产品质量的竞争压力、产品的生产周期,或者与技术变化有关的其他因素。管理层必须确保经营目标反映了现实与市场要求,并且有明确的绩效衡量指标。经营目标明确,且与子目标衔接良好,是企业经营成功的基本前提。经营目标引导企业的资源流向。经营目标不明确或不成熟,会造成企业资源的浪费。通常情况下,合理的内部控制能够提高企业的经营效率和效果,提高单位时间产量,优化产品质量。一个良好的内部控制可以从以下三个方面提高企业的经营效率和效果:

(1) 组织精简、权责划分明确,各部门之间、各工作环节之间密切配合、协调一致,充分发挥资源潜力,充分有效地使用资源,提高经营绩效。

(2) 建立良好的信息和沟通体系,使会计信息及其他方面的重要经济管理信息快速地在企业内部各个管理层次和业务系统之间有效地流动,提高管理层经济决策和反应的效率。

(3) 建立有效的内部考核机制,能够对经济效率的优劣进行准确的考核,实行企业对部门考核、部门对员工考核的二级考核机制,并将考核结果落实到奖惩机制中去,对部门和员工起到激励和促进的作用,提高工作的效率和效果。

> **资料介绍**
>
> ### COSO 的《舞弊财务报告:美国公司的分析(1987—1997)》
>
> 为了进一步推进反舞弊的斗争,COSO 展开了一项实证研究。该研究从 1987 年至 1997 年间被美国证监会(SEC)认定为提供了舞弊财务报告的公众公司中随机选取 200 家公司,对这些公司的近 300 个财务报告舞弊案例进行统计分析,旨在捕获有关舞弊公司的特征、典型的舞弊手法等信息,从而为打击舞弊财务报告奠定基础。
>
> COSO 致力于此项研究的根本目的在于防止舞弊并力求解决下列问题:谁在进行舞弊?舞弊的性质、种类和技术手段是什么?1999 年,COSO 委员会完成了研究并发布了《舞弊财务报告:美国公司的分析(1987—1997)》。该报告对公司和管理人员的舞弊特征进行了辨别,在某种程度上可以为审计人员提供预警信号。
>
> COSO 在该报告中指出,参与舞弊的公司财务状况一般较差,多数公司在实施舞弊前一年亏损或者微利,所有公司利润的中位数仅为 17.5 万美元。从 COSO 的分析中我们可以发现,经营不善是导致公司铤而走险进行财务舞弊的主要原因。反过来讲,搞好经营、确保经营的效果和效率是避免财务舞弊的根本途径。

(三) 报告目标

报告目标即内部控制要合理保证企业提供真实可靠的财务报告及其他信息,它是内部控制目标体系的基础目标。企业报告包括内部报告和外部报告。如果说战略目标和经营目标是从企业自身的视角提出的,那么报告目标则更多地基于企业外部的需求。对外部使用者来说,真实可靠的财务报告能够公允地反映企业的财务状况和经营成果,从而有利于信息使用者的决策。

对于管理当局而言,提供真实可靠的财务信息、实现报告目标是经营者解除受托责任的一种方式。内部报告可以增强 CEO 及其他高层管理人员的控制意识,传递高层管理人员对内部控制的承诺,进而增强内部控制的有效性。在内部控制目标体系中,报告目标是经营目标成果的展示。因此,确保财务报告及相关信息真实完整,除了要净化外部环境,加强监管和监督,完善内部审计制度,提高内部审计部门的独立性,发挥内部审计功能,还要对会计人员的职业道德、专业水准进行规范管理。在内部控制运行中,会计人员必须达到以下要求:

(1) 保证所有交易和事项都能够在恰当的会计期间内及时地记录于适当的账户中;
(2) 保证会计报表的编制符合会计准则等有关会计制度的规定;
(3) 保证账面资产与实存资产定期核对相符;
(4) 保证所有会计记录都经过必要的复核手续,并确认有关记录正确无误。

案例 2-5　　康美药业财务造假,责任人被顶格处罚

2019 年 4 月 30 日,康美药业一口气发布了 2018 年年度报告、2019 年一季报、2018 年年度报告非标审计意见等 20 多份公告。在 20 多份公告中,一份标题为《关于前期会计差错更正的公告》具体阐述了公司 2017 年年度报告中出现的会计错误——通过自查后,决定对 2017 年年度报告进行重述:其中,2017 年年度报告中的货币资金多计 299.44 亿元,营业收入多计 88.98 亿元,营业成本多计 76.62 亿元。

随后,交易所不断向公司发出问询函和监管函,称公司在财务管理、信息披露、内部控制等方面可能存在重大疑问,应予以高度关注。作为康美药业的审计机构,广东正中珠江会计师事务所也于 5 月被证监会立案调查。5 月 17 日,证监会通报康美药业案调查进展,2018 年年底证监会日常监管发现,康美药业财务报告的真实性存疑,涉嫌虚假陈述等违法违规,证监会当即立案调查。5 月 17 日晚间,康美药业发布公告,称公司将于 5 月 21 日起实施风险警示,股票简称将变更为 ST 康美,股票价格的日涨跌幅被限制为 5%。

2019 年 8 月 16 日,证监会新闻发言人高莉在新闻发布会上表示,经查,2016 年至 2018 年,康美药业涉嫌通过伪造、变造增值税发票等方式虚增营业收入,通过伪造、变造大额定期存单等方式虚增货币资金,将不满足会计确认和计量条件的工程项目纳入报表,虚增固定资产等。同时,康美药业涉嫌未在相关年度报告中披露控股股东及关联方非经营性占用资金情况。上述行为致使康美药业披露的相关年度报告存在虚假记载和重大遗漏。

康美药业有预谋、有组织、长期、系统地实施财务造假行为,恶意欺骗投资者,影响极为恶劣,后果特别严重。证监会已经向涉案当事人送达事先告知书,依法拟对康美药业及马兴田等22名当事人予以行政处罚,并对6名当事人采取证券市场禁入措施。

16日晚间,康美药业公告称,公司及相关当事人收到证监会《行政处罚及市场禁入事先告知书》(以下简称《告知书》)。《告知书》显示,康美药业存在以下四大方面的问题:

一是存在虚假记载,虚增营业收入、利息收入及营业利润问题。其中,康美药业2016年年度报告虚增营业收入89.99亿元;2017年年度报告虚增营业收入100.32亿元;2018年年度报告虚增营业收入16.13亿元。

二是存在虚假记载,虚增货币资金问题,2016—2018年累计虚增货币资金887亿元。经查明,康美药业2016年年度报告虚增货币资金225.5亿元,占公司披露总资产的41.13%和净资产的76.74%;2017年年度报告虚增货币资金299.4亿元,占公司披露总资产的43.57%和净资产的93.18%;2018年中期报告虚增货币资金361.9亿元,占公司披露总资产的45.96%和净资产的108.24%。

三是存在虚假记载,虚增固定资产、在建工程、投资性房地产问题。康美药业在2018年年度报告中将前期未纳入报表的亳州华佗国际中药城等6个工程项目纳入表内。经查,2018年年度报告调整纳入表内的6个工程项目不满足会计确认和计量条件,虚增固定资产11.89亿元,虚增在建工程4.01亿元,虚增投资性房地产20.15亿元。

四是存在重大遗漏,未按规定披露控股股东及其关联方非经营性占用资金的关联交易情况。经查明,2016年1月1日至2018年12月31日,康美药业在未经过决策审批或授权程序的情况下,累计向控股股东及其关联方提供非经营性资金116.19亿元,用于购买股票、替控股股东及其关联方偿还融资本息、垫付解质押款或支付收购溢价款等用途。

资料来源:昝秀丽,"有预谋、有组织、长期、系统财务造假!证监会罕见措辞定性康美案,这些人被顶格处罚",《中国证券报》2019年8月16日。

(四)合规目标

合规目标与企业活动的合法性有关。合规目标即内部控制要确保企业遵循国家有关法律法规的规定,不得违法经营。这些法律法规可能与市场、价格、税收、环境、员工福利以及国际贸易有关。企业作为社会公民,必须遵守社会的基本规范,包括法律规范和道德规范,必须在社会允许的范围内开展经营活动。一个违反相关法律法规、丧失道德底线的企业,必然会将自身置于高风险的环境中,从而对自身的生存和发展造成巨大威胁,最终必将遭到淘汰。国家的有关法规、制度的落实必须依靠内部控制的有效执行来保证。遵守法规、制度是首要目标,也是实现其他目标的保证,是企业一切活动的前提,可以为企业的生存和发展创造良好的客观环境。

案例 2-6　　*ST 长生收到"死刑判决",成 A 股首家重大违法退市公司

2018年7月15日,国家药品监督管理局官网发布的《长春长生生物科技有限责任公司违法违规生产冻干人用狂犬病疫苗的通告》让长生生物疫苗造假事件得以曝光。长春长生生物科技有限责任公司系长生生物科技股份有限公司全资子公司,以下分别简称为长春长生、长生生物。10月16日,长春长生被药品监督管理部门给予吊销药品生产许可证、罚没91亿元等行政处罚。其违法行为触及了相关规定中重大违法强制退市情形。

深交所于2019年1月14日作出对公司股票实施重大违法强制退市的决定。公司股票自2019年3月15日起暂停上市。2019年10月8日,深交所在官网发布关于长生生物股票终止上市的公告。长生生物自2019年10月16日起进入退市整理期,退市整理期届满的次一交易日,将对公司股票予以摘牌。

证监会曾于2018年12月6日发布了中国证监会行政处罚决定书(〔2018〕117号)。该决定书详细认定了长生生物信息披露违法违规行为,违反《证券法》第一百九十三条第一款所述"发行人、上市公司或者其他信息披露义务人未按照规定披露信息,或者所披露的信息有虚假记载、误导性陈述或者重大遗漏的,责令改正"。事实如下:

一、违规披露百白破疫苗问题的相关情况

长生生物未按规定披露百白破疫苗抽验不合格、全面停产及被召回的信息。长生生物关于长春长生产品有关情况的公告存在误导性陈述和重大遗漏。

2017年3月14日,吉林省药品检验所从长春长生抽取了一批百白破疫苗,中国食品药品检定研究院发现检品不符合规定。长春长生决定全面停产并召回已申报批签发的该疫苗。长生生物未按规定披露上述对投资者作出投资决策有重大影响的信息。

证监会认为,百白破疫苗问题影响面广泛,其质量问题会引发社会公共安全危机,从而导致上市公司发生巨大的经营风险、使投资者遭受巨大损失。在该疫苗被检出效价指标不符合标准、该类疫苗全面停产并被召回、相关药品监管部门已介入的情况下,长生生物仅以该不合格批次疫苗销售收入占公司销售收入总额比例较小为由,披露疫苗抽验不合格对公司目前经营无重大影响,而未将公司对该疫苗全面停产、启动召回程序、相关监管部门介入及可能产生的其他影响向投资者完整披露。其行为以避重就轻的方式淡化了市场关注,严重误导了投资者,侵害了投资者权益,扰乱了正常的市场秩序。

二、违规披露狂犬疫苗问题的情况

2017年11月13日,长春长生已取得的狂犬疫苗GMP证书有效期届满,且未再取得狂犬疫苗GMP证书,狂犬疫苗因此停产。其后,长春长生再次提出狂犬疫苗GMP认证申请,并于2018年4月19日重新获得狂犬疫苗GMP证书。狂犬疫苗是长春长生的主要产品,分别占长生生物2016年、2017年营业收入的48.34%和47.70%。长生生物未按规定披露上述对投资者作出投资决策有重大影响的信息。

三、2015年至2017年年度报告及内部控制自我评价报告存在虚假记载

证监会认定,长生生物在内部控制制度未有效执行、未按照GMP规定组织生产,且严重违反药品生产质量管理规范和国家药品标准的有关规定的情况下,在相关年度报告

及内部控制自我评价报告中存在虚假记载。

2015年、2016年、2017年年度报告中均披露:"符合最新GMP标准的现代化疫苗生产基地;狠抓生产质量,强化内部管理,不断提升产品质量水平;公司将产品质量作为企业生存发展的生命线,狠抓产品质量;长春长生凭借丰富的产品组合、安全可靠的产品质量获得了良好的市场声誉,形成了良好的市场品牌;将继续秉承'质量是企业的生命线'的产品质量宗旨"等。该披露内容与事实不符,为虚假记载。

2015年度、2016年度、2017年度内部控制自我评价报告中,披露"于内部控制评价报告基准日,公司未发现非财务报告内部控制重大缺陷"。2015年度、2016年度披露"公司及主要子公司按照实际情况建立并完善了相应的内部控制制度,提高了内部控制、风险识别、风险防范能力";2017年度披露"公司上一年度均按照相关法律法规制度的要求并结合公司实际情况建立了内部控制制度,不存在重大缺陷,并得到了有效执行"。该披露内容与事实不符,为虚假记载。

资料来源:《中国证券报》2019年12月11日同名报道;中国证监会行政处罚决定书(长生生物科技股份有限公司、高俊芳、张晶等18名责任人员)〔2018〕117号。

(五)资产安全目标

保护资产一直是内部会计控制的一个主要目标,COSO框架没有将保护资产作为一个主要目标,而是作为控制程序组成要素的一个子集。我国的《企业内部控制基本规范》重新将其作为内部控制目标的一部分是有特殊用意的。我国是一个产权多元化的国家,国有资产流失现象严重,保护资产安全与完整,对资产所有者来说,具有特别紧迫的现实意义。资产安全目标是实现其他目标的物质前提。内部控制在运行过程中,要想实现保护资产安全与完整的目标,需要达到以下要求:

(1) 资产的记录与保管一定要彻底分开。

(2) 任何资产的流动都必须进行详细的记录,不仅进入企业和流出企业时要记录,而且企业内部各个部门之间资产的流动也一定要有详细的记载。

(3) 需要建立完善的资产管理制度,明确资产管理人员的岗位责任,从资产购入、使用到日常保管和清理都要有人负责,并做好相关记录。

(4) 需要对资产进行定期和不定期的盘点,并确保资产的账面记录与实际存有数量一致。

案例 2-7　　娃哈哈与达能品牌之争值得玩味

2007年,娃哈哈集团(以下简称"娃哈哈")在与法国达能公司(以下简称"达能")合作的过程中,由于合同条款存在问题,双方围绕"娃哈哈"商标所有权归属问题争执不下,分别向国内外相关机构提起仲裁,娃哈哈还向媒体声称"可能向达能提起50亿欧元的反诉讼"。

"娃哈哈"是目前中国最知名和最具竞争力的饮料品牌之一。1996年,娃哈哈与达能、香港百富勤公司共同成立合资企业,其中娃哈哈占49%的股份,另两家外资企业共同拥有51%的股份。然而没有想到的是,达能不久便收购了百富勤公司的股份,一跃成为娃哈哈的控股股东。当时,达能就提出将"娃哈哈"商标转让给其所控制的公司,但遭到国家工商行政管理总局(简称国家工商总局)商标局的拒绝。后来,双方签订商标权使用合同,规定"不应许可除娃哈哈与达能建立的合资公司以外的任何其他方使用商标",也就是说,达能通过合资的方式,控制了"娃哈哈"商标。以此为筹码,达能要求强行收购娃哈哈其他非合资公司。

不难发现,娃哈哈中了达能10年前就设好的"消灭式合资"的圈套。达能的所作所为表明,该公司在中国扮演的角色主要是财富的瓜分者,而不是财富的共同创造者。但对于此案,国家工商总局的态度是未经批准的商标转让协议无效。而商务部新闻发言人的态度是:"严格按照规定行事。"因为按规章办事是市场经济的最高准则。娃哈哈虽然与达能签署了协议,但明显违反了《商标法》有关须经国家工商总局商标局核准才能生效的规定。协议的法律效力受到质疑,因此不宜强制生效、废除或中止,用政府和法律的信誉去为企业家的失误买单。

达能与娃哈哈集团之争,是我国引进外资中的典型争端,其中有许多经验和教训值得吸取。一个成功品牌往往是任何有形资产都不能比拟的,商标既是企业的标志和根基,也是企业战胜对手、争夺市场、开辟财源的强大武器。中国企业在寻求外资合作的时候,为了提升在合资企业中所占的份额,往往将无形资产评估后作价出资,这样做看起来可以获得短期收益,但是却将辛苦培育起来的知名品牌或者驰名商标与合资企业捆绑在一起,一旦合资企业经营出现问题,或者合资企业股权发生变化,中国企业的知名品牌或者驰名商标就难以保全。因此,我们不仅要警示国内知名品牌谨防外资控股陷阱,更须进一步完善引进外资的条款,通过立法限制外资恶意并购,防止企业控制权旁落。

资料来源:摘自《知识产权报》2007年7月5日同名报道。

内部控制五个目标之间的关系如图2-1所示。

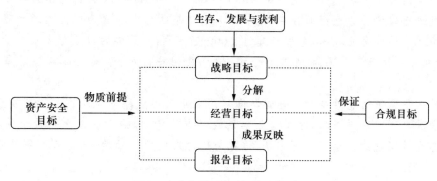

图2-1 内部控制目标之间的关系

二、内部控制的类型

（一）按控制的层次分类

1. 战略控制

战略控制是由公司治理层实施的，为了确保组织目标的实现而设置战略目标、形成战略规划并监督战略实施的过程。战略控制处于控制的最高层级。

2. 管理控制

管理控制是与公司经理层和中层相联系的内部控制，其目的是将战略目标进一步分解和落实为部门目标与日常任务，确保公司内部经营方针、政策的贯彻执行，最终实现组织目标。

3. 作业控制

作业控制是与操作管理层和员工相联系的，为确保作业和任务的可靠执行，主要针对的是具体业务的操作和事项的实施程序与措施。

上述内部控制的三个层级如图 2-2 所示。

图 2-2　内部控制的三个层级

案例 2-8　华润集团的 6S 管理控制体系

华润集团的历史最早可以追溯到 1938 年，很长一段时间以来它是作为中国内地与境外进行进出口贸易的枢纽而存在的。今天，华润集团已发展成为中国内地和香港最具实力的多元化控股企业之一，总资产超过 1 000 亿港元，其从事的行业与大众生活息息相关，主营业务包括日用消费品制造与分销、地产及相关行业、基础设施及公用事业三大领域。

为什么华润集团能够成功？透过华润集团近年来的业绩变化轨迹和管理发展历程，可以发现其之所以取得成功，除了有正确的战略方针指导，很大程度上得益于其在 1999 年创建并有效实施的一整套管理方法，这就是已为人们所熟知的 6S 管理控制体系，如下图所示：

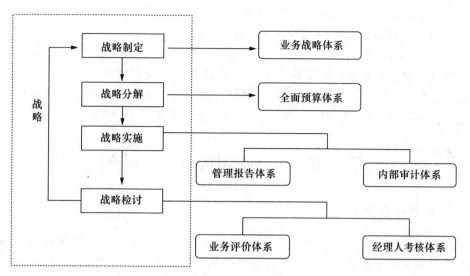

华润集团的 6S 管理控制体系

6S 管理控制体系本质上属于一种战略导向的管理控制模式，这一体系以战略为起点，涵盖战略制定、战略分解、战略实施和战略检讨等整个战略管理过程。一方面，业务战略体系负责构建和确定战略目标，全面预算体系负责落实和分解战略目标，管理报告体系和内部审计体系负责分析及监控战略实施，业绩评价体系和经理人考核体系则负责引导及推进战略实施，促进战略目标的实现，从而使 6S 成为真正的管理控制体系。

（二）按控制的地位分类

1. 主导控制

主导控制是指在一项业务流程中起主导作用的程序或控制措施。例如，在材料采购流程中，最关键的控制措施"验收"就是主导控制。

2. 补偿控制

补偿控制是相对于主导控制而言的，是当主导控制失效时采取的补救措施，也可称为第二道防线。在对内部控制进行评价时，首先应确定主导控制的有效性，如果主导控制失效，则应分析是否存在补偿控制以及补偿控制在多大程度上能够弥补主导控制的缺失。

（三）按控制的方式分类

1. 预防性控制

预防性控制是指为防止发生错误和舞弊以及防止经营风险及财务风险所采取的控制措施，如不相容职务分离、审批、轮岗等。只要是在预先知道可能发生错误和舞弊的地方所采取的相应控制程序及政策都属于预防性控制。它主要解决"如何能够在一开始就防止风险的发生"这个问题。

2. 检查性控制

检查性控制是指为了查明并纠正已经发生的错误和舞弊而实施的控制措施。这类控制虽然在事后进行,但对发现或纠正错误和舞弊具有重要的作用,如对账、盘点等。它主要解决的是"如果风险仍然发生,如何查明"的问题。

3. 补救性控制

补救性控制是针对某些环节的不足或缺陷而采取的控制措施,例如终止合同履行、中止合作、停止交易等。补救性控制的目的是在损失已经不可避免时如何尽可能降低损失。它主要解决的是"如果风险已经发生了,如何将损失降到最低"的问题。

第三节 内部控制的对象与要素

一、内部控制的对象

内部控制的对象是内部控制措施作用的客体。只有内部控制措施很好地作用于内部控制的对象并产生积极的效应,才能实现内部控制目标。内部控制的对象非常广泛,涵盖企业经营涉及的所有人员、物资和环节,一切可能与内部控制目标发生背离的风险点都可以作为内部控制的对象。它既包括可以表现为价值量的资金运动,也包括不能以价值量反映的人员和信息。一般而言,内部控制的对象包括以下三个方面:

1. 人员与组织行为

人是企业价值的创造者,人员控制是其他控制的基础,人员的素质和胜任能力等决定着其他控制的有效程度。人员控制通过挑选和聘任员工、培训、职位设计、权责分派、绩效考核等,实现企业内部控制目标。组织行为是指组织的个体、群体或组织本身从组织的角度出发对内外部环境所作出的反应。组织行为控制就是统筹与协调组织各部门间、各部门成员间的工作并进行考核从而实现组织目标的过程。组织行为控制是内部控制的核心,它直接影响组织运行的效率和效果。对于组织行为的控制可采取制衡机制、监督机制等手段。

2. 资金与实物

延伸阅读 2-2 2 亿贪官赖小民,在华融集团一手遮天

资金是企业生存和发展的命脉,资金控制至关重要,资金权限和责任的恰当分配直接影响资金投放及使用的效果与效率。这里的"实物"是指存货、固定资产等关键资产。实物控制主要是为了防止重要资产的毁损和丢失,保证资产的安全和完整。资金和实物控制都可以采取预算管理、不相容岗位分离、限制接近等手段。

3. 信息与信息系统

信息是经过一定加工的、对决策有价值的数据,信息与信息系统既可以作为一种控制手段,也可以作为控制对象。当企业借助信息系统,通过信息的传递与反馈,实现对经营活动的控制时,信息与信息系统是作为一种控制手段使用的;然而,信息系统本身也存在风险和薄弱环节,也需要对其进行控制,此时的信息系统不再是一种控制手段,而成为控制对象。例如,操作人员必须输入正确的口令才能进入信息系统,等等。

案例 2-9　瑞银遭香港证监会高额罚款 竟篡改客户数据多收费用

2019年11月11日香港证监会发布消息,因瑞银在长达十年的期间内向客户多收款项及犯有严重的相关系统性内部监控缺失,香港对其作出谴责并罚款4亿港元。

瑞银回应称,在全面调查并确认此事后,已自行向香港相关监管机构汇报。此次汇报还包括一项将全额偿还受影响的财富管理客户的计划,汇报的相关行为主要牵涉某部分债券和结构性票据交易,而涉事交易只占本行订单处理系统的很少部分。

处罚公告显示,瑞银已委任独立检讨机构,以评估和验证应支付予受影响客户的赔偿金额。有关客户将于一个月内收到瑞银的信件,通知他们退款安排的详情。

误报利润幅度,多收费用

香港证监会的调查发现:瑞银财富管理部的客户顾问及客户顾问助理于2008—2015年在进行债券及结构性票据买卖时向客户多收款项,方法是于执行买卖后在客户不知情的情况下增加所收取的利润幅度;瑞银亦在2008—2017年向客户收取高于其标准披露水平或比率的费用。

香港证监会认为瑞银没有披露利益冲突并在欠缺透明度的交易中向客户多收款项,不但没有遵守以维护客户最佳利益的态度行事的基本和总体责任,而且滥用了不虞有诈的客户对它的信任。

香港证监会的调查进一步发现:瑞银在进行第二市场债券及结构性票据买卖时,没有了解及适当地披露其是以何种身份代客户行事。瑞银确认其过往在处理有关代客户行事的身份时做法混乱,过去与监管机构就其身份一事所进行的沟通亦不完整,与客户就其是以他们的代理人还是主事人的身份行事所进行的沟通有欠清晰,在某些情况下甚至出现错误。并且,瑞银在被发现犯有失当行为后两年才向证监会汇报其多收利润幅度的做法。这并非个别事件,而只是瑞银没有及时或根本没有向证监会汇报有关失当行为的多宗逾时申报事件之一。

最后,瑞银在发现多收利润幅度的做法后提升系统,其于2017年10月推出了一个新的接收指令平台——"单一财富管理平台"(One Wealth Management Platform, 1WMP)。然而,瑞银不但没有设立一个能确保其遵守有关监管规定的系统,反而向证监会或香港金融管理局汇报了15宗关于1WMP出现缺失的事故,当中涵盖各种问题,包括多收利润幅度。这些问题令人质疑瑞银是否有能力制定有效的补救措施及妥善的内部监控措施,以避免多收利润幅度的做法及过往的缺失再度出现。

内部控制存在长时间的严重系统性缺失

香港证监会认为这些不当手法涉及一系列持续了一段时间的内部控制严重系统性缺失,包括瑞银没有充足的政策、程序及系统监控,缺乏职员培训及监督,以及第一及第二防线的功能失效。

香港证监会在决定上述纪律处分时,已考虑到所有相关情况,包括瑞银多收利润幅度的做法涉及不诚实的元素,多收利润幅度的做法所持续的时间(即大约十年),多收利润幅度的做法至少七年没被侦察,内部监控缺失属严重的系统性缺失,对超过20名曾犯不当行为的职员采取了纪律行动。

瑞银已委任独立检计机构,识别多收利润幅度的做法的根本成因,评估其多收利润幅度的做法的严重程度,验证因1WMP而导致的相关多收款项和赔偿事宜,检视瑞银的补救措施是否充足和有效,并同意全数赔偿受影响的客户。

资料来源:新浪网2019年11月11日报道,原标题为"瑞银遭香港证监会4亿港元高额罚款,竟篡改客户数据多收费用,正商定退款事项",作者万佳丽。

二、内部控制的要素

纵观内部控制的历史演进过程可以发现,内部控制的发展历史实际上也是内部控制要素不断充实丰富的历史,即从最早的内部控制"一要素"阶段——内部牵制阶段、"二要素"阶段——内部控制制度阶段、"三要素"阶段——内部控制结构阶段、"五要素"阶段——内部控制整合框架阶段,发展到今天的"八要素"阶段——风险管理整合框架阶段。在借鉴内部控制要素发展的理论成果并结合我国国情的基础上,财政部2008年发布的《企业内部控制基本规范》提出,企业建立与实施有效的内部控制,应当包括内部环境、风险评估、控制活动、信息与沟通和内部监督等五大要素。

(一)内部环境

内部环境一般包括治理结构、机构设置及权责分配、内部审计、人力资源政策、企业文化等,是影响、制约内部控制的建立与执行的各种因素的总称,是实施内部控制的基础。它通常包括以下方面:① 企业治理结构,比如董事会、监事会、经理层的分工制衡及其在内部控制中的职责权限,审计委员会职能的发挥等;② 企业的内部机构设置及权责分配,尽管没有统一模式,但所采用的组织结构应当有利于提升管理效率,并保证信息通畅流动;③ 企业内部审计机制,包括内部审计机构设置、人员配备、工作开展及其独立性的保证等;④ 企业人力资源政策,比如关键岗位员工的强制休假制度和定期岗位轮换制度,对掌握国家秘密或重要商业秘密的员工离岗的限制性规定等;⑤ 企业文化,包括单位整体的风险意识和风险管理理念,董事会、经理层的诚信和道德价值观,单位全体员工的法制观念等。一般而言,董事会及单位负责人在塑造良好的内部环境中发挥着关键作用。关于内部环境的具体内容将在第三章详细讲解。

(二)风险评估

> 正如国际金融界所经常强调的,不对金融风险进行积极的管理,不提供多样化的风险管理工具,本身就是最大的冒险行为。
>
> ——巴曙松,经济学家

风险是指一个潜在事项的发生对目标实现产生的影响。风险评估是指单位及时识别、科学分析经营活动中与实现控制目标相关的风险,合理确定风险应对策略。它是实施内部控制的重要环节。风险评估主要包括目标设定、风险识别、风险分析和风险应对等四个环节。单位首先必须制定与生产、销售、财务等业务相关的目标;然后建立风险管理机制,以了解单位所面临的来自内部和外部的各种不同风险;在充分识别各种潜在风险因素后,要对固有风险(即不采取任何防范措施可能造成的损失程度)进行评估,同时,重点评估剩余风险(即采取了应对措施之后仍可能造成的损失程度);单位管理层在评估相关风险的成本效益后,要选择一系列措施、采取相应的策略使剩余风险处于期望的风险可承受度以内。关于风险评估的具体内容将在第四章详细讲解。

(三)控制活动

控制活动是指企业根据风险评估结果,采取相应的控制措施,将风险控制在可承受度之内。它是实施内部控制的具体方式。常见的控制措施有:不相容职务分离控制、授权审批控制、会计系统控制、财产保护控制、预算控制、运营分析控制、绩效考评控制等。关于控制活动的具体内容将在第五章详细讲解。

(四)信息与沟通

信息与沟通是指企业及时、准确地收集、传递与内部控制相关的信息,确保信息在企业内部、企业与外部之间进行有效沟通。它是实施内部控制的重要条件。信息与沟通的主要环节有:确认、计量、记录有效的经济业务;在财务报告中恰当揭示财务状况、经营成果和现金流量;保证管理层与单位内部、外部的顺畅沟通,包括与股东、债权人、监管部门、注册会计师、供应商等的沟通。信息与沟通的方式是灵活多样的,但无论采取哪种方式,都应当保证信息的真实性、及时性和有用性。关于信息与沟通的具体内容将在第六章详细讲解。

(五)内部监督

内部监督是指单位对内部控制的建立与实施情况进行监督检查,评价内部控制的有效性,对于发现的内部控制缺陷,及时加以改进。它是实施内部控制的重要保证。内部监督包括日常监督和专项监督。监督情况应当形成书面报告,并在报告中揭示内部控制的重要缺陷。内部监督形成的报告应当有畅通的报告渠道,确保发现的重要问题能及时送达治理层和管理层;同时,应当建立内部控制缺陷纠正、改进机制,充分发挥内部监督效力。关于内部监督的具体内容将在第七章详细讲解。

内部控制的五个要素之间具有相互支持、紧密联系的逻辑关系,如图 2-3 所示。正如 COSO 委员会所指出的,企业所设定的战略目标是一个企业在某一阶段努力的方向,而内部控制组成要素则是实现该目标所必需的条件,两者存在直接的关系。内部环境、风险评估、控制活动、信息与沟通和内部监督这五个要素在帮助企业管理者实现战略目标的过程中发挥着重要的作用。如图 2-3 所示,内部环境在最底部,这说明内部环境属于内部控制的基础,对其他要素产生影响。内部环境的好坏决定着内部控制其他要素能否有效运行。内部监督在最顶部,这表示内部监督是针对内部控制其他要素的,是自上而下的单向检查,是对内部控制的质量进行评价的过程。由于在实施战略的过程中会受到内外部环境的影响,因此企业需要通过一定的技术手段找出那些会影响战略目标实现的有利因素和不利因素,并对其

延伸阅读 2-3 "鹿"死谁手?

存在的风险隐患进行定量和定性分析,从而确定相应的风险应对策略。这就是风险评估,它是采取控制活动的根据。根据明确的风险应对策略,企业需要及时采取控制措施,有效控制风险,尽量避免风险的发生,尽量降低企业的损失,这就是控制活动要素。信息与沟通在这五个要素中处于一个承上启下、沟通内外的关键地位。内部环境和其他组成要素之间的相互作用需要通过信息与沟通这一桥梁发挥作用;风险评估、控制活动和内部监督的实施需要以信息与沟通结果为依据,它们的结果也需要通过信息与沟通渠道来反映。缺少了信息传递与内外部沟通,内部控制的其他要素可能就无法保持紧密的联系,整体框架也就不再是一个有机的整体。

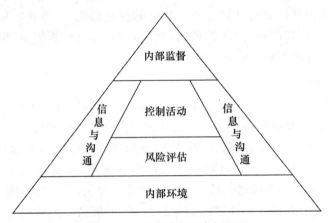

图 2-3 内部控制五要素框架图

第四节 内部控制的原则与局限性

一、内部控制建立和实施的原则

所谓原则,是指处理问题的准绳和规则。要使内部控制有效,就必须在内部控制的建立和实施过程中遵循一定的原则。

1. 全面性原则

视频讲解 2-2 内部控制原则

全面性原则即内部控制应当贯穿决策、执行和监督全过程,覆盖企业及其所属单位的各种业务和事项。内部控制的建立在层次上应涵盖企业董事会、管理层和全体员工,在对象上应覆盖各项业务和管理活动,在流程上应渗透到决策、监督、反馈等各个环节,避免内部控制出现空白和漏洞。总之,内部控制应是全程、全员和全面控制。

2. 重要性原则

重要性原则即内部控制应当在兼顾全面的基础上突出重点,针对重要业务和事项、高风险领域和环节采取更为严格的控制措施,确保不存在重大缺陷。基于企业资源有限的客观事实,企业在设计内部控制制度时不应平均分配资源,而应寻找关键控制点,并对关键控制点投入更多的人力、物力和财力。

案例 2-10　　釜山公司 3 亿元离奇失踪　　中海集团再现资金门事件

中国海运(集团)总公司(简称中海集团)爆出一桩中国航运界罕见的财务丑闻。知情人士透露,中海集团驻韩国釜山公司的巨额运费收入及部分投资款,在 2008 年春节前后查出被公司内部人士非法截留转移。

目前已确认的抽逃资金总额大约为 4 000 万美元(约合人民币 3 亿元),主要涉案人员中海集团韩国釜山公司的财务部负责人兼审计李克江在逃。釜山公司为中海集团韩国控股公司下属企业,主营集装箱业务。

一位做日韩航线多年的资深业务人员表示,航运企业的现金流本来出入就大。行业内的收费标准各有不同,平均来看,比如从天津中转釜山到芝加哥的运费,大约一个 4 尺的集装箱柜在 3 300～3 700 美元,一次交易的现金流非常大,但若分 100 多次转移现金,不仔细检查的话,的确很容易被忽略。

一位驻芝加哥的货代公司财务经理孙女士称,从财务上讲,运费是航运公司的主营收入,而一般像中海这样的大集团,其海外的分公司如果是全资子公司,则通常都采取独立核算制度,只需报年账或者大账,不需要报明细账,有些公司甚至连现金流都不用向总部汇报,"如果没有涉及上市公司,一般也不会有总部对海外分公司进行定期审计,这就导致了海外公司存在做假账的可能性"。

资料来源:节选自《经济观察报》2008 年 4 月 13 日同名报道。

3. 制衡性原则

制衡性原则要求内部控制应当在治理结构、机构设置及权责分配、业务流程等方面形成相互制约和监督,同时兼顾运营效率。为了保证监督作用的有效发挥,履行内部控制监督检查职责的部门应该具有良好的独立性;此外,任何人均不得拥有凌驾于内部控制之上的特殊权利。

案例 2-11　　京瓷的双重确认制度

(1) 进出款项的处理:无论是否在财务部门,无论金额大小,都需要双重确认。不论是到银行存钱,还是买材料付款,抑或是支付劳务费,支付其他经费,管钱(付款)的人和开票的人必须分开;入账时,收到现金或银行汇款,负责管钱(收款)的人不可以开立收款票据,而是必须联络与那笔收入有关的部门负责人,明确入款的内容,请他开票,处理那笔收入。

(2) 现金的处理:现金账必须在每一刻都与现金余额相一致,因此,在业务时间内,必须以适当的频率,由管钱以外的人确认现金余额、票据与现金账(万一发生问题,容易找出原因,从而保护了管钱的人)。

(3) 公司印章的管理:将公司印章放在双层箱内保管,内箱是小型印章箱,外箱是手提保险箱。保管内箱钥匙的人就是盖章的人,外箱钥匙则另有他人保管,两者可以相互确认。当然,除了开锁盖章,内箱总是锁在外箱之内,禁止取出内箱走动。关闭内箱时,需由另外的人确认是否所有印章都收在里面了。

(4) 保险箱的管理：耐火保险箱如果有圆形暗锁和密码锁，一定要把两道锁都锁上，同印章箱一样，必须由不同的人来开锁。即使上班时间，保险箱也要上锁，包括早晚定期开锁在内，凡有必要开锁，都必须有人见证，从保险箱进出钱、物必须有复核人员在场。

(5) 购买手续：由要求购买的部门开购货票给负责采购的部门，请采购部门订货，禁止由要求购买的部门直接与供应商交涉价格或付款期。

(6) 赊销和赊购账款的管理：由销售管理人员负责管理赊销款余额，由财务部门负责管理进款，由销售人员对赊销收款负直接责任，并具体跟进收款工作。同样，在赊购方面，订货部门负责验收，采购部门负责计算赊购款项及管理赊购余额，由财务部门负责支付。

(7) 车间废料的处理：在计算重量时需要双重确认。

资料来源：稻盛和夫，《经营与会计》，曹岫岩译，东方出版社2013年版。

4. 适应性原则

适应性原则是指内部控制应当与企业经营规模、业务范围、竞争状况和风险水平等相适应，与时俱进，随着情况的变化及时加以调整。比如，当企业的外部环境发生变化、经营业务的范围重新调整、管理水平需要提高时，企业需要对内部控制进行相应调整。

案例 2-12　　　　　　　法国兴业银行的遗憾

2008年1月24日，法国兴业银行爆出世界金融史上最大的违规操作丑闻：时年32岁的权证市场交易员热罗姆·凯维埃尔以欺诈手段从事期货买卖，其违规头寸高达500亿欧元（约合735亿美元），至1月23日强行平仓止，造成法国兴业银行直接损失近49亿欧元（约合71亿美元）。

2000年，23岁的凯维埃尔进入法国兴业银行。随后5年，他一直在银行内部不同的中台部门工作。所谓中台部门就是管理交易员的机构，这个工作机会让他得以深入了解法国兴业银行集团内部处理和控制风险的程序及步骤。2005年，他成为银行风险套利部门的交易员。从此，凯维埃尔像蚂蚁一样，开始构筑他的"期货投机帝国"。

正是因为法国兴业银行具有享誉全球的风险控制系统，虽然凯维埃尔的欺诈性交易在系统中触发了多达75次警报，但是大部分预警并没有按风险控制程序得到全面、准确、可信的查证，否则要绕过多达6重风险管理程序的监控几乎是不可能的。

可能也正是因为法国兴业银行具有享誉全球的风险控制系统，所以当出现异常现象时，风险监控部门依然沉浸在过去风险控制优秀的辉煌历史中，对超乎寻常的高收益、高额现金流和高额佣金都没有要求凯维埃尔提供详细的交易信息并进行深入分析；对欧洲期货交易所的询问函也没有及时了解并回复；甚至在凯维埃尔对监控部门发现的问题作出不一致的解释时，也没有作出任何反应；凯维埃尔的越权回复也得到了监控部门的默认,等等。事后可以看出,无论哪一次预警或者哪一次异常,只要能及时进行深入了解和分析,都会及早暴露问题,减少风险损失。比如即使是最基本的休假制度,凯维埃尔也曾一年四次以其他理由拒绝休假。

从本案例可以看出,有效的内部控制制度确实可以发挥风险预警的作用,但倘若内部控制系统已经向企业发出了风险信号,但未得到处理和应对,这样的内部控制制度与不设无异,根本起不到预警风险、防范与控制风险的作用。法国兴业银行具有享誉全球的风险控制系统,但仍因风险控制不当而导致巨额损失,不禁令人扼腕叹息!

资料来源:王妮娜,"一个人的黑客帝国?——法兴49亿欧元巨亏真相与启示",《中国证券报》2008年2月18日;2008年7月号《金融实务》专题报道"法国兴业银行危机启示",作者不详。

5. 成本效益原则

成本效益原则是指内部控制应当权衡实施成本与预期效益,以适当的成本实现有效控制。正是因为内部控制的建立和实施要符合成本效益原则,所以内部控制对目标的保证程度不是绝对保证,而是合理保证。

资料介绍

出纳能否去取银行对账单?

如果做一项调查,90%以上的企业在实际操作中都是让出纳去取银行对账单。但由出纳来领取银行对账单,可能会给出纳挪用或侵占公司货币资金并通过对银行对账单做手脚来掩盖其舞弊行为留下机会。因此,从内部控制原理而言,企业不应让出纳而是应派专人去取银行对账单。为什么实际操作与内部控制原理之间存在如此大的反差呢?这就需要从成本效应原则上获得答案。

基于成本效益原则,企业在采取一项内部控制措施时,要衡量其所能带来的风险降低而减少的风险损失(即收益)与采取控制措施而额外增加的成本的高低。如果前者高于后者,那么企业采取该项控制措施就是适当的做法;如果前者低于后者,那么企业就应考虑其他可替代的低成本办法。派专人去取银行对账单固然是一种降低风险的有效措施,但是对于大多数企业而言,这样做的成本过高,因此企业通常选择让出纳去取银行对账单。但这种简便做法存在一定的风险,为此企业还应采取必要的替代控制措施,比如要求密封银行对账单、取回后立即交给他人处理等,以尽量减少出纳接触银行对账单的机会。

建立和实施内部控制是有成本的,首先表现为内部控制自身的成本。内部控制不是存在于企业的天然制度,它的建立和实施需要耗费一定的人力、物力、财力,如企业聘请会计师事务所制定内部控制制度而支付的服务费、信息系统的更新与优化等都是内部控制制度建立的成本。其次,内部控制的成本还包括人员在实施内部控制过程中的机会成本。制度的存在,一方面能够使目标活动按照规则有条不紊地进行,另一方面也往往造成过多的限制与约束,进而导致对人员创新意识和能力的抑制。

资料介绍

其他规范涉及的内部控制原则

2010年8月,中国保监会印发了《保险公司内部控制基本准则》,指出保险公司建立和实施内部控制,应当遵循全面和重点相统一、制衡和协作相统一、权威性和适应性相统一、有效控制和合理成本相统一的原则。

2012年11月,财政部印发了《行政事业单位内部控制规范(试行)》,指出单位建立与实施内部控制,应当遵循全面性原则、重要性原则、制衡性原则、适应性原则。

2014年9月,中国银监会印发了修订后的《商业银行内部控制指引》,指出商业银行内部控制应当遵循全覆盖原则、制衡性原则、审慎性原则、相匹配原则。

二、内部控制的局限性

内部控制固然在防弊纠错、提高经营效果和效率方面对企业具有重大意义,然而,它作为一种机制和工具,并不是包治企业"百病"的"灵丹妙药",设计再好的内部控制也不能保证企业不出任何问题,这就是内部控制的固有局限性。认识内部控制的局限性有两个角度:制度设计的局限性和制度执行的局限性。

(一)内部控制制度设计的局限性

1. 成本限制

根据成本效益原则,内部控制的设计和运行是要花费代价的,企业应当充分权衡实施内部控制带来的潜在成本与收益,运用科学、合理的方法,有目的、有重点地选择控制点,实现有效控制。也就是说,内部控制的实施受制于成本与效益的权衡。内部控制的根本目标在于服务企业价值创造,如果设计和执行一项控制带来的收益不能弥补其所耗费的成本,就应该放弃该项控制。成本效益原则的存在使内部控制始终围绕着控制目标展开,但同时也制约了内部控制制度的制定,使之难以达到尽善尽美。

2. 例外事件

内部控制主要是围绕企业正常的生产经营活动展开,针对经常性的业务和事项进行的控制。但在现实中,由于外部环境复杂多变,企业常常会面临一些意外业务和偶发事项,而这些业务和事项因其特殊性和非经常性而没有现成的规章制度可循,造成了内部控制的盲点。也就是说,内部控制的一个重大缺陷在于它不能应对例外事件。企业在处理这些业务和事项时,往往更多地凭借管理层的知识和经验以及对环境变化的感知度,这就是所谓的"例外管理原则"。

(二)内部控制制度执行的局限性

1. 越权操作

内部控制制度的重要实施手段之一是授权批准控制。授权批准控制使处于不同组织层级的人员和部门拥有大小不等的业务处理及决定权限,当内部管理者的权力超过内部控制制度本身的力量时,管理层就有了越权操作的可能。管理层越权操作的危害极大,轻则打乱正常的工作秩序和工作流程,重则出现徇私舞弊、违法违规等严重后果。在现实中,管理层越权操作一直是导致许多重大舞弊事件发生和财务报告失真的重要原因。

2. 串通舞弊

内部控制制度源于内部牵制的理念:因为相互有了制衡,在经办一项交易或事项时,两个或两个以上人员或部门无意识地犯同样错误的概率要大大低于一个人或部门;两个或两个以上人员或部门有意识地合伙舞弊的可能性要大大低于一个人或部门。内部控制制度达到控制目的的前提是公司员工按照制度的规定办事,但当员工合伙舞弊和内外串通共谋时,就会完全破坏内部牵制的设想,削弱内部控制制度的约束力,从而导致内部控制失效。

案例 2-13　内部贪腐损失 10 亿元,45 人被查处!无人机巨头痛下狠手

大疆创新成立于 2006 年,是全球领先的无人飞行器控制系统及无人机解决方案的研发和生产商,客户遍布全球 100 多个国家,产品分为消费级产品和专业级产品,运用场景包括农业、能源、公共安全、建筑、基础设施等。据知情人士透露,大疆创新占全球商业和消费者无人机市场份额的 70% 以上。

2019 年 1 月 16 日,网上传出无人机行业巨头大疆创新的内部反腐败公告,公告披露:公司处理了涉嫌腐败和渎职行为的员工 45 人,腐败造成损失保守估计超 10 亿元人民币。随后,大疆创新表示该内部公告内容属实。

这份公告显示,2018 年,大疆创新进行内部管理改革,初衷是将管理和流程优化。大疆创新管理改革主要是梳理内部流程,重新设置审批节点,更换和任命一些领导。在这个过程中,大疆创新意外地发现,在将供应商引入决策链条环节中,研发、采购、品控人员存在大量腐败行为。其他体系也存在销售、行政、售后等人员利用手中权力谋取个人利益的现象。

截至该公告,大疆创新共处理涉嫌腐败和渎职人员 45 人。其中,涉及供应链决策腐败的研发、采购人员最多,共计 26 人;销售、行政、设计、工厂共计 19 人。问题严重、移交司法处理的有 16 人,另有 29 人被直接开除。这一轮腐败行为保守估计损失金额超过 10 亿元人民币。这一数字为 2017 年所有年终福利的 2 倍以上。

该公告中披露的供应链腐败中研发和采购人员的主要手法有:①让供应商报低价,然后伙同供应商接口人往上加价,加价部分双方按比例分成;②利用手中权力,以技术规格要求为由指定供应商或故意以技术不达标为由把正常供应商踢出局,把可以给一定比例回扣的供应商押镖进短名单,长期拿回扣;③故意以降价为借口,把所有正常供应商淘汰,让可以给回扣的供应商进短名单,做成独家垄断,然后涨价,双方分成;④利用内部信息和手中权力引入差供应商,并和供应商串通收买研发人员,在品质不合格的情况下不进行物料验证,导致差品质、高价格物料长时间独家供应;⑤内外勾结,搞皮包公司,利用

手中权力以皮包公司接单,转手把单分给工厂,中间差价分成。上述内外勾结的腐败行为,导致大疆创新的平均采购价格超过合理水平20%以上,其中高价物料最少高出20%~50%,低价物料则不少以市场合理水平的2~3倍的价格向大疆创新出售。

根据合伙伙伴和内部员工举报的线索,大疆创新发现腐败的范围比想象的要大得多,现在也只是处理了冰山一角,预计牵涉范围超过百人。大疆创新相关负责人表示,大疆创新属于电子制造业,与互联网公司不太一样,一是链条很长,二是一旦出问题都是大案。

大疆创新公关团队表示,公司对于诚信反腐的建设一直非常重视,此前也有对违规行为的查处和纠正,此次确实涉及面较广,金额也较大,公司已经成立了专门的反腐小组深入调查,并开展诚信文化建设。大疆创新不会因为发展速度快就宽容腐败,也不会因为腐败就停下发展的脚步。

对于为何发布这封内部公开信,大疆创新在公开信中指出:"近几个月以来,公司处理了不少涉嫌严重贪腐的人员,这些员工以及涉嫌行贿的外部供应商却散布谣言称被公司迫害。在公司内部,涉贪人员颠倒黑白,大喊无辜,说是公司在搞派系斗争,自己是牺牲品,公司迫害老员工等。之前公司抱着'家丑不可外扬'的心态并没有太多发声,以为好坏自在人心,反而让舆论导向跑偏。今天,以公开信的方式跟全体同事做一次关于腐败情况的沟通与宣导,晒一晒我们光鲜亮丽外表下丑陋的一面。"

资料来源:改编自中国经济网2019年1月19日报道,原标题为"巨额贪腐损失10亿,45人被查处!无人机巨头痛下狠手"。

3. 人为错误

内部控制的设计和执行终究都是由人完成的,受到设计人员经验和知识水平的限制,可能会出现人为失误和由于人为失误而导致的内部控制失效。同时,内部控制制度的执行人员因粗心、精力不集中、身体欠佳、判断失误或误解上级指令等,也会使内部控制制度失效。

■ 本章小结

我国《企业内部控制基本规范》规定:内部控制是由企业董事会、监事会、经理层和全体员工实施的、旨在实现控制目标的过程。由于企业的组织关系存在契约关系与科层关系两种形式,同时内部控制设计需要切合人性的两面性特征,因此内部控制的本质从制衡、监督与激励三个侧面得以体现。

内部控制的目标是合理保证企业经营管理合法合规、资产安全、财务报告及相关信息的真实完整,提高经营效率和效果,促进企业实现发展战略。上述目标是一个完整的内部控制目标体系不可或缺的组成部分,然而,由于所处的控制层级不同,各个目标在整个目标体系中的地位和作用也存在差异。内部控制按照不同的标准有不同的分类:按照控制层次可分为战略控制、管制控制和作业控制;按照控制地位可分为主导控制和补偿控制;按照控制方式可分为预防性控制、检查性控制和补救性控制。

内部控制的对象是内部控制措施作用的客体。一般而言,内部控制的对象包括三个方面:人员与组织行为,资金与实物,信息与信息系统。企业建立与实施有效的内部控制,应当包括内部环境、风险评估、控制活动、信息与沟通和内部监督等五大要素。

建立和实施内部控制必须遵循以下原则:全面性原则、重要性原则、制衡性原则、适应性原则和成本效益原则。内部控制作为一种机制和工具,并不是包治企业"百病"的"灵丹妙药",也存在局限性。认识内部控制的局限性有两个角度:制度设计的局限性和制度执行的局限性。

即测即评

学完本章内容后,学生可扫描右侧二维码完成客观题测验(共包含 10 个单选题、5 个多选题、5 个判断题),提交结果后即可看到答案及相关解析。

思考题

1. 如何理解我国《企业内部控制基本规范》对于内部控制的定义?
2. 请描述内部控制五个目标之间的关系。
3. 请描述内部控制五大要素之间的关系。
4. 为什么信息也是内部控制的对象?谈谈信息化对内部控制的影响。
5. 企业建立与实施内部控制应把握哪些原则?内部控制的全面性原则与重要性原则有冲突吗?
6. 如何理解内部控制存在局限性?

案例分析题

WG 公司组织结构问题分析

WG 公司主要从事园林景观设计和施工项目,共有员工 158 人,是一家小型民营企业。公司成立之初,充分发挥了民营企业机制灵活的优势,吸引了大批优秀人才。公司制定了完善的管理制度,确保"制作优良"成为公司所有工程的施工目标。公司拥有素质优良的施工队伍和较强的技术力量,保障了公司所有工程的施工实现"多、快、好、省"。公司本着"服务四方"的原则,坚持客户是生命、品质是基础、员工是财富、创新是未来的经营理念,安全、高效、环保、人性化、低成本地满足客户需求。

随着公司业务的不断扩大,管理水平对公司生存和发展的重要性日益突出。但是,这是一家小型民营企业,人员少,对制度化、规范化管理没有给予足够的重视。一方面,部门分工不清,业务流程烦琐复杂,权责不对等,且存在不相容职务未分离的现象;另一方面,公司缺乏有效的考核体系和薪酬管理,完全靠领导"拍脑袋"决策,导致大量人才流失。同时,公司业务发展得非常快,对管理的灵活性要求很高,但公司的管理者都是搞技术出身,内部实行粗放式管理,导致公司内部管理混乱,缺乏制度约束,也没有设置内部审计部门。以上这些问题在初期被公司的大好形势掩盖,但在公司发展到一定阶段、规模达到一定层次后,便逐渐暴露出来,与市场的发展趋势不相匹配,严重制约了公司的进一步发展。

资料来源:改编自曹嘉晖,"公司组织结构的优化案例",《中国市场》2006 年第 32 期。

根据上述案例,结合你对本章相关知识的理解,回答以下问题:

(1) 内部控制的本质是什么?从本质上看,该公司内部控制的缺陷有哪些?

(2) 该案例体现了内部控制哪些方面的原则?该公司要想取得进一步的发展,应如何改进内部控制?

技能训练题

登录审计署网站,搜寻整理截止到搜寻日的所有政府审计公告,并分别从内部控制三大本质的角度系统总结各种类型的组织(如政府部门、事业单位、中央企业)普遍存在的内部控制问题。

21世纪经济与管理规划教材

财务管理系列

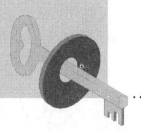

第三章

内 部 环 境

【引言】

按照《企业内部控制基本规范》及其配套指引的规定,企业的内部环境主要包括组织架构、发展战略、人力资源、社会责任和企业文化等五个方面,本章主要从这五个方面阐述它们的定义、内容与意义,并着重分析其存在的关键风险以及应采取的主要控制措施。

【学习目标】

完成本章的学习后,您将能够:

1. 了解组织架构的内涵及其在内部控制方面的作用,理解组织架构设计与运行中的关键风险与主要控制措施;

2. 了解发展战略的内涵、意义与流程,理解发展战略制定和实施中的关键风险与主要控制措施;

3. 了解人力资源管理的内涵、意义与流程,理解人力资源管理中的关键风险与主要控制措施;

4. 了解企业社会责任的定义、内容和意义,理解企业履行社会责任中的关键风险与主要控制措施;

5. 了解企业文化的内涵、意义和表现形式,理解企业文化建设中的关键风险与主要控制措施。

案例引入
从企业内部环境要素看巨人集团的兴衰

在史玉柱的带领下,巨人集团从兴起到衰败、从没落到重新站立,演绎了中国市场经济中富有传奇色彩、具有悲喜剧风格的财富故事。而集团的掌门人史玉柱,从白手起家到名列福布斯排行榜的第八位,从饱受赞扬到遭受毁灭性的失败,从背负2.5亿元的巨债前行到再次崛起成为内地新首富。究竟是什么让巨人集团柳暗花明?内部控制曾经的缺陷与现今的优质护航,成为根本性的因素;而内部环境的奠基性作用,也成为内部控制中连接各个要素的有力绳索。

1. 法人治理结构

老"巨人"的失败,从表面上看是由于领导人好大喜功,盲目采取多元化经营战略,投资于自己完全生疏的房地产领域,而没有对投资项目的成本效益和资金预算作出充分的分析,结果资金链断裂。其实背后更深层的原因在于老"巨人"缺乏良好的法人治理结构和科学的决策机制。老"巨人"的董事会形同虚设,史玉柱手下的几位副总都没有股份,在集团讨论重大决策时,他们很少坚持己见,也无权干预史玉柱的错误决策。也就是说,巨人集团的高层没有权力制约机制,实际上就是史玉柱一个人说了算。最终伴随着"巨人大厦"项目的搁浅,老"巨人"名存实亡了。新"巨人"成立后,史玉柱在整改公司治理结构的基础上进一步规范了科学的决策机制。新"巨人"的发展强调安全,环环相扣,步步推进。史玉柱通过脑白金项目的运作,以及后期投资3亿元买入银行的法人股股票,完成了重返IT行业的资本积累。而后,史玉柱又通过自己超强的商业能力和对网络游戏产品的把握,把巨人推到全球规模最大、规则最严苛、历史最悠久的纽约证券交易所上市,同时也再次明确公司不再实行多元化战略。史玉柱说:"下半辈子就靠做网络游戏,不会再盖巨人大厦了。上市募集的资金也不可能用来支持保健品业务的发展,宁可错过100次机会也不会瞎投一个项目。"

2. 企业的内部机构设置及权责分配

新"巨人"在企业内部机构的设置方面下了很大功夫,其中"款到提货"是脑白金销售的市场规则,即总部把货卖给各地的经销商,各地经销商无论大小一视同仁,货款是经销商与总部之间的事情,绝对不允许分公司染指,除此之外,每个销售经理的背后都附带多人的信用担保。企业内部权责分配合理,没有过大过小的权力压制,这与新"巨人"稳步发展的治理结构有着很大的关系,也有利于集团内部审计机制的运行。

3. 企业内部审计机制

新"巨人"制定了更为严密合理的内部审计机制。例如,新"巨人"为脑白金建立了一支50人的纠察队伍,一旦发现分公司弄虚作假或隐瞒问题,就会对其进行处罚。除了这支总部的纠察队伍,省级分公司也有纠察队查市级市场,市级纠察队再查县级市场。这样的环环相扣、连环审查,成为企业内部审计制度的亮点。同时,新的审计制度减少了企业之前管理松散、内控弱化、风险频发、资产流失、营私舞弊和损失浪费的问题,也创下了保健品行业零坏账的纪录。在充沛的现金流的保障下,企业不断做大做强,同时内部审计机制也随时提醒企业需要注意的危机信息，使其保有危机意识，随时预防可能发生的财务风险和经营风险。

4. 企业文化

新"巨人"倡导一种"有奖必有罚，奖罚比配套""只认功劳不认苦劳""说到做到，做不到就不要说"的企业文化。和一般公司只奖励先进不惩处落后相比，史玉柱每次召开总结大会，都一定让最佳与最差同时登台，给最佳颁发奖金，而给最差颁发黄旗。对于每一位经理，史玉柱不仅为他们提供了获得巨额奖金的机会，而且通过"做不好就必须接受惩罚"的机制对他们形成了负向激励。赏罚分明的企业文化，对新"巨人"的发展起到了巨大的支撑与推动作用。

资料来源：翟璐，"从企业内部环境要素浅析巨人集团兴衰"，《中国市场》2014年第38期。

巨人由衰转兴，与其良好的内部环境息息相关。如果没有内部环境的保证，再完美的内部控制设计也只能是"镜中花、水中月"，发挥不出其应有的作用。那么内部环境究竟包括哪些内容？企业又该如何建立或优化自身的内部环境呢？按照《企业内部控制基本规范》及其配套指引的规定，企业的内部环境主要包括组织架构、发展战略、人力资源、社会责任和企业文化等五个方面，本章主要从这五个方面进行阐述。

第一节 组 织 架 构

一、组织架构的定义

根据《企业内部控制应用指引第1号——组织架构》，组织架构是指企业按照国家有关法律法规、股东（大）会决议和企业章程，结合本企业实际，明确股东（大）会、董事会、监事会、经理层和企业内部各层级机构设置、职责权限、人员编制、工作程序和相关要求的制度安排。其中，核心是完善公司治理结构、管理体制和运行机制问题。

组织架构涵盖了治理结构和内部机构两个层次。其中，治理结构是企业治理层面的组织架构，是与外部主体发生各项经济关系的法人所必备的组织基础，它可以使企业成为法律上具有独立责任的主体，从而使得企业能够在法律许可的框架下拥有特定权利、履行相应义务，以保障各利益相关方的基本权益。内部机构则是企业内部机构层面的组织架构，是指企业根据业务发展的需要，分别设置不同层次的管理人员及相应的专业人员管理团队，针对各项业务功能行使决策、计划、执行、监督、评价的权力并承担相应的义务，从而为业务顺利开展并实现企业发展战略提供支撑。企业应当根据发展战略、业务需要和控制要求，选择适合本企业的组织架构类型。

一个现代企业，无论其处于新建、重组改制抑或存续状态，要实现发展战略，都必须把建立和完善组织架构放在首位，否则其他方面都无从谈起。建立和完善组织架构可以促进企业建立现代企业制度，有助于防范和化解各种舞弊风险，并在内部控制制度的建设中起到结构性支撑作用。

二、组织架构设计与运行的关键风险点

《企业内部控制应用指引第1号——组织架构》第三条指出,企业至少应当关注组织架构设计与运行中的下列风险:① 治理结构形同虚设,缺乏科学决策、良性运行机制和执行力,可能导致企业经营失败,难以实现发展战略;② 内部机构设计不科学,权责分配不合理,可能导致机构重叠、职能交叉或缺失、推诿扯皮,运行效率低下。

延伸阅读3-1 呼啦啦大厦倾,悠荡荡一场梦

案例3-1 宝洁退市:"大企业病"诊断书

2019年3月6日,宝洁宣布从巴黎退市,消息一出,唱衰言论四起。这个曾被写进教科书作为经典案例的全球巨擘,此时正深陷业绩连年下滑的困境。财报显示,2008年、2011年和2012年,宝洁的营业收入均突破800亿美元,达到历史巅峰。然而,从2013年起,宝洁的业绩出现停滞甚至下滑,一度跌至2006年的水平,"倒退十年"的宝洁究竟发生了什么?

宝洁成立于1837年,至今已有180多年的历史,从一家原本在美国俄亥俄州制作蜡烛的小作坊变成世界上最大的日用消费品公司之一。1988年,宝洁落户广州,靠海飞丝品牌打入中国市场,至今也有30多年了。对宝洁来说,中国市场曾是其最大的国外市场,拥有抢眼的业绩。不过,近年来,中国消费格局发生了剧变,随着消费升级,宝洁旗下的品牌(比如汰渍、飘柔等)被越来越多的选择替代,新一代消费者甚至视其为"妈妈的牌子"。宝洁在中国市场的表现越来越让人不满意,CEO大卫·泰勒还感叹中国的消费者是"世界上最挑剔的消费者"。面对这种局面,宝洁实施了一系列的自救行为:连换4任CEO、品牌瘦身、削减预算等,但均未有起色。

不少人已经指出宝洁所存在的问题:定位不清、品牌老化、营销方式落伍、销售渠道单一……而这些问题都反映出宝洁对时代变化的迟钝感知力,从根源上讲,这是因为宝洁患上了"大企业病"。所谓"大企业病",是指企业发展到一定规模后,原有的管理机制等方面开始滋生出阻碍企业发展的"毒瘤",让企业的思想僵化、决策迟缓、效率低下。有网友形容"大企业病"是老牌大企业的癌症,基因变不了,所有药不过是延缓死亡。

宝洁的"大企业病"诊断书主要如下:

"病症"一,机体僵硬。曾就职于宝洁的某位员工说:"宝洁内部系统庞杂,对外部市场环境变化的响应速度慢,大家常陷于每天忙得要死但却对实际业务增长没什么贡献的困境中。"这位员工笑称,公司专门开会探讨如何精简工作流程,讨论结果将全部呈现在一张纸上,原以为是一张A5大小的纸,没想到这张纸是折叠的,实际铺开后竟有一张报纸那么大,且两面都写满了密密麻麻的小字。流程烦琐复杂几乎是大企业的通病,这种管理机制导致决策链过长,反应不及时。所谓"船小好调头",而对一艘"巨型航母"来说,每做一个决定,可能都要大费周章。试想一下,公司员工每天把大部分原本可以用来创

收的时间消耗在这些内部流程上,结果会发展成怎样可想而知。

"病症"二,组织臃肿。组织臃肿是大企业常见病症之一,组织不精简、管理层级过多、部门职能重叠,都会导致系统效率低下。因此,扁平化管理成为现代企业的趋势:基于对管理层的压缩,增大管理的幅度,从而降低运营成本。比如,从2018年年末开始,腾讯裁撤大量中层干部。腾讯意识到,为保持创新力,必须破除内部"老龄化"问题,为组织注入新鲜血液。而这并非腾讯首次进行组织架构的调整,为保证人才梯队更具活力,腾讯几乎每隔七年就会进行人事大调整,保证企业人才换血的需求,为自身发展加大马力。

"病症"三,营养过剩。为了增加营业收入,企业会面临"做加法"还是"做减法"的选择。在高速成长阶段,多元化经营是大多数企业的选择,而当企业出现增长停滞时,领导者就应检查一下企业是否因"营养过剩"而出现消化不良的情况。尤其是面临经济下行风险时,集中力量和资源做主业,是更好的策略。

经营企业如逆水行舟,无论当下风光与否,都应对市场变化保持敏锐度,及时调整组织架构,避免管理层级过多、组织结构链条过长带来的机构臃肿、职责不清、人浮于事的情况。同时,也应经常检查自身发展情况,避免因盲目扩张而增加内部交易费用,从而影响集团整体的经济效益。

资料来源:改编自世界经理人网站2019年3月26日同名报道。

三、治理结构的设计与运行

(一)治理结构的设计

1. 企业治理结构设计的一般要求

治理结构包括股东(大)会、董事会、监事会和经理层。《企业内部控制应用指引第1号——组织架构》第四条规定:企业应当根据国家有关法律法规的规定,明确董事会、监事会和经理层的职责权限、任职条件、议事规则和工作程序,确保决策、执行和监督相互分离,形成制衡。董事会对股东(大)会负责,依法行使企业的经营决策权。可按照股东(大)会的有关决议,设立战略、审计、提名、薪酬与考核等专门委员会,明确各专门委员会的职责权限、任职资格、议事规则和工作程序,为董事会科学决策提供支持。监事会对股东(大)会负责,监督企业董事、经理和其他高级管理人员依法履行职责。经理层对董事会负责,主持企业的生产经营管理工作。经理和其他高级管理人员的职责分工应当明确。董事会、监事会和经理层的产生程序应当合法合规,其人员构成、知识结构、能力素质应当满足履行职责的要求。

从内部控制建设角度看,新设企业或转制企业若一开始就在治理结构设计方面存在缺陷,则必然会对其长远发展造成严重损害。比如,有些上市公司在董事会下没有设立"真正意义上"的审计委员会,其成员只是"形式上"符合有关法律法规的要求,难以胜任工作,甚至也"不愿"去履行职能;又如,部分上市公司的监事会成员或多或少地与董事长存在某种关系,在后续工作中难以秉公办事,直接或间接地损害了股东尤其是中小股东的合法权益;再如,有些上市公司在上市改制时治理结构设计不合理,基于人情等原因让某人担任董事长,而实际上公司总经理才是幕后真正的"董事长"。因此,在治理结构的设计过程中,企业应当尽力避免上述情况的发生。

2. 上市公司治理结构的特殊要求

上市公司是公众公司,涉及社会公众利益,必须对投资者和社会公众负责。因此,上市公司在进行治理结构设计时,应当充分考虑其"公众性"的特点。

(1) 建立独立董事制度。上市公司董事会应当设立独立董事,独立董事应独立于所受聘的公司及其主要股东,且不得在上市公司担任除独立董事外的其他任何职务。独立董事对上市公司及全体股东负有诚信与勤勉等义务,尤其要关注中小股东的合法权益不受损害。在履行职责的过程中,独立董事要确保不受公司主要股东、实际控制人以及其他与上市公司存在利害关系的单位或个人的影响。

(2) 设立董事会专业委员会。上市公司董事会应当根据治理需要,按照股东大会的有关决议设立战略、审计、提名、薪酬与考核等专门委员会。其中,审计委员会、薪酬与考核委员会中,独立董事应当占多数并担任负责人,审计委员会中至少还应有一名独立董事是会计专业人士。董事会专业委员会中的审计委员会,对内部控制的建立健全和有效实施发挥着重要作用。审计委员会对经理层提供的财务报告和内部控制评价报告进行监督。审计委员会成员应当具有独立性、专业性和道德感。

(3) 设立董事会秘书。董事会秘书是上市公司的高级管理人员,直接对董事会负责,并由董事长提名,董事会负责任免。董事会秘书是一个重要的角色,负责公司股东大会和董事会会议的筹备、文件保管以及公司股东资料的管理,办理信息披露事务等事宜。

3. 国有独资公司治理结构设计的特殊要求

在我国,国有独资公司是比较独特的一类企业,也是我国国民经济的骨干力量,其治理结构设计应充分反映其特色,主要体现在:

(1) 国有资产监督管理机构代行股东(大)会职权。国有独资公司不设股东(大)会,由国有资产监督管理机构行使股东(大)会职权,决定公司的重大事项。国有资产监督管理机构可以授权公司董事会行使股东(大)会的部分职权,决定公司的重大事项,但公司的合并、分立、解散、增加或者减少注册资本和发行公司债券,必须由国有资产监督管理机构决定。

(2) 国有独资公司董事会成员主要由国有资产监督管理机构委派,但还应包括由公司职工代表大会选举产生的职工代表。国有独资公司董事长、副董事长由国有资产监督管理机构从董事会成员中指定产生。

(3) 国有独资公司监事会成员由国有资产监督管理机构委派,但监事会成员中的职工代表由公司职工代表大会选举产生。监事会主席由国有资产监督管理机构从监事会成员中指定产生。

(二) 治理结构的运行

根据《企业内部控制应用指引第1号——组织架构》第九条的要求,企业应当根据组织架构的设计规范,对现有治理结构和内部机构设置进行全面梳理,确保本企业治理结构、内部机构设置和运行机制等符合现代企业制度要求。企业梳理治理结构,应当重点关注董事、监事、经理及其他高级管理人员的任职资格和履职情况,以及董事会、监事会和经理层的运行效果。治理结构存在问题的,应当采取有效措施加以改进。

案例 3-2　　重庆钢铁:败也治理结构,成也治理结构

　　十年终于破产重整,一年换得起死回生,重庆钢铁没有指派技术人员,除维修设施外,没有做其他的投入,没有更换工人和中层,只是更换了董事会和高管,保留了外部董事。重庆钢铁仅用一年多就实现从破产重整到涅槃重生,证明了公司治理是企业发展最核心、最根本的因素,也为资本市场提供了一个通过公司治理扭亏为盈、重焕新生的样本。

　　受行业景气度下滑和钢铁产品结构与市场需求错配等因素的综合影响,重庆钢铁自2011年以来出现了严重亏损,最终因资不抵债,债权人于2017年4月向法院申请对重庆钢铁进行司法重整;同年7月,经法院批准,重庆钢铁正式进入重整程序;2017年年底,重庆钢铁完成司法重整,企业性质由国有控股转变为混合所有制。

　　司法重整后,重庆钢铁借助大股东背景和资源,为董事会引入具有丰富钢铁行业管理经验的管理团队,公司实际控制人、控股股东通过委派董事、监事,以智力资本投入公司治理中。并且公司不断健全法人治理结构,规范董事会决策程序,落实管理层的管理责任,建立严肃追责体系,全面推行"赛马机制",打造公平、公正、公开的岗位竞争环境,明确用人导向,激发员工和组织活力。

　　同时,重庆证监局及时将监管思路从风险处置调整为推动规范发展,陪同相关领导赴公司现场调研,深入了解公司重整后的治理结构情况,并在日常监管中通过约见谈话、现场走访等多种方式,持续督导公司完善治理结构,提升管理水平。2018年年底,新修订的《上市公司治理准则》发布后,重庆证监局监管人员专门对公司开展上门培训,宣讲最新的公司治理及规范运作要求,结合公司实际进行答疑解惑,推动公司治理水平进一步提升,步入规范发展快车道。

　　一位参与公司重整的管理层人士评价道,重整开始后,重庆钢铁的董事会没有做重大的改组,但是运行风格跟以前截然不同,公司董事会给予CEO充分授权,全面配合CEO完成使命。确定目标后,指挥权在CEO手中,董事会全体包括董事长配合达成目标。企业在一年内必须恢复到正常状态,没有任何商量的余地。而董事会成员也有不同的分工,相当一部分执行董事日常和CEO一起工作、参加会议、落实决策,严格把控风险,而外部董事更多的是做"观察"工作。

　　重庆钢铁搬迁至长寿厂区已近10年,运营情况每况愈下,以致走到破产重整这一步,这不能说是公司数千名员工的失败,应当说是公司治理的失败。重整方接手后,在短暂的时间里派驻员工不过5名,均在核心管理层,这5人既不炼钢也不炼铁,只做治理方面的调整,治理结构调整好了,企业也就走出来了。

　　资料来源:改编自《证券时报》2019年11月1日同名报道,作者王君晖。

　　企业对治理结构的梳理应着力从两个方面入手:一是关注董事、监事、经理及其他高级管理人员的任职资格和履职情况。对于任职资格,重点关注行为能力、道德诚信、经营

管理素质、任职程序等方面;对于履职情况,重点关注合规、业绩,以及履行忠实、勤勉义务等方面。二是关注董事会、监事会和经理层的运行效果,包括:① 董事会是否定期或不定期地召集股东大会并向股东大会报告;是否严格认真地执行了股东大会的所有决议;是否合理地聘任或解聘经理及其他高级人员等。② 监事会是否按照规定对董事、高级管理人员行为进行监督;在发现他们存在违反相关法律法规或损害公司利益的行为时,能否对其提出罢免建议或制止并纠正其行为等。③ 经理层是否认真有效地组织实施董事会决议;是否认真有效地组织实施董事会制定的年度生产经营计划和投资方案;能否完成董事会确定的生产经营计划和绩效目标等。①

四、内部机构的设计与运行

(一) 内部机构的设计

内部机构的设计是组织架构设计的关键环节,企业应当结合经营业务特点和内部控制要求进行内部机构设计。

(1) 按照《企业内部控制应用指引第 1 号——组织架构》第六条的要求,企业应当按照科学、精简、高效、透明、制衡的原则,综合考虑企业性质、发展战略、文化理念和管理要求等因素,合理设置内部职能机构,明确各机构的职责权限,避免职能交叉、缺失或权责过于集中,形成各司其职、各负其责、相互制约、相互协调的工作机制。常见的职能机构包括规划、设计、采购、生产、销售、人事、会计、后勤等。

(2) 按照《企业内部控制应用指引第 1 号——组织架构》第七条的要求,企业应当对各机构的职能进行科学合理的分解,确定具体岗位的名称、职责和工作要求等,明确各个岗位的权限和相互关系。企业在确定职权和岗位分工过程中,应当体现不相容职务相互分离的要求。不相容职务通常包括:可行性研究与决策审批;决策审批与执行;执行与监督检查等。岗位职责是对某一工作部门或个人的工作任务、责任与权限所做的统一规定。企业应当对岗位职责进行描述,包括工作名称、工作职责、任职条件、工作技能要求、工作对个性的要求等。企业对岗位职责的描述对象是工作本身,与从事这项工作的人无关,目的是便于员工理解职位的能力要求、工作职责及衡量标准,让员工有一个可遵循的标准。

(3) 按照《企业内部控制应用指引第 1 号——组织架构》第八条的要求,企业应当制定组织结构图、业务流程图、岗(职)位说明书和权限指引等内部管理制度或相关文件,使员工了解和掌握组织架构设计及权责分配情况,正确履行职责。需要特别指出的是,就内部机构设计而言,建立权限指引和授权机制非常重要。有了权限指引,不同层级的员工就知道该如何行使并承担相应责任,也有利于事后考核评价。授权机制是指企业各项决策和业务必须由具备适当权限的人员办理,这一权限通过公司章程约定或其他适当方式授予。企业内部各级员工必须获得相应的授权,才能实施决策或办理业务,严禁越权处理。按照授权对象和形式的不同,授权分为常规授权和特别授权。常规授权一般针对

---

① 财政部会计司,《企业内部控制规范讲解 2010》,经济科学出版社 2010 年版。

企业日常经营管理过程中发生的程序性和重复性工作,可以在由企业正式颁布的岗(职)位说明书中予以明确,或通过制定专门的权限指引予以明确。特别授权一般是由董事会向经理层或经理层向内部机构及其员工授予处理某一突发事件(如法律纠纷)、作出某项重大决策、代替上级处理日常工作的临时性权力。

(4) 对"三重一大"的特殊考虑。无论是上市公司还是其他企业,在实务中发生的重大经济案件大多牵涉到"三重一大"问题,即"重大决策、重大事项、重要人事任免及大额资金使用"问题。《企业内部控制应用指引第1号——组织架构》第五条明确要求,企业的重大决策、重大事项、重要人事任免及大额资金支付业务等,应当按照规定的权限和程序实行集体决策审批或者联签制度。任何个人不得单独进行决策或者擅自改变集体决策意见。此项规定是对我国企业改革开放以来成功经验和失败教训的总结,可以有效避免"一言堂""一支笔"现象。

案例 3-3　　国有企业不是个人的"独立王国"

尹亮,辽宁省人大常委会原委员,曾任抚顺矿业集团(以下简称"抚矿集团")有限责任公司董事长、总经理、党委书记,抚顺矿务局西露天矿矿长。2016年9月23日,经辽宁省委批准,辽宁省纪委正式对尹亮立案审查。2017年3月,尹亮被开除党籍并移送司法机关处理。因涉嫌受贿罪、贪污罪,尹亮于2017年9月12日被铁岭市人民检察院移送审查起诉;2018年3月20日,铁岭市人民检察院向铁岭市中级人民法院提起公诉。

尹亮落马的背后主要有三大问题:

一、公私不分——把企业当作自家门店

作为省属重点国有企业掌门人,尹亮也曾有励志的岁月,也曾有为党和国家事业奋斗的理想,曾为抚矿集团的改革发展作出贡献,但在取得一些成绩、权力逐渐扩大后,他却忘乎所以,丢掉了初心,深陷自私腐败的泥潭,不断侵占国家利益。

2006—2012年,尹亮还让集团办公室工作人员,将其个人及亲属旅游、购物等数百万元费用在集团报销。

按规定,享受年薪的企业人员不再领取企业其他报酬,但 2005—2016 年,在领取年薪后,尹亮又以多种名义、多渠道领取奖金 600 余万元,其中 2013—2016 年,尹亮在调离抚矿集团领导岗位后,仍然领取奖金 90 余万元。

……

就这样,尹亮将抚矿集团的公款变着法儿流向自家腰包,公家私家都当成自己家,国有私有都当成自己所有。

二、独断专行——盲目决策造成重大损失

尹亮自认为是个"能人",本事大、贡献多,所以他飘飘然自觉凌驾于组织之上,各种重大决策个人说了算,监督和党纪形同虚设。调查过程中,多数干部对尹亮表现出了"怕",而尹亮对此心知肚明,他在忏悔材料中写道:"员工们信服我,但也害怕我,害怕我手中的权力。我对任何问题都十分自信,开会时先下结论再征求意见,特别是脾气渐长,不愿听反对声音,身上霸气十足。"到后来,随着业绩提升,本就作风强势的他,在企业里说一不二,俨然一副"老子天下第一、顺我者昌逆我者亡"的架势。

多年来,尹亮逐渐养成了"一切凌驾于企业和党组织之上,无视民主,一切以自己为中心"的习惯,从机构设置、干部任用、生产指标确定到奖金分配等,均由自己敲定,再让有关部门象征性地征求一下意见。抚矿集团班子里其他成员不敢问,也不敢说,主动放弃监督权,这让尹亮做起事来自然"一呼百应"。

三、拉帮结派——严重破坏企业政治生态

作为大型国有企业的一把手,尹亮既是组织任命的正厅级干部,也是坐拥百亿资产的国有企业老总,占据重要的经济和政治资源,这让他在与商、政各方周旋中游刃有余。他拥有自己的圈子,且圈子里还套圈子:亲信圈、麻友圈……而这些圈子实质是一个权力、利益交换圈,进而形成了利益共同体。这些圈子里有煤老板、工程老板,也有领导干部,只有他看上的人才能进"圈",而他们也以能进"圈"为荣。他们会碰巧将住房选在尹亮住所周围,方便经常给尹亮赠送金钱和各种名贵物品,他们怀着不同目的想方设法地挤进这个"朋友圈",以期在尹亮的权力影响下共同发财。

资料来源:改编自李大春,"国企不是个人的'独立王国'——抚矿集团原党委书记、董事长尹亮严重违纪违法案件警示录",《中国纪检监察报》2018年1月31日。

(二)内部机构的运行

《企业内部控制应用指引第1号——组织架构》第九条明确指出,企业梳理内部机构设置,应当重点关注内部机构设置的合理性和运行的高效性等。内部机构设置和运行中存在职能交叉、缺失或运行效率低下的,应当及时解决。

案例 3-4　　　　　　　　**京东最大规模组织架构调整**

"未来的成功一定是以客户为中心的成功。"2019年1月19日下午,徐雷首次以CEO的身份,站在京东商城2019年年初的年会演讲台上,并在演讲中提及客户35次。

打破部门墙

过去的2018年,徐雷形容是"京东历史上内外部环境变化最剧烈的一年"。当下,京东商城更是进入一个大变局时期。

徐雷坦言,红利消失后,争夺"增量"市场变得艰难;在饱和的"存量"市场里,更加残酷的竞争难以避免。

谈到内部环境时,徐雷的措辞与语调变得严厉起来。"我们的组织能力和行为方式出现了问题:客户为先的价值观被稀释,唯KPI(关键绩效指标)论和'交数'文化盛行,部门墙越来越高,自说自话,没有统一的经营逻辑,对外界变化反应越来越慢,对客户傲慢了。我们由一个行业的颠覆者变成了被挑战者。"

徐雷所提到的战斗力下降、人浮于事的问题,在2016年的京东就已开始有所显现。那时互联网红利消失已初见征兆,阿里又不断攻入京东腹地,京东股价曾一度逼近破发。

主动求变,京东破冰

2018年12月初,京东商城的核心高管用了4天4夜的时间,针对商城的战略进行了深入的研讨。某种程度上,这是京东商城内部的一次对"大政方针"的"拨乱反正"。会后,决策层重新达成了商城的基本经营理念,即信赖、客户、价值。

徐雷向下属明确表态:希望大家以后做任何事情,都先对照经营理念,想想要做的事情是否违反了信赖原则,是否以客户为中心,究竟有什么独特价值。"只唯真,不唯上,对照经营理念,而不是上级的命令工作。"

2019年,京东商城组织架构调整后的主要变化被徐雷总结为四点:第一,从单纯追求数字到追求有质量增长的变化;第二,从单纯以货物为中心到以客户为中心的变化;第三,从纵向垂直一体化的组织架构到积木化前中后台的变化;第四,从创造数字到创造价值的人才激励导向的变化。在这四大变化背后,反映的是目前电商企业一种全新的竞争思路。但在组织内部,思路的颠覆并没有那么容易发生。

中台引擎

一切业务的变化,背后首先是人的变化。

要实现京东构想中的积木型组织和商业模式升级,首先要重新设计信息传导与团队协同模式。

从2017年开始,京东开始试行"中台+前台"方向的组织调整。

"中台"承担的是基础服务建设的功能。以阿里为例,淘宝、天猫、菜鸟、飞猪是阿里前台的一个个业务,会员、交易、营销、店铺、地理位置则共同形成了中台服务体系。中台不断通过技术沉淀,统一业务逻辑,满足前台多样化的用户需求。

"大中台,小前台"已经成为许多大型互联网公司普遍采用的组织标配。在本次年会上,徐雷更是将京东的中台战略提升到了"永不停歇的超级引擎"的高度。

与客户体验息息相关的终端、场景被京东划分到了前台,而中台则是京东"最宝贵的财富沉淀"。"我们要把过去十几年所积累的know-how标准化、组件化、平台化、系统化,做好对前台的赋能和支持。除了承担数据、搜索、产品、系统的技术中台,我们也将大力开展供应链中台的建设。"

中台的构建,涉及最为密集的团队协同和部门授权,需要团队成员跳离本位主义,且涉及改革,必有人事变动和阵痛发生。徐雷表示,大中台的构建将由他本人牵头。"未来,单兵作战模式一定会被淘汰,强大的中军是决胜的关键。"

未来,京东的领导层梯队是否会发生变化,徐雷的表态似乎是一个信号。"未来京东的组织将加速扁平化,减少汇报层级,加强一线授权。同时,更多年轻人将承担关键任务,走上核心岗位。"

资料来源:李原,"京东最大规模组织架构调整一个月后",《中国企业家杂志》2019年第1期。

1. 内部机构设置的合理性

从合理性角度对企业内部机构设置情况进行梳理,应当重点关注:① 内部机构设置是否适应内外部环境的变化;② 是否以发展目标为导向;③ 是否满足专业化的分工和协作,有助于企业提高劳动生产率;④ 是否明确界定各机构和岗位的权利与责任,不存在权责交叉重叠,不存在只有权利而没有相对应的责任和义务的情况等。

2. 内部机构运行的高效性

从高效性角度对企业内部机构的运行情况进行梳理,主要关注以下三个方面:

(1) 职责分工的效率。在现代市场经济中,企业面临的市场环境日益变化,内部各机构的职责分工也应当根据市场环境的变化及时调整。特别地,当企业面对重要事件或重大危机时,各机构表现出的职责分工协调性可以较好地检验内部机构运行的效率。

(2) 权力制衡的效率。企业应当定期评估内部机构的权力制衡机制是否有效,关注机构的权力是否过大并存在监督漏洞、机构权力是否被架空、机构内部或各机构之间是否存在权力失衡等。

(3) 信息沟通的效率。企业梳理内部机构的高效性,还应关注内部机构运行是否有利于保证信息的及时顺畅流通,在各机构间达到快捷沟通的目的。评估内部机构运行中的信息沟通效率,一般包括信息在内部机构间的流通是否通畅,是否存在信息阻塞;信息在组织架构中的流通是否有助于提高效率,是否存在舍近求远沟通的情况。例如,某公司在治理结构和内部机构之间,以及内部各机构之间建立了一套双向沟通机制,以达到打通信息纵向与横向流通渠道的目的。

五、组织架构的评价与调整

企业在对治理结构和内部机构进行全面梳理的基础上,还应当定期对组织架构设计和运行的效率与效果进行综合评价,旨在发现可能存在的缺陷并及时优化调整,使公司的组织架构始终处于高效运行的状态。企业组织架构的调整应当充分听取董事、监事、高级管理人员和其他员工的意见,按照规定的权限和程序进行决策审批。

总之,只有不断健全公司法人治理结构,持续优化内部机构设置,才能为企业的内部控制和风险管理奠定扎实的基础,才能提升企业经营管理效能,在当前激烈的国内外市场经济竞争中保持健康可持续发展。

第二节 发 展 战 略

一、发展战略的定义

《企业内部控制应用指引第 2 号——发展战略》第二条指出:发展战略,是指企业在对现实状况和未来趋势进行综合分析和科学预测的基础上,制定并实施的长远发展目标与战略规划。通俗地讲,就是一个企业应该做什么,不能做什么;应该怎么做,不能怎么做;应该有什么样的目标,不能有什么样的目标。对这三个问题的回答就是战略。而这三个问题,绝对是企业生存

视频讲解 3-1　内部环境:发展战略

发展的大问题。

企业制定发展战略的意义在于：① 它可以为企业找准自己的行业和市场定位；② 它是企业执行层行动的指南；③ 它为内部控制设定了最高目标。

延伸阅读 3-2　海尔集团六个战略发展阶段

战略是一个学习、思考、实践的过程，战略管理是一门大学问，具体包括战略制定、战略实施、战略监控、战略评价以及战略调整等环节，如图 3-1 所示。

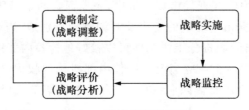

图 3-1　战略管理流程图

二、发展战略制定和实施的关键风险点

《企业内部控制应用指引第 2 号——发展战略》第三条指出，企业制定与实施发展战略至少应当关注下列风险：① 缺乏明确的发展战略或发展战略实施不到位，可能导致企业盲目发展，难以形成竞争优势，丧失发展机遇和动力；② 发展战略过于激进，脱离企业实际能力或偏离主业，可能导致企业过度扩张，甚至经营失败；③ 发展战略因主观原因频繁变动，可能导致资源浪费，甚至危及企业的生存和持续发展。

案例 3-5　上市六年停牌三年，富贵鸟为何折翼？

负债三十亿元，富贵鸟股份有限公司（以下简称富贵鸟）退市在即。

2019 年 8 月 12 日，富贵鸟发布公告称，香港联交所于 8 月 9 日向公司发出函件，告知公司股票最后上市日期为 2019 年 8 月 23 日，而股份上市地位将于 2019 年 8 月 26 日上午 9 时取消。而就在 7 月 31 日，富贵鸟还发出公告称，公司正在破产重整，将根据破产重整的进度安排复牌计划。

从一代鞋业巨头到破产退市，富贵鸟到底经历了什么？

富贵鸟成立于 1995 年，2012 年成为全国第三大品牌商务休闲鞋产品制造商、第六大品牌鞋产品制造商，2013 年在香港联交所成功上市，整合成集鞋服研发、生产、销售于一体的现代化企业。

在 2015 年之前，专注主业的富贵鸟的业绩还是较为可圈可点的。2011—2014 年，虽然 2014 年业绩增速有所放缓，但整体而言，富贵鸟营业额和净利润的增长都较为迅猛：营业额分别为 16.51 亿元、19.32 亿元、22.94 亿元、23.22 亿元，净利润分别为 2.53 亿元、3.23 亿元、4.43 亿元、4.51 亿元。

富贵鸟业绩的下坡路从 2015 年开始，那一年，富贵鸟全年净利 3.9 亿元，同比减少 13.09%。到了 2016 年，富贵鸟净利润减至 1.6 亿元。同时，富贵鸟的零售门店数量大幅削减，新开门店263家，关闭门店976家，线下门店销售渠道遭受极大挑战。2016年9月1日，富贵鸟宣布停牌，给出的理由是"需要额外时间完成编制供载入中期业绩的若干资料"，同时，相关董事会会议延期举行，而这一停就是近三年。2017年上半年，富贵鸟净亏损1088.73万元，而业绩暴跌至4.12亿元，同比减少48.09%。此后，富贵鸟再未更新过业绩。2018年，据央视财经报道，富贵鸟已有四个车间全部停工，且有三亿多元的库存无处销售。

2015年到底发生了什么，使得发展迅猛的富贵鸟开始出现疲态？

首先，整个鞋服行业增速放缓。据国家统计局统计，2016年鞋服的零售额增速放缓。富贵鸟也曾在2015年年度报告中解释，鞋服行业受宏观经济景气度及自身发展周期的影响，仍处于筑底阶段。品牌一方面面临电商分流，线上销售挤压线下，另一方面面临国际、国内各大品牌的竞争。

其次，面临主业下行的情况，富贵鸟为寻找新的业务增长点，将眼光放在了金融领域上。相比利润低、投资回收期较长的鞋业，金融领域显然投资收益高且快。富贵鸟开始尝试投资金融领域的小额信贷P2P公司，然而这一入局便是其后期面临生存压力的开始。

2015年5月，富贵鸟以1000万美元战略投资了深圳中融资本投资有限公司旗下的线上P2P平台共赢社；同年10月，富贵鸟又入股了叮咚钱包，成为其大股东。然而，由于富贵鸟并没有丰富的投资经验，且投资金额较大，盲目投资导致其资金链断裂，业绩加速下滑。据报道，共赢社自2017年4月24日起就停运了，而叮咚钱包"到期不退款"的消息后来也铺天盖地传开来。

为了补充资金，富贵鸟开始对外发债，这再一次加重了公司的生存危机。据悉，富贵鸟于2015年至2016年先后发行了三只债券，分别为14富贵鸟、16富贵鸟SCP001以及16富贵01，总计约25亿元。截至目前，"16富贵01"以及"14富贵鸟"两只债券都已实质违约，涉及本金高达21亿元。

2018年2月，富贵鸟债权受托管理人国泰君安称，富贵鸟及其子公司存在大额违规对外担保事项及资金拆借事项，截至2018年2月28日，富贵鸟至少存在49.09亿元的资产金额可能无法收回，其中货币资金1.65亿元、应收账款2亿元、存货2亿元、其他应收款42.29亿元、固定资产1.15亿元。而除了上述两只违约债券，富贵鸟还有银行借款约5亿元，其他经营性负债约3亿元，债务总额约30亿元。

2018年7月26日，国泰君安向福建省泉州市中级人民法院申请富贵鸟重整，但是2019年5月9日，富贵鸟提出的重整计划草案未获债权人通过。此前市面上有消息称，富贵鸟曾试图"以鞋抵债"，即100元的债可以换得1.63元购物券和1.11元现金，债权人在取得购物券三年内可持券按票面金额到指定直营门店消费提货，但后来该方案又因债权清偿率极低而被迫放弃。毕竟，投资人持有1万元的债券，只能换来111元和一双价值163元的皮鞋。

负债30亿元，富贵鸟富贵不再，现在还面临破产退市的困局。回顾富贵鸟的发展历程，实在令人唏嘘感叹。

资料来源：唐唯珂、宁妍，"富贵鸟负债30亿退市在即，鞋业巨头们普遍风光不再？"，《21世纪经济报道》2019年8月2日。

三、发展战略的制定

（一）建立和健全发展战略制定机构

根据《企业内部控制应用指引第2号——发展战略》第六条的要求，企业应当在董事会下设立战略委员会，或指定相关机构负责发展战略管理工作，履行相应职责。企业应当明确战略委员会的职责和议事规则，对战略委员会会议的召开程序、表决方式、提案审议、保密要求和会议记录等作出规定，确保议事过程规范透明、决策程序科学民主。战略委员会成员应当具有较强的综合素质和实践经验，其任职资格和选任程序应当符合有关法律法规和企业章程的规定。

（二）影响发展战略制定的因素分析

影响发展战略制定的关键因素有企业外部环境和内部资源两个方面。

1. 企业外部环境

企业外部环境是制定发展战略的重要影响因素，包括企业所处的宏观环境、行业环境及竞争对手、经营环境等。

（1）宏观环境分析。宏观环境是指那些在广阔的社会环境中影响到一个产业或企业的各种因素，如政治和法律、经济、社会和文化、技术等。宏观环境分析的具体要点如图3-2所示。

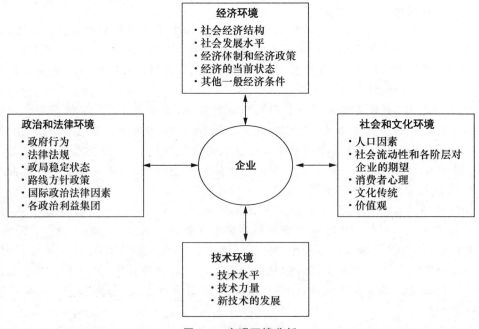

图3-2 宏观环境分析

（2）行业环境及竞争对手分析。企业应当加强对所处行业的调研、分析，发现影响该行业盈亏的决定性因素、当前及预期的盈利性以及这些因素的变动情况。行业分析最常用的工具是五力分析模型，如图3-3所示。

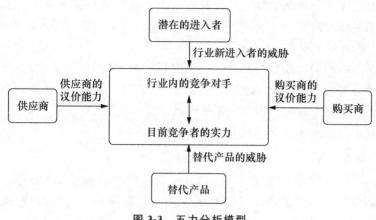

图 3-3 五力分析模型

（3）经营环境分析。经营环境分析是指企业对市场及竞争地位、消费者消费状况、融资者、劳动力市场状况等因素的分析。经营环境比宏观环境和行业环境更容易为企业所影响和控制，也更有利于企业主动应对其所带来的机会和威胁。

2. 内部资源

内部资源是企业发展战略的重要制约条件，包括企业资源、企业能力、核心竞争力等各种有形和无形资源。分析企业拥有的内部资源和能力，应当着重分析这些资源和能力使企业在同行业中处于何种地位，与竞争对手相比，企业有哪些优势和劣势。

（三）制定发展战略

发展战略可以分为发展目标和战略规划两个层次。其中，发展目标是企业发展战略的核心和基本内容，是在最重要的经营领域对企业使命的具体化，表明企业在未来一段时间内所要努力的方向和所要达到的水平。战略规划是为了实现发展目标而制定的具体规划，表明企业在每个发展阶段的具体目标、工作任务和实施路径。

1. 发展目标的制定原则

第一，突出主业。当前我国少数大型企业存在盲目投资非主业的现象，引发了社会各界的广泛议论。因此，企业在制定发展目标时要突出主业，努力将其做精做强，不断增强核心竞争力，在行业和产业发展中发挥引领作用，这也是许多成功跨国公司的重要经验。

第二，稳扎稳打。为追求"超常规""跨越式"发展，当前有些企业制定了过于激进的发展目标。在这种浮躁心态的驱使下，这些企业盲目追求做大，不惜成本，急于"铺摊子"，试图在短期内将企业打造成"巨无霸"。但在企业内部管理能力难以跟上、风险管理水平不匹配的情况下，一旦外部环境出现一点"风吹草动"，这种所谓的"跨越式"发展就很可能使企业顷刻间"灰飞烟灭"，迅速走向衰败。

第三，适当开拓。当然，企业的发展目标也不能过于保守，应当具备适当的开拓性，否则会丧失发展机遇和动力。在过于保守的战略引导下，企业由于发展目标易于实现而故步自封，长此以往在激烈的市场竞争中往往无法及时抓住市场机会，导致发展滞后，最终难以逃脱被淘汰的命运。

第四,专业论证。企业制定发展目标时应组织多方面的专家和有关人员进行充分论证,主要着眼于发展方向是否正确、发展目标是否可行以及发展目标是否明确。

2. 发展目标的制定要求

根据《企业内部控制应用指引第 2 号——发展战略》第四条的要求,企业应当在充分调查研究、科学分析预测和广泛征求意见的基础上制定发展目标。企业在制定发展目标过程中,应当综合考虑宏观经济政策、国内外市场需求变化、技术发展趋势、行业及竞争对手状况、可利用资源水平和自身优势与劣势等影响因素。

(四)编制战略规划

发展目标确定后,就要考虑使用何种手段、采取何种措施、运用何种方法来达成目标,即编制战略规划。战略规划应当明确企业发展的阶段性和发展程度,确定每个发展阶段的具体目标和工作任务,以及达成发展目标必经的实施路径。

(五)审议和批准发展战略

发展战略拟定后,应当按照规定的权限和程序对发展战略方案进行审议和批准。审议战略委员会提交的发展战略方案,是董事会的重要职责。在审议过程中,董事会应着力关注发展战略的全局性、长期性和可行性。具体包括:第一,发展战略是否符合国家行业发展规划和产业政策;第二,发展战略是否符合国家经济结构战略性调整方向;第三,发展战略是否突出主业,有助于提升企业核心竞争力;第四,发展战略是否具有可操作性;第五,发展战略是否客观全面地对未来的商业机会和风险进行分析预测;第六,发展战略是否有相应的人力、财务、信息等资源保障。董事会在审议中若发现发展战略方案存在重大缺陷,应当责成战略委员会对方案进行调整。企业的发展战略方案经董事会审议通过后,应当报经股东(大)会批准后付诸实施。

四、发展战略的实施

(一)分解落实发展战略

企业的发展战略一旦明确,就需要落实、细化。这就需要制定年度工作计划,编制全面预算,将年度目标分解、落实,确保发展战略的有效实施。第一,要根据战略规划,制定年度工作计划;第二,要按照上下结合、分级编制、逐级汇总的原则编制全面预算,将发展目标分解并落实到产销水平、资产负债规模、收入及利润增长幅度、投资回报、风险管控、技术创新、品牌建设、人力资源建设、制度建设、企业文化、社会责任等可操作层面,确保发展战略能够真正有效地指导企业各项生产经营管理活动;第三,要进一步将年度预算细分为季度、月度预算,通过实施分期预算控制,促进年度预算目标的实现;第四,要通过建立发展战略实施的激励约束机制,将各责任单位年度预算目标完成情况纳入绩效考评体系,切实做到有奖有惩、奖惩分明,以促进发展战略的有效实施。

(二)执行发展战略

发展战略实施过程是一个系统的有机整体,在目前复杂多变的市场环境和激烈的市场竞争中,对企业内部不同部门之间的协同运作提出了越来越高的要求。为此,企业应当培育与发展战略相匹配的企业文化,优化调整组织架构,整合内外部资源,相应调整管理方式。

（三）做好发展战略的宣传工作

企业的发展战略要被员工理解,要深入人心。因此,企业应当重视发展战略的宣传工作,通过内部各层级会议和教育培训等有效方式,将发展战略及其分解落实情况传递到内部各管理层级和全体员工。具体而言,企业董事、监事和高级管理人员应树立战略意识和战略思维,充分发挥其在战略制定与实施过程中的模范带头作用;通过采取内部会议、培训、讲座、知识竞赛等多种行之有效的方式,把发展战略及其分解落实情况传递到内部各管理层级和全体员工,营造战略宣传的强大舆论氛围;企业高管层应加强与员工的沟通,使全体员工充分了解企业的战略目标、发展思路和具体举措,自觉地将发展战略与自己的具体工作结合起来,促进发展战略的有效实施。

五、发展战略的监控与评价

由于企业内外部环境处于不断变化之中,企业通常会在执行战略的过程中发现实施结果与预期的战略目标不一致,战略监控就是对反馈回来的实际成效与预期的战略目标进行比较,如果有明显的偏差,就要采取有效的措施进行纠正,以保证企业发展战略的实现。因此,战略委员会应当加强对发展战略实施情况的监控,定期收集和分析相关信息,对于明显偏离发展战略的情况,应当及时报告。对于战略执行情况与战略目标出现的差异,应当及时提请相关责任部门进行处理。

战略评价包括战略制定与实施的事前、事中和事后评价。事前评价是在战略执行前对战略是否具有可行性的分析,目的是在分析外部环境和自身条件的基础上,发现和抓住最佳发展机遇。事中评价是对实施中的发展战略的具体执行情况进行评价,目的是及时发现战略实施中存在的偏差并予以纠正。事中评价既是战略监控的结果,也是战略调整的重要依据。事后评价是对发展战略实施后作出的评价,目的是对战略实施的整体效果进行概括性评价,总结经验教训,为未来发展战略的进一步完善和更好的落实提供信息、数据和经验。

战略评价方法的选择应采取定性与定量、财务指标与非财务指标相结合的原则。对于战略实施过程中发现的问题或偏差,应当及时进行内部报告,并采取措施予以纠正。

六、发展战略的调整

一旦经济形势、产业政策、技术进步、行业状况以及不可抗力等因素发生重大变化,或者企业内部经营管理发生较大变化,企业就需要对发展战略作出调整。发展战略调整牵一发而动全身,确实需要对发展战略作出调整的,应当按照规定的权限和程序进行。发展战略调整的主要步骤如下:

(1) 各个战略执行单位提出各自的战略规划评估报告和修订意见。

(2) 战略管理部门汇总各单位意见,并提出修订后的发展战略规划草案。

(3) 战略委员会对修订后的发展战略规划草案进行评估论证,向董事会提出发展战略建议方案。

（4）董事会严格审议战略委员会提交的发展战略建议方案。按公司章程规定，董事会审议通过的方案须报经股东（大）会批准的，还应履行相应的程序。

（5）战略管理部门将批准的新发展战略方案下发各战略执行单位遵照执行。

案例 3-6　　故宫文创品牌崛起背后的战略转型

2020年是紫禁城600岁生日，为纪念这一特殊时刻，2019年故宫博物院及"故宫六子"（故宫旗下六大文创品牌）动作频频，为故宫创造出更多的可能性。在2012年以前，故宫博物院与许多事业单位一样，长期依赖国家财政拨款，门票是其主要的收入来源。而2012年后，因为单霁翔馆长的到来，故宫的产业模式发生了转变。2017—2019年，由于战略转型的需要，故宫文创更新其营销、产品等多方面的设计，使其进入高速发展期。

前瞻产业研究院数据显示，2013年故宫文创产品销售额仅为6亿元，2017年增至15亿元，4年间翻了1.5倍，且2017年一年故宫文创产品销售额增速就高达50%。销售额增长的同时，故宫推出文创产品的步伐也在加快，2014—2016年，其文创产品数量增速从2.47%增至9.73%，2017年，故宫文创产品数量已经过万。根据清华大学文化经济研究院和天猫联合发布的《2019博物馆文创产品市场数据报告》，全球博物馆正显现出"集体上网潮"，目前有24家博物馆入驻天猫，仅故宫在天猫就有6家店。从2010年故宫正式登陆淘宝开店，直至2019年"故宫文具"的创立，从正儿八经卖周边到"卖萌"高手，故宫的文创模式转型在中国各家博物馆文创演进进程中最具代表性，因此"故宫模式"也成为其他博物馆竞相效仿的文创模式。

一、明确品牌定位——亲民化

故宫是北京的重要旅游景点，游客除了旅游参观，更多的是对故宫历史的学习。故宫以游览为背景，向游客传递历史故事，这种方法使得其和游客之间能够产生连接，但这种连接还是有距离感的。然而"故宫淘宝"出现后，这种距离感迅速缩减，从故宫博物院用户数据来看，12岁以下的青少年是一部分重要人群，25～50岁的用户则是主流，而"故宫淘宝"恰恰在23～34岁的人群中反响最突出，这部分年轻人正是85后、90后人群，刚刚从事工作，对新鲜事物、热门话题、互联网化语言及潮流产品十分推崇。基于此，故宫博物院一改以往厚重、庄严的历史感，拉近故宫与用户之间的距离，所推出的故宫文创品牌定位更加亲民化，其语言和画风甚至还透着"萌贱"的感觉，这种反差立刻激发了许多年轻人的兴趣，为它点赞，为它转发，甚至购买产品。

二、更新产品设计——娱乐化

故宫文创产品并不新奇，一般都是常见的折扇、盆栽、香膏等，但在产品包装方面加入了故宫元素，重要的是，这并不只是一个商标，而是皇帝、大臣、嫔妃、宫女等形象。比如故宫淘宝有些产品是趣味化的皇宫物件，如圣旨、奏折、折扇等，其中加入了皇帝形象或是皇帝语录，比如雍正的"朕亦甚想你""朕生平不负人"，就成为设计师的天然素材。故宫文创将历史人物卡通化，且加入娱乐元素，这样有趣的文案、原创画再与产品结合就有了乐趣，让用户感觉这是一个好玩的产品，这一点是产品设计转型中非常重要的。

三、锁定目标用户——年轻化

年轻用户是故宫文创产品的中流砥柱,因此故宫文创瞄准年轻用户的特点,作出了改变。第一,故宫淘宝店铺是销售主阵地,既是根据年轻用户线上购物偏好推出的方案,也解决了故宫博物院线下场景人流有限的问题。第二,通过微信公众号,将段子植入产品。微信是众多年轻人获取资讯的阵地,很多人喜欢在朋友圈、微信群中传播幽默搞笑的段子,而故宫淘宝的公众号也利用这一点,变身段子手,从历史入手,将各种网络语言、表情、漫画等植入产品。第三,故宫淘宝官微经常与粉丝互动,同时也会参与一些话题,包括品牌之间的调侃等,这增加了故宫文创产品的用户黏性,无形中也提升了品牌价值。

四、拓宽营销方式——多元化

故宫采用多元化的营销方式,在用户面前"猛刷"存在感。首先是平台联合,故宫联合腾讯举办了故宫 QQ 表情创作大赛,一个会说唱的皇帝刷屏了,这一次引爆让故宫淘宝更红了;其次是 IP 联合,比如在 2016 年《大鱼海棠》上映时,故宫也联合推出了定制产品;最后是借势营销,在再介入、热门话题方面,故宫淘宝也经常参与借势,刷存在感。

故宫文创的战略转型非常成功,它让远在紫禁城中的故宫博物院,通过故宫文创来到用户面前,就像一股清流扑面而来。这种带着历史感的"萌贱"之风会传染,一发而不可收。它的未来,我们充满期待。

资料来源:魏家东,"故宫淘宝:做'朕'的生意",《商界评论》2016 年 9 月号。

第三节 人力资源

案例 3-7　　　　　　　　字节跳动为什么一直在招人?

近期,媒体官宣了一条消息:任命 2020 年 6 月 1 日正式生效,凯文·梅耶直接向字节跳动创始人兼 CEO 张一鸣汇报。

大家在感叹字节跳动有钱的同时,也明白这条新闻背后透露的信息量非常大。

(1)中国互联网公司聘任美国跨国公司高管(非华人)当业务一把手(注意,是业务一把手),字节跳动还真的是第一个,这需要非常大的勇气与格局。

(2)阿里巴巴和腾讯的人力资源主管曾感叹过无数次,公司的核心员工被挖走,就是因为字节跳动总不按套路出牌,工资双倍的条件开出来,让不少优秀人才流失。但换个角度想,字节跳动这两年在挖人这个层面已经积累了不少心得。

梅耶的入职,对字节跳动来说,是人才招聘的标志性事件。彭博报道,2020 年字节跳动的人员扩张仍然凶猛。

一个看起来并不需要这么多人的公司却在疯狂招人,这是一件很异常的事情。一切意料之外的现象背后,都一定有一个情理之中。

字节跳动的员工人数现在已经突破 6 万,预计 2020 年年底将超过 10 万,有望成为中国员工人数最多的互联网公司。如果只说招聘数量,字节跳动应该算是当前最激进的一家公司了。而且其招聘的路子很野,俗话说"只要锄头舞得好,没有墙角挖不倒"。最近在海外,字节跳动甚至成了脸书、谷歌和亚马逊员工跳槽的最佳选择,堪称硅谷挖掘机、Offer试金石。

一家公司大量招聘,归根究底有三个原因:一是有钱;二是有业务需求;三是有人员需求的业务可以赚钱。只有在这种前提下,这家公司才需要招人,甚至要招出余量,为业务增长留出空间。毕竟人就算招来,上手与磨合也需要时间。来之即战多数时候并不能快速发挥作用。

字节跳动就是一家这样的公司,很多业务藏在水面下。水面上的是头条和抖音。水面下的是西瓜视频、飞书、懂车帝乃至海外的TikTok。TikTok目前的招人力度在全球范围都是令人瞩目的。字节跳动在海外的游戏发行和音乐产品也有招聘需求。不单单是科技人才,因为字节跳动涉及的领域众多,所以很多产品都会有细分化的招聘需求。比如懂车帝,这款产品作为汽车门户,除了传统的产品运营和技术人才,还需要大量的汽车专业领域的员工;比如抖音发力直播带货,并且计划自己涉及电商领域,需要大量专业人士;比如在剪辑App领域受欢迎的剪映,在搞笑视频领域非常活跃的皮皮虾,发展势头凶猛的飞书;比如游戏部门,游戏制作是非常耗费人力的行业,每个3A游戏都是资金和人力的无底洞。而要发展这些业务,除了需要技术,还需要大量的支持人员,人力资源、财务、法务和商业化都缺人。考虑到人才磨合的时间,10万名磨合好的员工,对应的应该是2021年的业务目标。

这确实是一种让人羡慕的苦恼。字节跳动老板张一鸣对于人才的观念,或许也是该公司疯狂招人的原因之一。传统企业的观点是,我有一块业务,需要一个拼图,所以我只需要招到制作这个拼图所需的人员就好了,因为只是一个拼图,所以快一点慢一点并不是很重要。而在张一鸣的理念中,你以前是干什么的并不重要,重要的是你是一个什么样的人,招进来后你未来能带来什么。如果你来了以后可以带来业务的增量,那么为你准备一个业务又有何不可?例如前段时间字节跳动从迪士尼招高管这个事情,其实有点令人迷茫。一家互联网科技公司,为什么从娱乐业招了一个高管?但是对于字节跳动来说,其实是让这个迪士尼高管过来当COO,公司看重的是其个人特质以及对业务带来的增量。对于字节跳动的海外业务线来说,现在需要的不只是技术能力强的人才,而是能够融入当地文化背景的管理型人才,从这个角度来说,这个迪士尼前高管就非常符合要求。今年的前五个月,字节跳动从脸书、谷歌这些国际互联网公司招了六个高管,依据的就是专人专用的多元化标准。这些人不需要了解国内的东西,不需要来国内办公,需要的是能够为字节跳动带来价值。

资料来源:简书2020年7月15日同名报道。

一、人力资源的定义

根据《企业内部控制应用指引第3号——人力资源》第二条的规定,人力资源是指企业组织生产经营活动而录(任)用的各种人员,包括董事、监事、高级管理人员和全体员工。本质上，它是企业中各类人员脑力和体力的总和。

2010年4月1日发布的《国家中长期人才发展规划纲要（2010—2020年）》明确指出"人才是社会文明进步、人民富裕幸福、国家繁荣昌盛的重要推动力量"；2020年10月29日十九届五中全会通过的《中共中央关于制定国民经济和社会发展第十四个五年规划和二〇三五年远景目标的建议》强调要"贯彻尊重劳动、尊重知识、尊重人才、尊重创造方针，深化人才发展体制机制改革，全方位培养、引进、用好人才"。因此，企业作为创造社会财富的主体，其组织架构和战略目标确定之后，人力资源管理应当摆在"重中之重"的位置。《企业内部控制应用指引第3号——人力资源》第四条明确要求，企业应当重视人力资源建设，根据发展战略，结合人力资源现状和未来需求预测，建立人力资源发展目标，制定人力资源总体规划和能力框架体系，优化人力资源整体布局，明确人力资源的引进、开发、使用、培养、考核、激励、退出等管理要求，实现人力资源的合理配置，全面提升企业核心竞争力。

二、人力资源管理的关键风险点

《企业内部控制应用指引第3号——人力资源》第三条指出，企业人力资源管理至少应当关注下列风险：① 人力资源缺乏或过剩、结构不合理、开发机制不健全，可能导致企业发展战略难以实现；② 人力资源激励约束制度不合理、关键岗位人员管理不完善，可能导致人才流失、经营效率低下或关键技术、商业秘密和国家机密泄露；③ 人力资源退出机制不当，可能导致法律诉讼或企业声誉受损。

案例3-8　　离职人员泄露老干妈公司商业秘密被拘

贵州省贵阳市公安局南明分局5月8日通报，该局日前将涉嫌泄露贵阳南明老干妈风味食品有限责任公司（以下简称"老干妈公司"）商业秘密的贾某抓捕归案。

2016年5月，老干妈公司生产车间工作人员发现当地另一家食品加工企业生产的一款产品与老干妈品牌同款产品相似度极高。该事件引起了老干妈公司的警觉，公司相关人员认为此现象很可能存在重大商业秘密的泄露。同时，老干妈公司也深知假冒伪劣产品不仅让消费者深受其害，也会使公司蒙受巨大损失。于是，老干妈公司于同年11月8日向公安部门报案。

接到报案后，贵阳市公安局南明分局经侦大队侦查人员从市场上购买了疑似窃取老干妈公司商业秘密的另一品牌同类产品，将其送往司法鉴定中心，鉴定结果为该产品含有老干妈品牌同类产品制造技术中不为公众所知悉的技术信息。

经查，涉嫌窃取此类技术的企业从未涉足该领域，绝无此研发能力。老干妈公司也从未向任何一家企业或个人转让该类产品的制造技术。由此可以断定，有人非法泄露并使用了老干妈公司的商业秘密。

鉴于案情紧急、重大，南明分局成立专案组，组织精干力量，负责侦破案件。经多方了解和仔细排查，侦查人员将注意力最终锁定到老干妈公司离职人员贾某身上。

2003年至2015年4月，贾某历任老干妈公司质量部技术员、工程师等职，掌握老干妈公司专有技术、生产工艺等核心机密信息。2015年11月,贾某以假名做掩护在本地另一家食品加工企业任职,从事质量技术管理相关的工作。

在涉嫌商业秘密泄露的案件中,大量证据均是以电子文档的形式存在的,一般都是随身携带。围绕这一线索,办案侦查人员展开调查,依法搜查扣押了贾某随身携带的移动硬盘及内含的电子证据资料,并在其台式电脑中发现大量涉及老干妈公司商业秘密的内部资料,印证了办案人员的判断。

据了解,贾某在其任职期间与老干妈公司签订了"竞业限制与保密协议",约定贾某在工作期间及离职后需保守公司的商业秘密,且不能从事业务类似及存在直接竞争关系的经营活动。自2015年11月起,贾某将在老干妈公司掌握和知悉的商业秘密用在另一家食品加工企业的生产经营中并进行生产,企图逃避法律的约束和制裁。目前,嫌疑人贾某因涉嫌侵犯商业秘密案,已被刑事拘留。

根据2020年修正的《中华人民共和国刑法》第二百一十九条,有违反保密义务或者违反权利人有关保守商业秘密的要求,披露、使用或者允许他人使用其所掌握的商业秘密行为,给商业秘密的权利人造成重大损失的,情节特别严重的,处三年以上十年以下有期徒刑,并处罚金。

资料来源:中国经济网2017年5月9日同名报道,作者吴秉泽;2020年修正的《中华人民共和国刑法》。

三、人力资源的引进

根据《企业内部控制应用指引第3号——人力资源》第五条的要求,企业应当根据人力资源总体规划,结合生产经营实际需要,制定年度人力资源需求计划,完善人力资源引进制度,规范工作流程,按照计划、制度和程序组织人力资源引进工作。

(一)人力资源规划

"凡事预则立,不预则废",企业人力资源管理同样如此。企业的人力资源是内部环境的核心要素,缺乏优秀的人力资源,实现企业内部控制的目标就毫无根基可言。因此,为构建坚实的人力资源基础,企业首先必须做好人力资源规划。简单地讲,人力资源规划就是企业在某个时期内对人员需求进行预测,并根据预测的结果采取相应的措施来平衡人力资源的供需。它包含三层含义:① 企业进行的人力资源规划是一种预测;② 人力资源规划的主要工作是平衡供需关系,制定必要的人力资源政策和措施;③ 人力资源规划必须与企业的发展战略相适应,必须反映企业的战略意图和目标。

人力资源规划的内容包括两个方面:① 人力资源总体规划。人力资源总体规划是指对计划期内人力资源规划结果的总体描述,包括预测的需求和供给分别是多少,企业平衡供需的指导原则和总体政策是什么,等等。② 人力资源业务规划。人力资源业务规划是指总体规划的分解和具体表现,包括人员补充计划、人员配置计划、人员接替和提升计划、人员培训与开发计划、人员工资激励计划、人员关系计划、人员退休解聘计划等内容,每一项业务规划都应当设定自己的目标、任务和实施步骤,其有效实施是总体规划得以实现的重要保证。

科学的人力资源规划既有助于企业发展战略的制定,又有助于企业保持人员状况的稳定。同时,通过人力资源规划,企业还可以使人员招聘与录用、培训与开发、考核与薪酬和激励等人力资源的具体管理职能保持相互协调和配套。

（二）招聘与录用

《企业内部控制应用指引第3号——人力资源》第六条明确要求,企业应当根据人力资源能力框架要求,明确各岗位的职责权限、任职条件和工作要求,遵循德才兼备、以德为先和公开、公平、公正的原则,通过公开招聘、竞争上岗等多种方式选聘优秀人才,重点关注选聘对象的价值取向和责任意识。企业选拔高级管理人员和聘用中层及以下员工,应当切实做到因事设岗、以岗选人,避免因人设事或设岗,确保选聘人员能够胜任岗位职责要求。企业选聘人员应当实行岗位回避制度。

企业招聘是保证员工素质的第一个环节。企业人力资源部门应严格审查应聘人员的专业技术等素质,以保证其能满足具体的工作要求。招聘人员可以通过资格审查、初选、面试、测试以及甄选等方式评估应聘人员的技术情况和掌握的技能,以及调查应聘人员过去有无不诚实行为和渎职情况。面试和测试是招聘选拔中的主要手段。通过面试,招聘人员可对应聘人员有更深层次的了解;测试是在面试的基础上进一步了解应聘人员的一种手段,一般包括心理测试和智能测试。

根据《企业内部控制应用指引第3号——人力资源》第七条的要求,企业确定选聘人员后,应当依法签订劳动合同,建立劳动用工关系。企业对于在产品技术、市场、管理等方面掌握或涉及关键技术、知识产权、商业秘密或国家机密的工作岗位,应当与该岗位员工签订有关岗位保密协议,明确保密义务。

（三）选聘人员考察

根据《企业内部控制应用指引第3号——人力资源》第八条的要求,企业应当建立选聘人员试用期和岗前培训制度,对试用人员进行严格考察,促进选聘员工全面了解岗位职责,掌握岗位基本技能,适应工作要求。试用期满考核合格者,方可正式上岗;试用期满考核不合格者,应当及时解除劳动关系。

四、人力资源的开发

《企业内部控制应用指引第3号——人力资源》第九条指出,企业应当重视人力资源开发工作,建立员工培训长效机制,营造尊重知识、尊重人才和关心员工职业发展的文化氛围,加强后备人才队伍建设,促进全体员工的知识、技能持续更新,不断提升员工的服务效能。

开发人力资源是充分发挥人力资源作用的重要手段,是实现人力资源保值、增值的基础工作。人力资源开发应针对人力资源的不同类型和层次,按高级管理人员、专业技术人员和一般员工进行分类开发。

（一）高级管理人员的开发

按照高级管理人员从事的工作内容及岗位职责要求,对高级管理人员的培训与开发,要更注重概念技能和人际技能的挖掘及提升。这就要求对高级管理人员的培训与开发要把企业家精神、创新思维、战略决策、领导能力和公共关系等方面置于首要位置,以此提升高级管理人员的岗位胜任能力和履职水平。此外,在对高级管理人员的培训与开发过程中,要注重激励和约束相结合,创造良好的干事业的环境,让他们的聪明才智充分显现,使其真正成为企业的核心领导者。

（二）专业技术人员的开发

按照专业技术人员从事的工作内容和岗位职责要求,对专业技术人员的培训与开发,要尤其注重技术技能的培训与提高。这就要求对专业技术人员的培训与开发要保证知识持续更新,紧密结合企业技术攻关及新技术、新工艺和新产品开发来开展各种专题培训等继续教育,帮助专业技术人员不断补充、拓宽、深化和更新知识。同时,要建立良好的专业人才激励约束机制,努力做到以事业、待遇、情感留人。

（三）一般员工的开发

在经济发展迅速、环境变化较快的今天,企业要根据组织生产经营需要,不断拓展一般员工的知识和技能,加强岗位培训,不断提升一般员工的技能和水平。对一般员工的培训和开发,应当按照一般员工从事的工作内容及岗位职责要求,注重一般员工的技术技能和人际技能的挖掘与提升。这就要求把岗位知识技能、执行力、人际沟通等方面放在重要位置,以提升一般员工的岗位胜任能力,带动企业人力资源总体素质和能力的提升。

延伸阅读 3-3　香格里拉酒店集团的员工培训体系

五、人力资源的使用

（一）设置科学的业绩考核指标体系

根据《企业内部控制应用指引第3号——人力资源》第十条的要求,企业应当建立和完善人力资源的激励约束机制,设置科学的业绩考核指标体系,对各级管理人员和全体员工进行严格考核与评价,以此作为确定员工薪酬、职级调整和解除劳动合同等的重要依据,确保员工队伍处于持续优化状态。

业绩考核是指企业按照一定标准,采用科学的方法,检查和评定企业员工对职务所规定的职责的履行程度,以确定其工作成绩的一种有效的管理方法。业绩考核是人力资源管理中的一项主要控制手段,员工在完成其工作职责和任务后,可以通过考核结果的及时反馈,了解到自己的工作状况,包括成绩有哪些、哪些地方还存在不足,以图改进。

科学的业绩考核指标体系一般应涵盖员工的业务能力、工作态度、个人素质、专业知识、工作成果等。业绩考核一般包括以下四个步骤:制定考核计划,设计考核标准;实施考核;反馈考核结果;运用考核结果。具体实施步骤的细节可因不同企业而异。业绩考核结果运用侧重于工作绩效改进、薪酬与奖金分配、职务调整、培训与再教育、员工职业生涯规划以及作为员工退出的重要依据等多个方面。

(二) 制定与考核相挂钩的薪酬制度

根据《企业内部控制应用指引第 3 号——人力资源》第十一条的要求,企业应当制定与业绩考核挂钩的薪酬制度,切实做到薪酬安排与员工贡献相协调,体现效率优先,兼顾公平。合理的薪酬制度不仅对企业员工的发展至关重要,而且能极大地提高企业的管理效率。在具体的制度设计与执行过程中,可按照如下思路进行:

(1) 确立目标。以业绩考核结果为导向保证薪酬计划切实支持经营目标的达成,确定不同计划的适用对象,切忌"一刀切"的奖金计划。

(2) 规范标准。避免具有众多层次的复杂设计,关注一两个能真正促成经营目标的主要绩效指标,"质化"的绩效指标远强于"量化"的错误的绩效指标。

(3) 持续管理。确保员工理解实现目标对企业与自身的意义,同时分散员工对薪酬的注意力。持续积累信息,为奖金额的确定与发放奠定基础。

(4) 沟通与回馈。确保员工理解企业、团队及个人目标,并使其了解自己在实现企业目标过程中的作用,理解和接受薪酬与不同层次绩效指标的联系。建立一个反馈体系,听取员工意见或建议,并在合理范围内对计划进行评估或调整。

(三) 科学设置岗位,合理配置人力资源

根据《企业内部控制应用指引第 3 号——人力资源》第十二条的要求,企业应当制定各级管理人员和关键岗位员工定期轮岗制度,明确轮岗范围、轮岗周期、轮岗方式等,形成相关岗位员工的有序持续流动,全面提升员工素质。

企业在人力资源的使用过程中,要做到量才适用、人事相宜,什么等级的人员就安排什么等级的事情。运用科学合理的手段使人才既感到有一定的压力,又不至于压力过大;工作职位稍有挑战性,能激励人才不断进取。企业还要尊重人才成长规律,善于克服人力资源管理的"疲劳效应"。适时调整岗位和职位,使人才始终处于精神饱满的工作状态。

案例 3-9　　美的集团的用人之道与公司治理

2017 年,美的集团营业收入突破 2 000 亿元,营业收入与净利润均达到历史最高点,成为白电行业市值第一股。作为一家在顺德起步发展的乡镇企业,美的集团成长为白电巨头的背后原因,正如美的集团创始人何享健先生所说,"美的集团的核心竞争力在于公司内部的经营管理机制,依靠的是一套行之有效的选拔机制,通过完善的各项机制,培养大批职业经理人"。

选人:不拘一格

1997 年,美的曾遭遇历史上最大的一次危机,公司的集权化管理造成产品研发、生产和销售的脱节,直接导致美的营业收入急剧下滑。危机过后,何享健先生开展了以事业部为基础的分权制改革,引入及选拔了一批职业经理人,下放经营权,职业经理人在事业部层面实现了高度自治。

这种"任人唯贤、唯才是用"的思路,也体现在美的经营传承者的选择上。何享健先

生在选择接班人时,没有局限于子女或是家族成员,而是将职业经理人纳入考虑范围。最终,现任美的集团董事长方洪波脱颖而出,成为美的的传承者。

事业部分权改革、重用职业经理人,实现了所有权与经营权的分离,美的集团逐渐脱离了传统家族企业的发展路径,成了一家现代经营企业。

育人:张弛有度

引入职业经理人机制之后,委托代理问题也随之而至。如何约束职业经理人的短期行为、防止内部人控制,美的集团选择了两条路径:一是强化大股东的绝对控股地位,保证创始人对企业战略方向和重大决策的掌控;二是推动股权结构多元化,保持董事会成员结构的合理性。2011年,美的集团先后引入8家外部投资人,并由两家战略投资机构派驻董事,这些董事既可代表小股东监督控股股东,也能监督职业经理人的经营行为。

另外,在美的集团2012年整体上市前,共计53人持有公司19%的股权,其中以方洪波为代表的最高管理层(董事、监事、高级管理人员)7人以自然人股东身份持有16%的股权。这种持股安排,使得职业经理人得以分享上市红利,促成公司、股东、职业经理人之间的目标一致。

随着外部投资人引入和内部人持股安排,美的集团通过股东会、董事会、监事会、经营管理层对公司所有者和经营者的权责利关系进行配置及规制,形成了不同类型股东之间资源整合和有效制衡的公司治理结构。

留人:利益分享

美的集团整体上市之后,借助流动性良好的资本市场,在不同发展阶段,持续推出中长期激励计划,发挥了很好的留人作用,以推动公司业绩成长。一方面,美的集团扩大激励覆盖面,激励对象逐步扩展至中层管理人员及业务技术骨干,已实施5期股票期权激励计划和2期限制性股票激励计划;另一方面,针对对公司整体业绩和中长期发展有重要作用的职业经理人,美的集团持续推出多层次"奖励基金+合伙人持股计划"。

美的集团构建的可持续中长期激励机制,涵盖了战略决策、人力资源管理、收益分配激励制度、财务管理、企业文化等,已不仅仅是基于股权的财富分享,更是基于共同目标、共同价值观念的利益分享,是对公司治理机制的新发展。

资料来源:雪球网站2018年5月18日同名文章,作者荣正咨询。

六、人力资源的退出

建立企业人力资源退出机制是实现企业发展战略的必然要求。如果人力资源只进不出,就会造成人力资源的臃肿,严重影响企业的运行效率。实施人力资源退出机制,可以保证企业人力资源团队的精干、高效和富有活力。企业可以采取自愿离职、再次创业、待命停职、提前退休、离岗转岗等方法,让那些不适合企业战略或流程的员工直接或间接地从企业人力资源中退出,腾出岗位给更优秀的人员,真正做到"能上能下、能进能出",实现人力资源的优化配置和战略目标。

总之，为确保企业发展战略的实现，企业应当健全人力资源管理制度与机制。同时，企业还应当定期对所制定的年度人力资源计划的执行情况进行评估，总结人力资源管理经验，分析存在的主要缺陷和不足，及时改进和完善人力资源政策，促进企业整体团队充满生机和活力，为企业的长远战略和价值提升提供充足的人力资源保障。

第四节 社 会 责 任

一、社会责任的定义

所谓社会责任，是指企业在经营发展过程中应当履行的社会职责和义务，主要包括安全生产、产品质量（含服务）、环境保护、资源节约、促进就业、员工权益保护等。

企业作为社会的重要细胞，不仅是经济活动中的经营主体，在社会活动中同样扮演着重要的角色。国内外经验表明，企业经营和发展必然受到社会因素的影响及制约，与社会发展、社区建设相适应，履行社会责任已成为现代企业成功的重要因素。随着经济突飞猛进的发展，社会发展与经济发展不平衡的问题在我国日益凸现，企业在从社会获取利润的同时也越来越多地影响着其他相关方的利益。与此同时，随着社会的进步，公众的权利意识和公民意识不断增强，对于企业承担社会责任的呼声越来越高。企业要承担社会责任，企业家身上要流淌道德的血液。

企业通过价值创造，不断以税收、红利、工资和产品等形式为国家、股东、员工以及消费者提供财富或效用，其本质就是在履行社会责任，这也是企业最基本的社会责任。除此之外，企业还需要以其他方式履行其对于员工、消费者、社区、环境的社会责任，如安全生产、职业健康、节约资源、支持慈善事业、进行公益性捐赠等。履行社会责任必然会引起企业当期资源投入的增加，但从长远来看，履行社会责任"利"大于"弊"。首先，当期履行社会责任有助于提高企业未来的经济效益。企业承担社会责任，有助于改善企业形象、吸引更多客户、增强竞争力，从而提高经济效益。其次，履行社会责任可以实现企业的可持续发展。履行社会责任可以帮助企业规避监管惩罚、赢得品牌和声誉、公信力和商机，步入良性发展轨道，这是实现企业可持续发展的根本所在。

二、社会责任履行的关键风险点

《企业内部控制应用指引第4号——社会责任》第三条提出，企业至少应当关注在履行社会责任方面的下列风险：① 安全生产措施不到位，责任不落实，可能导致企业发生安全事故；② 产品质量低劣，侵害消费者利益，可能导致企业巨额赔偿、形象受损，甚至破产；③ 环境保护投入不足，资源耗费大，造成环境污染或资源枯竭，可能导致企业巨额赔偿、缺乏发展后劲，甚至停业；④ 促进就业和员工权益保护不够，可能导致员工积极性受挫，影响企业发展和社会稳定。

案例 3-10　青海兴青公司非法开采，破坏祁连山生态

涉及领域：环境责任

事件回顾：2020 年 8 月 4 日，《经济参考报》报道青海省兴青工贸工程集团公司（以下简称兴青公司）涉嫌无证开采青海省木里煤田聚乎更矿区，导致高寒草原湿地、黄河上游源头、青海湖和祁连山水源涵养地局部生态破坏。8 月 9 日，青海省人民政府新闻办公室举行发布会，初步认定兴青公司涉嫌非法开采，破坏生态环境。兴青公司董事长马少伟等相关责任人被采取强制措施，多名领导干部被免职并接受调查。8 月 31 日，青海省正式启动木里煤田以及祁连山南麓青海片区生态环境综合整治三年行动。

事件警示：党的十八大明确提出大力推进生态文明建设，努力建设美丽中国，实现中华民族永续发展。作为当地大型民营企业集团，兴青公司丧失责任底线，在追逐商业利益的同时对外部生态环境造成重大损害，是典型的"负社会价值"公司，已失去经营的"社会合法性"基础。

资料来源：《南方周末》2020 年 9 月 29 日报道，原标题为"民生领域警示事件增多，企业需平衡经营压力与社会责任"，作者南方周末中国企业社会责任研究中心。

三、社会责任的内容

（一）安全生产

近年来，由于企业安全生产的意识淡薄，众多生产经营单位的生产安全条件差、安全技术装备陈旧落后、安全投入严重不足，企业负责人和从业人员安全执业素质低，企业安全管理混乱。安全生产事故频发，不仅给企业声誉、利润带来巨大损失，也对社会稳定造成极大的影响。可见，最大限度地减少劳动者的工伤和职业病，保障劳动者在生产过程中的生命安全和身体健康，是企业管理必须遵循的基本原则。

企业安全生产方面的风险主要包括：① 企业安全主体责任不落实；② 企业安全投入不足；③ 企业员工缺乏安全意识；④ 一些企业隐患排查治理工作不力，未建立隐患排查治理工作制度和管理台账；⑤ 缺乏安全事故发生应急预案。

针对企业安全生产风险，企业应采取的防范控制措施有：① 建章建制和建立健全安全生产管理机构；② 落实安全生产责任制；③ 加大安全生产投入和经常性维护管理；④ 开展员工安全生产教育，实行特殊岗位资格认证制度；⑤ 建立安全生产事故应急预警和报告机制。

（二）产品质量

据统计，中国企业的平均寿命只有 7 年。那些被市场无情淘汰的企业可能存在各种各样的内部管理以及外部市场环境恶化的问题，但毋庸置疑，许多企业失败是因为产品质量低下。产品质量在今天之所以变得比过去更加重要，是因为市场环境已经发生了根本性的变化，那种产品只要生产出来就能卖出去的年代已经一去不复返了。成功企业无一例外地重视产品质量。

当前我国企业产品质量风险主要体现在：① 因产品瑕疵导致的产品质量风险；② 因产品缺陷导致的产品质量风险；③ 售后服务风险。

针对企业产品质量风险，企业采取的对策包括：① 建立健全产品质量标准体系；② 实行严格的质量控制和检验制度；③ 加强产品售后服务；④ 对有缺陷的产品，应当采取及时召回、实行"三包"等措施，赢得消费者对企业产品的信赖和支持，维护消费者的合法权益。

案例 3-11　　海尔的质量控制

在海尔的发展进程中，产品质量控制一直扮演着重要的角色，"高标准、精细化、零缺陷"是海尔人的质量观念。那么，海尔是如何落实其质量管理的呢？

第一步，树立质量理念，制定严格的质量管理控制规范。海尔的质量理念包括：有缺陷的产品就是废品；谁生产不合格的产品，谁就是不合格的员工；质量改进是个没有终点的连续性活动，停止就意味着开始倒退。理念提出以后必须形成制度与机制，使之深入人心，流到员工的血液中去，让员工把遵守质量管理规范变成自觉行动。

第二步，用行动传播质量意识，通过管理工具创新确立质量意识，靠组织机构贯彻质量意识。海尔传播质量意识的第一个行动就是曾轰动全国而后被传为佳话的砸冰箱事件；海尔创新的质量管理工具主要有3E（每人、每天、每件事）卡和质量责任价值券；海尔建立了全面质量审核体系，各个事业部都设立了具有国际先进水平的质量审核机构——质量分析室，质量管理控制工作贯穿于整个业务流程中。

第三步，通过国际通行的标准认证强化质量意识，加强质量控制。海尔在加强质量管理的过程中，还主动借助外力来推动内部质量管理，以此为契机全面提高自己的质量管理水平。正是这样的"质量至上"铸就了海尔的成功。

资料来源：根据道客巴巴的资料整理。

（三）环境保护与资源节约

当前，气候变化剧烈，臭氧层被破坏且损耗严重，生物多样性减少，土地荒漠化不断加剧，森林植被被蚕食，水资源危机，海洋资源被破坏，酸雨污染等环境问题已成为当代全球性的问题。

中国则面临更为严重的环境问题，如环境污染、生态恶化、自然灾害频发等。习近平总书记一直十分重视生态环境保护，十八大以来多次对生态文明建设作出重要指示，在不同场合反复强调，"绿水青山就是金山银山"，并指出要把生态环境保护放在更加突出位置，像保护眼睛一样保护生态环境。党的二十大报告也再次强调"必须牢固树立和践行绿水青山就是金山银山的理念，站在人与自然和谐共生的高度谋划发展"。因此，改变传统的高投入、高消耗、低效率的粗放型增长方式，转方式、抓创新、调结构、促增长、实现可持续发展战略，是企业目前乃至未来唯一的选择。

综合国内外情况，企业在环境保护和资源节约方面可能面临的风险有：① 环境法律法规、行业政策的限制风险；② 绿色消费的推崇、绿色贸易壁垒的设置风险；③ 企业所属行业的特点引起的环境风险;④ 生产技术、管理水平的限制引起的环境风险。

资料介绍

上市公司环境负面事件8年8000多件!

2019年度,北京市生态环境局针对江淮汽车对车辆污染控制装置以次充好、冒充排放检验合格产品出厂销售的行为,开出环保史上单次罚金最高罚单,罚没金额累计达1.7亿元。

近年来,环境负面事件对上市公司市值波动的影响愈加明显。据上海青悦统计,2019年度,A股上市公司或其下属子公司共存在数千条环境违规记录。除江淮汽车外,另有9家公司上榜,分别是包钢股份、中国铁建、中国石化、中国铝业、开滦股份、振华重工、白银有色和建投能源。

在近日举办的中国责任投资论坛2020夏季峰会上,北京商道融绿咨询有限公司(以下简称商道融绿)发布了《A股ESG评级分析报告2020》①(以下简称《报告》)。《报告》显示,自2012年6月至2020年6月,共发生ESG风险事件19 770件,涉及1 293家上市公司,其中环境类风险事件8 447件,占比43%,位居首位。

环境表现不佳的上市公司融资成本更高。2018年5月21日,证监会曾表示,将研究建立上市公司ESG报告(包含以社会责任报告、可持续发展报告等为名称的报告)制度,持续强化上市公司环境和社会责任方面的信息披露义务。在IPO、再融资和并购重组审核中,要进一步加大对环保问题的关注。

监管部门的上述表态,正是基于当时部分上市公司和挂牌公司接连因环保问题受处罚的背景。2018年4月17日,山西三维集团(后剥壳重组,现用名山西路桥)违规倾倒、排放工业废渣和废水,严重破坏周边生态环境,被媒体曝光。4月20日,江苏辉丰股份因违反环保规定被生态环境部通报。通报显示,辉丰股份存在非法处置危险废物、违规转移和贮存危险废物、长期偷排高浓度有毒有害废水以及治污设施不正常运行等问题。

随着上市公司更多的ESG负面事件曝光,上市公司的股价波动也愈加呈现正相关的表现。以辉丰股份为例,从昔日的"农药明星股"到信息披露违规、车间停产、屡次被卷入"环保门",再到面临退市风险,辉丰股份最终落得一地鸡毛。

据中国证券投资基金业协会调查统计,近年来,我国监管部门、投资机构、上市公司及行业协会对ESG的重视日益提升,有87%的投资机构对ESG投资有所关注。上市公司的ESG表现成为市场衡量企业投资价值的重要维度。

资料来源:徐卫星,"上市公司环境负面事件8年8000多件!专家建议实行强制性环境信息披露",《中国环境报》2020年7月15日。

企业应采取的相应的控制措施包括:① 转变发展方式,实现清洁生产和循环经济;

---

① ESG即环境、社会和公司治理(Environment、Social Responsibility、Corporate Governance),包括信息披露、评估评级和投资指引三个方面,是社会责任投资的基础。

② 依靠科技进步和技术创新,着力开发利用可再生资源;③ 建立环境保护和资源节约监测考核体系;④ 投保环境污染责任险;⑤ 采取排污权交易等市场行为提升环保工作。

(四) 促进就业与员工权益保护

员工是企业最重要的资源。坚持以人为本,尊重和保护员工的各项合法权益,是企业经营的基本原则。最大限度地创造就业、保障就业、稳定就业,是社会稳定和发展的大计,也是企业应尽的义务。

1. 促进就业

企业在促进就业方面的风险主要包括:① 法律风险,即企业因违反相关法律法规,形成事实上的就业歧视并由此导致被投诉的风险;② 招聘失败风险,一般表现为招入的员工不能胜任并由此导致的试用期工资、重新招聘的各项费用和不必要的损失与纠纷等;③ 人才过剩风险,是指企业的人才引进计划与发展阶段脱节,导致人才过剩,从而加大企业的运行成本。

相应地,企业在促进就业方面的风险控制措施包括:① 提供公平就业机会。企业作为就业工作的最大载体,应当以宽广的胸怀接纳各方人士,为国家和社会分担困难,促进充分就业。② 加强对应聘人员的审查。企业应当严格审查应聘人员的年龄(是否满16周岁)、学历、资格、工作经历等是否真实,是否有同其他企业签订的未到期劳动合同,防止因招录尚未解除劳动合同关系的劳动者而带来连带赔偿责任。

2. 员工权益保护

企业不断提高员工的素质,维护员工的合法权益,既是社会和谐稳定的需要,也是企业长远发展的需要。企业应当尊重员工、关爱员工,维护员工权益,促进企业与员工的和谐稳定及共同发展。

企业在保护员工合法权益方面的风险主要包括:① 侵犯员工民主权利的风险。通过职工代表大会和工会组织参与企业重大决策是员工重要的民主权利,而有些企业对此有意淡化处理,或者"走过场"搞形式主义。② 侵犯员工人身权益的风险。例如,一些企业缺乏对员工生命和人身安全的尊重与保护,员工生产作业和居住条件极为恶劣。③ 薪酬管理风险。企业未能提供合理的薪酬来保证劳动力的再生产。④ 员工发展风险。企业未能为员工提供公平、科学的培训和晋升机制。

案例 3-12 厦门国际银行员工因拒喝领导敬酒被打耳光

近日,厦门国际银行新员工因拒喝领导敬酒被辱骂打耳光一事引发热议。事情曝光后,厦门国际银行北京分行于8月24日在其微信公众号上对此事进行了说明,称已对涉事领导董某给予严重警告处分,扣罚两个季度绩效工资,对支行负责人罗某给予警告处分,扣罚一个季度绩效工资。

2020年8月27日,中国银行业协会(以下简称"中银协")发文表示,涉事银行仅采取严重警告、扣罚绩效之类轻描淡写的处罚,无异于罚酒三杯。对于此类有损行业形象并造成恶劣影响的行为,涉事银行要"出重拳""下狠手""零容忍",对相应当事人从严从重处理。

同时中银协表示,近期修订了《银行业从业人员职业操守和行为准则》,拟建立银行业从业人员禁入黑名单。今后,从业人员因行为恶劣对行业造成重大损失和负面影响的,将考虑纳入行业禁入黑名单。对于出现类似有损行业形象行为和事件的银行分支机构,将采取"一票否决制",在整改未落实期间禁止其参加中银协"星级网点""百佳、千佳单位"等文明规范服务评选活动。

近年来,厦门国际银行屡遭行政处罚,风波不断。就在打耳光事件发生的前两个月,厦门国际银行北京分行因违反征信查询规定被处罚,此次被处罚的支行负责人罗某也在处罚之列。

文渊智库创始人王超表示,厦门国际银行打耳光事件以及一系列的违规操作,说明该银行管理方式粗犷,管理人员素质低下。

8月30日,中银协回应厦门国际银行打耳光事件称,应以此为鉴,向该事件中折射出的畸形"酒桌文化""圈子文化""奢靡之风"大声说不。同时中银协将加强行业自律,探索建立从业人员黑灰名单制度,增加违纪违法成本。中南财经政法大学数字经济研究院执行院长盘和林教授表示,厦门国际银行上述不规范行为会对公司形象造成恶劣的影响,规范经营、严格管理的缺失也会埋下巨大的风险隐患,与有效防范和化解金融风险的发展理念更是背道而驰,如果这样的行为不能得到有效的遏制,最终的结果必然是损害信誉根基,带来巨大的经济损失。

资料来源:《中国新闻周刊》2020年9月1日报道,原标题为"员工不喝领导敬酒被扇耳光,刚被罚420万元"。

为此,企业应采取相应的控制措施,保护员工的合法权益,具体包括:① 建立科学的员工培训和晋升机制;② 建立科学、合理的员工薪酬增长机制;③ 维护员工的身心健康。

(五) 支持慈善事业

慈善事业是企业践行社会责任的有效方式之一。企业社会责任涵盖了企业对员工、消费者、社区和环境等诸多方面的责任,有很多实施方式,而企业通过捐赠款物从事慈善事业就是其中一种非常有效的方式。从微观上讲,企业从事慈善事业可以提升产品品牌,增强企业文化,提高员工凝聚力,赢得消费者信赖。从宏观上讲,企业从事慈善事业可以改善企业的生存环境,如提高潜在劳动力的素质、改善基础设施条件、扩大市场规模等。另外,企业还可以由此获得来自政府、社区等多方面的支持。

企业在慈善活动中,要注意以下几点:① 应对慈善支出有预算控制,防止盲目或不计成本;② 对于突发性的社会事件的捐赠,如地震捐款等,应从事件的严重程度和企业的承受能力出发,经过评估和管理层研究决策,决定捐赠额度;③ 对慈善实施过程和结果加强监督考核,防止慈善行为失败;④ 建立慈善事业信息沟通机制,通过公开渠道公布企业慈善行为的全过程,防止外界误解导致的负面影响。

四、社会责任的履行

(一) 建立健全制定机构和运行机制

企业履行社会责任,首先要明确归口管理部门,建立健全预算安排,逐步建立和完善企业社会责任指标统计和考核体系,为企业履行社会责任提供坚实的基础与保障。

（二）企业负责人要高度重视

企业强化社会责任的履行,取决于其负责人的意识和态度。高层领导的支持和承诺是企业社会责任管理体系的核心。

（三）建立责任危机处理机制

近年来,一系列与人民生活息息相关的企业社会责任事件不断被曝光,不少企业相继陷入社会危机。面对危机,有的企业化险为夷,有的企业轰然坍塌。在出现履行社会责任危机时,企业应主动对利益相关群体和媒体说明真相,与公众真诚对话,公开检讨,作出承诺,以求得公众的谅解和支持。

（四）完善社会责任的信息披露制度

建立企业社会责任信息披露制度,定期发布社会责任报告,是企业履行社会责任的重要组成部分。发布企业社会责任报告,可以让股东、债权人、员工、客户、公众等各方知晓企业在社会责任领域所做的工作和取得的成就,可以提升企业的战略管理能力,使企业由外而内地深入审视与社会的互动关系,全面提高企业的服务能力和水平,提高企业的品牌形象和价值。

资料介绍

中国社会责任报告披露情况

2019年12月25日,由中国社会责任百人论坛、中国企业社会责任报告评级专家委员会主办,责任云评价中心承办的2019中国企业社会责任报告峰会在北京召开。会上启动了《中国企业社会责任报告指南5.0》的编修,连续第9年发布《中国企业社会责任报告研究(2019)》。

研究发现,2019年中国企业共发布2 030份2018年度社会责任报告,较2006年(32份)增长约63倍。然而,不少报告仍存在篇幅短、议题不全面、报喜不报忧等问题,报告完整性、实质性、平衡性等均有较大的提升空间。

具体来说,2019年中国企业社会责任报告进展呈现以下特征:

第一,报告数量首次出现负增长。2019年,中国企业社会责任报告数量为2 030份,较2018年下降3.2%。

第二,国有企业报告数量稳步增长,民营企业和外资企业报告数量有所下降。2019年,国有企业报告数量增至884份,民营企业和外资企业报告数量分别降至1 061份和85份。

第三,联交所上市公司发布报告最多。2019年,上市公司发布社会责任报告1 867份,其中联交所上市公司发布报告数量最多,达986份,占上市公司报告总数的52.8%。

第四,华东地区报告发布情况最佳。2019年我国华东地区社会责任报告发布数量最多,为677份,占比33.3%;西北地区、东北地区发布报告数量较少。

第五,报告连续性与时效性较强。2019年,超八成企业社会责任报告发布次数达3

次及以上;超八成报告发布时间在第一、二季度,发布时效性较强。

第六,超四成报告信息披露不足。2019年,中国企业社会责任报告平均篇幅为34页,超四成报告篇幅不足30页,关键信息披露不足。

第七,联交所指引、GRI(全球责任报告指南)标准、中国社科院指南是三大主流报告标准。

第八,报告平衡性有待提升。2019年,仅26.2%的社会责任报告披露了负面信息,报告负面信息披露亟待加强。

第九,七成报告未披露定量可比数据。2019年,仅609份社会责任报告披露绩效指标连续三年及以上的数据。其中80份报告披露连续可比的绩效指标达50个以上。

第十,报告评级成为最受认可的第三方外部评价。2019年,123份报告接受了第三方外部评价。申请中国企业社会责任报告评级专家委员会报告评级的有101份,占第三方评价的82.1%。

第五节 企业文化

一、企业文化的定义

内部控制最新研究成果表明,现代内部控制越来越强调"软控制"的作用。"软控制"主要是指那些属于精神层面的事物,如高级管理阶层的管理精神、经营哲学、企业文化、内部控制意识等。随着现代企业制度的建立,人们越来越认识到企业文化在经营管理中的重要性,一个好的企业文化可以促进企业的发展,阻止企业的衰败,而一个差的企业文化则可能使企业陷入困境。因此,企业应重视企业文化建设,形成良好的企业文化氛围,以使企业在健康的轨道上不断发展。

企业文化是企业的经营理念、经营制度以及依存于企业而存在的共同价值观念的组合。它将企业员工的思想观念、思维方式、行为方式进行统一和融合,使员工自身价值的体现和企业发展目标的实现达到有机结合。企业文化是一个企业的中枢神经,它所支配的是人们的思维方式、行为方式。基于良好的企业文化所建立的内部控制制度,必然会成为人们的行为规范,如果能够很好地贯彻执行,就可以有效地解决公司治理和会计信息失真的问题。

《企业内部控制基本规范》第十八条规定:"企业应当加强文化建设,培育积极向上的价值观和社会责任感,倡导诚实守信、爱岗敬业、开拓创新和团队协作精神,树立现代管理理念,强化风险意识。"一方面,企业内部控制制度的执行需要企业提供文化氛围和实施环境;另一方面,在内部控制制度实施过程中不断丰富企业文化的内涵,为加强企业文化建设作出贡献。内部控制与企业文化同为现代企业制度,二者互为前提、相互支撑、齐头并进、共同完善。企业文化的核心是其思想观念,它决定着企业成员的思维方式和行为方式。

二、企业文化建设的关键风险点

《企业内部控制应用指引第 5 号——企业文化》第三条强调,加强企业文化建设至少应当关注下列风险:① 缺乏积极向上的企业文化,可能导致员工丧失对企业的信心和认同感,企业缺乏凝聚力和竞争力;② 缺乏开拓创新、团队协作和风险意识,可能导致企业发展目标难以实现,影响可持续发展;③ 缺乏诚实守信的经营理念,可能导致舞弊事件的发生,造成企业损失,影响企业信誉;④ 忽视企业间的文化差异和理念冲突,可能导致并购重组失败。

案例 3-13　朱新礼"谢幕",汇源黯别资本市场

上市 13 年的汇源果汁,即将走完它在资本市场上的最后一程。

2020 年 2 月 14 日,汇源果汁发布公告称,联交所上市委员会决定取消公司的上市地位。如果汇源果汁决定不根据上市规则申请将除牌决定提呈至联交所上市复核委员会复核(汇源果汁股份的最后上市日期为 2020 年 2 月 28 日),汇源果汁的上市地位将自 2020 年 3 月 2 日上午 9 时正式取消。

回首汇源果汁的发展历史,荣耀与遗憾并存。这家起步于沂蒙山区、后搬至北京获得极大发展的国民饮料品牌,早在 21 世纪初就能出口赚外汇,后在资本市场"缠斗"德隆系且能全身而退,只是在筹划与可口可乐的并购案时因被叫停而"大伤元气"。此后加码上游投资耗去太多资金,而下游果汁业务盈利能力吃紧。直至 2018 年,汇源果汁因违规借款 42.83 亿元停牌,其总负债在 2017 年已达到 114.02 亿元。

直至今日,业内对于汇源果汁的讨论仍在继续。汇源果汁由盛及衰,究竟是家族制企业发展的必然,还是时代局限导致未能成功的并购案引发后遗症,抑或是创始人朱新礼的大农业梦想太过宏大和超前?

从一家濒临倒闭的罐头厂,发展至高浓度果汁领军企业,汇源果汁的创业过程堪称励志。在创业前期,员工大多是山东籍,且朱新礼的亲属多为创业元老。

《中国经营报》记者梳理得知,朱新礼的多位亲属都有在汇源果汁工作的经历。其中,朱新礼的女儿朱圣琴,一直都在汇源果汁任职。其女婿高勇、侄子朱胜彪都曾在汇源果汁任职,但皆"出事"淡出、离开汇源果汁。

朱新礼的兄弟均曾在汇源果汁担任职务。目前,朱新学是山东省永新实业有限公司的法定代表人、董事长,北京汇源饮料食品集团有限公司的董事,北京汇源控股有限公司的股东和董事,山东淄博汇源食品饮料销售有限公司的法定代表人;朱新国担任北京汇源控股有限公司总经理,北京福宽置业有限公司、北京汇源集团桂林生态果业有限公司、北京新源食品饮料有限公司的法定代表人;朱新德担任北京恒康源置业有限公司法定代表人、董事长,北京汇源集团皖北果业有限公司董事,北京汇源集团平邑有限公司董事,北京汇源饮料食品集团成都有限责任公司董事。

不过,在汇源工作十余年的前高管崔永强(化名)告诉《中国经营报》记者,所谓的"山

东帮"问题在2007年左右的确存在,但是现在汇源的员工早就是来自五湖四海了。

"家族控股上市公司很常见,如果上市之后还是家族制,就会出现很大问题。"博盖&容纳咨询创始合伙人高剑锋表示。事实上,多位职业经理人在汇源的工作经历并不愉快。2013年,李锦记原高管苏盈福被朱新礼聘请,但入职不到一年就匆匆离去。

"在企业资本积累阶段,考虑到成本、效率等原因,家族制的管理更有利于企业初期发展。随着企业的发展,人才、管理等要素在企业扩张中的重要性逐渐凸显,此时职业经理人管理模式更加有利于企业未来的发展壮大,但这也需要平衡两者之间的关系。毕竟全球范围内仍存在很多发展非常成功的家族企业,比如三星、大众、沃尔玛等。"中南财经政法大学数字经济研究院执行院长盘和林说。

资料来源:改编自《中国经营报》2020年2月22日同名报道,作者蒋政。

三、企业文化的构建与创新

(一)企业文化的构建

企业文化的内核属于精神范畴,常常要通过企业制度和物质形态表现出来。在我国,目前关于企业文化表现形式最流行的观点是将其划分为四个层次:精神文化、制度文化、行为文化和物质文化。

1. 企业精神文化

企业精神文化是指在内外环境的影响下,企业在长期的生产经营过程中形成的精神成果和文化观念。它主要由经营哲学、道德观念以及企业价值观等因素构成,是企业各种活动的指导思想,属于"核心文化"。

2. 企业制度文化

企业制度文化是由企业的法律形态、组织形态和管理形态构成的外显文化。企业应当合理建立与企业精神文化相符的企业法规、经营制度和管理制度。

3. 企业行为文化

企业行为文化是指企业员工在生产经营、学习娱乐中产生的活动文化。它包括企业经营、教育宣传、人际关系活动、文娱体育活动中产生的文化现象。它是企业经营作风、精神面貌、人际关系的动态体现,也是企业精神、企业价值观的折射。行为文化比物质文化"隐藏"得相对深一些,但也比较容易观察与感知,所以它仍然属于"浅层文化"。

4. 企业物质文化

企业物质文化是指以客观事物及其相应组合为表现形式的文化。它由企业的物质环境、生产设备、最终产品与包装设计等构成。由于物质文化的表现形式相对直观、容易"触摸",因此物质文化也被称为"表层文化"。物质文化的构建要求企业将精神文化的内在要求赋予到企业产品和其他物资设备的外在形象上,使其具有明显的企业文化烙印。

内部控制制度作为企业制度文化的重要组成部分,是检查管理者、各部门员工工作质量的尺度,也是衡量企业经济效益和管理水平的标准。企业内部控制制度的建立完善、贯彻执行是企业文化建设的重要内容,也是培养员工爱岗敬业、诚实守信、廉洁自律、忠于职守、刻苦钻研、勤勉尽责的一种制度约束,有助于员工对企业内部控制制度建立统一的行为标准产生强烈的认同感,在长期遵守和执行内部控制制度过程中对价值观达成共识,潜移默化地塑造企业的精神支柱,形成企业的风格和形象,以无形的精神力量,推动企业不断进步。

资料介绍

老板电器的企业文化

杭州老板电器股份有限公司(以下简称"老板电器")创立于1979年,专业生产吸油烟机、集成油烟机、蒸箱、灶具、消毒柜、电烤箱、微波炉、洗碗机、净水器、燃气热水器等家用厨房电器产品。经过42年的发展与壮大,老板电器现已成为中国厨房电器行业发展历史、市场份额、生产规模、产品类别、销售区域均排在前列的、社会公认的领导品牌。

老板电器秉承独有的艰苦奋斗的老虎钳创业精神,以"创新、责任、务实"为纲领,肩负"创造人类对厨房生活的一切美好向往"的企业使命,始终用行动来体现自己"做一个让社会尊敬的企业"的理念,致力于成为"引领烹饪生活变革的世界级百年企业"。42年来,老板电器致力于用现代科技创造中国厨房,将中式烹饪的灵魂注入每一件厨房电器,让中国家庭的烹饪生活更简单、更健康、更有趣。

老虎钳精神的本质是面对机会时的创新,面对风险时的责任,面对资源时的务实。它不仅仅是公司每一个团队的文化基础,也是每一名"老板人"遵循的价值取向。老虎钳象征着"老板人"挫折时的奋进,辉煌时的警醒。老虎钳的形象不断地与公司发展融为一体,成为企业文化的形象表达,成为企业文化的物质载体,成为公司的文化图腾,是所有"老板人"共同拥有的精神武器。

资料来源:根据老板电器官网资料整理。

(二) 企业文化的创新

企业文化一旦形成,并能够对企业领导层和全体员工的经济行为产生影响,就应使其保持相对稳定,特别是要防止其因领导更替而发生主观变更。当然,当企业外部环境和内部条件发生变化时,企业的战略方向也可能调整,这时企业文化应当进行相应的变更,实现文化的创新与发展。

1. 构建企业文化评估体系

企业文化评估是企业文化建设与创新的重要环节。《企业内部控制应用指引第5号——企业文化》第九条提出,企业应当建立企业文化评估制度,明确评估的内容、程序和方法,落实评估责任制,避免企业文化建设流于形式。第十条提出,企业文化评估,应当重点关注董事、监事、经理和其他高级管理人员在企业文化建设中的责任履行情况、全体员工对企业核心价值观的认同感、企业经营管理行为与企业文化的一致性、企业品牌的社会影响力、参与企业并购重组各方文化的融合度,以及员工对企业未来发展的信心。

2. 根据综合评估结果推进企业文化创新

《企业内部控制应用指引第5号——企业文化》第十一条指出，企业应当重视企业文化的评估结果，巩固和发扬文化建设成果，针对评估过程中发现的问题，研究影响企业文化建设的不利因素，分析深层次的原因，及时采取措施加以改进。企业还要在此基础上，结合企业发展战略的调整以及企业内外部政治、经济、技术、资源等因素的变化，着力在价值观、经营理念、管理制度、品牌建设、企业形象等方面持续推动企业文化创新。其中，要特别注意不断打造以主业为核心的企业品牌，实现企业文化的创新和跨越。

四、企业文化的传播与导入

（一）企业管理层带头示范

《企业内部控制应用指引第5号——企业文化》第七条要求，企业的董事、监事、经理和其他高级管理人员应当在企业文化建设中发挥主导和垂范作用，以自身的优秀品格和脚踏实地的工作作风，带动影响整个团队，共同营造积极向上的企业文化环境。这就要求董事、监事、经理和其他高级管理人员应身体力行，在企业文化建设中发挥主导和垂范作用，以自身的优秀品格和脚踏实地的工作作风，使企业文化人格化，为企业中的其他成员提供可供效仿的榜样，通过企业群体行为和外部表象来具体化，形成并强化企业文化。

（二）加强企业文化内部传播

企业应当促进文化建设在内部各层级的有效沟通，加强企业文化的宣传贯彻，确保全体员工共同遵守。企业应当加快内部的文化网络建设，建立各种正式与非正式的信息传递渠道，促进企业文化建设在内部各层级的有效沟通。同时，企业还可以通过各种表彰和奖励活动、聚会以及文娱活动等，把企业中发生的某些事情戏剧化和形象化，来生动地宣传和体现企业文化，使员工领会企业文化的内涵，让企业文化"寓教于乐"。

（三）将企业文化全面导入企业各项活动中

《企业内部控制应用指引第5号——企业文化》第八条指出，企业文化建设应当融入生产经营全过程，切实做到文化建设与发展战略的有机结合，增强员工的责任感和使命感，规范员工行为方式，使员工自身价值在企业发展中得到充分体现。企业应当加强对员工的文化教育和熏陶，全面提升员工的文化修养和内在素质。

企业中每个成员的生活环境、成长经历和受教育程度不同，其价值观表现千差万别。企业价值观的培育是通过教育、倡导和模范人物的宣传感召等方式，使员工转变传统落后的观念，树立正确、有利于企业生存发展的价值观念，并达成共识，成为全体员工思想和行为的守则，全面提升全体员工的文化修养和内在素质。

案例 3-14　　　　　　　阿里巴巴企业文化落地四步法

企业文化对企业发展起到重要的作用，但企业文化的落地并不是一件容易的事情，越是成功的企业越重视企业文化的落地。阿里巴巴的企业文化落地非常好，简单概括起来有以下四步：

首先，招聘有共同价值观的员工。道不同不相为谋，马云曾说过，"谁都知道现在的阿里巴巴公司，有一个汇聚世界精英的团队，但我们在用人方面，精英不是首选，甚至连第二都排不上，我们选的是对公司价值观有认同感的人"。所以阿里巴巴在招聘人员时有两个标准：一是相应的工作经验；二是价值观是否符合"六脉神剑"的精神。从招聘源头上把好关，这为文化认同、文化融合打下了良好的基础。

其次，对员工进行系统的企业文化培训。企业文化再好，随着新员工的不断加入，也会被稀释。为解决文化被稀释的难题，阿里巴巴特意为新员工设置了3个月的师带徒和人力资源关怀期，在入职6~12个月时还可选择"回炉"接受再培训。阿里巴巴在企业文化培训方面投入很大，而且为了更好地贯彻企业文化，还额外设置了大量的人力资源岗位，这在很多人看来是增加了人力成本，而阿里巴巴则认为人是资本而非成本。

再次，阿里巴巴鼓励老员工传播企业文化。文化的传播过程是企业文化实践过程中最重要的环节。在员工认同了企业文化之后，阿里巴巴会鼓励他们传播企业文化，在日常工作管理中通过言传身教来影响身边的人。这是一个日积月累的过程，如果真正做到了，这种"口碑"的力量是坚不可摧的，会成为企业基业长青和品牌建设的强大基石。

最后，阿里巴巴对员工进行价值观考核。价值观是阿里巴巴的天条，任何违反者都会被开除，连"十八罗汉"也不例外。阿里巴巴是如何考核价值观的呢？根据不同的岗位，"六脉神剑"中的每个价值观有5个表现形式，每个形式1分，通过大家的相互举例来打分。考核过程其实是对价值观的培养和训练，其背后的逻辑是：价值观是后天培养出来的而非天生的，而这往往会被很多公司管理者忽略。

其实，"诚信"是阿里巴巴企业文化与价值观的核心构成部分。在与客户、业务伙伴、股东等相关各方的业务关系中，阿里巴巴致力于遵循最高标准的商业行为规范。阿里巴巴制定的《阿里巴巴集团商业行为准则》《阿里巴巴集团员工纪律制度》等内部规范对员工提出了严格的诚信要求。

为维护企业诚信文化，反舞弊，阿里巴巴在集团内部专门设立了独具特色的廉正合规部。廉正合规部是调查员工利用职务谋利及其他严重违规行为的独立部门，并与集团内部审计、内部控制等部门相互支持，构建整个集团的风险预防、控制体系。

廉正合规部的主要职责包括三个方面：一是对内部员工涉及的严重违规进行调查，并借助调查力求发现公司业务和管理中存在的风险；二是针对发现的风险，努力推动公司内部的改进，包括推动制度的完善和执行；三是借助各种渠道在集团范围内开展廉正合规的宣传和教育，落实合规要求，推动公司文化。

资料来源：北京和君咨询有限公司官网2020年6月7日同名文章，作者胡凤；企业反舞弊联盟对阿里巴巴的介绍。

本章小结

组织架构包括治理结构与内部机构。治理结构是企业治理层面的组织架构，是企业成为可以与外部主体发生各项经济关系的法人所必备的组织基础，具体是指企业根据相关的法律法规，设置不同层次、不同功能的法律实体及其相关的法人治理结构。内部机构则是企业内部机构层面的组织架构，是企业根据业务发展需要，分别设置不同层次的管理人员及由各专业人员组成的管理团队，针对各项业务功能行使决策、计划、执行、监督、评价的权力并承担相应的义务，从而为业务的顺利开展进而实现企业发展战略提供支撑。企业应当根据发展战略、业务需要和控制要求，选择适合本企业的组织架构类型。

发展战略是指企业在对现实状况和未来趋势进行综合分析和科学预测的基础上，制定并实施的长远发展目标与战略规划。发展战略是一个动态的过程，企业需要敏锐地感知外界环境的变化，并对发展战略进行及时的调整。

人力资源政策是影响企业内部环境的关键因素，它所包括的雇用、培训、评价、考核、晋升、奖惩等制度向员工传达着有关诚信、道德行为和胜任能力的期望水平方面的信息，这些制度都与公司员工密切相关，而员工正是公司中执行内部控制的主体。一个良好的人力资源政策，能够有效地促进内部控制在企业中的顺利实施，并保证其实施的质量。

社会责任是指企业在经营发展过程中应当履行的社会职责和义务，主要包括安全生产、产品质量（含服务）、环境保护、资源节约、促进就业、员工权益保护等。近年来，社会责任越来越成为社会关注的焦点，上海证券交易所和深圳证券交易所相继出台文件，鼓励上市公司发布社会责任报告。企业发布社会责任报告有益于得到公众的认可，并实现企业的可持续发展。

企业文化属于精神范畴，常常要通过企业制度和物质形态表现出来。在我国，目前关于企业文化表现形式最流行的观点是将其划分为四个层次：精神文化、制度文化、行为文化和物质文化。企业应当加强文化建设，培育积极向上的价值观和社会责任感，倡导诚实守信、爱岗敬业、开拓创新和团队协作的精神，树立现代管理理念，强化风险意识。

即测即评

学完本章内容后，学生可扫描左侧二维码完成客观题测验（共包含 10 个单选题、5 个多选题、5 个判断题），提交结果后即可看到答案及相关解析。

思考题

1. 组织架构设计与运行的关键风险有哪些？
2. 发展战略制定与实施的关键风险有哪些？
3. 人力资源管理的关键风险有哪些？

4. 企业社会责任的关键风险有哪些？
5. 企业文化建设的关键风险有哪些？

案例分析

天然集团公司是国内某大型能源类企业，下属子公司众多。2020年12月，公司召开董事会，讨论下列有关事项：

(1) 集团公司董事长张某提议将公司业务从能源行业拓展至房地产行业，实现多元化经营。公司独立董事孙某认为，能源行业和房地产行业关联度极低，在市场调研和可行性分析不充分的情况下贸然拓展业务，可能给公司发展带来不利影响，当务之急是进一步巩固能源市场，在能源行业做大做强。因董事会成员多为董事长亲属，表决时，独立董事孙某的建议未被采纳，董事长张某的提案以绝大多数票赞成通过。

(2) 为加强集团公司内部控制，总经理李某提议在董事会下设立审计委员会，负责对集团公司和下属各子公司执行内部控制的情况进行监督检查。李某的提议得到了董事会成员的认可。经研究，董事会决定提名总经理李某任审计委员会主席。

(3) 审议对乙公司的合并方案。该合并项目由集团公司规划部门提出方案并编制可行性研究报告，财会部门负责该项目的财务预算。讨论过程中，总经理李某提议将对乙公司的投资控股比例由60%调整为100%，以实现完全控股。考虑到对乙公司的合并具有战略意义，董事长张某当即表示同意。

(4) 讨论离退休人员的安置问题。钱某是集团公司分管研发的技术人员，在公司工作超过30年，将于2021年2月退休。集团公司工会提议，对于有意愿继续为公司服务的离退休人员，可以适当安排其从事相对轻松的工作。董事会讨论通过了工会的提案，并同意钱某离职后可以从事出纳和会计档案管理工作。

要求：分析评价天然集团公司内部控制在内部环境方面存在的缺陷并说明理由。

技能训练题

请登录中华全国工商业联合会官方网站，分组搜寻并下载自2011年至今所有年度的"中国民营企业500强排行榜"，整理前100强企业的生命周期，从内部控制视角对其中生命周期超过30年的企业开展比较分析，并系统总结这些企业在内部环境方面的共同特征。

21世纪经济与管理规划教材
财务管理系列

第四章

风 险 评 估

【引言】

本章首先对风险进行概述,包括风险定义、分类、特征及风险管理过程;接着界定了目标设定的定义及如何制定目标;然后介绍了风险的识别,包括风险识别的定义和识别方法;之后详细说明了风险分析的定义和方法;最后阐述了风险应对的定义、策略及其选择。

【学习目标】

完成本章的学习后,您将能够:
1. 熟悉风险的定义、分类、特征及风险管理过程;
2. 理解目标设定的定义,了解目标设定的流程;
3. 理解风险识别的定义,掌握风险识别的方法;
4. 理解风险分析的定义,掌握风险分析的方法;
5. 理解风险应对的定义,掌握风险应对的策略及其选择。

案例引入
从中兴通讯事件看企业风险管理的重要性

2019年3月27日中兴通讯发布2018年年度报告,报告显示中兴通讯2018年营业收入855.13亿元,同比减少21.41%,亏损69.83亿元,上年同期盈利45.68亿元。对于业绩降幅较大的原因,中兴通讯在公告中解释称,主要是其主要经营活动无法进行导致的经营损失、预提损失,以及2018年6月12日发布的《关于重大事项进展及复牌公告》所述的10亿美元罚款。中兴通讯之所以处于如此境地,主要是由合规风险所导致的。2018年4月16日,美国商务部突然发布公告称,因中兴通讯违反与美国政府的和解协议,美国将禁止该公司购买美国生产的零部件。2018年4月20日,中兴通讯发布关于美国商务部激活拒绝令的声明,称在相关调查尚未结束之前,美国商务部工业与安全局执意对公司施以最严厉的制裁。2018年5月,中兴通讯公告称,受拒绝令影响,公司主要经营活动已无法进行。2018年6月7日,美国商务部部长罗斯接受采访时表示,美国政府与中兴通讯已经达成协议,只要后者再次缴纳10亿美元罚金,并改组董事会,即可解除相关禁令。2018年7月12日,《美国之音》消息称,美国商务部表示,美国已经与中国中兴通讯签署协议,取消近三个月来禁止美国供应商与中兴通讯进行商业往来的禁令,中兴通讯将能够恢复运营,禁令将在中兴通讯向美国支付4亿美元保证金之后解除。2018年7月14日,中兴通讯总部屏幕上滚动着"解禁了!痛定思痛!再踏征程!"的标语。

中兴通讯事件不仅对中兴通讯本身造成重大冲击,同时也成为中国参与全球化竞争进程中的一起标志性事件,对中国企业来说具有巨大的警示意义。随着经济全球化的迅猛发展和"一带一路"倡议的实施,越来越多的中国企业走出国门,参与全球竞争,在这一过程中也将面临更多、更复杂的风险,合规风险只是其中一种风险。中兴通讯事件表面上看是由于合规风险所导致的,深层次的根源其实是地缘政治风险和供应风险。该事件充分暴露了中兴通讯风险管理的能力滞后,以及其内部控制管理体系的重大缺陷。

通过完善的风险管理体系和良好的风险管理文化来抵御各种风险,已经成为现代全球化企业的核心竞争力。目前,中国许多企业同样缺乏完善的风险管理体系,非常有必要以中兴通讯为鉴避免重蹈覆辙,同时学习一些优秀企业的成功经验。有风险往往有商机,大风险往往蕴含大商机,问题在于能否识别和掌控风险。

第一节 风 险 概 述

一、风险的定义

根据国务院国资委《中央企业全面风险管理指引》,企业风险是指未来的不确定性对企业实现其经营目标的影响。这种不确定性既包括正面效应也包括负面效应,即既有收益也有损失。风险主要有以下特征:

(1)客观性。风险是不以企业意志为转移,独立于企业意志之外的客观存在。企业只能采取风险管理办法以降低风险发生的频率和潜在的损失,而不能彻底消除风险。

(2) 普遍性。风险无处不在、无时不有。在现代社会中,企业面临各式各样的风险。随着科学技术的发展和生产力的提高,企业所处的经营环境更具复杂性和多变性,因此企业会不断面临新的风险,且风险事故造成的损失也会越来越大。

延伸阅读 4-1　盘点 2020 年十大风险事件

(3) 不确定性。不确定性是风险的最基本特征。它主要表现为空间上的不确定性、时间上的不确定性、发生概率上的不确定性、损失程度上的不确定性。

(4) 动态可变性。风险一般是动态而非静态的,在一定条件下,风险可以发生转化。风险或者按正反馈的规律不断增强,或者经过人们的努力得以减弱甚至消除。

(5) 可测性。风险虽然具有客观性和不确定性,但是就大量的风险事件而言,必然呈现一定的规律性。因此,风险的发生可以用概率等方法加以测度。

二、风险的分类

按照不同标准,企业风险可以划分为以下几类:

1. 按风险的来源可以将风险划分为外部风险和内部风险

外部风险是指企业外部环境存在的各种因素对企业所造成的不确定性影响,如自然风险、市场风险、政策风险、政治风险等。

内部风险是指企业内部环境存在的各种因素对企业所造成的不确定性影响,如战略风险、人员风险、经营风险、财务风险、法律风险等。

资料介绍

格力电器未来发展面临的主要风险

1. 宏观经济波动风险

公司销售的产品以暖通空调和生活电器等为主,其市场需求受经济形势和宏观调控的影响较大。受新冠肺炎疫情的影响,宏观经济或消费者需求增长出现放缓趋势,公司所处的家电市场增长也将随之放缓;考虑到能效标准实施的预期影响,行业竞争亦可能会进一步加剧,从而对公司产品销售造成影响。

2. 生产要素价格波动风险

格力电器所属的家电制造业属于劳动力密集型行业,其中用于制造家电产品的主要原材料为各种等级的铜材、钢材、铝材和塑料等,其成本占比较大,若原材料价格出现较大波动,或因宏观经济环境变化和政策调整使得劳动力、水、电、土地等生产要素的成本出现较大波动,将会对公司的经营业绩产生一定影响。

3. "逆全球化"带来的市场风险

受新冠肺炎疫情的影响,某些国家或地区的"逆全球化"及贸易保护主义思潮愈加凸显,全球经济的不确定性进一步加大,公司海外市场的拓展面临新的挑战,并存在增加运营成本的风险。

4. 汇率波动造成出口市场风险及汇兑损失

随着公司海外市场的不断拓展,公司出口收入持续增加,汇率波动不仅可能对公司产品的出口产生不利影响,同时可能造成公司汇兑损失,增加公司财务成本。

资料来源:珠海格力电器股份有限公司2019年年度报告。

2. 按风险的性质可以将风险划分为纯粹风险和投机风险

纯粹风险是指只有损失可能而没有获利机会的纯损失风险。例如,自然灾害和个人不诚实的品质会造成经济损失。该风险对社会无任何益处,但具有一定的规律性,是可以预测的。

投机风险是指既有损失可能又有获利机会的风险。例如,新项目的建设、新产品的开发既可能使企业蓬勃发展,也可能使企业陷入困境;股票行情的变化既可能给股票持有者带来盈利,也可能带来损失。

案例 4-1　　海航集团为什么会出现流动性风险?

海航集团拥有海南航空等多家航空公司,然而近两年陷入债务泥潭,被迫出售了大量资产,去年因资金紧张一度拖欠员工工资。日前暴发的新冠肺炎疫情导致大量航班停飞,对其更是雪上加霜。

海航集团成立于1993年,早年主要经营地方航空公司海南航空,后将海南航空发展成为全国四大航空企业之一。但海航集团并未满足于航空主业,2015—2017年,海航集团成为多元化扩张最激进的中国企业,短短数年间,资产就从不到5 000亿元膨胀到超过1.2万亿元,跃居世界500强。

外界估算,海航集团三年斥资近600亿美元在海内外大肆并购,产业覆盖航旅、地产、金融、物流、科技等。从希尔顿酒店、德意志银行到飞机租赁公司、IT(信息技术)分销巨头,从纽约、伦敦的摩天大楼到香港"地王",海航一路扫货,成为全世界最豪爽的买家之一。

海航系的秘诀是高杠杆债务扩张。2017年年底,海航集团有息负债高达6 652亿元,其中2015—2017年新增3 668亿元。

危机接踵而至。随着金融去杠杆导致的宏观环境剧变,海航集团再难以维系扩张,从2017年年底开始陷入财务困境。2018年7月,海航集团断臂止血,"去地产、去杠杆、聚焦航空主业",出售了近3 000亿元资产。2019年中期报告显示,海航集团总资产已缩水至9 806亿元。

过去两年,海航集团进行了大幅瘦身,昔日七大业务板块仅剩航空主业(航空公司、航空租赁和机场业务),物流、金融等业务均被"降级",归为"非航空资产管理"部门。

但海航系的警报并未解除。2019年年中,海航集团的资产负债率上升到72%,有息负债仍然高达5 548亿元(2018年年中为5 703亿元),其中短期借款950亿元、长期借款

2 156亿元、应付债券1 229亿元。海航集团当期经营现金流195亿元,同比下滑37%,手头非受限现金已缩水到405亿元,远不能解决偿债危机。

2020年2月29日下午,海航集团发布公告称,自2017年年末爆发流动性风险以来,在各方支持下,海航集团积极开展"自救",但未能彻底化解风险。受2020年年初新冠肺炎疫情叠加的影响,流动性风险有加剧趋势。为了有效化解风险、维护各方利益,应海航集团请求,海南省人民政府牵头会同相关部门派出专业人员共同成立了"海南省海航集团联合工作组"。

资料来源:改编自南方财富网2020年2月20日文章,原标题为"海航为什么资金紧张? 2020海航集团债务危机尚未解除",作者不详。

3. 按风险的承受能力可以将风险划分为可接受风险和不可接受风险

可接受风险是指在分析本身承受能力、经济状况的基础上,在能够承受的最大损失限度之内的风险。

不可接受风险是指在分析本身承受能力、经济状况的基础上,已超过或大大超过所能承受的最大损失限度的风险。

三、风险管理过程

资料介绍

习近平总书记关于风险管理的重要论述

- 如果发生重大风险又扛不住,国家安全就可能面临重大威胁,全面建成小康社会进程就可能被迫中断。我们必须把防风险摆在突出位置,"图之于未萌,虑之于未有",力争不出现重大风险或在出现重大风险时扛得住、过得去。

——2015年10月29日,在党的十八届五中全会第二次全体会议上的讲话

- 要加强对各种风险源的调查研判,提高动态监测、实时预警能力,推进风险防控工作科学化、精细化,对各种可能的风险及其原因都要心中有数、对症下药、综合施策,出手及时有力,力争把风险化解在源头,不让小风险演化为大风险,不让个别风险演化为综合风险,不让局部风险演化为区域性或系统性风险,不让经济风险演化为社会政治风险,不让国际风险演化为国内风险。

——2015年10月29日,在党的十八届五中全会第二次全体会议上的讲话

- "明者防祸于未萌,智者图患于将来。"我们必须积极主动、未雨绸缪,见微知著、防微杜渐,下好先手棋,打好主动仗,做好应对任何形式的矛盾风险挑战的准备,做好经济上、政治上、文化上、社会上、外交上、军事上各种斗争的准备,层层负责、人人担当。

——2016年1月18日,在省部级主要领导干部学习贯彻党的十八届五中全会精神专题研讨班上的讲话

- 我们要坚持以供给侧结构性改革为主线,积极转变发展方式、优化经济结构、转换增长动力,积极扩大内需,实施区域协调发展战略,实施乡村振兴战略,坚决打好防范化解重大风险、精准脱贫、污染防治的攻坚战。

——2018年12月18日,在庆祝改革开放40周年大会上的讲话

- 要完善风险防控机制,建立健全风险研判机制、决策风险评估机制、风险防控协同机制、风险防控责任机制,主动加强协调配合,坚持一级抓一级、层层抓落实。

——2019年1月21日,在省部级主要领导干部坚持底线思维着力防范化解重大风险专题研讨班开班式上的讲话

- 我国发展进入战略机遇和风险挑战并存、不确定难预料因素增多的时期,各种"黑天鹅"、"灰犀牛"事件随时可能发生。我们必须增强忧患意识,坚持底线思维,做到居安思危、未雨绸缪,准备经受风高浪急甚至惊涛骇浪的重大考验。

——2022年10月16日,在中国共产党第二十次全国代表大会上的报告

按照COSO企业风险管理框架的定义,企业风险管理是一个过程,它由一个主体的董事会、管理当局和其他人员实施,应用于战略制定并贯穿于企业之中,旨在识别可能会影响主体的潜在事项,管理风险以使其在该主体的风险承受能力(风险容忍度)之内,并为主体目标的实现提供合理保证。

企业的风险管理是一个动态的、循环的过程,贯穿于企业的整个经营活动中。企业应该按照目标设定、风险识别、风险分析和风险应对四个程序进行风险管理。

目标设定是风险管理的基础和前提,目标必须在管理部门识别可能影响其实现的事件之前存在。企业风险管理确保了管理部门以适当的程序设定目标,且所选定的目标支持并且切合企业的发展使命,同时与企业的风险偏好相符。

风险识别是在目标的指导下,及时认识到潜在的风险机会和损失,它是风险分析和风险应对的基础。管理层除了应对影响企业成功实现目标的潜在事件进行识别,包括识别其产生的内在和外在原因,还要识别潜在事件之间的相互关系,并对其进行分类,加强风险意识,从整个企业范围内以组合观的视角来考虑风险。

风险分析是对所识别的风险进行分析的过程,是针对不同性质的风险采取不同应对措施的前提。风险是与可能会受到影响的有关目标相关联的,管理层应从风险的可能性及影响两个方面对风险进行分析,且通常将定量和定性方法结合起来考虑。

风险应对是在识别和分析风险的基础上,为实现目标而采取的策略。管理部门应根据战略和目标,并在风险容忍度和成本效益原则的前提下选择一种或多种风险应对策略,使所评估的风险与企业的风险偏好一致,使企业风险发生的可能性和影响都在风险容忍度之内。

延伸阅读4-2 贝达药业可能面对的风险及其应对

综上所述，企业风险管理的四个程序紧密衔接，并且相互作用、相互影响，如图 4-1 所示。

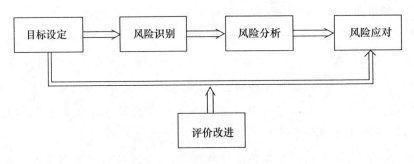

图 4-1　风险管理过程

第二节　目　标　设　定

> 目标管理的最大好处是，它使管理者能够控制他们自己的成绩。这种自我控制可以成为更强劲的动力，推动他们尽最大的力量把工作做好。
>
> ——〔美〕切斯特·巴纳德，管理学家

一、目标设定的定义

视频讲解 4-1　风险评估:目标设定

目标设定是指企业在识别和分析实现目标的风险并采取行动来管理风险之前，采取恰当的程序去设定目标，确保所选定的目标支持和切合企业的发展使命，并且与企业的风险承受能力相一致。

《企业内部控制基本规范》第二十条规定，企业应当根据设定的控制目标，全面系统持续地收集相关信息，结合实际情况，及时进行风险评估。可见，目标设定是企业风险评估的起点，是风险识别、风险分析和风险应对的前提。

企业应当根据自身的风险偏好和风险承受能力制定战略目标，然后在此基础上确定业务层面目标，并对这些目标与该企业的风险偏好和风险承受度的一致性进行检验。

案例 4-2　　　　　　　　　南航集团汇率风险管理

为适应外汇制度改革及国际金融环境的变化，南航集团经过多年尝试探索，逐步形成了适合自己实际的风险管理体系,包括高效率的组织架构、正确的风险管理理念、严密的操作流程、严格的风险防范以及应急制度等。

南航集团的风险管理内容具体包括三个部分——汇率风险管理、利率风险管理、航油价格变动风险管理。其中,汇率风险管理是南航集团风险管理的重中之重。一是因为大飞机制造的基本国情,以美元计价的飞机、航材及发动机等长期依赖进口,加上美联储近十年的零利率政策,以及人民币渐进升值态势的大背景,航空企业优先选择美元融资,形成了巨额美元负债余额;二是因为航空企业营业收入以人民币为主,但存在飞机预付款、租金、维修费、外币债务本息、境外加油费、保险费及外籍人员工资等大量美元需求,导致航空企业外币收支失衡问题尤为突出,收支缺口巨大。南航集团存在大额外币净负债和外币净支出,当汇率波动时,南航集团会出现大量外汇风险敞口。因此,南航集团的汇率风险管理目标为锁定成本,降低风险敞口,规避风险。

资料来源:庄学敏、王晓风,"内外兼修至大成——南航集团资金管理实践",《财务管理研究》2020年第1期。

二、战略目标

(一)战略目标的定义

战略目标是指企业在实现其使命过程中所追求的长期结果,是在一些最重要的领域对企业使命的进一步具体化。它可以帮助企业找准市场定位、指导企业执行层的行动,并为企业内部控制指明方向。

企业应当在董事会下设立战略委员会,或指定相关机构负责发展战略管理工作,履行相应职责,并在充分调查研究、科学分析预测和广泛征求意见的基础上制定战略目标。

(二)战略目标的内容

不同企业的战略目标是不同的,但需要制定目标的领域却是相似的。德鲁克在《管理实践》一书中提出了八个关键领域的目标:① 市场方面的目标,如希望达到的市场占有率或在竞争中达到的地位;② 技术改进和发展方面的目标,如对改进和发展新产品的认知及措施;③ 生产力方面的目标,如有效地衡量原材料的利用率;④ 物资和金融资源方面的目标,如提高物资和金融资源的利用率;⑤ 利润方面的目标,如用一个或几个经济目标表明希望达到的利润率;⑥ 人力资源方面的目标,如人力资源的获得、培训和发展水平的提升;⑦ 职工积极性发挥方面的目标,如在职工激励、报酬等方面采取的措施;⑧ 社会责任方面的目标,如注意企业对社会产生的影响。

表4-1列示了一些企业的战略目标。

表 4-1　一些企业的战略目标

企业名称	战略目标
中国民生银行	以客户为中心，以提高发展质量和效益为目标，向数字化、轻型化、综合化的标杆银行转变，努力实现公司价值的不断提升
新华保险	把握中国寿险市场快速发展的历史性机遇，力求成为中国最优秀的、以全方位寿险业务为核心的金融服务集团
中国海油	建设中国特色国际一流能源公司
中国移动	建设具有全球竞争力的世界一流企业
阿里巴巴	截至 2036 年，能够服务全世界 20 亿消费者，帮助 1000 万家中小企业盈利以及创造 1 亿就业机会
京东零售	未来五年内实现百万商家生态；成为用户体验最佳、最受用户信赖的全渠道综合零售平台；未来三年，反向定制商品及独家新品累计成交额达到 10 000 亿元；利用微信一级入口及微信市场的海量用户等独特资源，打造区别于京东现有场景和模式的全新平台

资料来源：根据企业官网、媒体报道整理。

（三）战略目标的制定原则

目标管理中，有一项原则叫作 SMART，分别由 Specific（明确性）、Measurable（可度量性）、Attainable（可实现性）、Relevant（相关性）、Time-based（时限性）五个英文单词的首字母组成。这也是企业在制定战略目标时必须谨记的五项要点。

资料介绍

关于目标管理 SMART 原则的解释

（1）S 即 Specific，代表明确性，指战略目标应该是具体的，不能是笼统的。明确的目标几乎是所有成功企业的特点。很多企业不成功的重要原因之一就是目标定位模棱两可，或没有将目标有效地传达给相关成员。例如，目标是"增强客户意识"，这种对目标的描述就很不明确。因为增强客户意识有许多具体做法，如减少客户投诉、提升服务速度、使用规范礼貌的用语、采用规范的服务流程。有这么多增强客户意识的做法，我们所说的"增强客户意识"到底指哪一个方面呢？不明确就没有办法评判、衡量。因此，建议这样修改，比方说，"我们将在月底前把前台收银的速度提升至正常的标准"，这个正常的标准可能是 2 分钟，也可能是 1 分钟，或分时段来确定标准。总之，在制定战略时要有具体项目、衡量标准、达成措施、完成期限以及资源要求，使执行人能够清楚在规定的时间内要做哪些事情、计划完成到什么程度。

（2）M 即 Measurable，代表可度量性，指战略目标是数量化或者行为化的，验证这些目标的数据或者信息是可以获得的。如果制定的目标没有办法衡量，就无法判断这个目标是否已经实现。比如，有一天，领导问："这个目标离实现大概有多远？"团队成员回答："我们早实现了。"这就是领导和下属对团队目标所产生的一种分歧，原因就在于没有给出一个定量的可以衡量的分析数据。但并不是所有的目标都可以衡量，有时也会有例外,比方说大方向性质的目标就难以衡量,如"为所有老员工安排进一步的管理培训"。"进一步"是一个既不明确也不容易衡量的概念,它到底指什么?是不是只要安排了这个培训,不管谁讲,也不管效果好坏都叫"进一步"?改进一下,准确地说,在什么时间完成对所有老员工关于某个主题的培训,并且在这个课程结束后,学员的评分低于85分就认为效果不理想,高于85分就是所期待的结果,这样目标就变得可以衡量。总之,目标的衡量标准遵循"能量化的量化,不能量化的质化",使制定人与考核人有一个统一的、标准的、清晰的、可度量的标尺,杜绝在目标设置中使用概念模糊、无法衡量的描述。

(3) A 即 Attainable,代表可实现性,指战略目标在付出努力的情况下可以实现,避免设立过高或过低的目标。目标是要能够被执行人所接受的,如果上司利用一些行政手段和影响力一厢情愿地把自己制定的目标强加给下属,下属典型的反应就是一种心理和行为上的抗拒:既然我怎么努力都无法达到,与其辛苦付出,倒不如主动放弃。因此,目标设置要坚持员工参与、上下沟通,使拟定的工作目标在组织和个人之间达成共识;既要使工作内容饱满,也要具有可实现性。通俗地说,即可以制定出跳起来"摘桃"的目标,不能制定出跳起来"摘星星"的目标。

(4) R 即 Relevant,代表相关性,指实现此目标与其他目标的关联情况。如果实现了这个目标,但与其他的目标完全不相关或者相关度很低,那么这个目标即使被实现了,意义也不是很大。因为工作目标的设置要与岗位职责相关联,不能跑题。比如一个前台,你让她学点英语以便接电话的时候用得上,这时学习英语这一目标与提高前台工作水准这一目标就直接相关。若你让她去学习六西格玛就比较跑题了,因为前台学习六西格玛这一目标与提高前台工作水准这一目标的相关度很低。

(5) T 即 Time-based,代表时限性,是指战略目标的实现是有时间限制的。例如,我将在2021年5月31日之前完成某事,5月31日就是一个确定的时间限制。没有时间限制的目标没有办法考核,或带来考核的不公。上下级之间对目标轻重缓急的认识程度不同,上司着急,但下属不知道;结果上司可能暴跳如雷,而下属反而觉得委屈。这种没有明确的时间限制的方式也会带来考核的不公,挫伤下属的工作热情。因此,目标设置要有时间限制,根据工作任务的权重、事情的轻重缓急,拟定出完成目标项目的时间要求,定期检查项目的完成进度,及时掌握项目进展的变化情况,以便及时地对下属进行工作指导,并根据工作过程中出现的异常情况变化及时调整工作计划。

资料来源:改编自百度百科对SMART词条的解释。

(四)战略目标的制定步骤

战略目标需要通过董事会与员工的相互沟通来确定,同时还要有支持其实现的战略计划及年度预算。战略目标的制定主要包括以下五个步骤:

(1) 调查研究。调查研究的重点是可能会对企业产生重大影响的外部环境因素,以及企业未来的发展趋势。

(2) 拟定目标。第一,分析企业外部环境,并据此确定目标方向;第二,通过对企业资源和能力的分析,确定沿着目标方向展开的活动所要达到的水平,形成可供选择的目标方案。

（3）评价论证。在评价论证时,主要考虑战略目标的正确性、可行性、完善程度,通过对比、权衡利弊,找出各个目标方案的优劣所在。

（4）目标决断。在对选定目标进行决断时,可从目标的正确程度、有望实现的程度、期望效益的大小三个方面综合衡量各个目标方案,并从中选择这三个方面的期望值都尽可能大的方案。

（5）目标分解。将目标层层分解到各个部门及个人,并确定相应的职责权限,以便目标的有效执行与考核。

三、业务层面目标

业务层面目标包括经营目标、报告目标、合规目标和资产安全目标,它来自企业战略目标及战略规划,并制约或促进企业战略目标的实现。业务层面目标应具体并具有可衡量性,且与重要的业务流程密切相关。业务层面目标的制定需要经过以下四个阶段,具体如图4-2所示。

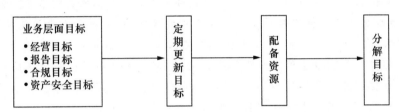

图4-2　业务层面目标的设定过程

（1）制定业务层面目标。企业的总目标及战略规划为业务层面目标指明方向,业务层面根据自身的实际情况及总体目标的要求提出本单位的目标,通过上下不断沟通最终确定。

（2）根据企业的发展变化,定期更新业务层面目标。

（3）配置资源以保证业务层面目标的顺利实现。企业在确定各业务单位的目标之后,应合理分配人、财、物等资源,以保证各业务单位有实现其目标的资源。

（4）分解业务目标并下达。企业确定业务层面目标后,再将其分解至各具体的业务活动中,明确相应岗位的目标。

四、目标设定与风险偏好、风险承受度

目标设定是否科学有效,取决于其是否与企业的风险偏好和风险承受度保持一致。

1. 风险偏好

风险偏好是指企业在实现其目标的过程中愿意接受的风险的数量。可以采用定性和定量两种方法对风险偏好加以度量。在战略制定阶段,企业应进行风险管理,将该战

略的预期收益与企业的风险偏好结合起来考虑,帮助管理者在不同的战略方案之间选择与企业的风险偏好相一致的战略。

2. 风险承受度

风险承受度是指企业能够承担的风险限度,是企业在风险偏好的基础上设定的对相关目标实现过程中所出现的差异的可容忍限度,包括整体风险承受能力和业务层面的可接受风险水平。在确定各目标的风险承受度时,企业应考虑相关目标的重要性,并将其与企业的风险偏好联系起来。

3. 风险组合观

风险管理要求企业管理者以风险组合的观点看待风险,对相关的风险进行识别并采取措施,以使企业所承担的风险在风险偏好的范围内。对企业内的每个部门而言,其风险可能落在该部门的风险承受度范围内,但从企业总体来看,总风险可能超过企业总体的风险偏好范围。因此,企业应从总体的风险组合观看待风险。

第三节 风险识别

一、风险识别的定义

风险识别是风险分析的基础性工作,也可以视为风险的定性评价。风险识别是指对资产当前或未来所面临的和潜在的风险加以判断、归类,并对风险性质进行鉴定的过程。对风险加以识别的目的,就是确认风险的来源和风险的种类。

具体来说,风险识别应解决以下问题:企业风险来自哪里,存在哪些风险。风险识别不仅在企业层面开展,还要在业务活动层面加以确认。只有对企业主要业务单元和职能部门(如销售、生产、营销、技术开发等)存在的各种不确定性事件进行预测、分析及确认,企业经营战略与职能战略的实施才有更可靠的保证。

视频讲解 4-2 风险评估:风险识别

资料介绍

中非共建"一带一路"面临的主要风险

随着越来越多的非洲国家加入"一带一路"大家庭,中非合作的机遇明显增多,但各种风险和挑战也相伴而来。

(一)政局动荡风险

国际合作经验表明,一个国家吸引外资的多少与该国投资环境和投资政策密切相关。非洲部分国家恰恰在政局稳定、政策连续性方面存在不良记录。例如,利比亚内战使得一些中国企业损失惨重;曾饱受诟病的津巴布韦本土化政策使外国投资者望而却步。

(二)本币贬值风险

诸多非洲国家一直存在外汇短缺的问题,尤其在美元加息和大宗商品价格下跌的背景下,非洲外汇市场承压严重。2017年,非洲有30多个国家的货币贬值,尤其是几个经济大国外汇贬值严重。例如,埃及央行于2016年11月放弃固定汇率制,让埃镑根据市场供求自由浮动,之后埃镑进入快速贬值通道,通货膨胀率从2015—2016年的10.3%上升到2016—2017年的23.3%。非洲本币贬值对中国企业原材料进口、生产运营、收益回流等产生较大影响,直接体现为财务报表中的汇兑损失增加。如果非洲本币进一步贬值,将直接侵蚀项目经营利润,使一些入园企业的持续运营陷入困境。

(三)债务违约风险

在全球融资格局发生变化、大宗商品价格下跌的大背景下,非洲债务危机再露端倪。非洲开发银行数据显示,非洲外债总额已经从2015年的5803亿美元增长到2016年的6408亿美元,外债占GDP的比重从2015年的25.3%提高到2016年的27.8%,与此同时,还本付息额占出口收入的比重从16.1%微升到16.9%。从国别层面来看,与中国进行产能合作的重点国家(莫桑比克、埃塞俄比亚、尼日利亚、安哥拉、赞比亚、加纳)的债务有所加重,而且将在2020—2025年进行大量还款,债务可持续性风险很高,给中非合作带来新的风险。

(四)恐怖袭击和安全风险

例如2018年7月中旬以来,南非北开普省金伯利市爆发严重骚乱,多家华侨经营的店铺受到波及。如此严重的恐袭和治安问题,不仅对中国企业的资产和人员的生命安全构成威胁,而且制约着中非合作的提质升级。

(五)国际竞争风险

当前,大国对非政策虽较为分化,但都关注中非合作。不仅因为中国已成为非洲谋求自主可持续发展的重要推动者和贡献者,而且正在成为国际对非合作的引领者,面临着挤压式的激烈竞争。美国强调与非洲国家的商业接触,欲与中国分庭抗礼;日本仿效中国,强化日非经济关系,对冲中国影响力;印度加强对非合作,紧盯中国同步跟进,尤其是日印联手抛出制衡中国"一带一路"建设的"亚非增长走廊"倡议,不可小觑。大国示好非洲,或使部分非洲国家出现复杂的投机心态,加大中非合作的难度。中国对非合作将面临更为激烈的竞争,特别是印度洋沿岸的东非国家将成为竞争的主战场。

资料来源:姚桂梅,"中非共建'一带一路':进展、风险与前景",《当代世界》2018年第10期。

二、风险识别需要考虑的因素

按照《企业内部控制基本规范》第二十二条的规定,企业识别内部风险,应当关注下列因素:① 董事、监事、经理及其他高级管理人员的职业操守、员工专业胜任能力等人力资源因素;② 组织机构、经营方式、资产管理、业务流程等管理因素;③ 研究开发、技术投入、信息技术运用等自主创新因素;④ 财务状况、经营成果、现金流量等财务因素;⑤ 营运安全、员工健康、环境保护等安全环保因素;⑥ 其他有关内部风险因素。

延伸阅读 4-3 从风险评估角度看中信泰富事件

按照《企业内部控制基本规范》第二十三条的规定,企业识别外部风险,应当关注下列因素：① 经济形势、产业政策、融资环境、市场竞争、资源供给等经济因素；② 法律法规、监管要求等法律因素；③ 安全稳定、文化传统、社会信用、教育水平、消费者行为等社会因素；④ 技术进步、工艺改进等科学技术因素；⑤ 自然灾害、环境状况等自然环境因素；⑥ 其他有关外部风险因素。

三、风险识别的方法

目前存在多种识别风险的方法，每一种方法都有其优点和局限性。在实际情况下需灵活运用各种方法，以便及时发现已存在的和潜在的风险。风险识别主要有以下六种方法：

1. 德尔菲法

德尔菲法又称专家调查法，是指在识别风险时，对多位相关专家进行反复咨询及意见反馈，直到得到比较一致的意见，最终确定影响企业的主要风险因素的方法。

德尔菲法的优点是能充分发挥各位专家的作用，集思广益；参与者可以免受团体的压力，不必附和他人的看法，避免个性特征和相容性问题。其局限性是过程比较复杂，花费时间较长。

案例 4-3 某建筑业上市公司的国际工程项目风险评审表

某建筑业上市公司近年来积极开拓海外市场，并在制度中规定，对任何一项国际工程项目在投标之前都要进行风险评估。为此公司专门设计了国际工程项目风险评审表，该风险评审表主要从政局与社会环境、经济与商情、自然条件、合同、勘察与设计、施工组织与管理六个方面列示了46项指标，并分别赋予权重。在实际操作中，主要是聘请有经验的专家根据项目的实际情况，依据每个指标所反映的风险级别分别进行评分，最后加总计算出总分。公司最终是根据总分的高低决定是否参与国际工程项目的投标。下表给出了部分风险评审指标。

国际工程项目风险评审表（节选）

编号	指标	权重	风险级别					得分
			低	次低	中	次高	高	
1	政局与社会环境	7	0	0.25	0.50	0.75	1	
1.1	政局稳定	1	0	0.25	0.50	0.75	1	
1.2	法律法规及政策	1	0	0.25	0.50	0.75	1	
1.3	与中国的双边关系	1	0	0.25	0.50	0.75	1	
1.4	国际关系状况	1	0	0.25	0.50	0.75	1	
1.5	是否有特殊国别政策	1	0	0.25	0.50	0.75	1	
1.6	社会环境	1	0	0.25	0.50	0.75	1	
1.7	基础设施状况	1	0	0.25	0.50	0.75	1	

(续表)

编号	指标	权重	风险级别					得分
			低	次低	中	次高	高	
2	经济与商情	25	0	0.25	0.50	0.75	1	
2.1	经济运行状况	2	0	0.25	0.50	0.75	1	
2.2	业主基本情况	3	0	0.25	0.50	0.75	1	
2.3	项目资金来源	3	0	0.25	0.50	0.75	1	
2.4	中间人基本情况	2	0	0.25	0.50	0.75	1	
2.5	融资条件	2	0	0.25	0.50	0.75	1	
2.6	预付款比例	1	0	0.25	0.50	0.75	1	
2.7	支付货币	1	0	0.25	0.50	0.75	1	
2.8	汇率变化	3	0	0.25	0.50	0.75	1	
2.9	银行保函及担保	2	0	0.25	0.50	0.75	1	
2.10	保险	2	0	0.25	0.50	0.75	1	
2.11	物价上涨、通货膨胀	2	0	0.25	0.50	0.75	1	
2.12	税费水平	2	0	0.25	0.50	0.75	1	
3	自然条件	5	0	0.25	0.50	0.75	1	
3.1	地震	0.5	0	0.25	0.50	0.75	1	
3.2	强暴雨、飓风	0.5	0	0.25	0.50	0.75	1	
3.3	严寒或高温	0.5	0	0.25	0.50	0.75	1	
3.4	场址地形、地貌	1	0	0.25	0.50	0.75	1	
3.5	地方疾病	0.5	0	0.25	0.50	0.75	1	
3.6	环境污染	0.5	0	0.25	0.50	0.75	1	
3.7	地质水文条件	0.5	0	0.25	0.50	0.75	1	
3.8	资源缺乏	1	0	0.25	0.50	0.75	1	

2. 现场调查法

现场调查法是指通过直接进行实地观察和分析，了解企业生产经营中存在的风险隐患的方法。现场调查法一般分为三步：调查前的准备，现场调查和访问，形成调查报告与反馈。

现场调查法的优点是：可获得第一手资料；可与现场工作人员建立良好的关系，宣传风险概念，为之后落实风险管理措施作铺垫。其局限性是耗时较长，成本较高，有时被调查人员会因疲于应对调查而产生反感。

3. 风险清单分析法

风险清单分析法是指将企业可能面临的风险和潜在的损失分类，按照一定的顺序排列，形成风险清单（见表4-2），再逐项对照检查的方法。

表 4-2　某企业风险清单示例（部分）

序号	活动点/工序/部位	危险源及其风险	涉及部门	风险级别	控制措施
1	使用电梯	安全装置缺损、故障、停电，导致坠落、撞击、夹人等人身伤害或悬在半空	各使用部门	3级	运行控制
2	楼梯过道吸烟	乱扔的烟头引起火灾	总经办	3级	应急预案、运行控制
	使用、储存液化气	火灾爆炸	总经办、化机厂办公室、车间	2级	
	归档资料保管	纸质资料等易燃物引起火灾	企管部、化机厂检验科	2级	
	焊接时焊缝预热	使用液化气引起火灾、爆炸	车间	2级	
	使用等离子切割机	使用乙炔、氧气、氢气引起火灾、爆炸	车间	2级	
	使用氧乙炔气切割	氧气、乙炔引起火灾、爆炸	车间	2级	
	油品、化学品库	火种带入、防雷及防静电装置缺损、化学品及油品泄漏、存放不当，引起火灾、爆炸	采购科	2级	
	气瓶库	火种带入、防雷及防静电装置缺损、气体泄漏、存放不当、气瓶缺陷，引起火灾、爆炸	采购科	2级	
	热处理	电加热设备引起火灾	车间	3级	
		现场热处理用的液化气引起火灾、爆炸	车间	2级	
3	使用各类电气设备	违章用电、各类电气设备老化，导致火灾、触电	各部门、车间	2级	运行控制

风险清单分析法的优点是：风险识别过程简单迅速；可以同时跟踪检测整个风险管理过程，不断修订风险清单以适应环境的变化。其局限性是风险清单的初次制作以及回收比较费时、回收率可能较低，而且质量难以有效控制。

4. 财务报表分析法

财务报表分析法是指以企业的资产负债表、利润表和现金流量表等财务报表为依据，通过水平分析、垂直分析、趋势分析、比率分析、因素分析、综合分析等方法，从财务角度发现企业面临的风险的方法。

财务报表分析法的优点是较为方便有效，且易于被内外部人员接受。其局限性是不能反映以非货币形式存在的问题，如人员素质、创新能力、业务流程和其他非经济因素的变化等，需要辅以其他识别方法和手段。

延伸阅读 4-4　从财务报表看腾讯控股的风险

5. 流程图法

流程图法是将企业的各项经济活动按照内在的逻辑联系绘制成作业流程图，然后针对其中的关键步骤或薄弱环节进行调查、研究和分析，以识别企业风险的方法，如图 4-3 所示。

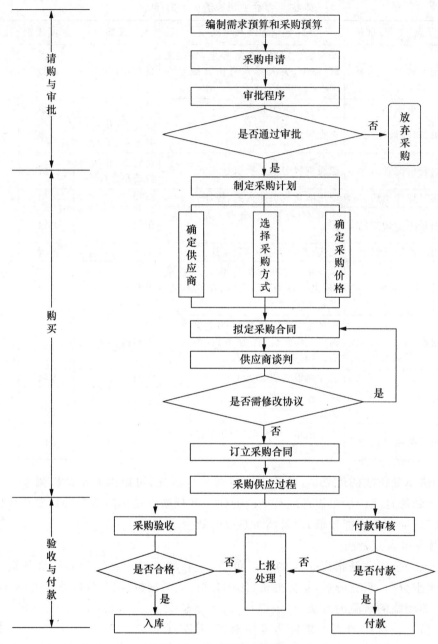

图 4-3 采购业务流程图

流程图法分为三步：首先，分析、识别作业流程中的各个阶段；其次，据此绘制流程图，解释流程中的所有风险点，尤其是主要风险点；最后，进一步解释风险发生的原因以及可能造成的影响。

流程图法的优点是可以将复杂的生产过程或业务流程简单化，从而易于发现风险。其局限性是流程图的绘制一般要由具有专业知识的风险管理人员绘制，需要花费的时间较长，管理成本也较高；流程图的准确性决定着风险管理部门识别风险的准确性。

6. 因果图法

因果图法是指将造成某项结果的各种原因，以图解的方式表达，即用图表达结果与原因的关系。

因果图法从损失的结果出发，先找出导致损失的重大原因，步步深入，最终找出损失发生的根本原因，如图4-4所示。但使用因果图法需要分析的业务流程较多，对分析人员的专业水平要求较高。

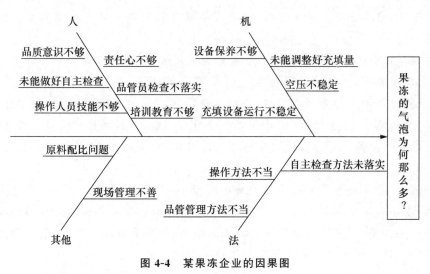

图4-4 某果冻企业的因果图

第四节 风险分析

一、风险分析的定义

《企业内部控制基本规范》第二十四条规定，企业应当采用定性与定量相结合的方法，按照风险发生的可能性及其影响程度等，对识别的风险进行分析和排序，确定关注重点和优先控制的风险。企业进行风险分析，应当充分吸收专业人员，组成风险分析团队，按照严格规范的程序开展工作，确保风险分析结果的准确性。

案例4-4　　　　　华能集团基建现场安全风险管控系统专题会

2019年9月4日，中国五大发电集团之一的华能集团在陕西渭南召开了基建现场安全风险管控系统专题会。与会人员参观了渭南热电项目现场，深入实地了解了基建现场安全风险管控系统在渭南热电的运行状况。

2013年6月，习近平总书记指出："人命关天，发展决不能以牺牲人的生命为代价。这必须作为一条不可逾越的红线。"中国华能把做好安全生产工作作为贯彻总书记重要讲话精神、落实党中央决策部署的具体行动，始终将安全生产作为第一责任、第一工作、第一效益。

在随后召开的专题会上,集团公司相关部门负责人分别做了集团公司基建本质安全体系建设情况汇报、基建现场安全风险管控系统试运行报告,集团公司有关部门代表做了发言。会上,记者获悉,该系统已在华能渭南热电厂成功上线使用,标志着华能集团基建安全体系建设取得突破性成果,这在国内电力基本建设体系尚属首次。

会议指出,在当前形势下开展基建现场安全风险管控工作十分必要。这是在基建领域进行的一次大胆创新和有益探索实践,它秉承华能基建领先文化,在华能生产本质安全体系基础上,结合基建安全管理特点,建成了具有鲜明华能特色的基建现场安全风险管控系统。

基建现场安全风险管控系统落实了华能集团公司"创造安全级作业条件+人员零失误"的本质安全理论,收集了集团公司组织汇编的30项安全管理规范、14个专业类别、1940个危险点的10 819项预控措施,系统涵盖了任务督办、参建方管理、风险管控、隐患排查治理、反违章等12个模块、33个子项安全管理内容,通过预控措施精准推送、班前会交底等履职资料上传,个人电脑端、移动端无缝对接,有效解决了"想不到是最大的危险"问题,提升了工程安全管理水平。

会议认为,基建现场安全风险管控系统有效解决了安全规章不落地、安全生产责任制不落实、安全管理不到位等问题。该系统的建设是华能集团落实新时代习近平总书记对安全管理的新要求、实现人员零伤亡的具体体现;是华能集团适应"要我安全"到"我要安全"的转变,使华能集团在安全管理上达到了新境界。

资料来源:引自中国电力新闻网2019年9月5日同名报道,作者李梁。

二、风险评估的程序

1. 建立分析流程

识别风险分析过程中所有必要的活动,确定这些活动的顺序和相互关系,准确地描述并形成书面化的文件,加以实施和监控。风险分析的基本流程包括以下几项基本活动:数据收集、技术方法选择、分析实施、结果分析、数据存档。

同时,为保证风险分析流程的有效运行,必须对流程的各个环节进行规定,提出明确具体的责任、目标、分析要求。对风险分析活动过程应进行必要的记录,相关记录也应加以存档。

2. 分析策划

在进行风险分析策划时,风险管理人员应确定下列内容:① 风险分析参与人员的结构及技能要求;② 风险分析策划的时机;③ 风险分析所需的相关信息及来源;④ 风险分析的相关技术。

3. 收集必要的风险分析数据

风险分析建立在数据收集的基础之上,公司通过对数据的收集、分析,可以把握问题的根源,掌握问题的发展趋势,更精确地分析风险。

(1) 宏观环境监测数据。宏观环境因素的变化是战略风险的主要来源,通过对主要的宏观环境因素变化进行检测和记录,有助于分析该风险对目标的影响程度和可能性。

(2) 行业基准数据。行业生命周期、行业竞争对手、行业市场份额分布、行业关键成功因素等数据,有助于评估风险的可能性和影响程度。

(3) 外部专家数据。外部专家对企业风险的可能性和影响程度的判断,为公司风险分析提供了权威且重要的借鉴,是公司重要的数据来源。

(4) 公司历史数据。公司历史数据是公司执行战略活动结果的精确描述,是制定新战略的基础,也是企业风险分析的基础。公司历史数据包括:过去的战略目标和战略规划数据;战略目标的达成分析数据;战略执行和监控数据;人力资源、设计、采购、生产、销售、财务等经营方面的数据。

4. 选择分析技术和方法

依据风险的复杂程度和重要性选择适当的分析技术及方法。风险评估方法包括定量分析方法和定性分析方法。当不要求作定量分析,或者定量分析所需要的充分、可靠的数据实际上无法取得,以及获取这些数据不符合成本效益原则时,管理者通常采用定性分析方法。定量分析方法能带来较高的精确度,但要求的数据较多、分析较为复杂,通常在特别重要的活动中应用。

定性分析方法包括问卷调查、集体讨论、专家咨询、情景分析、政策分析、行业标杆比较、管理层访谈、由专人主持的工作访谈和调查研究等。

定量分析方法包括统计推论(如集中趋势法)、计算机模拟(如蒙特卡罗分析法)、失效模式与影响分析、事件树分析等。

风险分析中,定量与定性技术的结合是必要的,两者可以互相补充。公司可以依据自身的特征决定采用具体的组合形式。

5. 借助外部专家的力量

风险分析是一项具有较高难度的复杂工作,聘请外部专业团队(如专门的风险管理咨询公司等)和借助外部分析专家的支持是有必要的,特别是在公司导入风险管理的阶段。外部专家的专业技能可以提高风险分析的效率和准确性,同时通过外部专家的知识传播,公司风险分析人员的技术水平和整个公司成员的风险意识水平也可以得到提升。

6. 编制风险分析报告

风险分析的结论以正式文本的形式报告,至少包括以下几个方面的内容:① 风险可能性;② 风险影响程度;③ 风险重要性评级;④ 风险地图。

7. 建立风险分析数据库

把风险分析过程的数据或文字记录加以保存,使之成为企业风险管理数据库的重要组成部分。

三、风险分析的方法

1. 风险坐标图

风险坐标图是把风险发生可能性的高低、风险发生后对目标的影响程度,作为两个维度绘制在同一个平面上(即绘制成直角坐标系)。对两个维度的评估有定性、定量等方法。定性方法是直接用文字描述风险发生可能性的高低、风险对目标的影响程度,如"极低""低""中等""高""极高"等。定量方法是对风险发生可能性的高低、风险对目标的影响程度用具有实际意义的数量描述,如对风险发生可能性的高低用概率来表示,对目标的影响程度用损失金额来表示,等等。

对两个维度进行定性或定量评估后,依据评估结果绘制风险坐标图。例如,某公司绘制了如图4-5所示的风险坐标图,并将该图划分为A、B、C三个区域,公司决定承担A区域中的各项风险且不再增加控制措施;严格控制B区域中的各项风险且专门补充制定各项控制措施;确保规避和转移C区域中的各项风险且优先安排实施各项防范措施。

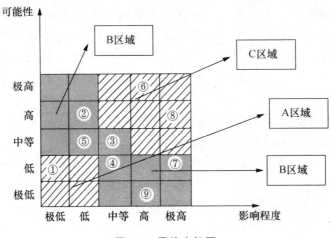

图4-5 风险坐标图

2. 情景分析

情景分析是评估一个或多个事项变动对目标产生的影响的方法。它通过想象、联想和猜想来构思及描绘未来可能出现的情况,从而为指定风险应对策略提供支持。这是一种自上而下的、考虑"如果……那么……"问题的分析方法,衡量的是某事件或事件组合对企业将会产生的影响。

情景分析的主要程序是:① 确定分析的主题,明确分析的范围;② 建立风险数据库,并将风险按其对主题的影响进行分类;③ 构思风险的各种可能的未来图景;④ 设想一些突发事件,看其对未来情景可能的影响;⑤ 描述未来各种状态的发展演变途径。

情景分析可以结合经营连续性计划、估价系统故障或网络故障的影响来使用,从而反映风险对企业经营的全面影响。情景分析对以下情况特别有用:提醒决策者注意某种措施或政策可能引起的风险或危机性的后果;建议需要进行监测的风险范围;研究某些关键性因素对未来进程的影响;提醒人们注意某些技术的发展会带来哪些风险。

3. 敏感性分析

敏感性分析是分析、预测项目主要因素发生变化时对经济评价指标的影响,从中找出敏感性因素,并确定其影响程度的方法。它通过逐一改变相关变量数值的方法,来解释关键指标受这些因素变动影响大小的规律,找出对投资项目经济效益指标有重要影响的敏感性因素,并分析、测算其对项目经济效益指标的影响程度和敏感程度,进而判断项目承受风险的能力。

敏感性分析的具体操作步骤如图4-6所示,包括:① 确定敏感性分析的对象,即选择评价指标;② 选择敏感性分析的风险因素;③ 确定系统目标对各种敏感性因素的敏感程度;④ 分析比较并找出最敏感的因素;⑤ 评价风险承受能力。

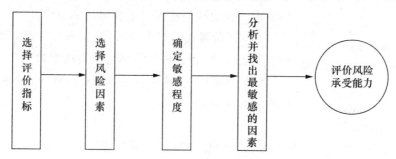

图4-6 敏感性分析程序图

敏感性分析通俗易懂、使用方便,可显示出备选项目的稳健性及其排序,是一种实用性很强的风险衡量技术。其局限性在于,只是孤立地考虑风险,没有考虑风险之间的联系,没有研究风险发生的概率。

4. 盈亏平衡分析

盈亏平衡分析又称平衡点分析,是在一定的市场、生产能力及经营管理条件下,研究成本与收益平衡关系的一种方法。将盈亏平衡分析应用于风险量化,是根据盈亏平衡分析的基本原理和基本方法,侧重于研究风险管理中的盈亏平衡点的分析,即对产量、成本和利润三者之间的平衡关系进行研究分析,确定产量、价格、成本等方面的盈亏界限,据此判断在各种不确定因素作用下系统的适应能力和对风险的承受能力。盈亏平衡点越低,表明系统适应变化的能力越强,承受风险的能力也越强。某钢铁公司扩建项目的盈亏平衡表如表4-3所示。

表4-3 某钢铁公司扩建项目的盈亏平衡表

指标名称	单位	数值
盈亏平衡产量	吨	492.91
盈亏平衡销售单价	亿元	0.42
盈亏平衡单位产品变动成本	亿元	0.15
安全边际率	%	50.77
价格安全度	%	15.11

注:安全边际率、价格安全度越高,盈利机会越大,抗风险能力也越强。

5. 压力测试

压力测试是指在具有极端影响事件的情景下,分析、评估风险管理模型或内部控制流程的有效性,发现问题,制定改进措施的方法。极端影响事件是指在正常情况下发生的概率很小,而一旦发生,后果就十分严重的事情。压力测试可以用来分析那些与概率技术一起使用的分布假设可能没有充分捕捉到的可能性低但影响力大的事件的结果。与敏感性分析类似,压力测试通常用来评估经营事项或金融市场中各种变化的影响,其目的是防止出现重大损失事件,具体操作步骤如下:

(1) 针对某一风险管理模型或内部控制流程,假设可能会出现的极端情景。假设出现极端情景时,不仅要考虑本企业或与本企业类似的其他企业有过的历史教训,还要考虑历史上不曾出现但将来可能会出现的事情。

延伸阅读 4-5　央行再次公布银行业压力测试结果

(2) 评价极端情景出现时,该风险管理模型或内部控制流程是否有效,并分析对目标可能造成的损失。

(3) 制定相应的措施,进一步修改和完善风险管理模型或内部控制流程。

6. 综合评分法

综合评分法是先按照不同指标的评价标准对各项指标进行评分,然后采用加权相加求得总分,并据此按照评价目的对评价对象作出判断的一种方法。综合评分法的一般步骤包括确定评价指标、制定评价等级和标准、制定评分表、根据指标和评级标准评出分值、计算总得分、运用评价结果等。

案例 4-5　某机械制造业企业的信用评价体系

某机械制造业企业的销售结构包括国内和国外两大板块。为此,企业分别建立了国内和国外赊销业务的信用评价体系。以下介绍该企业国外赊销业务的信用评价体系。

首先,该企业采用专家判断法,建立了如下表所示的信用评价指标体系:

某机械制造业企业国外赊销业务的信用评价指标体系

类别	评价指标	标准分
1. 品质	(1) 账龄记录	10
	(2) 上年欠款回收率	15
	(3) 管理规范	5
	(4) 历史遗留问题	5
2. 规模	(5) 上年交易量	10
	(6) 销售渠道	5
	(7) 办公场所自有/租赁	6
	(8) 客户数量	6
3. 能力	(9) 销售额	5
	(10) 净资产	5
	(11) 速动比率	5
	(12) 资产负债率	5
	(13) 净利润率	5
4. 条件	(14) 国家	8
	(15) 公司知名度	5

其次,确定了评分规则。对于每一个评价指标,企业确定了评分标准,即将指标数据的可能范围划分为5段,每段依次设置评价系数0.2、0.4、0.6、0.8和1.0。如果某一客户某一指标的实际数据对应于第3段,则其分数可评为该指标对应标准分的0.6。

最后,明确了信用评分与信用评级之间的对应关系,如下表所示:

信用评分与信用评级对应表

信用评级	信用评分	信用评定
A	85～100	信用优良,允许大额赊销
B	60～84	信用一般,允许适中额度赊销,且需要进行监控
C	46～59	信用稍差,允许小额赊销,且需要进行严格监控
D	0～45	信用极差,不允许赊销

第五节 风险应对

一、风险应对的定义

《企业内部控制基本规范》第二十五条规定,企业应当根据风险分析的结果,结合风险承受度,权衡风险与收益,确定风险应对策略。

风险应对是指在风险识别和风险分析的基础上,针对企业存在的风险因素,采取适当的方法和措施,对风险加以有效应对,以降低风险的过程。

二、风险应对的策略

《企业内部控制基本规范》第二十六条规定,企业应当综合运用风险规避、风险降低、风险分担和风险承受等风险应对策略,实现对风险的有效控制。

1. 风险规避

风险规避是指企业对超出风险承受度的风险,通过放弃或者停止与该风险相关的业务活动以避免和减轻损失的策略。也就是说,通过评估后,企业直接拒绝承担某种风险。具体方式包括以下三种:

(1)完全放弃。完全放弃是在企业某些项目尚未承担风险的情况下拒绝风险。例如,某互联网+企业打算开展互联网旅游软件外包业务,但在考察市场后发现,开展此类业务的企业面临的竞争极其激烈,于是该企业考虑完全放弃开展此类软件外包业务的计划。

(2)中途放弃。中途放弃是终止企业某项活动的实施。例如,2018年7月15日,国家药品监督管理局发布了"长春长生生物科技有限公司冻干人用狂犬病疫苗生产存在记录造假等行为"的通告,一家经销预防医药的企业立刻终止了这种疫苗的经销活动。

(3)改变某项活动的性质。这种方式是在已承担风险的情况下通过改变工作地点、工艺流程等途径来避免未来生产活动中所承担的风险。例如，某电子仪器厂在开发生产高频接插件时，若选择从日本引进全套设备需要投资800万元，企业难以承受由此带来的财务压力，于是采取逐步改变条件的策略，先投资200万元引进散件和后续工序设备，待收回投资后再成套引进，最终使新产品开发获得成功。

企业应对风险的策略首先考虑的是如何避免，尤其对于欺诈行为造成的资产损失及质量低劣带来的法律责任等。当风险造成的损失不能由该项目可能获得的利润予以抵消时，避免风险是最可行、最简单的办法。

采取风险规避的策略既有优点也有很大的局限性。其优点主要表现为：① 有效地避免了可能遭受的风险损失；② 将有限的资源应用到风险效益比更佳的项目上。其局限性主要表现在：① 只有在风险可以避免的情况下，风险规避才有效果；② 有些风险无法避免，如市场风险、政治影响等；③ 有些风险虽然可以避免，但成本过高；④ 事事都采取避免风险的态度可能使企业产生安于现状、不思进取的风气。

案例 4-6　　　中嘉博创终止回购公司股份

中嘉博创2019年12月19日晚发布终止回购公司股份的公告。截至该公告日，公司通过股份回购专用证券账户以集中竞价交易方式累计回购公司股份112.88万股，占公司总股本的0.17%，支付的总金额为1443.62万元（含交易费用）。公司此前披露的回购方案显示，拟以集中竞价交易方式回购公司股份，回购的资金额度为2亿~4亿元。

公司表示，实际回购股份情况与回购方案存在差异，是因为公司所面临的行业发展机遇、外部融资环境及公司后续融资计划发生变化。针对终止回购计划的原因，中嘉博创表示，董事会认为当前公司须保有充足的运营资金以确保前期项目的有序推进，并强化公司整体的抗风险能力。将剩余的拟用于回购股份的资金用于应对未来复杂的经济形势以及维持公司未来的持续经营发展，更符合公司当前的实际情况。

因此，在当前情况下继续推进股份回购事宜，已不再符合公司现阶段的发展战略，不符合公司及股东的利益。公司董事会审慎决定，终止实施本次回购股份事项。

资料来源：董添，"回购计划大幅缩水 多家公司主动终止回购方案"，《中国证券报》2019年12月21日。

2. 风险降低

风险降低是指企业在权衡成本效益之后，准备采取适当的控制措施降低风险或者减轻损失，将风险控制在风险承受度之内的策略。风险降低的目的在于积极改进风险特性，使其能为企业所接受，从而使企业不丧失获利机会。因此，相对于风险规避而言，风险降低是较为积极的风险处理策略。

风险降低依目的和发生时间的不同可以划分为损失预防和损失抑制两类。前者以降低损失概率为目的，后者以降低损失程度为目的。损失预防也可以理解为预先防范，是指在损失发生前为了减少或消除可能引起损失的各项因素所采取的具体措施，也就是消除或减少风险因素，以便降低损失发生的概率。例如，汽车安全气囊的装设就是损失预防措施。损失预防与风险规避的区别体现在损失预防无法降低损失发生的可能性,风险规避则会使损失发生的概率降为零。损失抑制是指在事故发生过程中或事故发生后,采取措施减少损失发生范围或降低损失程度的行为。例如,给计划提供支持性的证明文件,并授权合适的人作决策以应对偶发事件。如火灾警报器和自动喷淋系统就是损失抑制措施。降低损失概率需要准确的预测,如利率预测、汇率预测、债务人信用评价等;降低损失程度则需要果断地采取措施,如对债务人进行债务重组、积极调整收账政策等。

案例 4-7　宁德时代拟开展套期保值降低市场风险

宁德时代 2020 年 2 月 26 日发布了《关于开展 2020 年度套期保值业务的公告》,其主要内容如下:

一、开展套期保值业务的目的和必要性

1. 商品套期保值业务

为降低生产经营相关原材料价格大幅波动给公司经营带来的不利影响,公司计划开展商品套期保值业务,以有效管理价格大幅波动的风险,增强公司经营业绩的稳定性和可持续性。

2. 外汇套期保值业务

随着公司海外业务的不断发展,外币结算需求持续上升。为了更好地规避和防范外汇汇率波动风险,增强财务稳健性,公司拟与经有关政府部门批准、具有相关业务经营资质的银行等金融机构开展外汇套期保值业务。

二、2020 年套期保值计划

1. 商品套期保值

(1) 交易品种:镍、铝、铜等金属的期权、期货、远期等衍生品合约。

(2) 业务规模及投入资金来源:根据公司经营及业务需求情况,公司拟对未来 5 年所需的部分金属原材料进行套期保值,上述业务所需保证金最高占用额不超过人民币 60 亿元。公司开展商品套期保值业务投入的资金来源为自有及自筹资金,不涉及募集资金。

(3) 期限及授权:本事项自公司股东大会审议通过之日至 2020 年年度股东大会召开之日有效。

2. 外汇套期保值

(1) 业务品种:美元、欧元、日元、加元等币种的远期结售汇、外汇掉期、外汇期权、利率互换、货币互换、利率掉期、利率期权及其他外汇衍生产品。

(2) 业务规模及投入资金来源:根据公司经营及业务需求情况,公司拟对未来 5 年所需的部分外汇开展外汇套期保值业务,该业务所需保证金最高占用额不超过人民币 60 亿元或等值其他外币金额。公司开展外汇套期保值业务投入的资金来源为自有及自筹资金,不涉及募集资金。

(3) 期限及授权:本事项自公司股东大会审议通过之日至 2020 年年度股东大会召开之日有效。

3. 保证金额度

公司上述套期保值事项单边持仓保证金额度预计不超过 2018 年年末经审计净资产的 36.43%，即 120 亿元。在前述保证金额度范围内，公司董事会提请股东大会授权套期保值领导小组进行审批，审批通过后执行。

截至 2019 年 12 月 31 日，公司已开展的套期保值累计使用保证金余额为 14.7 亿元。

三、套期保值操作需遵循的原则

商品套期保值以现货需求为依据，严格进行套期保值交易，禁止投机交易，期货、远期合约及其他衍生产品持仓量不超过同期现货交易数量，期货、远期合约及其他衍生产品持仓时间应与现货交易时间相匹配。

外汇套期保值业务遵循稳健原则，以正常生产经营为基础，与实际业务相匹配，以规避和防范汇率或利率风险为主要目的，不进行以投机为目的的外汇交易。

四、套期保值的风险分析

通过套期保值操作可以规避金属价格波动、汇率波动对公司造成的影响，有利于公司的正常经营，但同时也可能存在一定风险。

(1) 市场风险：期货、远期合约及其他衍生产品行情变动幅度较大，可能产生价格波动风险，造成套期保值损失。

(2) 系统风险：全球性经济影响导致金融系统风险。

(3) 技术风险：可能因计算机系统不完备而导致技术风险。

(4) 操作风险：由于交易员主观臆断或不完善的操作造成错单，给公司带来损失。

(5) 违约风险：由于对手出现违约，不能按照约定支付公司套期保值盈利而无法对冲公司实际的汇兑损失。

五、公司进行套期保值的准备工作及风险控制措施

(1) 公司已制定《套期保值业务内部控制及风险管理制度》《套期保值业务内部控制及风险管理操作细则》《外汇套期保值业务内部控制及风险管理制度》，在整个套期保值操作过程中所有交易都将严格按照上述制度执行。

(2) 为进一步加强期货、远期合约及其他衍生产品保值管理工作，健全和完善境外期货、远期合约及其他衍生产品运作程序，确保公司生产经营目标的实现，公司成立了套期保值领导小组、工作小组和风控小组，配备投资决策、业务操作、风险控制等专业人员，明确相应人员的职责。

(3) 公司将加强对商品价格和汇率的研究分析，实时关注国际、国内市场环境变化，适时调整经营、业务操作策略。

---

3. 风险分担

风险分担是指企业准备借助他人力量，采取业务分包、购买保险等方式和适当的控制措施，将风险控制在风险承受度之内的策略。风险分担实质上也是一种特殊的风险降低策略，只不过它是通过将风险转移给他人而达到降低风险的目的。

风险分担的方式主要可以分为如下三种：

(1) 财务型非保险转移，是指利用经济处理手段转移经营风险。比较常用的手段有

保证、证券化和股份化三种。保证是保证人与被保证人通过某种契约签署的,为使保证人履行相关义务以确保被保证人合法的既得利益的文件,其中有执行合约双方应尽责任的要求。若契约发生变化,保证可能被取消或作相应调整。证券化是指利用可转换债券、双汇率债券等金融工具,满足投资人、筹资人利益的需要,这是一种双赢的风险转移方式。股份化亦称公司化,是指通过发行股票的方式,将企业风险转嫁给多数股东。这种操作实际上只是分散原始股东的风险,可以增强企业的风险抵御能力,而企业的运营风险并未得到转移。

(2) 控制型非保险转移,是指通过契约、合同将损失的财务和法律责任转嫁给他人,从而解脱自身的风险威胁。常用的方法有业务外包和经营租赁两种。业务外包亦称转包或分包。转让人通过转包或分包合同,将其认为风险较大的业务转移给非保险业的其他人,从而将风险全部或部分转移给承包人。经营租赁泛指融资租赁以外的其他一切租赁形式。承租人采用合同形式向有形或无形的资产所有人承租资产,通过向出租人交付一定租金获得资产的所有权,但承租人对所租资产只有使用权。承租人租赁资产一般只是为了满足经营上短期的、临时的或季节性的需要,并没有添置资产的企图。

> 不创造利润额的工作都应该外包出去,任何不提供成长机会的活动与业务都应该采取外包形式。
>
> ——〔美〕彼得·德鲁克,管理学大师

(3) 保险转移是指通过签订保险合同,向保险公司缴纳一定的保险费,若有事故发生就能获得保险公司的赔偿,从而将风险转移给保险公司。

案例 4-8　　2020 年优客工场轻资产项目将达 100 个

2020 年 4 月 18 日,优客工场通过线上方式举办五周年战略发布会,优客工场创始人毛大庆宣布"轻资产、重赋能"的战略转型部署。

五年来,优客工场平台上的企业生态布局日趋完善,在建筑与空间设计、互联网开发、房屋智能管理、工厂化施工、广告传媒与精准营销等领域并购了六家优秀的创新企业,同时投资布局了数十家优秀创业公司,涉及 IT、人力资源与培训、文娱体育、知识产权生态服务、咨询服务等八个领域。生态企业深度嵌入优客工场企业服务平台,为入驻会员提供全方位服务。

据介绍,在"轻资产、重赋能"的战略转型部署下,2020 年优客工场将力争达到约 100 个轻资产项目,轻重比达约 1∶1。轻资产模式包括运营托管、品牌输出和 USuite。在运营托管方面,优客工场为空间提供高效的运营、雄厚的企业服务资源、丰富的社群活动,让管理更轻松,让收益更稳健;在品牌输出方面,利用品牌价值、平台资源等优势为客户提供全方位办公空间运营管理服务;USuite 则是盘活酒店闲置资产,打造多元盈利,为酒店提供"一产多元"的办公定制化服务。

轻资产模式下,优客工场主要输出品牌服务,并提供空间设计、建造以及管理服务,而由物业主承担大部分的前期投入。长远来看,轻资产模式更具有规模效应,运营效率也更高。优客工场发展轻资产的优势在于其联合办公独角兽企业的品牌影响力、标准化运营管理体系,以及五年来积累的客户满意度、智能化IT系统及客户端、服务商和投融资体系及完善的社群运营体系,打造分享型企业生态。

资料来源:改编自《证券日报》2020年4月20日报道,原标题为"2020年轻资产项目将达100个",作者向炎涛。

4. 风险承受

风险承受是指企业对风险承受度之内的风险,在权衡成本效益之后,不准备采取控制措施降低风险或者减轻损失的策略。

企业承担风险的方式可以分为无计划的单纯自留或有计划的自发保险。无计划的单纯自留,主要是指对未预测到的风险所造成损失的承担方式;有计划的自发保险,是指对已预测到的损失的承担方式,如提取资产减值准备、坏账准备等。

总体来看,企业采取风险承受策略具有以下优势:

(1) 成本较低。因为从长远来看,保险费等其他费用总金额可能会超过平均损失。

(2) 控制理赔过程。企业采用风险承受策略可以控制理赔过程。

(3) 提高警惕性。在采用风险承受策略的情况下,企业更注重损失控制,会尽可能地减少损失发生的频率和降低损失的程度。

(4) 有利于货币资金的运用。与购买保险相比,对于企业来说,不发生损失事件,就丧失了对缴纳保险费用的所有权和使用权;发生了损失事件,企业虽然获得了经济赔偿,但是也会在一段时间内丧失对货币的紧急使用权。而在采用风险承受策略的情况下,则可以使这笔资金得到较好的运用。

同时,采用风险承受策略也具有不利之处:

(1) 可能面临巨额亏损。在特殊情况下,例如发生巨大灾害等,采用风险承受策略可能会使企业面临承担巨额损失的风险,甚至可能危及企业的生存与发展。

(2) 可能产生更高的成本费用。在采用风险承受策略的情况下,企业往往需要聘请专家进行指导和评估,在某些情况下,可能会比采用其他策略支出更多的费用。

(3) 获得服务种类和质量的限制。由于企业自身实力有限,因此当采用风险承受策略时,企业就会失去由保险公司提供的一些专业化服务。

案例 4-9 茅台集团召开企业发展风险基金筹建方案专题会

为了有效提高集团在发展过程中应对和抵御风险的能力,促进集团稳健经营和健康发展,6月12日,茅台集团召开了企业发展风险基金筹建方案专题会。

茅台集团副总经理、总会计师杨建军主持会议,茅台集团总法律顾问刘汉林、副总经理杨代永,茅台酒股份公司副总经理、财务总监何英姿,茅台集团总经理助理、财务处处长汪智明等出席会议。茅台集团董事会办公室、审计处、规划建设处、法律知保处、企业管理处、战略管理处、财务处、投资公司、基金公司等相关部门负责人参加会议。

会上,财务处负责人对《关于茅台集团建立企业发展风险基金的方案》的具体内容、管理方案、征求意见等情况进行了汇报。与会人员就筹建方案内容、管理方案等进行了讨论。

刘汉林强调,赞同筹建企业发展风险基金,建议基金提取要按照"谁提取谁受益"的原则,提取时间、比例要寻求资源上的支持;盘活方式和管理方式十分重要,可选择分散或集中两种方式来管理;要保障资金提取不被他人套用,做到上级领导允许、股东支持、自己能承受、自己能受益。

杨代永指出,筹建企业发展风险基金是一件好事,能有效提高集团公司应对风险的能力。同时建议,要对风险进行定性,分清是生存风险还是重大危机风险;基金来源要在成员单位中提取,并统筹运用和提取基金的方式;要拿出配套制度清单,支撑基金筹建方案,争取让方案早日落地。

资料来源:搜狐网2018年6月12日同名报道。

三、风险应对策略的选择

《企业内部控制基本规范》第二十七条规定,企业应当结合不同发展阶段和业务拓展情况,持续收集与风险变化相关的信息,进行风险识别和风险分析,及时调整风险应对策略。企业在选择风险应对策略时,应结合自身的风险承受能力,并考虑成本效益原则。具体而言,应遵循以下规则:

(1)对超出整体风险承受能力或者具体业务层面可接受风险水平的风险,可以实施风险规避策略。

(2)对在整体风险承受能力和具体业务层面可接受风险水平之内的风险,在权衡成本效益之后能够单独采取进一步的控制措施以降低风险、提高收益或者减轻损失的,可以实施风险降低策略。

(3)对在整体风险承受能力和具体业务层面可接受风险水平之内的风险,在权衡成本效益之后能够借助他人力量,采取业务外包、购买保险等进一步的控制措施以降低风险、提高收益或者减轻损失的,可以实施风险分担策略。

(4)对在整体风险承受能力和具体业务层面可接受风险水平之内的风险,在权衡成本效益之后无意采取进一步控制措施的,可以实施风险承受策略。

案例 4-10　　　　　　　　华为的财务风险管理

根据华为投资控股公司公开披露的2019年年度报告,2019年,公司紧密跟踪外部环境的变化,并基于多年来建立的财务风险管理体系积极评估风险影响。同时,持续修订和完善财务风险管理政策及流程,进一步提升抵御财务风险的能力,支撑公司业务发展。

流动性风险

公司持续优化资本结构和短期流动性规划及预算和预测体系,用于评估公司中长期资金需求及短期资金缺口。同时，采取多种稳健的财务措施保障公司业务发展的资金需求，包括保持稳健的资本结构和财务弹性、持有合理的资金存量、获取充分且有承诺的信贷额度、进行有效的资金计划和资金的集中管理等。2019年年底，实现现金与短期投资余额合计人民币3 710.4亿元，较2018年增长39.6%，流动性风险进一步降低。

汇率风险

合并报表的列报货币是人民币，但公司有由于销售、采购和融资业务所产生的列报货币以外的外币敞口。依据一贯沿袭的外汇风险管理政策，公司在综合考虑市场流动性及管理成本的前提下管理了主要外汇敞口，并建立了一整套外汇管理政策、流程、操作指导等管理机制，包括：

- 自然对冲。匹配销售、采购的货币，以实现本币平衡，尽量降低外汇敞口。
- 财务对冲。当自然对冲无法完全消除外汇敞口时，主要采用外汇远期管理。

对货币急速贬值或外汇管制国家的外汇敞口，公司通过多种手段管理此风险，例如汇率保护机制、财务对冲等，同时也通过加速回款并及时汇出等方案来降低风险。

利率风险

公司利率风险来源于长期借款及长期应收款，通过对利率风险的敞口分析，公司组合运用浮动利率与固定利率的融资来降低利率风险。

敏感性分析。2019年12月31日，在其他变量不变的情况下，假定利率上升50个基点，将会导致公司净利润和所有者权益减少人民币2.64亿元（2018年：减少人民币1.32亿元）。

信用风险

公司制定和实施了全球统一的信用管理政策、流程、IT系统和风险量化评估工具，并在各个区域和业务单元建立了专门的信用管理组织，在欧洲及亚太地区建立了信用能力中心。同时，公司利用风险量化模型，评定客户信用等级，确定客户授信额度，量化交易风险并通过在端到端销售流程的关键环节设置风险管控点形成闭环的管理机制。公司信用管理部门定期审视全球信用风险敞口，并开发相应的IT工具协助一线监控风险状态及预测可能的损失，计提相应的坏账准备，对于已经或可能出险的客户会启动风险处理机制。

销售融资

公司已建立覆盖全球的销售融资团队，贴近客户理解其融资需求，全球范围拓展多元化的融资资源，搭建金融机构与客户的沟通合作桥梁，为客户提供专业的融资解决方案，帮助其取得持续的商业成功。公司销售融资业务致力于风险转移，所安排的出口信贷、租赁、保理等业务主要由第三方金融机构承担风险并获取收益。公司制定了系统的融资业务政策和项目审批流程，严格控制融资风险敞口，仅针对部分项目与相关金融机构进行风险分担，并计量和确认相应的风险敞口，确保业务风险可控。

本章小结

企业风险是指未来的不确定性对企业实现其经营目标的影响。按风险的来源可以将风险划分为外部风险和内部风险。外部风险包括自然风险、市场风险、政策风险、政治风险等;内部风险包括战略风险、人员风险、经营风险、财务风险、法律风险等。企业应该按照目标设定、风险识别、风险分析和风险应对四个程序进行风险管理。

风险是不能实现目标的可能性,目标设定是风险识别、风险分析和风险应对的前提。在识别和分析实现目标的风险并采取行动来管理风险之前,企业必须先有目标。企业应当按照战略目标,设定相关的业务层面目标,并根据设定的目标合理确定企业整体风险承受能力和具体业务层面的可接受风险水平。

风险识别是指对资产当前或未来所面临的和潜在的风险加以判断、归类,并对风险性质进行鉴定的过程。风险识别主要有以下六种方法:德尔菲法、现场调查法、风险清单分析法、财务报表分析法、流程图法和因果图法。

风险分析是结合企业特定条件(如企业规模、经营战略等),在风险识别的基础上,运用定量或定性方法进一步分析风险发生的可能性和对目标实现的可能影响程度,并对风险的状况进行综合评价,以便为制定风险管理策略、选择应对方案提供依据。风险分析是风险应对的基础,没有客观、充分、合理的风险分析,风险应对将是无的放矢、效率低下的。风险分析的方法主要有以下六种:风险坐标图、情景分析、敏感性分析、盈亏平衡分析、压力测试和综合评分法。

企业应当根据风险分析情况,结合风险成因、企业整体风险承受能力和具体业务层面可接受风险水平,同时考虑成本效益原则,确定风险应对策略。风险应对具体包括以下四种类型的策略:风险规避、风险降低、风险分担和风险承受。

即测即评

学完本章内容后,学生可扫描右侧二维码完成客观题测验(共包含 10 个单选题、5 个多选题、5 个判断题),提交结果后即可看到答案及相关解析。

思考题

1. 简要说明风险的来源及其类型。
2. 简要说明风险管理的基本流程。
3. 简要解释风险偏好、风险承受度和风险组合观的定义。
4. 风险识别主要包括哪些方法?
5. 风险分析主要包括哪些方法?
6. 风险应对策略主要包括哪些类型?

7. 如何合理选择风险应对策略？

案例分析

甲公司为国内大型基建公司，现正考虑在南美洲某国承接一项大型铁路工程。甲公司董事会经过风险评估，认定该工程有五大风险：

(1) 该国工会实力比较强，经常进行罢工，可能影响工程正常施工；

(2) 由于铁路经过的一些路段地势险峻，容易造成严重的意外伤亡事故；

(3) 该工程以当地货币结算，而当地货币的汇率近月来大幅波动；

(4) 甲公司建筑材料主要依赖几家长期合作的供应商提供，但近期一家供应商由于经营状况恶化对该公司提出涨价、增加预付款比例等一些不合理要求；

(5) 工程可能延误，甲公司需为此承担经济责任。

要求：

(1) 请指出案例中所提及的五项风险的类型；

(2) 为甲公司针对上述五项风险各提供一个合适的风险应对策略，并说明原因。

技能训练题

请利用清科 Zdatabase 数据库或国泰安并购数据库，分组整理自 2010 年以来失败的海外并购交易，从中分析海外并购普遍存在的风险类型，并提出相应的应对策略。

21世纪经济与管理规划教材
财务管理系列

第五章

控 制 活 动

【引言】

本章介绍内部控制的第三个要素——控制活动。控制活动是指有助于确保管理层的指令得以执行的政策和程序,它贯穿于企业所有层级和职能部门。本章系统阐述了不相容职务分离控制、授权审批控制、会计系统控制、财产保护控制、预算控制、运营分析控制、绩效考评控制等控制活动的原理和方法。

【学习目标】

完成本章的学习后,您将能够:
1. 熟悉内部控制的主要控制活动类型;
2. 掌握各项控制活动的基本原理和方法;
3. 应用各项控制活动解决企业经营管理中存在的风险。

案例引入
从獐子岛事件看内部控制问题

獐子岛被媒体称作中国资本市场中最擅长"演戏"的上市公司,在2014—2019年五年的时间里,獐子岛连续上演了四次"扇贝去哪儿了"的大型"电视连续剧",该公司的扇贝变着花样地消失了四次,而且原因各异,不仅有受灾的,还有冻死的和饿死的。

按照獐子岛的说法,2014年10月,是"前两年底播虾夷扇贝因冷水团异动,近乎绝收";2018年1月,是因"降水减少导致饵料生物数量下降"扇贝被"饿死";2019年第一季度,是"底播虾夷扇贝受灾";2019年11月,是"底播扇贝出现大比例死亡"。其实这些事件背后暴露了獐子岛在内部控制方面存在重大缺陷,其中在控制活动方面有以下表现:

1. 不相容职务未分离

扇贝作为獐子岛最核心的生物资产之一,其采购、领用、播种理应贯彻严格的不相容职务分离控制。但从公开披露的信息看,虾夷扇贝的播种都由公司员工自主进行,既没有在播苗过程中使用录像等监控手段,也没有第三方机构在场。不相容职务分离控制的缺失,导致了扇贝苗在取得和验收时有关员工舞弊行为的出现,从而导致幼苗质量不高、数量不够的情况出现,大大降低了扇贝的存活率。当然,更为严重的是公司控制权集于董事长吴厚刚一人,其既担任上市公司董事长,又担任獐子岛镇党委书记,同时还是集团公司总裁,一言堂现象明显,造成"三重一大"事项集体决策审批控制形同虚设。

2. 会计系统控制失效

根据2020年6月15日中国证监会对獐子岛下达的行政处罚决定书,獐子岛2016年、2017年年报存在虚假记载,主要集中在虚增营业成本方面。该公司每月结转底播虾夷扇贝成本时,以当月虾夷扇贝捕捞区域(采捕坐标)作为成本结转的依据,捕捞区域系人工填报且缺乏船只航海日志佐证。经比对底播虾夷扇贝捕捞船只的北斗导航定位信息,獐子岛结转成本时所记载的捕捞区域与捕捞船只实际作业区域存在明显出入。以虾夷扇贝捕捞船只的北斗导航定位信息为基础,经第三方专业机构测算,獐子岛2016年度账面结转捕捞面积较实际捕捞面积少13.93万亩,由此,獐子岛2016年度虚减营业成本6 002.99万元;2017年度账面结转捕捞面积较实际捕捞区域面积多5.79万亩,由此,獐子岛2017年度虚增营业成本6 159.03万元。

3. 财产保护控制不到位

獐子岛作为一个"靠天吃饭"的海产品养殖公司,其大量存货养殖在海底深处,受自然环境影响较大,且不易审核监测,但公司并没有采取有力的控制措施,直到2015年才颁布《底播虾夷扇贝存货管理规定》,并且一年只有一次年终盘点和春夏两次抽测,这样的存货抽测频率与其拥有的巨额存货不匹配,并且存货盘点时抽样面积相对于庞大的养殖面积显得非常小。以2016年播苗海域抽样情况为例,对于2016年播苗的52 000亩海域,獐子岛仅对其中的9.08亩进行了抽样检测,并根据历史经验和抽测情况作出了存货计提跌价准备的决定,这种做法让人很难不质疑其数据的真实性和客观性。另外,其存货盘点的实际结果既没有被真实记录,也没有接受专人或者第三方的复核。根据2020年6月15日中国证监会对獐子岛下达的行政处罚决定书,经与抽测船只秋测期间的航行定位信息对比,獐子岛记录完成的2017年秋测计划的120个调查点位中,有60个点位抽测船只航行路线并未经过,即獐子岛并未在上述计划点位完成抽测工作,占披露完成抽测调查点位总数的50%,其盘点报告存在虚假记载。

资料来源:根据公开报道和相关资料整理。

可见,獐子岛受到证监会的处罚很大程度上可以归咎于其内部控制活动即控制措施方面的漏洞。那么,控制措施主要有哪些类型?每一种类型的基本原理是什么?本章将详细解答以上问题。

《企业内部控制基本规范》第二十八条指出,企业应当结合风险评估结果,通过手工控制与自动控制、预防性控制与发现性控制相结合的方法,运用相应的控制措施,将风险控制在可承受度之内。控制措施一般包括:不相容职务分离控制、授权审批控制、会计系统控制、财产保护控制、预算控制、运营分析控制和绩效考评控制等。

企业应当根据内部控制目标,结合风险应对策略,综合运用控制措施,对各种业务和事项实施有效控制。同时,企业应当建立重大风险预警机制和突发事件应急处理机制,明确风险预警标准,对可能发生的重大风险或突发事件,制定应急预案、明确责任人员、规范处置程序,确保突发事件得到及时妥善的处理。

资料介绍

《行政事业单位内部控制规范(试行)》规定,单位内部控制的控制方法一般包括:

(1) 不相容岗位相互分离。合理设置内部控制关键岗位,明确划分职责权限,实施相应的分离措施,形成相互制约、相互监督的工作机制。

(2) 内部授权审批控制。明确各岗位办理业务和事项的权限范围、审批程序和相关责任,建立重大事项集体决策和会签制度。相关工作人员应当在授权范围内行使职权、办理业务。

(3) 归口管理。根据本单位实际情况,按照权责对等的原则,采取成立联合工作小组并确定牵头部门或牵头人员等方式,对有关经济活动实行统一管理。

(4) 预算控制。强化对经济活动的预算约束,使预算管理贯穿于单位经济活动的全过程。

(5) 财产保护控制。建立资产日常管理制度和定期清查机制,采取资产记录、实物保管、定期盘点、账实核对等措施,确保资产安全完整。

(6) 会计控制。建立健全本单位财会管理制度,加强会计机构建设,提高会计人员业务水平,强化会计人员岗位责任制,规范会计基础工作,加强会计档案管理,明确会计凭证、会计账簿和财务会计报告处理程序。

(7) 单据控制。要求单位根据国家有关规定和单位的经济活动业务流程,在内部管理制度中明确界定各项经济活动所涉及的表单和票据,要求相关工作人员按照规定填制、审核、归档、保管单据。

（8）信息内部公开。建立健全经济活动相关信息内部公开制度，根据国家有关规定和单位的实际情况，确定信息内部公开的内容、范围、方式和程序。

第一节　不相容职务分离控制

一、不相容职务分离控制的定义

不相容职务是指某些由一名员工担任，既可以弄虚作假，又能够自己掩饰作弊行为的职务。经济业务活动通常可划分为授权、签发、核准、执行和记录五个步骤，这五个步骤所对应的职务和岗位应该由不同的人员担任，这便形成了组织内部的不相容职务。具体而言，常见的不相容职务包括：授权、批准、业务经办、会计记录、财产保管、稽核检查等。例如，一名员工既负责签发支票、记录支票登记簿，又负责企业银行账的对账工作，如果他伪造签名、贪污企业的款项，就有可能隐瞒对贪污款项的支票记录，而且又因为他掌握对账工作，使得其舞弊行为有可能被隐瞒而不被发现。可见，签发支票、记录支票登记簿与银行对账两项职务就成为不相容职务，所以这两项职务必须由两个员工分别担任以便进行控制。不相容职务分离控制要求企业全面系统地分析、梳理业务流程中所涉及的不相容职务，实施相应的分离措施，形成各司其职、各负其责、相互制约的工作机制。

由上可知，企业通过不相容职务分离控制活动，可以降低错误和舞弊行为发生的风险。尽管在小型组织中，因为人员有限，不相容职务的分离会很有难度，但它们通常也会划分职责，以实现必要的牵制和制衡。如果做不到这一点——有时会出现这种情况，所有者兼经理对不相容活动的直接监督就可以提供必要的控制。例如，在存在现金支付舞弊的情况下，一般会指定所有者兼经理作为唯一授权的支票签字人，或者将月度银行对账单在未开封的状态下直接送交给他，以便其对已支付的支票进行审核。

二、建立不相容职务分离制度的原则和要求

（一）建立不相容职务分离制度的原则

不相容职务分离的核心是内部牵制，它要求每项经济业务都要经过两个或两个以上的人员或部门的处理，使得个人或部门的工作必须与其他人或其他部门的工作相一致或相联系，并受其监督和制约。根据大部分企业的经营管理特点和一般业务性质，需要分离的不相容职务主要有以下五种（如图5-1所示）：授权审批职务与业务经办职务相分离；业务经办职务与审核监督职务相分离；业务经办职务与财产保管职务相分离；业务经办职务与会计记录职务相分离；财产保管职务与会计记录职务相分离。

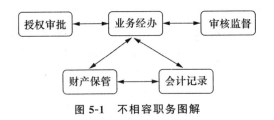

图 5-1 不相容职务图解

案例 5-1　蓝丰生化出纳挪用千万元资金

2017 年 7 月,徐州下辖的新沂市发生一起车祸,一名男子驾驶哈雷摩托车高速冲出车道,造成全身多处骨折。事后查明,该男子为蓝丰生化的出纳王某。王某长期住院治疗,其工作被蓝丰生化另一名员工接替。在银行对账的过程中,蓝丰生化发现,王某存在通过扣留每个月的部分银行利息来挪用公司资金的行为。进一步调查发现,王某这种"蚂蚁搬家"的行为,竟然已持续 5 年时间,涉案金额约 1 300 万元。知情人士向《中国证券报》记者透露,王某 2011 年入职公司,2012 年便开始挪用公司资金。刚开始,王某会及时把钱还回。之后胆子越来越大,将生育补助之类的款项直接划走。到了 2017 年,王某甚至直接挂账。2016 年,蓝丰生化曾产生过怀疑,但调查无果而终。据了解,自 2017 年 8 月王某东窗事发起,相关高管一直为是否报案而争论不休。直到今年 1 月 29 日,蓝丰生化才正式向公安机关报案。这起离奇的挪用资金案才得以浮出水面。

在 1 300 万元被挪用的案件中,公司的付款制单和付款审核均由王某一人掌控。同时,两枚银行印鉴均由王某一人保管,这完全违背了财务制度方面不相容职务分离的原则。1 300 万元资金挪用事件发生后,蓝丰生化进行了两项整改:一是财务部门严格落实不相容职务分离制度,形成岗位相互制衡机制。付款制单和付款审核由两人分开执行;银行印鉴由两人分开保管、授权使用;开具支票须经财务部长签字同意。二是安排专岗专人负责银行对账单与公司银行日记账的稽核,月终编制《银行存款余额调节表》,由稽核会计和财务部长签字确认。

资料来源:改编自《中国证券报》2018 年 4 月 10 日报道,原标题为"蓝丰生化内控缺陷:3 亿元不翼而飞 出纳挪用千万元资金",作者任明杰、陈澄。

(二)不相容职务分离制度的执行与落地

一项科学合理的制度能够有效发挥作用的关键在于执行。再完美的设计,如果没有有效的执行,也只能算是纸上谈兵。不相容职务分离控制要想充分发挥作用,必须加大执行的力度。对于企业来说,除了以文件的形式将不相容职务分离控制确定下来,还可以采取引入信息技术、加强监督检查、实行问责制等措施提高制度的执行力,使制度落地。

三、轮岗制度

(一) 轮岗的定义

俗话说"常在河边走,哪有不湿鞋",因此内部控制制度规定,对组织中的关键岗位应实行岗位轮换,即轮岗制度。所谓关键岗位,是指在组织运营过程中处于业务流程关键环节且涉及风险控制点,承担较大的风险责任,根据内部控制原理应当进行重点管理和监督的工作岗位。企业应当结合岗位特点和重要程度,明确关键岗位员工轮岗的期限和有关要求,建立规范的岗位轮换制度,防范并及时发现岗位职责履行过程中可能存在的重要风险。因此,从本质上看,轮岗制度也是内部牵制精神的一个具体体现。

视频讲解 5-1　轮岗和强制休假制度

案例 5-2　　为什么腾讯也学阿里开始高管轮岗了

中国互联网巨头中,如果是阿里的高管到其他部门进行轮岗,内外都会认为是一种企业文化传统。但现在,腾讯也倡导管理者轮岗了。"在过去一年里,公司已经完成了10%的管理干部的退役。以后,每一年会要求各级管理干部有5%的能下比例,并且会积极推动管理干部轮岗制。"腾讯人力资源部的相关人士表示。

以前的腾讯并不适合轮岗。它的业务增长最快,触角伸进中国互联网最多的领域,每个业务部门都有多个产品线、工作室或项目组在各自赛道上跑马圈地;即便是"3Q大战"(腾讯360之争)后走向开放,腾讯在移动互联网时代最重要的几款产品,比如微信、王者荣耀,也都是内部竞争后才在外部市场走向辉煌的。在腾讯收入占比最高的游戏业务中,四大工作室群各自割据一方,守着地盘,对抗激烈。

在腾讯,更为知名的制度是鼓励普通员工内部流动的"活水计划",却鲜见高管轮岗成功的案例。"活水计划"其实加剧了项目组之间对优秀员工资源的争夺。这种高速增长且工作室化的业务特点,决定了腾讯这家公司并没有高管轮岗的传统——高速行驶的列车换司机是危险且没必要的。

然而,2018年9月30日公布的组织架构调整,拉开了腾讯新一轮大变革的序幕。转向产业互联网,改组事业群,裁撤10%的中层干部;近期,腾讯还对员工职级体系进行了调整,拉平了总监以下员工间的级别差异。近一年来,这家中国互联网巨头在管理制度上的变革力度不可谓不大,高管轮岗同样也是这一系列改革的重要组成部分。

究其原因,内部控制必然是其中一个重要目的,以避免"拥兵自重"的情况。在大公司里,如果高管在同一个岗位待得太久,正面影响是能让其将部门利益与个人利益绑定。但同样,也容易产生部门山头、裙带亲信、利益集团,甚至滋生腐败。在销售导向的公司和部门里尤为明显,阿里和京东公司史上都有因内部欺诈、腐败而"挥泪斩马谡"的案例。腾讯向产业互联网转型,必然要建立自己的销售队伍。为了预防潜在的山头主义,轮岗是一种有效的方案,它能使董事会或最高管理层集权,削弱地方势力,以便加强对全公司的控制。

资料来源:改编自搜狐网 2019 年 6 月 14 日同名报道,作者张信宇。

(二)轮岗的组织

企业应当从本单位实际出发,制定各级管理人员和关键岗位员工定期轮岗制度,明确轮岗范围、轮岗周期、轮岗方式等,形成相关岗位员工的有序持续流动,全面提升员工素质,从而使本单位的轮岗工作有目的、有计划地进行。组织轮岗工作要注意以下问题:

(1)认真选择轮岗对象。

(2)做好思想工作和组织培训工作。

(3)轮岗一般不应提前通知。

(4)企业关键岗位人员轮岗或离职前,应当根据有关法律法规的规定进行工作交接或离任审计。交接时被轮岗人员(离职人员)、接岗人员、监督交接人员三方一般应在场。

(三)轮岗的意义

1. 控制风险

通常,如果一个人在某个岗位上工作了较长时间(特别是 5 年以上),就会积累很多资源,容易形成个人垄断资源而对企业利益产生潜在危险的局面。通过轮岗,企业就可以避免这一风险。

2. 提高效率

现代企业管理中,由于市场环境变化的加速,内部横向和纵向的沟通变得越来越重要。企业通过内部轮岗制度,使人才流动起来,企业的信息也就自然流动起来,信息的流动和扩散对于促进沟通非常有效。同时,员工在部门之间的流动可以促进部门之间相互理解,使得上游部门更加清楚其提供的服务对于下游部门来说意味着什么,也使得下游部门更好地了解上游部门的难处和希望得到的支持,这样的相互理解会使各方在沟通时能更多地换位思考,使沟通更加顺畅,进而提高企业的办事效率。

3. 培养人才

一个企业要想高速运转,各个部门就一定要协作配合。轮岗可以使经理人亲身体验其他部门的工作,从而站在更高、更广的角度思考问题,并进行换位思考,增加协作精神,更好地把握公司的总体战略目标,进而成为战略型人才。同时,轮岗还能挖掘一个人真正的才能。有些外企规定,经理人要有至少三次轮岗经历才有资格担任 CEO。所以,对个人成长而言,轮岗可以强化沟通能力、扩展人脉关系、扩大视野范围、培养战略眼光,从而为升职做好准备;而对于企业来说,在轮岗中发掘优秀人才也是一大收获。

延伸阅读 5-1 谷歌、联想和华为的轮岗制度

四、强制休假制度

在现实中,企业可能因某些关键岗位技术性较强、人手较为紧张等而无法实行轮岗,此时可以实行强制休假制度。强制休假与轮岗有异曲同工之处。强制休假是指根据风险控制工作的需要,在不事先征求本人意见和不提前告知本人的情况下,临时强制要求关键岗位人员在规定期限内休假并暂停行使职权,同时对其进行离岗审计的一种制度安排。强制休假的时间原则上不超过 10 个工作日。

(一)强制休假的情形

强制休假适用于以下情形:

(1) 因特殊原因需要延期实行岗位轮换;
(2) 为强化管理、防范风险而进行的专项安排;
(3) 根据主管领导或公司的决定;
(4) 其他工作需要。

(二)强制休假的工作流程

1. 制定实施方案

组织实施机构制定强制休假的具体方案,方案应包括休假时间、代职安排、工作交接、离岗审计方式等内容。

2. 宣布休假决定

强制休假决定以书面形式通知强制休假人员。为确保实施效果,在强制休假决定正式公布前,有关机构和知情人员要严格保密。

3. 落实交接手续

组织实施机构按有关规定办理强制休假人员与代职人员的交接手续并限期离岗,强制休假人员在强制休假期间须暂停行使其职权。未经组织实施机构许可,强制休假人员在强制休假期间不得返回工作岗位,也不得向公司内的其他人员发出任何工作指令或处理有关工作。交接工作在指定专人的监督下进行。

4. 实施离岗审计

组织实施机构根据具体情况专门组织审计力量对强制休假人员实施离岗审计,并出具书面审计报告。组织实施机构在审计期间,有权要求强制休假人员随时回公司提供有关资料或进行必要的情况说明。强制休假人员应当与组织实施机构保持通畅的联系,按要求配合做好有关离岗审计工作。

第二节 授权审批控制

一、授权审批控制的定义

根据《企业内部控制基本规范》第三十条的规定,授权审批控制要求企业根据常规授权和特别授权的规定,明确各岗位办理业务和事项的权限范围、审批程序和相应责任。企业内部各级管理人员必须在授权范围内行使职权和承担责任,业务经办人员必须在授权范围内办理业务。

案例5-3 海润光伏内部控制困境背后的原因到底是什么?

因2016年度财务报告被大华会计师事务所出具"无法表示意见"的审计报告,海润光伏自2017年5月3日起,不仅披星戴帽,而且股价连续大幅下跌达40%。这其中究竟有何缘由?

2017年4月28日,海润光伏发布2016年年度报告,预计净亏损11.79亿元。同时,海润光伏还发布2017年一季报,一季度营业收入同比下滑35%,净亏损2.84亿元。与巨额亏损相比,更让海润光伏颜面尽失的是大华会计师事务所在审计时发现,公司内部控制制度存在多项重大缺陷,对财务报表影响重大而且具有广泛性,因而大华会计师事务所出具了"无法表示意见"的审计报告。自5月3日起,海润光伏的股价连续大幅下跌达40%。

从其审计报告可以看出,海润光伏董事长孟广宝凌驾于董事会和股东大会之上,在六条内部控制重大缺陷的说明中,四条均与孟广宝及其关联方有关。

2016年1月,海润光伏筹划通过定向增发的方式引入战略投资者,此次定向增发对象为华君电力、保华兴资产和瑞尔德。其中,华君电力与保华兴资产为一致行动人,均由香港上市公司华君控股有限公司控股,而孟广宝对该集团掌握着绝对控制权。虽然该方案最终并未实施,但这丝毫没有影响孟广宝及其团队入驻董事会。与海润光伏董事长有关联的多家公司,在2016年度与海润光伏之间有大额的股权转让交易、购销业务和资金往来,海润光伏未将这些公司识别为关联方,与这些公司之间的交易也未经董事会和股东大会审批。

2016年9月,海润光伏为上海保华万隆置业有限公司进行16亿元的借贷担保,后者实际控制人为孟广宝,这笔担保业务未经职能部门申请和管理层审核,直接通过了董事会的审批。

2016年12月,海润光伏的子公司海润光伏(上海)有限公司未经海润光伏董事会审批即签署《股权转让协议》,并随即支付100%的股权转让款1.53亿元。在未经董事会批准的情况下签署《股权转让协议》并向关联方预付100%的股权转让款,显示重大交易审批业务中内部控制失效。

另外,根据海润光伏2016年内部控制审计报告及《事后审核问询函的回复公告》,海润光伏2016年在没有采购合同或未经董事会和股东大会审批的情况下就向关联方支付了采购预付款,与同一关联方进行多次购销行为未得到审批和及时梳理合同,这些违规行为在业务交叉滚动进行时导致付款流程不规范甚至失效,其间产生了超额支付的预付账款。

资料来源:郑萌,"海润光伏公司内部控制案例分析",《农村经济与科技》2018年第2期。

授权审批的内容包括：① 授权审批的范围，通常包括企业全部的经营活动；② 授权审批的层次，应当根据经济活动的重要性和金额确定不同的授权审批层次，从而保证各管理层有权有责；③ 授权审批的责任，应当明确被授权者在行使职权时应对哪些方面负责，避免授权责任不清，即要保证权责分明；④ 授权审批的程序，即规定每一类业务的审批程序，以便按程序办理审批。

《企业内部控制基本规范》第三十条还规定，企业对于重大的业务和事项，应当实行集体决策审批或者联签制度，任何个人不得单独进行决策或者擅自改变集体决策。《企业内部控制应用指引第1号——组织架构》第五条进一步指出，企业的重大决策、重大事项、重要人事任免及大额资金支付业务等，应当按照规定的权限和程序实行集体决策审批或者联签制度。重大决策、重大事项、重要人事任免及大额资金支付业务的具体标准由企业自行确定。重大决策一般包括企业的发展战略、重大资产处置、利润分配、增加和减少注册资本、财务预算和决算、改制重组、破产、合并、分立等事项；重大事项一般包括年度投资计划、融资项目、担保项目、重大或关键性设备引进、重要物资招投标管理、重大工程承发包等事项；重要人事任免一般包括对本企业中层以上经营管理人员以及所属二级子公司领导班子成员的选聘、任免，向控股、参股企业委派或更换股东代表（包括委派高级经营管理人员），推荐董事会、监事会成员等；大额资金支付一般包括年度计划的大额度资金支付、较大额度预算外资金支付、较大额度非生产性资金支付、重大捐赠、赞助等。

二、授权控制

> 授权就像放风筝，部属能力弱了，线就要收一收；部属能力强了，线就要放一放。
>
> ——林正大，国际战略管理顾问

（一）授权的基本类型

1. 常规授权

常规授权是指企业在日常经营管理活动中按照既定的职责和程序进行的授权。这种授权的有效时间较长，没有特殊情况，被授权人可长期行使该权力。例如，销售部门确定销售价格的权力，财务部门批准费用报销的权力。《企业内部控制基本规范》第三十条规定，企业应当编制常规授权的权限指引。

2. 特别授权

特别授权是指企业在特殊情况、特定条件下进行的授权。特别授权是临时性的，通常是一次有效。例如，总经理委托其助理代理某次合同的签署，就必须授予他必要的签约权力，一旦合同签订完毕，授权就自动终止。《企业内部控制基本规范》第三十条规定，企业应当规范特别授权的范围、权限、程序和责任,严格控制特别授权。

(二)授权控制的基本原则

1. 授权的依据——依事而不是依人

授权控制作为控制活动不可或缺的组成部分,归根到底还是为实现内部控制目标服务的。企业应本着最有利于实现企业战略目标、有利于资源的合理与最优配置的目的来设置职务并进行授权,而不是仅凭被授权者的能力。如果因人授权,虽然充分考虑了被授权人的知识与才能,但是不能确保职权被授予最合适的人员,不能实现人力资源的合理利用,不利于经营效率的提高。

2. 授权的界限——不可越权授权

授权者对下级的授权,必须在自己的权力范围内,不能超越自己拥有的权限进行授权。例如,总会计师有权批准报销 10 000 元以内的费用,可以授权财务经理 10 000 元以下(包括 10 000 元)的费用批准权限,超过 10 000 元的批准报销权不得被授予。

3. 授权的"度"——适度授权

授权过程中对于"度"的把握是授权控制成败的关键,既不能贪恋权力、不愿下放,也不能过度授权。权力下放不到位会直接影响下级部门的工作效率和积极性,而过度授权则等于放弃权力,甚至出现滥用职权的现象。正确的做法是将下级在行使职责时必需的权力下放,并且做到权力和责任相匹配。对于重大事项的权限,不可轻易下放。

4. 授权的保障——监督

> 权力导致腐败,绝对的权力导致绝对的腐败。
>
> ——〔英〕阿克顿勋爵,历史学家

授权后既不能放任不管,也不能经常干涉。如果放任不管,可能出现越权、滥用职权谋取私利的行为;如果常加干涉,授权等于没授,会挫伤下级的主动性和创造性。授权控制作为控制活动的一种,同其他控制活动一样,必须对其进行监控才能保证其有效。对授权进行监督的重点主要是防止下级越权操作和"先斩后奏"。

案例 5-4　　　　　　　　授权不是放任不管

某集团公司下有一家玩具企业。由于集团公司业务经营规模的扩大,集团公司老板决定将该玩具企业的经营管理交由企业聘请的总经理及其经营管理层全权负责。其间,集团公司老板基本上不过问玩具企业的日常经营业务,同时,既没有要求玩具企业经营管理层定期向集团公司汇报经营情况,也没有对玩具企业经营管理层的经营目标提出任何要求,只是非正式承诺如果玩具企业盈利了,将给其经营管理层奖励,至于具体的奖励金额和奖励办法也不明了。而且,玩具企业没有制定完善的规章制度,采购、生产、销售甚至财务全部由其总经理负责。

经过两年的经营,集团公司老板发现:玩具企业的生产管理一片混乱,账务不清,在生产中经常出现用错料、装错模、次品率过高、员工生产纪律松散等现象,甚至出现个别业务员在采购中私拿回扣、收取外企业委托加工费不入账等问题。同时,因为账务不清,集团公司老板和玩具企业经营管理层对玩具企业是否盈利也各执一词。集团公司老板认为这两年集团公司投入了几千万元而没有得到回报,属于玩具企业经营管理不善;而玩具企业经营管理层则认为这两年玩具企业已经减亏增盈了,集团公司老板失信于玩具企业经营管理层,没有兑现其给予经营管理层奖励的承诺。

面对玩具企业管理中存在的问题,集团公司老板决定将玩具企业的经营管理权全部收回,重新由自己负责。玩具企业经营管理层觉得大权旁落,认为集团公司老板对其不信任,情绪低落,在员工中有意无意散布一些对企业不利的消息,使企业人心涣散,经营陷入困境。

上述案例中,集团公司老板的本意是想通过授权使自己从玩具企业的日常经营管理活动中解脱出来,调动员工特别是管理者的积极性。但事与愿违,玩具企业不仅未能达到预期的效果,反而陷入困境。究其原因,主要是该集团公司老板没有正确运用管理的艺术,走入两个极端。一个极端是把授权当作放任不管,在实施授权管理的前提条件不完全具备的情况下,对玩具企业管理层"过度授权",导致企业管理陷入混乱,在企业经营管理的一些重要环节出现权力真空;另一个极端是集团公司老板发现玩具企业经营管理存在问题时,又将企业的经营管理权全部收回。"授权不到位"束缚了企业经营管理者的手脚,挫伤了员工的工作积极性。

资料来源:岳阳,《让员工跑起来》,清华大学出版社2009年版。

5. 授权的灵活性——弹性授权

所谓弹性授权,是指授权不是一成不变的,而是随着经济业务活动的变化而不断发展变化。武侠小说里常说"天下武功,唯快不破",这句话也同样适用于企业的经营。对于企业经营来说,这里的"快"字不应仅仅体现在进攻速度上,更应体现在应变速度上。授权要保持灵活性,要能够快速地变化以适应企业各岗位职能的变化。

资料介绍

哈尔滨电气集团佳木斯电机股份有限公司
关于董事会授权总经理办公会审批决策权限的公告

哈尔滨电气集团佳木斯电机股份有限公司于2019年11月15日召开第八届董事会第七次会议,审议通过了《董事会授权总经理办公会审批决策权限》的议案。为提高经营效率、规范公司运作、保持公司决策连续性,根据深圳证券交易所《股票上市规则》《上市公司规范运作指引》以及《公司章程》的规定,结合国资委关于"三重一大"规定的相关要求,公司董事会在其审议权限范围内,根据《股票上市规则》第9.1条涉及的"购买或者出售资产、对外投资、提供财务资助、提供担保等"事项,将未达董事会审议标准事项的决策

权,授权公司总经理办公会审批决策,决策权限及标准如下:

(1) 交易涉及的资产总额低于公司最近一期经审计总资产的10%,该交易涉及的资产总额同时存在账面值和评估值的,以较高者作为计算数据;

(2) 交易标的(如股权)在最近一个会计年度相关的营业收入低于公司最近一个会计年度经审计营业收入的10%;

(3) 交易标的(如股权)在最近一个会计年度相关的净利润低于公司最近一个会计年度经审计净利润的10%;

(4) 交易的成交金额(含承担债务和费用)低于上市公司最近一个会计年度经审计的期末净资产的10%,单笔交易金额不超过2500万元;

(5) 交易产生的利润低于上市公司最近一个会计年度经审计净利润的10%。

上述指标计算中涉及的数据如为负值,取其绝对值计算。

上述指标中的资产总额是指公司合并资产负债表列报的资产总计;营业收入是指公司合并利润表列报的营业总收入;净利润是指公司合并利润表列报的归属于母公司所有者的净利润;净资产是指公司合并资产负债表列报的归属于母公司所有者的权益。

审批权限授予有效期限为一年,自董事会审议通过起算。

备查文件:《董事会授权总经理办公会审批决策权限清单》

特此公告。

哈尔滨电气集团佳木斯电机股份有限公司

董事会

2019年11月15日

(三) 授权控制的基本形式

授权控制通常采用权限指引的形式。所谓权限指引,就是对企业管理的决策权、审批权根据业务性质和管理层级予以明确的量化规定,通常采用业务活动类型与管理权限系列相结合的矩阵表格形式。矩阵表格的纵向项目列示授权的业务活动类型,横向项目列示相应的管理层级。因此,矩阵表格中的每一行指企业不同的管理层级对企业的某一具体业务是否具有审批权限,有多大金额的审批权限。例如,中国石油化工股份有限公司以整个集团为基础制定了权限指引,表5-1反映了其部分业务的审批权限规定。

因此,权限指引的意义在于企业能以清晰、明确的标准体系对各不同管理层级的权限范围进行界定和约束,做到科学的分权管理和建立完善的授权控制体系。同时,权限指引具有很强的可操作性,对于职权部门而言能明确自身的权限类型和执行标准,杜绝越权审批;对业务部门而言能按图索骥,大大提高执行效率。权限指引是现代科学的授权控制工具,是企业提升经营活动效率的重要管理控制手段。

表 5-1　中国石油化工股份有限公司的权限指引表（节选）

授权权限	执行部门	授权级别										会签部门或复核岗位
		1 股东大会	2 董事会	2.1 董事长	3 总裁办公会	3.1 总裁	…	4 事业部/职能部门主任	5 分公司经理班子	5.1 分公司分管副经理/总会计师	5.2 分公司处室负责人/业务经理	…
1.4.3 企业自行采购												
1.4.3.3 外部采购合同（非框架采购协议项下）	分公司物资供应部门											
（1）油田炼化企业	分公司物资供应部门								审批：一类企业：单笔≥1 000万元 二类企业：单笔（含）～500万元 三类企业：单笔（含）～300万元	审批：一类企业：单笔＜1 000万元 二类企业：单笔（含）～500万元 三类企业：单笔（含）～300万元	审批：一类企业：单笔＜500万元 二类企业：单笔＜300万元 三类企业：单笔＜100万元	分公司法律事务部门
1.4.3.4 对外付款												
（1）货到付款：油田炼化企业	分公司财务部门								批准：一类企业：单笔≥1 000万元 二类企业：单笔（含）～500万元 三类企业：单笔（含）～300万元	批准：一类企业：单笔＜1 000万元 二类企业：单笔（含）～500万元 三类企业：单笔（含）～300万元	批准：一类企业：单笔＜500万元 二类企业：单笔＜300万元 三类企业：单笔＜100万元	分公司业务部门
…												

注：除特别注明外，本表所列权限均经总部批准的预算/计划项下的授权。

三、审批控制

(一) 审批控制的原则

1. 审批要有界限——不得越权审批

越权审批就是超越被授权权限进行审批,通常表现为下级行使了上级的权力。例如,资金的调度权按规定属于总会计师,但总经理直接通知出纳将资金借给其他企业就属于越权审批的行为。

2. 审批要有依据——不得随意审批

审批控制的目的是保证企业的所有行为有利于经营效果和效率的提高,最终实现控制目标。因此,即便审批人有一定的审批权限,也不能随意批准,而应依据企业的有关预算、计划或者决议进行。

3. 审批要有程序——不得越级报批

企业应当对筹资、投资、工程项目、担保业务等活动方案进行科学缜密的可行性研究。方案需报经有关部门批准的,应当履行相应的报批程序。方案发生重大变更的,应当重新进行可行性研究并履行相应的审批程序。

案例 5-5　　　　　　　　信贷审批背后的权钱交易

在与贷款客户的"你来我往"之间,银行的核心权力——授信审批,成了一些人交易的"商品"。

中信银行厦门分行原党委委员、副行长兼风险总监陈鹰从贷款客户身上谋利的手段名目繁多,花样百出。福建某企业申请贷款,陈鹰以各种理由拖延,无奈之下,企业负责人送上100万元,贷款很快获批。厦门某公司负责人为了获得贷款,多次拜访陈鹰未果,后经人引荐送上金条10根,贷款审批便"一路畅通"。陈鹰还以低价购买房产再高价出售给客户,以他人名义向客户"借款",要求客户到自己岳父开办的商店高价购买工艺品。

在陈鹰涉嫌受贿数额中,有97.8%都是利用授信审批权"换取"的。他肆无忌惮地将手中权力"商品化",一手"卖出"授信审批权,一手"买入"巨大风险。厦门某集团负责人曾以空壳公司名义贷款,送给陈鹰100万港元和15万美元,陈鹰无视巨大风险,指使相关审批人员违规放行,并亲自催促放款,最终导致大额不良贷款。

银行信贷审批有严格的制度,包括授信调查、授信审查、贷后管理等多个环节,为何却被有些人玩成了"交易"? 问题就出在制度执行上。

陈鹰作为风险总监,首要职责是执行制度、管控风险。但制度的刚性在他的操控下荡然无存,他肆意践踏授信审批制度,随意简化审查流程、加速审批进度,强行审批通过不符合条件的项目。在审批厦门某两家集团企业贷款期间,陈鹰明知两企业间的关联关系,却刻意隐瞒、拆分授信、越权审批,要求审查部门出具失实的审查报告,并主导信审会审议通过。

资料来源:中央纪委国家监委网站2020年10月16日同名文章,作者张琰。

(二) 审批的形式

同授权的形式一样,审批也应该采用书面形式。采用书面形式,既方便上级进行批示,也能避免口说无凭、责任不清,还便于监督检查人员对该活动进行监控。

第三节 会计系统控制

案例 5-6　　　　　　　康得新财务造假案例

2019年1月15日,康得新被爆出手握"巨额现金"却无法足额偿付10亿元短期融资券本息,随后康得新的股票因银行账号被冻结而触发深交所规定的其他风险警示情形,被纳入"退市风险警示股票"名单。直到中国证监会向康得新下发《中国证券监督管理委员会行政处罚及市场禁入事先告知书》,一场精心策划的百亿元级财务造假大案才引起了全社会的广泛关注。

2019年1月23日开市起,康得新一夜之间转变为"ST康得新",15万股民震惊,其股价跌至3.52元/股,跌幅80%。康得新的造假手法主要有以下五个方面:

(1) 虚构收入。康得新主要通过两种手段虚构收入:第一,通过关联方虚构销售业务,虚构大量应收账款;第二,通过虚构客户的采购金额进而虚构收入,并在年报中隐瞒前五大客户和供应商。

(2) 虚构预付账款。康得新主要在两方面虚构预付账款:一是通过自己的关联方虚构业务、虚构账款;二是串通供应商等虚增预付账款。

(3) 虚构货币资金。康得新通过股权质押的方式虚增货币资金。康得新与其控股股东康得投资集团和北京银行西单支行签订了《现金管理合作协议》,这不仅让康得投资集团在康得新的资金管理和使用上与自身资金混为一谈(不符合最基本的会计准则),而且为康得投资集团占用康得新的自有资金提供了便利。根据《现金管理合作协议》,康得新各子账户的货币资金应全部归集到康得投资集团的账下,所以就出现了账面有"百亿元现金"却无法支付10亿元短期债券本息的情景,其还与北京银行就122亿元存款的真实性扯皮。

(4) 隐瞒关联担保情况。2016—2017年,康得新的子公司张家港康得新光电材料有限公司与厦门国际银行股份有限公司北京分行签订了三份存单质押合同;2018年9月,张家港康得新光电材料有限公司又与中航信托股份有限公司签订了存单质押合同。这些存单质押合同都约定把光电材料大额专户资金存单作为对康得投资集团的担保,而康得新在年报中却掩盖了这些合同存在的事实。

(5) 隐瞒募集资金使用。在2018年7—12月的5个月中,康得新将募集到的累计达24.53亿元的资金转走(其中,向化学赛鼎支付21.74亿元,向宇龙汽车支付2.79亿元),声称用于支付设备采购款,但其支付真实性存疑。因为这些被转出的募集资金通过多次转手,用途都发生了变化,最后全部流回了康得新。康得新不仅用这些资金支付银行贷款,还用其虚增利润等。

资料来源:宋夏云等,"康得新财务造假案例分析",《财务管理研究》2019年第2期。

一、会计系统控制的定义

会计作为一个信息系统,对内能够向管理层提供经营管理的诸多信息,对外可以向投资者、债权人等提供用于投资等决策的信息。会计系统控制主要是通过对会计主体所发生的各项能用货币计量的经济业务进行记录、归集、分类、编报等来进行控制。会计系统控制要求企业严格执行国家统一的会计准则制度,加强会计基础工作,明确会计凭证、会计账簿和财务会计报告的处理程序,保证会计资料真实完整。

会计系统控制通过不相容职务分离可以防弊查错,保护企业资产的安全、完整;通过每项业务的处理程序、各环节的职责分工、审批稽核手续、业务处理手续等过程,做到证证、账证、账账、账表、账实相符,促使各业务部门和人员建立有机的协作关系和制约关系,提高责任感和工作效率,从而确保会计信息质量。

二、会计系统控制的内容

(一) 会计准则选择

企业管理层应当依据企业具体情况选择适用的会计准则和相关会计制度。例如,大中型企业应选择《企业会计准则》,小企业应选择《小企业会计准则》。

(二) 会计政策选择

企业的会计政策是指企业在会计确认、计量和报告中采用的原则、基础和会计处理方法。《企业会计准则》给企业会计处理留下了足够大的会计政策选择空间,这并不是说企业可以随便选择和变更会计政策,企业管理层应当以能否真实、公允地反映企业状况为标准选择适当的会计政策,变更会计政策时要说明合理变更的原因。

(三) 会计估计确定

会计估计是指企业对其结果不确定的交易和事项以最近可利用的信息为基础所作出的判断。企业管理层一定要依据最能反映真实情况的信息,作出合理的会计估计。例如固定资产折旧方法的选择,管理层要考察该固定资产在企业中的用途、使用环境、使用频率等因素,最终合理确定是采用直线法还是采用加速折旧法计提折旧。

(四) 文件和凭证控制

企业应当对经济业务处理的文件记录和凭证连续编号,避免业务记录的重复或遗漏,同时也便于业务查询,并在一定程度上防范舞弊行为的发生。例如,企业对物品出入库单预先编号,这样可以有效控制企业物品的流动,不会出现物品的无故短缺。无论是文件和凭证控制,还是会计账簿登记与财务报表编制以及会计档案保管,其目的皆在于使企业经济业务的会计处理留有痕迹,以便查阅与核对。

(五) 会计账簿登记和财务报表编制控制

一方面,企业应按照规定设置会计账簿,在填写"启用表"后启用会计账簿,会计账簿审核无误后才能登记入账,对会计账簿的账页或账户应连续编号,并按照规定的方法与程序登记以及进行错误更正;另一方面,企业应按照规定的方法和时间编制及报送财务会计报告,并且一定要由单位负责人、总会计师以及会计主管人员审阅、签名并盖章。

(六) 会计档案保管控制

会计档案是指会计凭证、会计账簿和财务报表等会计核算专业资料,是记录和反映经济业务的重要史料及证据。企业每年形成的会计档案,都应由财务会计部门按照归档的要求,负责整理立卷或装订成册。当年的会计档案,在会计年度终了后,可暂由本单位财务会计部门保管一年;期满之后,原则上应由财务会计部门编造清册,移交本单位的档案部门保管。财务会计部门和经办人员必须按期将应当归档的会计档案,全部移交档案部门,不得自行封包保存。

案例 5-7　　　　　　向华为学习如何规范员工的费用报销

会计核算中通常有一项重要的工作没有得到应有的重视,这项工作就是费用报销。一方面,费用报销简单、重复,规则性强,不易引起领导的重视;另一方面,费用报销的工作量占会计核算工作量的70%以上,对于会计核算而言,这是一项重要的工作。费用报销工作的这两个特征在大多数公司一直矛盾般地存在着。

中小企业费用报销工作是怎么做的呢?通常,费用报销人员先填写费用报销单,并附上费用报销的发票(发票常贴在一张白纸上或印制好的粘贴单上),再找相应的领导签批,然后提交报销单到财务部。费用报销单到了财务部后,首先在费用会计处审核,主要审核费用报销项目是否合理、发票是否正规、报销金额是否准确,是否在预算范围内,审批流程是否完整。审核通过后,费用会计会将费用报销单转交出纳。出纳打完款后,再将标注已付款的报销单交给费用会计,由费用会计做账。这样的流程设计容易引发两个问题:第一,审核流程长,挨个找领导签字很麻烦,效率低下;第二,每笔报销单都要提交到财务部审核,容易把财务部正常的工作安排打乱。

一、华为费用报销的流程

在华为,员工报销费用可能既见不着会计人员,也见不着出纳,因为华为实现了费用报销IT流程化处理。十年前,智能手机尚未普及,华为就已在互联网上开发了SSE(自助费用报销)系统。能上网的地方华为员工就能登录SSE系统填写费用报销单,填写完毕后系统会自动将其提交领导审批。

以员工报销差旅费为例,首先报销人员网上填报费用报销信息,信息流转到主管处;主管需确认差旅事项的真实性及费用的合理性;主管确认后,再由上级权签人审批。同时,报销人员需将费用报销单打印出来,附上相应发票,提交给部门秘书。华为每个部门都配有秘书,秘书会集中将部门的费用报销单快递至财务共享中心。财务共享中心签收后,出纳会集中打款,这时整个报销流程结束,剩下的就是会计做账了。

在费用报销的过程中,华为财务对以下几个环节进行了优化:

(1) 审批环节,由电子审批代替人工审批。以前报销人员必须找到领导面对面签字,现在电子审批即可。

(2) 单据流转环节,实现集中快递处理。以前是报销人员拿着单据送到财务部,现在只需快递至财务共享中心。

(3) 付款环节,系统批量处理代替逐笔打款。以前要由出纳一笔一笔给报销人员打款,现在系统能归集员工姓名、身份证号、银行账号等信息,与网银对接后可批量转账,大幅减少了出纳的工作量。

(4) 账务处理环节,由系统自动化处理代替手工录入。以前每报销一笔费用,会计就要做一笔分录,这样不仅效率低下,而且容易出错。现在,SSE系统与财务软件对接可直接生成会计凭证。目前,年均约有120万单员工费用报销,员工在自助报销的同时,机器会根据既定规则直接生成会计凭证。

二、华为费用报销审批要求

第一,由主管领导对下属费用报销的真实性和合理性把关。华为的会计人员一般不对费用发票作实质性审核,不审核有几个原因:一是费用的真实性应由报销人员的主管领导把关,因为他们才真正知情;二是费用审核的工作量很大,在成本效益上不划算。

第二,限定领导电子审批的时间。为了保证费用报销审批的及时性,华为规定了电子审批的时限。自电子流流转到审批人之日起超过一定时间没有审批的,系统将自动跳转到下个环节,默认本环节审批人已经同意。当然,默认审批通过出了问题的,仍需由该审批人承担。另外,公司会定期提取审批时效记录予以通报,超时审批会给予批评。

第三,限定员工费用报销的时限。华为员工费用报销原则上要在费用发生后三个月内进行。如果超过三个月,但未超过六个月,则需说明未及时报销的原因申请特批;超过六个月的,则不能报销。

第四,丢失发票只报销费用的50%。如果员工不小心弄丢了发票,只要能证明费用真实发生了也可报销,但报销时需要写详细的情况说明。审批通过后可报销费用的一半。为什么只报销一半呢?一方面,发票丢失了,所报销的费用不能在所得税前扣除,这意味着公司要承担25%的所得税损失,这部分损失是员工造成的,理应由员工负担。另外的25%带有处罚性质,可视作对个人粗心大意弄丢发票的惩处。

三、华为内审对员工费用报销的监督

华为给每个员工都建立了费用报销诚信档案,每个员工都有诚信分值。这个分值会决定个人费用报销被审计抽查的概率。

员工刚入职时初始分值为80分,B等。以后每报销一笔费用,没有出现差错的话,就可以加1分,最高可累加到120分。诚信分值为80(含)~90分,内审的抽查比例是20%;诚信分值为90(含)~100分,抽查比例是10%;诚信分值为100(含)~120分,抽查比例是5%。诚信分值为80分以下,所有的费用报销都需要检查。另外,诚信分值低于70分的,每笔费用报销财务都要事先审核,这将导致费用报销时限拉长,对报销人不利。

四、华为内审对领导审批的监督

前面提到,华为员工的费用报销一般情况下会计不会一一审核,主要由主管领导把关。如果主管领导把关不严怎么办?华为的某位领导对下属的费用报销未能认真履责,导致很多不当费用报销,审计抽查时发现了这一情况。那么,华为是怎么处理的呢?

第一,要求这位领导承担连带赔偿责任,如不当报销费用的员工已离职,则由审批人赔付不当报销金额;第二,停止这位领导费用报销权签权力三年。

如果这位领导本人希望恢复该项权力,需自费请两名注册会计师对他过去三年所审批的费用报销单作一番审计;审计如发现还有不当报销,也像前面那样承担连带赔偿责任。

任正非说,审计是司法部队,关注"点"的问题;财务监控关注"线"的问题,与业务一同端到端地管理;道德遵从委员会,关注"面"的问题,持续建立良好的道德遵从环境,是建立一个"场"的监管。

审计监督是"点"的监督,让人不敢;财务监督是"线"的监督,让人不能;道德是"面"的监督,让人不想。这一段话,同样也适用于规范员工的费用报销。

资料来源:袁国辉,《指尖上的会计:一本书读懂会计那些事儿》,人民邮电出版社2016年版。

(七)业务流程控制

企业应当采用业务流程图的形式清晰地反映其业务流程,使得员工能够充分理解企业的业务流程,从而明确自己在整个业务流程中的地位,采取适当的工作方式履行自己的岗位责任。图5-2是某企业的某项收费业务会计核算流程,详细地列示了从费用收取申请到最终入账的每个环节及其涉及的责任部门和岗位。

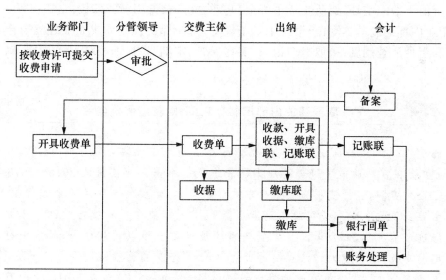

图5-2 某企业的某项收费业务会计核算流程

(八)组织和人员控制

企业应当依法设置会计机构,配备会计从业人员。从事会计工作的人员,必须取得会计从业资格证书。会计机构负责人应当具备会计师以上专业技术职务资格。大中型企业应当设置总会计师。设置总会计师的企业,不得设置与其职权重叠的副职。

（九）建立会计岗位制度

企业根据实际需要设置会计主管、出纳、流动资产核算、固定资产核算、投资核算、存货核算、工资核算、成本核算、利润核算、往来核算、总账报表、稽核、综合分析等岗位。这些岗位可以一人一岗、一人多岗，也可以一岗多人，但出纳人员不得兼任稽核、会计档案保管，以及收入、费用、债权债务账目的登记工作。企业在建立会计人员岗位责任制时应当注意以下几个原则：

（1）要从实际出发，坚持精简原则，切实做到事事有人管、人人有专责、办事有要求、工作有检查，保证会计工作有序进行。

（2）要同本单位的经济（经营）责任制度相联系，以责定权，责权明确，严格考核，有奖有惩。

（3）要从整体出发，发扬互助协作精神，紧密配合，共同做好工作。

第四节 财产保护控制

一、财产保护控制的定义

内部控制的目标之一就是要保证财产的安全和完整。财产安全主要是指保护财产在使用价值上的完整性，要防止货币资金和实物资产被挪用、转移、侵占、盗窃等。

《企业内部控制基本规范》第三十二条规定，财产保护控制要求企业建立财产日常管理制度和定期清查制度，采取财产记录、实物保管、定期盘点、账实核对等措施，确保财产安全。

案例 5-8　康美药业内部控制存缺陷：财务造假疑坐实

2018 年 12 月，康美药业因涉嫌信息披露违法违规被证监会立案调查。2019 年 5 月 17 日，证监会在官网通报了康美药业案调查进展。康美药业披露的 2016—2018 年财务报告存在重大虚假，包括使用虚假银行单据虚增存款、通过伪造业务凭证进行收入造假、部分资金转入关联方账户买卖康美药业股票。康美药业在近日就接受证监会立案调查一事披露进展情况称，如公司因立案调查事项被证监会予以行政处罚，且依据行政处罚决定认定的事实，触及重大违法强制退市情形，公司股票将面临强制退市的风险。

康美药业公告，2017 年公司存货少计 195.46 亿元，按 2017 年、2018 年调整后的数据计算的存货周转天数分别为 799 天、923 天。远超同行业 279 天和 259 天的存货周转数据不禁令人产生强烈质疑。"蒸发"的 299.44 亿元货币资金（其中绝大部分为银行存款），远超同行业平均水平的存货周转数据，这些现象反映出康美药业会计基础工作管理混乱，没有对银行存款、存货等企业最重要的经营资产进行准确、合理、有效的资产盘点等控制活动并实施相应的控制程序。

康美药业称，公司资金管理、关联交易管理存在缺失，存在关联方资金往来的情况，其行为违反了公司日常资金管理规范及关联交易管理制度的相关规定。公司财务核算存在遗漏,信息披露未能反映公司实际财务状况,导致前期重大会计差错更正。公司内部审计部门对日常内部控制的监督不到位,使得公司审计监督系统不能在日常工作中发现上述缺失,并按要求及时汇报。

资料来源:改编自《新京报》2019 年 4 月 30 日同名报道,作者王卡拉。

二、财产保护控制的内容

企业财产保护控制可以分为财产账务保护控制和财产实物保护控制两个部分。这里所指的财产,主要包括货币资金、存货、固定资产等。

(一) 财产账务保护控制

为了强化财产账务保护控制,应当加强对与账务记录相关部门的管理。

1. 财务部门

会计账务应当全面反映企业的所有财产。特别是对于某些低值易耗品,如果在会计账簿上未能反映,应当建立相应的备查账,同时要定期拷贝软件或相关文件资料,避免记录受损以及被盗、被毁等情况的出现。

2. 行政部门

行政部门应当建立房屋、家具、电子设备等相关资产的管理台账,以便定期与财务部门进行对账。

3. 生产部门

生产部门应当建立机器设备等相关资产的管理台账,并定期与财务部门对账。

4. 仓库

对存货的进出应当及时开具票据、登记账目,并定期与财务部门对账。

(二) 财产实物保护控制

财产实物保护控制主要包括限制未经授权的人员对财产直接接触和处置、实物保管、定期盘点、账实核对、财产保险等措施。

1. 限制接触和处置

《企业内部控制基本规范》第三十二条规定,企业应当严格限制未经授权的人员接触和处置财产。这是内部控制中的一条重要原则,是指严格限制未经授权的人员对资产的直接接触,只有经过授权批准的人员才能接触该资产。

限制接触和处置包括限制对资产本身的接触以及通过文件批准方式对资产使用或分配的间接接触。一般情况下,对货币资金、有价证券、存货等变现能力强的资产必须限制无关人员的直接接触(现金的保管要与有关现金记账人员相分离,平时将现金放在保险箱中并由出纳保管钥匙);支票、汇票、本票、有价证券等易变现的非现金资产一般采用确保两个人同时接近资产的方式加以控制,或在银行租用保险柜存放这些特殊资产;对于实物财产(如存货、固定资产等)的控制,可以让保管人员看管,或安装监视系统、采取防盗措施。

案例 5-9　出纳 8 年挪用公款近 6 000 万元，暴露的问题值得深思

2019 年 10 月 16 日，湖南省常德市国土资源局武陵区分局，一场警示教育大会正在召开。该局财务股的一名副股长兼出纳，在 8 年时间里，累计挪用公款 5 940.925 万元。警示片令所有人瞠目，"现场很沉重，连呼吸声都听得见。"一名参加会议的干部这样描述。

这起"小官大贪"案件背后暴露的问题值得深思。

第一次，挪走 24 万元

这名副股长名叫姚正斌，他的歧路从迷上打牌赌博开始。

2007 年，姚正斌被调到武陵区分局财务股担任出纳；次年，被提拔为副股长兼出纳。随着工作岗位的变化，他身边的朋友越来越多，大家一起吃喝玩乐，活动也就"丰富"起来。"刚开始就是打'跑胡子'，10 元钱的，一场下来几千元的输赢。"姚正斌说，开始时偶尔打，后来几乎天天打。牌打大了，心态也就慢慢发生了变化。"一起打牌的什么人都有，看着他们出手阔绰、一场牌的输赢抵得上我几个月的工资，心中的不平衡感有时让我感到很憋屈。"挣钱，挣大钱，便成了姚正斌当时最迫切的需求。

一次偶然的机会，姚正斌盯上了单位的公款。2011 年 5 月，他发现自己管理的某拆迁账户的工程已基本完工，尚存一笔资金未结算，并且没有日常支出款项。他觉得可以偷偷挪点，只要能及时还上，事就不大。这一次，他挪走了 24 万元。

8 年，82 次，挪走 5 940 余万元

毕竟是第一次，姚正斌很心虚。没过多久，他便把钱还上了。但尝到甜头后，姚正斌觉得这是个能"致富"的好办法。在接下来的日子里，他把单位账户当成了自己的"信用卡"，想用就用。虽然挪用次数多，但每次金额都不大，还得也比较及时。

2016 年 10 月，他收到一条某博彩网站推送的短信。从此，他疯狂地挪用公款，不断地增加赌资，赌徒心理把他拽向无底深渊。从 2016 年 10 月到案发，两年多的时间里，他先后挪用公款 53 次共计 4 484.83 万元，用于网络赌博。

2019 年 3 月，姚正斌通过网络转账向单位还款，因银行系统延迟，当日未能到账，被其他财务人员发现……

经调查，2011 年 5 月至 2019 年 2 月，姚正斌利用职务之便，先后 82 次挪用常德市城区土地开发整理中心账户、市国土资源局武陵区分局拆迁账户、朗州北路拆迁项目临时账户、市国土资源局武陵区分局工会账户等四个账户共计 5 940 余万元。

2019 年 6 月，姚正斌被开除党籍、开除公职，依法移送检察机关。

8 年挪用为何未被发现

"我 2007 年就在财务股工作，到今年已经是第 12 个年头，再严苛的制度，工作这么长时间，难免会发现一些'漏洞'或者可以回旋的空间。"姚正斌说，在一个岗位上待久了，不仅会有一种倦怠感，同时也会积累很多"经验"和人脉。

姚正斌说，他之所以挪用公款长达 8 年之久都没有被发现，一方面是利用资金的回转空当，另一方面就是通过虚列的发票，私自加盖单位领导的私人印章，然后再夹在正规

开支的发票内列支出来。

此前他想过轮岗,但未能获得批准。慢慢地,他也习惯了,甚至还"喜欢"上了这里,"现在回过头来看,定期轮岗是十分必要的"。

可惜世上没有回头路,武陵区人民法院作出一审判决,判处姚正斌有期徒刑12年,责令限期退还751万元。

成立整改小组立行立改

在案件调查中,武陵区纪委监委发现,常德市国土资源局武陵区分局财务管理粗放,支票、印章管理混乱,财务监督流于形式,制度监管存在严重漏洞,客观上让姚正斌有了可乘之机。该局三名相关责任人被给予党纪处分。

"从姚正斌案件来看,反映出我们防控措施和制度管理存在严重漏洞……"10月16日,武陵区分局局长朱勇军在警示会上作自我检讨。

针对制度漏洞,该局成立了专门的整改领导小组,根据区纪委监委下达的监察建议书立行立改。比如,请审计人员对财务账目进行全面审计和清理清查;调整财务股办公场所,由楼上楼下两间调整为一间,方便财务人员相互监督;每名财务人员配备单独的保险柜,方便留存票据,厘清责任;细化单位印章管理规定,法人私章由财务股代管变为单位法人自行保管,增加票据审核把关环节……

姚正斌案也给该局的干部职工上了深刻一课。"这个案件给大家带来的触动是前所未有的。在警示片里看到身边人沦为阶下囚,让所有参加人员深受震撼,纪律法律的红线真是碰不得呀!"该局副局长李志刚深有感触地说。

资料来源:中央纪委国家监委网站2019年11月1日同名文章。

2. 财产清查

财产清查既是会计核算工作的一项重要制度,又是加强财产物资管理的一项重要制度。它是指定期或不定期地对各项财产物资进行实物盘点和对库存现金、银行存款、债权债务进行清查核对,并将盘点清查的结果与会计记录进行比较。如果结果与会计记录不一致,可能说明资产管理上出现错误、浪费、损失或其他不正常现象,应当分析原因、查明责任、完善管理制度。

清查范围主要包括存货、现金、票据、有价证券以及固定资产等财产。

清查的方式应当采取定期清查和抽查相结合的原则。由于财产清查的内容主要是进行账实、账账核对,检查其一致性,因此企业应当在每个会计年度财务会计报告编制之前进行一次全面的财产清查。而抽查的次数可依据企业自身的需要适当安排。

清查一般可按以下步骤进行:① 清查的准备,包括成立清查小组,确定小组成员构成,确定清查日期和范围,拟订具体的清查计划等;② 清查的实施,进行资产盘点与账目核对,检查账实是否相符等;③ 清查结果的处理,分析差异并追究相关责任人的责任。

3. 建立相应的财产记录监控制度

企业应当建立相关财产项目的记录和监控制度,利用信息技术等手段加强监控力度,将各项财产项目的每一笔进出都予以详细记录和监控。例如对固定资产,应当编制详细的目录,对每项固定资产进行编号,按照单项资产建立固定资产卡片,详细记录各项固定资产的来源、验收、使用地点、责任单位和责任人、运转、维修、改造、折旧、盘点等相关内容。

案例 5-10　　从河北邯郸农行被盗案看财产保护控制

在邯郸农行 5 100 万元被盗案庭审中,法官和公诉人连续用三个震惊来形容该案:一是作案过程如此简单,让人震惊;二是作案金额如此之大,让人震惊;三是作案手法如此轻车熟路,让人震惊。

在被抓获的 3 个月中,主犯任晓峰在后悔之余,提笔写下了一份关于《银行金库管理制度的建议》,他说:"希望能阻止银行犯罪事件的再次发生。"建议书主要内容如下:

1. 监控

(1) 应安排专人查看监控录像,并定期抽查以前的录像记录,查看是否有违规操作等情况。

(2) 每日必须检查监控设备的正常使用及备份情况,监控数据备份保存时间最少为 3 个月。

(3) 在非工作时间必须设置 110 联网报警系统,对非工作时间进入设防范围或金库内的人员,要马上向领导汇报详细情况。

(4) 金库内必须安装监控设备。

2. 严格执行规章制度

(1) 应安排现金中心主管或副主任每旬检查一次金库,安排现金中心主任每月检查一次金库。

(2) 在查库时,应先核对记账情况是否属实,然后根据碰库清单认真核对现金数额,对装好的整包现金必须开包核对。

(3) 各级领导在查库时,都不应固定时间和日期。

(4) 对重要岗位的人员(如记账员、管库员),应实行强制休假制度,在不事先通知的情况下,由领导监督交接工作。

资料来源:节选自新浪网 2007 年 7 月 26 日报道,原标题为"邯郸农行案主犯写下 12 条金库管理建议"。

4. 财产档案的建立和保管

企业应当建立自己的财产档案,全面及时地反映财产的增减变动,以便实现对企业资产的动态记录和管理。要妥善保管涉及财产物资的各种文件资料,避免记录受损、被盗、被毁。对重要的文件资料,应当留有备份,以便在遭受意外损失或毁坏时重新恢复,这在计算机处理条件下尤为重要。

延伸阅读 5-2　　2020 年京东开放平台商品库存管理规则

5. 财产保险

企业可以根据实际情况,对其重要或特殊的财产投保。这样做可以使企业在意外情况发生时,通过保险补偿减轻损失程度。

第五节 预 算 控 制

> 为了实现企业内部控制目标,企业必须建立有效的精准预算与风险防控体系。什么是有效的精准预算与风险防控体系,如何评价和改进体系,已成为企业可持续发展的关键。
>
> ——田哲夫,Infor 公司大中华区原总经理

一、预算控制的相关定义

(一)预算的定义

预算是针对企业而言的,是企业在一定时期为达到一定目的对资源进行配置的计划。预算是用数字或货币编制出来的某一时期的计划。预算是计划的有机组成部分,是计划的基础和落脚点。预算的计划职能反映了预算的本质,因此也有人将预算称为预算计划。

视频讲解 5-2 控制活动:预算控制

计划和预算的本质是一致的,两者应相互融合,我们可以用战略计划涵盖传统的经营计划,使战略计划成为战略规划和年度预算之间的桥梁,将年度预算也纳入战略计划体系中,如图 5-3 所示。预算反映了战略计划在财务方面的内容;而传统的经营计划也能得以保留,反映了战略计划在非财务方面的内容。因此,战略计划和通常所说的预算不是同一个概念,战略计划应既是对未来财务结果的预测,又是对未来财务结果实现途径的安排,包括非财务活动。

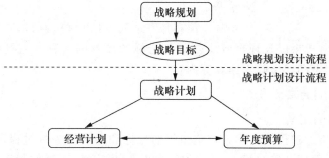

图 5-3 战略计划、经营计划与年度预算的关系

> 全面预算管理是为数不多的几个能把组织的所有关键问题融合于一个体系中的管理控制方法之一。
>
> ——〔美〕戴维·奥利,管理学家

全面预算是一系列预算的总称,是企业根据其战略目标与战略规划所编制的经营、资本、财务等方面的年度总体计划,包括日常业务预算(经营预算)、特种决策预算(资本预算)与财务预算三大类内容。整个预算体系是以预计的财务报表体系作为终结的,如图 5-4 所示。

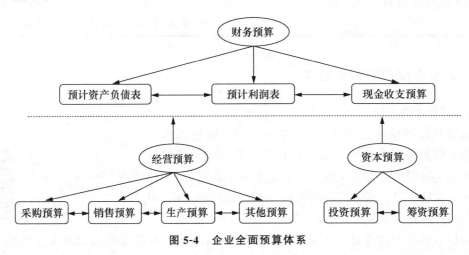

图 5-4　企业全面预算体系

其中,经营预算是明确所有的日常经营活动,如销售、采购、生产等需要多少资源以及如何获得和使用这些资源的计划,如销售预算、采购预算、生产预算等。

资本预算是公司对将要着手的长期工程(如厂房、研究开发)和将要引进的固定资产(如生产设备)等的投资和筹资计划,如研究与开发预算、固定资产投资预算、银行借款预算等。

延伸阅读 5-3　亡羊补牢,为时未晚

财务预算是一系列专门反映公司未来一定预算期内预计财务状况和经营成果以及现金收支等价值指标的预算的总称。它具体包括预计资产负债表、预计利润表和现金收支预算等内容。

(二)预算控制的定义与要求

1. 预算控制的定义

预算控制是指通过预算的形式规范组织的目标和经济行为的过程,调整与修正管理行为与目标偏差,保证各级目标、策略、政策和规划的实现。预算控制系统作为管理控制系统的一种模式,是确保战略有效执行、战略目标最终实现的一种机制。预算控制系统的基本特征是强调过程控制,注重及时纠正偏差。预算控制清楚地表明了计划与控制的

紧密联系,其意义在于:

(1) 为控制组织日常活动提供标准。预算的编制和执行始终与控制过程联系在一起,为组织的各项活动确立了数量化的财务预算标准并以此对照各项活动的实际效果,大大方便了控制过程中的绩效衡量工作。

(2) 为绩效考核提供客观依据。预算使管理控制目标更加明确,使人们清楚地了解所拥有的资源和开支范围,令工作更加有效。在评定各部门的工作业绩时,组织可以根据预算的完成情况,分析偏离预算的程度和原因,划清责任,实现奖罚分明。

(3) 有利于协调部门间的关系以达到部门间平衡。通过预算控制,组织可以把内部各部门、各层级的日常工作全部纳入预算并使各项预算相互协调,形成一个为共同完成组织总体目标而努力的有机整体。

案例 5-11　红塔集团以业财融合为核心的预算控制

红塔集团为实现降本增效、赢取更大的成长空间,积极探索业务与财务一体化发展,充分运用各种精益工具,借力信息化平台,推行全流程预算精细化管控,逐步形成了一套成熟的、以业财融合为核心的全面预算管理体系,有效促进了集团的资源优化配置与战略落地。

红塔集团立足预算定额标准体系,持续优化预算编制与审批流程,遵循"自上而下、自下而上、上下结合"的流程顺序。集团以对标、创优指标为导向,组织了生产、财务、装备、技术等多方骨干力量参与预算定额的制定,根据各生产厂中生产设备的资产存量、产能、成新率等因素核算出了设备维修预算等定额标准,并对其实施动态调整与管控。红塔集团在实物与能源消耗、人工成本及资产占用等预算定额上积极探索,将每万支卷烟的生产损耗控制在合理范围内,财务与业务相互渗透、充分融合,有效实现了成本管控。

以红塔集团下属的玉溪卷烟厂为例,2016 年以来,玉溪卷烟厂按照横、纵双向,对生产全流程的产品成本及各环节费用建立定额:横向来看,将成本费用分为重点费用、大额费用、关键费用、能源费用、生产过程实物消耗等具体指标;纵向来看,按"工厂—部门—岗位"的层级结构将考核标准细化。车间每日都会将"产量、质量、消耗"的三份"成绩单"下发至个人,对每位员工的指标完成情况进行分析、监控与引导。预算管理结合对标、创优,2017 年上半年,玉溪卷烟厂实现单箱可控费用指标 42.44 元,位于行业前列。

资料来源:孙彤焱、彭博,"红塔集团以业财融合为核心的全面预算管理实践",《财务与会计》2019 年第 7 期。

2. 预算控制的基本要求

企业实施预算控制应当做到:

(1) 所编制的预算必须体现单位的经营管理目标,并明确权责。

(2) 在预算执行的过程中,应当允许在经过授权批准的前提下对预算进行符合实际的调整。

（3）应当及时或定期反馈预算的执行情况。

二、预算控制的主体

要使得全面预算能够有效运行，企业首先要解决全面预算的组织问题，即解决"谁来做"这个关键问题。全面预算的组织领导与运行体制健全，是防止预算管理松散、随意，预算编制、执行、考核等各环节流于形式，预算管理的作用得不到有效发挥的关键。为此，《企业内部控制应用指引第15号——全面预算》提出了明确的控制要求，即企业应当加强全面预算工作的组织领导，明确预算管理体制以及各预算执行单位的职责权限、授权批准程序和工作协调机制。

企业设置全面预算管理体制，应遵循合法科学、高效有力、经济适度、全面系统、权责明确等基本原则。健全的预算管理体制一般具备全面预算管理决策机构、预算管理工作机构和预算执行单位三个层次的基本架构，如图5-5所示。

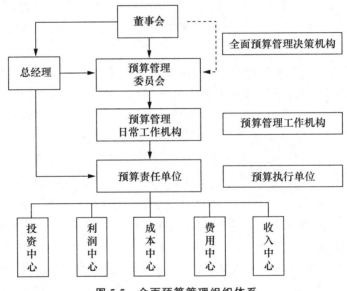

图5-5　全面预算管理组织体系

（一）全面预算管理决策机构

企业应当设立预算管理委员会，作为专门履行全面预算管理职责的决策机构。预算管理委员会成员由企业负责人及内部相关部门负责人组成，总会计师或分管会计工作的负责人应当协助企业负责人负责企业全面预算管理工作的组织领导。具体而言，预算管理委员会一般由企业负责人（董事长或总经理）任主任，总会计师（或财务总监、分管财会工作的副总经理）任副主任，其成员一般还包括各副总经理、主要职能部门（财务、战略发展、生产、销售、投资、人力资源等部门）负责人、分（子）公司负责人等。

(二)预算管理工作机构

由于预算管理委员会一般为非常设机构,故企业应当在该委员会下设立预算管理工作机构,由其履行预算管理委员会的日常管理职责。预算管理工作机构一般设在财会部门,其主任一般由总会计师(或财务总监、分管财会工作的副总经理)兼任,工作人员除财务部门的人员外,还应有计划、人力资源、生产、销售、研发等业务部门的人员。

(三)预算执行单位

预算执行单位是指根据在企业预算总目标实现过程中的作用和职责划分的,承担一定的经济责任,并享有相应权力和利益的企业内部单位,包括企业内部各职能部门、所属分(子)公司等。企业内部预算责任单位的划分应当遵循分级分层、责权利相结合、责任可控、目标一致的原则,并与企业的组织机构设置相适应。根据权责范围,企业内部预算责任单位可以分为投资中心、利润中心、成本中心、费用中心和收入中心。预算执行单位在预算管理部门(指预算管理委员会及其工作机构,下同)的指导下,组织开展本部门或本企业全面预算的编制工作,严格执行批准下达的预算。

案例 5-12   华能集团的预算管理机构

作为中国五大发电企业之一的中国华能集团近年来开始探索全面预算管理,并取得了显著成效。集团预算工作按照"建立健全以预算为龙头、以标准为主线、以责任制为载体、绩效与薪酬挂钩的绩效管理机制,形成科学有效的指标、考核和薪酬分配三位一体的绩效管理体系"要求,开拓创新,扎实工作,取得了三个方面的积极成效:一是以财务预算为核心的全面预算管理体系基本形成;二是预算管理对集团实施战略、完成年度工作目标的保障作用基本实现;三是预算管理对集团优化资源配置、提升可持续发展能力的推动作用基本实现。

在发挥成效的过程中,其预算管理机构——预算与综合计划部起到了上下沟通的重要作用。早在实施全面预算管理之初,华能集团就在总部单独成立了与规划发展部、运营协调部、财务部、审计部相平行的预算与综合计划部,专门负责集团的全面预算和综合计划管理工作。其他几个部门的职责分别是:规划发展部是集团管理发展战略、规划和计划的职能部门;运营协调部是集团负责生产和经营工作的日常协调的职能部门;财务部是集团负责会计核算、资金管理以及财务内部控制等财务管理工作的职能部门;审计部是集团负责内部审计的职能部门。

资料来源:根据中国华能集团的相关媒体报道资料整理。

三、全面预算的流程

完整的全面预算流程主要包括预算编制、预算执行和预算考核三个阶段,如图 5-6 所示。

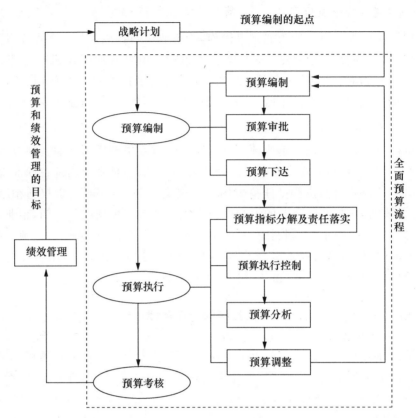

图 5-6 全面预算流程

资料来源:财政部会计司,《企业内部控制规范讲解》,经济科学出版社 2010 年版。

(一)预算编制

预算编制主要由预算编制、预算审批和预算下达三个环节构成。企业在预算编制环节应当关注以下风险:不编制预算或预算不健全,可能导致企业经营缺乏约束或盲目经营;预算目标不合理或编制不科学,可能导致企业资源浪费或发展战略难以实现。

1. 预算编制

预算编制是企业预算总目标的具体落实以及将其分解为责任目标并下达给预算执行者的过程。预算编制是预算控制循环的一个重要环节,预算编制质量的高低直接影响预算执行结果,也影响对预算执行者的绩效考评。因此,预算编制应根据企业实际需要选用合理的方法进行。不同类型的预算编制方法各有利弊,企业可以根据不同预算编制方法的适用条件和适用范围加以选择。

案例 5-13　共进股份全面预算管理

深圳市共进电子股份有限公司(以下简称"共进股份")1998 年创立,2015 年 2 月登陆上交所 A 股市场,是全球领先的宽带通信终端产品制造商,产品涵盖各类宽带通信终端设备、智慧家庭、可穿戴产品、互联网医疗等。

2008年以前,共进股份以销定产,简单收集各部门报销费用,使用滚动预算方法编制预算,但是,预算随着运营情况变动常常不可控;2009—2014年,公司统一了预算收集表格,针对预算科目明确归集口径、取数来源、计价方案等,搭建预算管理数据收集的雏形。

2015年,共进股份着手建立全面预算管理体系:上半年调整公司架构,建立多组织、集团化发展的核算经营单位;下半年启动全面预算,邀请行业专家针对公司情况进行摸底,于8月有针对性地向中层以上领导干部进行专业培训,组织不同核算经营单位的分组讨论,9月中旬拟制并发布《2016年预算计划时间表》,12月底完成全面预算,初步实现财务会计与责任单位的报告要求。

2016年,共进股份构建向事业部制演进的财务管理架构,并与IBM合作,顺利完成ERP&PLM项目,4月正式启用IBM Oracle系统,一方面,减少手工数据处理工作,实现不同数据源、跨组织的数据整理、收集合并;另一方面,通过将事务处理传送至ERP(企业资源计划)系统,实现财务系统与业务系统的标准化、统一化,方便模拟分析与责任管理,能够基于预算进行针对不同组织的绩效考核。

2017年,共进股份与IBM再次合作,开发管理报表系统,建立管理成本核算细则、核算体系,全面提升核算效率,提高财务指导与监控;建立内部交易核算平台,按责任主体划分,形成共进事业部、产品线、经营单位的利润中心、收入中心、费用中心、成本中心的"责、权、利";建立预算控制系统,将全面预算精细化,使公司的整体目标层层分解,推行全员化、全过程端到端的成本管理,为核算体系提供数据支持;建立决策分析系统、报账平台,满足事业部的要求,优化产品结构,为高层决策提供依据,确保经营任务全面达标。

2018年,共进股份搭建共享平台,进一步优化组织结构、完善核算流程、降低财务核算成本,将企业信息平台的业务流程进行重塑,建立涵盖资金管理平台、费用管控中心、成本核算中心、全面预算中心、管理报告体系的财务管理模式,将财务工作的重心转向管理会计,切实以预算为依据开展经济活动和控制业务流程,在兼顾预算强效力与灵活度的情况下,实现有效的事前预测、事中控制、事后分析,兼顾各报告体系适用的信息需求,促进业务与财务数据的融合,增进企业报告体系的系统性与有效性。

资料来源:张元元,"企业预算管理浅析——共进股份全面预算案例",《中国商论》2018年第8期。

2. 预算审批

预算审批是指企业全面预算应该按照《公司法》等相关法律法规及企业章程的规定报经审议批准。

3. 预算下达

预算下达是指企业全面预算经过审议批准后应及时以文件形式下达执行。

(二)预算执行

预算执行是全面预算的核心环节。预算执行即预算的具体实施,它是预算目标能否实现的关键。预算执行主要包括预算指标的分解和责任落实、预算执行控制、预算分析和预算调整等四个部分。

预算管理委员会以董事会批准的企业年度预算为依据,分解预算指标,将整个企业的预算分解为各预算责任单位的预算,并下达给各预算责任单位,以此来约束和考评责任主体;各预算责任单位以下达的预算为依据,安排生产经营活动,并指定专门的预算管理员登记预算台账,形成预算执行统计记录,定期与财务部门核对;在预算执行的过程中,对于预算内支出按照预先授权审批,对于预算外支出需要提交预算管理委员会审议;财务部门对各预算责任单位的日常业务进行财务监督和审核,重点是财务支出的审核,尤其是成本支出和资本支出。

企业在预算执行环节应当关注以下风险:预算缺乏刚性、执行不力,可能导致预算管理流于形式。

我们经常可以看到这样一种现象,一些企业也曾轰轰烈烈地推行过全面预算,但效果并不理想,原因之一就是重视预算编制,轻视预算反馈。这就要求实行预算管理的企业建立相应的预算报告制度。预算报告属于内部管理报告,与对外披露的财务会计报告无论在报告主体、报告对象、报告形式还是在报告时间上均存在一定差异,因此不能直接用财务会计报告代替预算报告。预算报告应由各预算责任单位编制,并向上层反映。由于各预算责任单位具有各自不同的预算目标和责任,因此预算报告的内容和形式可因各预算责任单位的目标与责任而异。

案例 5-14　　　　　　　　　西门子的预算反馈报告体系

西门子预算管理成功的关键在于其十分注重预算管理中的事中控制,专门建立并实施了一套完善的预算反馈报告体系,具体如下图所示:

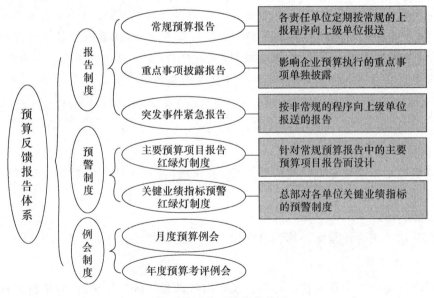

西门子的预算反馈报告体系

西门子预算反馈报告体系中最引人关注的就是"红绿灯"预警制度。这项制度始于2005年年初西门子CEO克劳斯·柯菲德上任。"红绿灯"预警制度已经成为西门子的一种绩效文化,柯菲德表示:"要明确哪些是我们要继续的,哪些是我们要改善的,哪些是有比较大的问题、需要我们作出大的努力的。对不同的业务集团、不同的业务,我们要采取不同的态度。"对不同业务集团根据预算执行情况进行差异化管理,正是"红绿灯"预警制度的精髓所在。

在具体操作过程中,西门子对于信号灯的划分界限并非只是一个简单的"刚性"的评判标准值,而是允许存在一定的偏差。西门子定期对各业务集团的预算关键指标的实现情况进行偏差程度的判断,主要包括月度、季度和年度偏差。如下表所示,D_1、D_2、D_3分别表示利润率、营业收入、货款回笼率三个预算指标实际完成数与预算目标的偏差率,D_4反映的是存货周转天数实际结果与预算目标的偏差量。这种对于预算实际执行结果偏差的容忍度体现了预算管理的柔性。

预算关键指标"红绿灯"预警制度示例

信号分类	偏差程度	信号含义	问题警示与管理对策
绿灯	$D_1/D_2/D_3<5\%$ $D_4<15$ 天	正常	指出成绩,发出保持运营状态的信号,同时检查预算标准的合理性
黄灯	$5\%\leq D_1/D_2/D_3<10\%$ $15\leq D_4<30$ 天	预警	有问题,但不严重,需要采取必要的整改措施
红灯	$D_1/D_2/D_3\geq 10\%$ $D_4\geq 30$ 天	异常	指出问题,发出危机防范信号,适时监控风险变动趋势,谨防风险恶化,并责成有关责任人作出解释与限期改进计划

当然,预算报告的基本内容应该包括:预算执行的实际结果计量,预算实际结果与预算控制标准之间的差异及其形成原因,对于不利差异的整改措施。实践中,许多企业为了保证预算目标的顺利实现,通常采用预算例会制度,以便及时发现预算执行过程中的问题,并且有利于部门之间的协调和问题的及时解决。预算报告的频度应遵循及时性和灵活性的基本原则要求,而且必须考虑成本效益原则。

资料来源:改编自郭菁晶、池国华、张玉缺,"绩效导向的西门子预算反馈报告体系及其启示",《财务与会计(理财版)》2014年第7期。

(三)预算考核

预算考核是对企业内部各级责任部门或责任单位预算执行结果进行评价,将预算的评价结果与预算执行者的薪酬相挂钩,实行奖惩制度,即预算激励。预算考核应科学合理、公开公正,确保预算目标的实现,真正发挥预算管理的作用。

企业在预算考核环节应注意:预算考核不严,可能导致预算管理流于形式。

四、预算控制方法

预算控制方法主要包括以下三种类型:

1. 预算授权控制

预算授权控制是指预算的执行必须通过授权进行。所谓授权,意味着有关预算执行部门和执行人员在处理业务时,必须得到相应的授权,经过相应的批准程序后方可进行。授权控制是一种事前控制,通过授权控制,可以有效地将一切不正确、不合理、不合法的经济行为在发生前制止。

预算控制作为重要的内部控制方式,事前设定授权事项、权限和金额是非常必要的。预算授权又可以进一步分为预算权分配、预算内授权和预算外授权。

2. 预算审核控制

预算审核控制是指在业务发生之后,通过会计核算信息系统对与业务相关的费用报销和资金拨付进行事中控制。要做到这一点,首先需要使预算与会计核算相结合,并建立相对应的关系。这要求在设计预算控制系统时,考虑预算控制系统的软件化和信息化。企业可以通过在预算控制系统中设置结构性的、系统性的定义,使预算控制项目与会计核算科目形成一种对应关系,并保证两者对应关系的明晰、准确。在预算执行过程中,当进行凭证录入保存时,首先不是进入会计核算系统,而是进入预算控制系统,该系统会自动地检查凭证中所涉及的费用预算、资金预算是否超出该明细项目的年度、月度费用预算控制标准,并分别记录发生的费用额、资金支出额,从而进行控制预警和余额控制。

案例 5-15　　**DBSY 公司利用信息系统实施预算审核控制**

DBSY 公司为了控制其费用支出,特别设计了费用预算与资金预算管理系统,并采用信息技术将其固化为预算管理信息系统。该系统会自动地检查凭证中所涉及的费用预算、资金预算是否超出该明细项目的年度、月度费用预算控制标准,并分别记录发生的费用额、资金支出额,从而进行控制预警和余额控制。在预算执行的过程中,当费用发生部门持相关凭证来财务部门进行报销时,财务人员首先根据其凭证将信息录入到预算管理信息系统,然后区分不同情形进行审核。

如下图所示,如果属于预算内项目且金额未超出预警控制线,则直接进入会计核算信

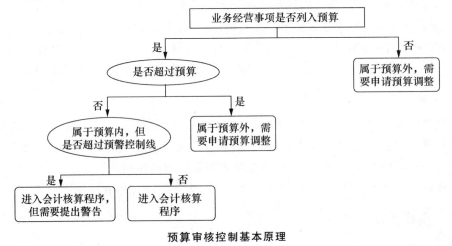

预算审核控制基本原理

息系统;如果属于预算内项目但金额超出预警控制线,也可进入会计核算信息系统,但系统会向费用发生部门提出警告,提醒它当期应该控制费用的发生和资金的拨付;如果属于预算内项目但金额已经超出预算,或者完全属于预算外项目,则需要进入预算调整程序。可见,预算审核控制对业务发生、费用报销和资金拨付起到实时控制和过程控制的作用。

3. 预算调整控制

预算调整控制属于一种事后控制,是指当企业内外部环境发生变化时,预算与实际出现较大偏差,原有预算不再适宜所进行的预算修正。

原则上,为维护预算的严肃性,预算一经制定并下达执行,就不应随意变动。但预算并不是僵化的、一成不变的。当企业内外部环境发生与预算制定时所预测的情况显著不同的变化时,依旧遵循现有预算是不可取的,应考虑进行预算调整,这体现了预算灵活性的一面。当然,预算调整也不是随意的,需要满足一定的前提条件、遵循一定的审批程序。

延伸阅读 5-4　ABC公司预算外项目控制"问题诊断"和"改进方案"

第六节　运营分析控制

一、运营分析控制的定义

《企业内部控制基本规范》第三十四条对运营分析控制提出了具体要求,运营分析控制要求企业建立运营情况分析制度,经理层应当综合运用生产、购销、投资、筹资、财务等方面的信息,通过因素分析、对比分析、趋势分析等方法,定期开展运营情况分析,发现存在的问题,及时查明原因并加以改进。

运营分析控制的意义在于,企业以合理的分析方法将实际经营结果与同行业横向对比、与历史经营情况纵向对比以及与预算标准对比,及时发现不利偏差。同时,进一步深入分析企业的供、产、销与人、财、物各环节的经营管理活动,找出差异,分析原因,采取措施,扬长避短,达到不断提升企业生产经营管理水平、提高企业经营效率和经济效益的目的,确保企业的经营活动始终不偏离战略方向。在具体的操作实践中,企业应当建立购销分析会制度、生产分析会制度、仓储运输分析会制度、融投资分析会制度等来进行运营分析控制。

案例 5-16　　　　　　　　　　京东的经营分析是如何做的?

京东于2004年正式涉足电商领域,2014年5月,京东在美国纳斯达克证券交易所正式挂牌上市,是中国第一个成功赴美上市的大型综合型电商平台。2015年7月,京东凭借高成长性入选纳斯达克100指数和纳斯达克100平均加权指数。2019年,京东市场交易额超过2万亿元。2019年7月,京东第四次入榜《财富》全球500强,位列第139位,是中国线上线下最大的零售集团。2019年全年,京东净收入达5 769亿元,归属于普通股股东的净利润达122亿元,创历史最高纪录;研发投入达179亿元,跃升为中国企业中对技术投入最多的公司之一。

随着公司的发展,其规模越来越大,管理复杂度大幅提高,光靠CEO一个人拍脑袋是不行的,因此,京东开始陆续引进专业的管理会计方法和工具,用数据支持决策。京东从2010年开始创建经营分析会机制,并且基于公司真实的经营数据建立了一套完整的经营数据监控模型,从采销到物流,从成本到效益,甚至到每单背后的成本,公司核心管理层每个月都会坐在一起看数据、找问题以及提出改进措施,该制度一直延续到现在。以前部门都喜欢定性描述,不看数据,让CEO拍脑袋作决策。现在CEO一定要先看数据再作决策,这些数据是财务与业务相结合的数据。除非从数据分析上无法看出,否则,管理者不会担责去冒险作决策。

京东会根据定期的管理会计报告,从宏观、中观和微观三个维度把控战略方向、分析经营数据,并有科学依据地作决策。在京东,一年开两次战略会,每月开一次经营分析会,每两周开一次营销双周会。

战略会是从行业角度作宏观分析判断,作战略方向和业务模式的探讨,进行3~5年的规划和预测等。集团正式的战略会一年开两次,每次只邀请不超过40人的核心高管参加,花1~2天时间作深入的讨论。

经营分析会每月召开,由经营分析部汇总财务和业务分析数据作汇报,对依据数据监控模型获取的数据进行评价,也有新的议题和基于数据的建议,最终大家基于数据作决策。每次经营分析会不一定所有高管都出席,但CEO基本都会全程参与,带头提出问题,要求讨论,并作出最终决策。在经营分析会上,基于数据报告,CEO还会传达公司不同阶段的管理思路和经营动向。除了定期的经营分析会,经营分析部门每天的晨报、每周的周报都会发给经营管理层,还会在每个月的第一天发送上个月的月度快报。这些报告的内容会通过业务数据从用户和流量的维度披露财务和管理信息。每个季度的财报和年报都会披露某些经营数据,例如关键业务的战略决策、活跃用户数、成交总额、市场份额等。这也是管理会计在公司内部的充分运用。京东强调保证数据的真实性,不需要美化过的数据,经营分析会就是为了找出问题,或者找到还需要进一步改进的点。

另外,根据业务或管理的重要性,在经营分析会的基础上又衍生出专题分析会的形式,比如营销双周会就是从微观层面分析和探讨营销及商城销售等相关政策与方案,例如某些内容在App中的位置如何确定、根据数据分析来决定某些费用方案是否需要调整等。

京东基于用户体验、成本、效率三大维度建立了一套完整的经营分析体系,并且不断补充和更新分析的细项维度。经营分析部门对销售、平台渠道、物流履约等价值链关键环节的过程和产出都会进行系统的分析。比如,在进行销售品类分析时,会分析每一个库存量单位(SKU)的损益,看看哪些费用偏高;也会根据分摊原则分析哪个库存量单位不赚钱,看得很细,像有些瓶装水不赚钱为什么还进货,很多这样的问题都会被提出来。从供应商、品牌商、用户的维度来分析,例如哪些用户能够带来收益等。从平台渠道营销效果的维度分析,包括市场、广告、流量、会员、微信等角度看投资回报率和市场营销效果。还会从仓、配、客、售后看物流履约成本和效率,比如会看单均履约成本和效率,效率降低的话要分析是不是人招多了,是不是运费过高,是不是耗材使用有问题等。

资料来源:改编自《中国管理会计》2018年第1期报道,原标题为"对话刘强东:无界零售时代管理会计在京东公司战略决策中的应用"。

二、运营分析的流程

案例 5-17　海亮股份 2017 年半年度经营分析会圆满举行

2017年7月29—31日,浙江海亮股份有限公司(下称"海亮股份")2017年半年度经营分析会在广东台山举行,来自海亮股份总部各部门、事业部及子公司的上百名管理人员参加了此次会议。

半年度经营分析会既是承上启下的"轴承"会议,也是对各大基地、利润中心的一次"期中考"。此次会议共包括四个环节:在第一环节,财务管理中心、采购管理中心、人力资源中心、质量管理中心/项目指挥部、运营中心进行了工作汇报;在第二环节,国贸公司、美国JMF公司、科宇公司及安徽铜业总经理对各自公司的运营情况进行了汇报;在第三环节,上越利润中心的越南铜业、上海铜业及营销/美国公司、铜管道事业部和广东铜业对半年度工作完成情况进行了深入总结;在第四环节,各公司、部门就所取得的成就、存在的问题进行分析,并对下半年的工作计划进行详细说明,推动更快、更好地落实年度计划。

最后,朱张泉董事长作了总结汇报。他首先对各基地、各部门所取得的优异成绩表示肯定,也对此次会议的筹备工作表达了感谢。随后朱总从中国经济形势及行业形势分析、上半年经营目标完成情况及简要分析、上半年亮点工作总结及存在的主要不足和下半年经营目标及重点工作安排四大方面进行了深入分析并对下半年的工作进行指导部署。

企业进行运营分析控制应当遵循四个步骤,包括计量经营成果、寻找不利偏差、分析偏差原因和提出管理建议,如图5-7所示。

1. 计量经营成果

企业应当对发展战略的阶段性实施情况进行总结,主要是采用不同类型的财务指标和非财务指标从不同的角度计量企业的经营活动结果,以及时掌握战略执行动态。

2. 寻找不利偏差

企业应当就这些结果同预算目标(标准)进行对比,明确企业预算执行偏差。由于企业的外部环境常常发生变化,因此为客观评价企业的经营状况,企业还须将财务结果与同行业进行横向比较、与自身历史标准进行纵向比较。在综合比较的基础上,最终确定企业经营过程中所发生的重大不利偏差。

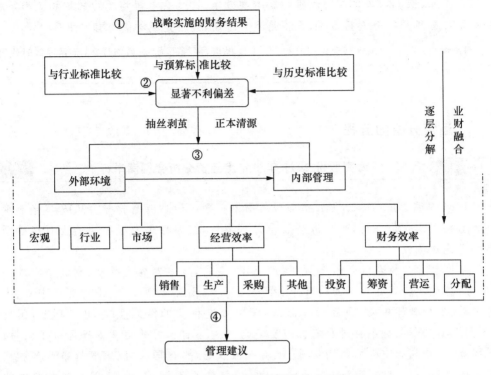

图 5-7 企业运营分析控制的核心思路

3. 分析偏差原因

企业应当就这些不利偏差从外部环境和内部管理两个方面入手,逐层分解追溯到相关的责任部门,分析导致这些不利偏差的原因。

4. 提出管理建议

企业在总结前三个步骤的基础上,提出纠正不利偏差的管理建议,以提高企业的经营效率和财务效率,确保全年经营目标的实现,并保证企业的经营活动始终不偏离发展战略。

三、运营分析的方法

(一)比较分析法

比较分析法是运营分析最基本的方法,具体包括纵向比较法和横向比较法。纵向与企业历史数据比较,可以知道企业某一方面的变动情况。例如,企业将本年度销售额与以前年度销售额相比较,可以看出本年度的销售额较历史年度是否有所提高,并分析原因。横向与同行业其他企业比较,可以衡量企业在同行业中的竞争力和地位,了解企业与同行业竞争对手的差距。

延伸阅读 5-5　刘姝威老师是如何发现蓝田股份问题的?

(二)结构分析法

结构分析法,也称垂直分析法,具体是指以财务报表中某一关键项目的数额作为基数或整体(即100%),并将构成这一关键项目的各部分数额分别换算成对该整体的百分比即结构比,以了解整体与部分、部分与部分之间关系及其变动的一种分析方法。某一部分占关键项目的比重越大,说明其对该整体的重要程度越高,从而将各部分的相对地位清晰地展现出来。

案例 5-18　　晨鸣纸业 2018 年毛利结构分析

山东晨鸣纸业集团股份有限公司(下称"晨鸣纸业")成立于 1958 年,是以制浆、造纸为主导,金融、林业、物流、建材等协同发展的大型企业集团,是全国唯一一家 A、B、H 三种股票上市公司,拥有武汉晨鸣、湛江晨鸣、江西晨鸣、吉林晨鸣等 10 多家生产子公司,被评为中国上市公司百强企业和中国最具竞争力的 50 家蓝筹公司之一,"晨鸣"商标被认定为中国驰名商标。下表反映了晨鸣纸业 2018 年主营业务各项毛利构成情况。

晨鸣纸业 2018 年主营业务各项毛利占总毛利的比重

项目	营业收入 (万元)	营业成本 (万元)	毛利 (万元)	占总毛利比重 (%)	毛利同比增长 (%)
机制纸	2 430 355.74	1 784 987.39	645 368.35	73.12	−15.75
融资租赁	220 206.17	16 789.21	203 416.96	23.04	20.69
镁矿	41 615.24	19 807.64	21 807.60	2.47	—
建筑材料	28 866.93	22 887.30	5 979.63	0.68	25.56
电力及热力	15 454.14	11 573.99	3 880.15	0.44	−41.11
造纸化工用品	11 099.87	10 482.70	617.17	0.07	−71.85
酒店	2 618.26	1 014.79	1 603.47	0.18	−12.74
总计	2 750 216.35	1 867 543.02	882 673.33	100.00	−7.09

由上表可知,目前晨鸣纸业的主营业务主要由机制纸、融资租赁、镁矿、建筑材料、电力及热力、造纸化工用品和酒店构成。可以看出,因受造纸行业环境的影响,相比于 2017 年,机制纸的毛利下降了 15.75%;晨鸣纸业所属其他行业的一些业务毛利下降幅度较大,如造纸化工用品下降幅度达 71.85%,但从整体盈利来看,较去年仅下降 7.09%,说明多元化战略的实施具有一定的分散风险能力。另外,晨鸣纸业以机制纸和融资租赁业务为主要盈利项目,尤其机制纸占比远远超过其全部毛利的 50%,而除此以外的其余产品的毛利贡献甚微,这从侧面反映了晨鸣纸业实施的多元化战略效果其实并不明显,相反,其实施的多元化战略带来了一定的风险。从表中可以看出,晨鸣纸业的电力及热力和造纸化工用品的毛利下降幅度较大,从其近年来的报表也能发现,电力及热力的营业收入所占比重波动较大,说明其经营情况不太稳定。

资料来源:改编自雷芳,"双重视角下晨鸣纸业财务报表分析",《中国管理信息化》2020 年第 3 期。

(三)比率分析法

比率分析法具体是指利用两个或若干个与财务报表相关的项目之间的某种关联关系,运用相对数来考察、计量和分析,借以评价企业财务状况、经营成果和现金流量的一种方法。比率分析法以其简单、明晰、可比性强等优点在财务分析实践中被广泛采用。

比率的具体表现形式包括：① 百分率，如总资产报酬率20%；② 比，如速动比率为1∶1；③ 分数，如资产负债率为1/2。从这一点而言，"比率"与我们在实际中经常提到的另一个概念"指标"是不一样的。指标按照其表现形式可以划分为绝对数指标和相对数指标两种类型，这里的相对数指标实际上就等同于"比率"。可见，指标的范畴包含了比率。

财务比率按照反映的内容一般可以分为盈利能力比率、营运能力比率、偿债能力比率、增长能力比率。2006年国务院国有资产监督管理委员会颁布的企业综合绩效评价指标体系，将财务绩效定量评价指标划分为这四种类型（只是有些类型的叫法有所区别），具体如表5-2所示。

表5-2　企业财务绩效评价指标体系

评价指标类型	基本指标	修正指标
盈利能力状况	净资产收益率 总资产报酬率	销售（营业）利润率 盈余现金保障倍数 成本费用利润率 资本收益率
资产质量状况	总资产周转率 应收账款周转率	不良资产比率 流动资产周转率 资产现金回收率
债务风险状况	资产负债率 已获利息倍数	速动比率 现金流动负债比率 带息负债比率 或有负债比率
经营增长状况	销售（营业）增长率 资本保值增值率	销售（营业）利润增长率 总资产增长率 技术投入比率

在实践当中，还存在另一种"五性"比率分类方式，即将经营比率（不限于财务比率，还包括非财务比率）分成收益性比率、流动性比率、安全性比率、成长性比率、生产性比率五种类型，其中前四种比率分别对应于上述盈利能力比率、营运能力比率、偿债能力比率、增长能力比率。唯独生产性比率较为特殊，其实际反映的是企业员工的生产经营效率，主要比率包括人均创收（人均营业收入）、人均创利（即人均净利润）等。

案例5-19　**国有控股上市公司2020年一季度经营风险分析**

2020年一季度，受疫情影响，国有控股上市公司经营业绩普遍下滑。相关经营风险分析如下：

一、国有控股上市公司降本增效风险加大

一季度，国有控股上市公司实现营业收入47 662.6亿元，同比下降12.55%，利润及盈利能力大幅下滑，降幅超过50.00%，受疫情影响，国有控股上市公司降本增效面临较大压力。

一季度,国有控股上市公司共实现营业收入47 662.6亿元,较同期下降12.55%。其中,受疫情影响较大的影视、餐饮、景点等行业营业收入下降幅度超过50.00%;实现利润总额1 497亿元,同比下降61.43%;实现净利润1 073亿元,同比下降63.95%;营业利润率2.25%,同比下降58.78%。与营业收入降幅相比,国有控股上市公司利润总额、净利润和营业利润率降幅更大,均超过50.00%。国有控股上市公司利润总额、净利润和营业利润率的下降幅度较民营企业高出2倍,分别为2.19、2.24、2.67倍。数据分析显示,一季度国有控股上市公司固定成本占比较高,主要是厂房和设备的折旧、租金、管理人员工资等刚性成本并未受疫情影响明显降低。因此,对于国有控股上市公司来说,降本增效、强化内部管控的力度需加大。

二、国有控股上市公司科技创新风险需加强管控

一季度,国有控股上市公司研发投入为494亿元,较去年同期增加7.10%;研发投入占营业收入的比重为1.04%,同比上升22.47%。但一季度国有控股上市公司研发投入占营业收入的比重远低于民营企业,幅度达62.7%,国有控股上市公司研发投入强度有待提升。从毛利率来看,一季度,国有控股上市公司相较于民营企业要低37%,在一定程度上反映了目前科技创新对于提升国有控股上市公司盈利能力的效用还有待加强。

三、国有控股上市公司债务风险可控

一季度,国有控股上市公司经营净流出5 358亿元,虽较去年同期增长227.95%,但明显低于民营上市公司416.5%的增长幅度;但投资净流出3 543亿元,较去年同期收窄8.81%;筹资净流入8 054亿元,较去年同期增长125.24%。总体来看,一季度国有控股上市公司净现金流为净流出823.7亿元,较去年同期收窄59.32%,但仍明显小于民营上市公司77.17%的收窄幅度。

四、国有控股上市公司产业链"两头承压"风险加大

一季度,国有控股上市公司存货周转天数为140.9天,较同期上升21.25%,比同期慢了24.70天,主要系受疫情影响企业生产和销售活动存在一定的阻滞现象,去库存的压力加大。应付账款周转天数为96.40天,同比下降6.73%,较同期快了6.9天;应收账款周转天数为45.5天,同比上升27.31%,较同期慢了9.8天。数据分析表明,国有控股上市公司积极履行社会责任,在特殊时期加大对供应商的支付力度,以支持供应链的良性发展,同时亦表明国有控股上市公司在产业链中"两头承压"明显,产业链资金状况趋紧,资金回笼风险显著加大。

五、国有控股上市公司税负偏高需关注

一季度,国有控股上市公司税金及附加共计1 435亿元,较去年同期下降17.14%,国有控股上市公司税金及附加占营业收入的比重达3.01%,民营企业税金及附加占营业收入的比重为1.06%,国有控股上市公司税金及附加占营业收入的比重是民营企业的2.84倍,值得特别关注。

六、国有控股上市公司资本结构急待优化

一季度,国有控股上市公司利息支出共计967.9亿元,同比上升18.43%,占营业收入的比重为2.03%,同比上升35.42%;占净利润的比重达90.22%,同比上升228.54%。

一季度国有控股上市公司利息支出占净利润的比重是民营企业的1.84倍。数据分析表明,国有控股上市公司自有运营资金不足,需要大量举债来维持正常运营,导致资金成本高企,拉低了营业利润率。因此,需改变目前国有控股公司为金融机构打工的窘境,急待优化国有控股上市公司的资本结构,进一步加大混改力度,增大权益资本,降低有息负债,健全内部控制机制,提高运营效率。

资料来源:改编自中国证券网2020年6月16日同名报道,作者迪博公司。

(四)趋势分析法

> 我们不可以单凭一年的数字评价公司业绩。为了更清楚地了解公司业绩的发展历程和趋势,以及发现我们认为需要解释和调查的比率变动,应分析公司三年的数字。当然,五年的数字更好。
>
> ——〔英〕鲍勃·沃斯,会计学家

趋势分析法是根据企业连续若干会计期间(至少三期)的分析资料,运用指数或动态比率的计算,比较与研究不同会计期间相关项目的变动情况和发展趋势的一种财务分析方法,也称动态分析法。趋势分析法既可以用文字表述,也可以采用图解、表格或比较报告的形式。

(五)因素分析法

因素分析法是通过分析影响财务指标的各项因素,计算其对指标的影响程度,来说明财务指标前后期发生变动或产生差异的主要原因的一种分析方法。因素分析法主要适用于多种因素构成的综合性指标的分析,如成本、利润、资金周转等。

因素分析法按分析特点可以分为连环替代法和差额计算法两种。连环替代法是在比较分析确定差异的基础上,利用各种因素的顺序"替代",从数值上测定各个相关因素对财务指标差异的影响程度的一种计算方法。差额计算法是连环替代法的一种简化形式。它是利用各个因素的分析期值与基期值之间的差异,依次按顺序替换,直接计算各个因素对财务指标变动影响程度的一种分析方法。

(六)综合分析法

综合分析法是指将反映企业不同方面的指标纳入一个有机整体,系统、全面、综合地对企业财务状况和经营成果进行分析与评价。因为企业的各项财务活动、各个财务报表、各项财务指标相互联系并且相互影响,单独分析任何一项或一类财务指标,都难以全面评价所分析企业的财务状况和经营成果,所以就需要将企业财务活动看作一个大系统,将不同财务报表和不同财务指标联系起来,对企业整体作出全面的评价。现代财务分析中应用比较广泛的综合分析法有沃尔评分法、杜邦财务分析体系、EVA价值树体系等。

第七节 绩效考评控制

一、绩效考评控制的定义

《企业内部控制基本规范》第三十五条对绩效考评控制提出了具体要求,绩效考评控制要求企业建立和实施绩效考评制度,科学设置考核指标体系,对企业内部各责任单位和全体员工的业绩进行定期考核和客观评价,将考评结果作为确定员工薪酬以及职务晋升、评优、降级、调岗、辞退等的依据。

绩效考评控制是企业控制活动的一项重要措施,是实现内部控制目标、提高经营效率和效果、促进企业实现发展战略的重要手段。当前我国部分企业的内部控制体系存在考核奖惩机制不够健全、有效,缺乏完善的激励约束机制,缺少定量、定性的评价标准等问题,企业内部控制制度难以发挥应有的作用。因此,为提升内部控制制度的控制力,应当完善企业绩效考评制度,提升控制活动的有效性及实施效果。

公司组织目标中的财务目标通过战略规划、战略计划和预算等环节,逐层进行分解细化,形成了部门考核目标体系,最终落实到各部门,成为各级管理者执行战略的依据。公司要最终实现其战略目标,就需要利用绩效考评这一工具了解各级管理者执行战略的效率和效果,评价各级管理者实现考核目标的程度。

延伸阅读 5-6　万科管理层的激励制度全面解析

如果缺乏对各级管理者的绩效考评,那么对管理者而言,就会缺乏执行战略、落实考核目标的主动性和积极性,导致其行为偏离既定的考核目标;对公司而言,就可能难以掌握各级管理者执行战略、落实考核目标的效率和效果,难以实现公司整体目标。可见,绩效考评对于部门考核目标和公司整体目标的实现具有不可或缺的作用。

案例 5-20　　　　　　　　　　山西票号的"身股制"

山西票号在中国历史上存续了一百多年,后因战乱趋于衰落并最终消亡。作为一种新兴的行业,票号能够存续这么久,必然有其独特的优势,即操作系统,也就是我们现在所说的内部控制。

山西票号的绩效考评机制尤其是"身股制"对当今企业具有重大影响,它建立在三级上下负责的权力结构上,大掌柜对财东负责,受财东监督和管理;票号员工对大掌柜负责,受大掌柜的全权监督和管理。大掌柜在票号内有无上的权力,实行高度集权制度,人事和业务都由大掌柜一人定夺,财东不干涉票号的日常管理。大掌柜每年年终向财东汇报盈亏决算,财东根据业绩对大掌柜进行奖惩,如果成绩显著,则加股加薪;如果不称职,则减股减薪甚至辞退。

上述所说的"股"就是"身股",山西票号激励机制的独特之处就在于其"身股制",也就是员工可以以身顶股。一定的工作年限和工作业绩是享有身股的前提,而股份的多少则主要取决于工作业绩。员工的身股与财东的银股可一起参与分红,票号的经营利润要按股份平分,身股与银股并重,但票号的经营亏损却完全由财东承担,顶身股人员不承担亏赔责任。这种类似于"有限合伙制"的分红制度,在把员工的利益和票号的利益结合在一起的同时,大大降低了顶身股人员的风险,从而极大地调动了员工的积极性,促进了管理人才的出现,提高了票号的经营水平,增强了山西票号的竞争力。与此同时,财东的利益也得到显著增加。

以《乔家大院》中的主人公乔致庸创办的大德通票号为例,1889年其银股为20股,身股为9.7股;而到1908年,银股仍为20股,身股却增至23.95股,几乎达到20年前的2.5倍。从1889年到1908年的20年间,银股的比例变小了,但由于整个蛋糕做大——分红总额增大了,财东最终分得的银子不是少了,而是大大增加了。大德通票号在1889年账期盈利总额约2.5万两白银,每股分红约850两白银,财东分得1.7万两白银;而到1908年,账期盈利总额达74万两白银,每股分红约1.7万两白银,大德通此时的资本银为22万两白银,虽然其红利的一半以上分给了员工,但财东却分得了34万两白银,相当于20年前的20倍。

资料来源:林瑞焰、田朋,"山西票号的内部控制分析",《新理财》2007年第6期;刘俊勇,"平衡计分卡激励之道",《管理学家》2006年第7期。

二、绩效管理的流程

绩效考评控制以绩效的考核评价为基础,以纠正偏差的控制机制为手段,以绩效的持续改进为目的,其本质是绩效管理系统的一种内在运行机制。绩效管理的基本流程包括以下几个步骤:绩效计划、绩效实施、绩效评价、绩效反馈、绩效改进及绩效结果应用。这六个环节构成一个封闭的绩效管理循环,上下承接紧密,只有各环节有效整合才能保证绩效管理最终目标的实现,如图5-8所示。

(一) 绩效计划

绩效管理的第一个环节是绩效计划,它是绩效管理过程的起点。企业战略要付诸实施,必须先将战略分解为具体的任务或目标,落实到各个岗位上。为了反映任务或目标的完成或实现情况,必须选择恰当的绩效评价指标。绩效评价指标要满足五个基本要求:独立性、一致性、稳定性、可操作性、可接受性,应将绩效评价的目标和被评价人员所承担的工作内容作为绩效评价指标的选择依据。此外,从评价的可操作性角度考虑,绩效评价指标的选择还应考虑取得评价所需信息的便利程度。在绩效计划中,通常还需制定科学的绩效评价标准,只有将评价指标与评价标准相结合,才能正确地评价绩效。绩效评价标准既是绩效评价阶段衡量绩效完成情况的标杆,也是绩效实施阶段控制绩效偏差的工具。

(二) 绩效实施

在明确了绩效计划之后,下一步就是实施绩效计划中所确定的工作或任务。绩效实施的关键是对绩效实现的过程进行管理,对可能影响绩效的不利因素进行控制,防止和

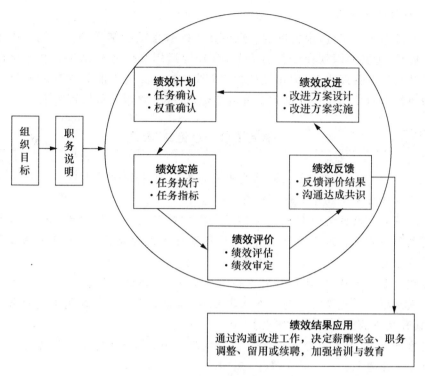

图 5-8 绩效管理流程

纠正那些可能偏离绩效目标的决策和行为。在这个过程中,需要实施者和评估者进行持续的沟通。这种沟通是关于双方追踪进展情况、找到并及时纠正影响绩效实现的障碍以保证最终实现绩效的沟通。

（三）绩效评价

为了及时了解绩效实施的情况,必须进行绩效评价。所谓绩效评价,就是根据事先确定的工作目标及其衡量标准,对绩效的结果进行考察和评价的过程。绩效评价可以根据具体情况和实际需要进行月度、季度、半年度和年度考核评价。在绩效实施过程中收集到的能够说明绩效表现的数据和事实,可以作为判断是否达到绩效指标要求的证据。将这些数据和事实通过一定的方法量化为相关的绩效评价指标,并与预先制定的绩效评价标准相对照,作出评价结论。

（四）绩效反馈

绩效反馈是绩效评价的延续,能够指出过去绩效实现的过程中存在的问题及未来努力的方向,从而持续提高企业的整体绩效。如果只作绩效评价而不将结果反馈,那么绩效评价就不能与激励机制挂钩,也就不能发挥有效奖惩的作用。

（五）绩效改进

绩效改进是绩效管理过程中的一个重要环节,绩效考核的目的不只是对工作绩效进行评估,将评估结果作为确定薪酬、奖惩的标准,绩效的持续改进才是其根本目的。所以,绩效改进工作的成功与否,是绩效管理过程能否发挥效用的关键。

(六) 绩效结果应用

绩效考核的成功与否,很关键的一点就在于绩效考核的结果如何应用。很多绩效考核实施不成功,主要原因就在于没有有效、合理地运用绩效考核结果。企业可以建立基于绩效提升的培训管理体系,构建绩效模型(即企业为实现当前和未来战略目标所表现出来的绩效行为的总和),在此基础上分析差距,再根据差距分析培训需求。

案例 5-21　　　　　　　　　韩都衣舍:"小组制"模式

"自下而上的人人创新,自上而下的中央控制",这一经营理念使一家服装企业树立了中国企业实践阿米巴管理思想的标杆。

山东韩都衣舍电商集团有限公司(以下简称"韩都衣舍")创立于 2006 年,创立之初主要依托电子商务平台进行服装销售,之后逐渐发展成为集设计、生产和销售于一体的综合性服装企业。

在传统的服装行业中,面对国内外强劲的对手(例如优衣库、Only、Zara 等),韩都衣舍要如何做到不断紧追甚至赶超?在互联网上,韩都衣舍应如何最精准地获取消费者的需求,并以最快速的方式满足其需求?

带着这些思考,韩都衣舍开始了自己的组织变革,在相对传统的服务行业发展出一个新物种——小组制。

小组制,又称以小组制为核心的单品全程管理体系。韩都衣舍的"小组制"源于创始团队一个朴素的想法:让每个人都能把自己的潜力发挥出来。韩都衣舍有 280 多个产品小组,每个产品小组通常由 2~3 名成员组成,包括设计师(选款师)、页面制作专员、货品管理专员。产品设计、页面制作、库存管理、打折促销等非标准化环节全权交由各小组负责。产品小组模式在最小的业务单元上实现了"责权利"的相对统一,是建立在企业公共服务平台上的"自主经营体",培养了大批具有经营思维的产品开发和运营人员,同时也为多品牌战略提供了最重要的人才储备。

一是小组制需要明确责、权、利。责任方面,管理层每年 10 月会和每一个小组确定第二年的生产和销售计划,确定每个小组预计完成的销售额、毛利率和库存周转率;权力方面,打算上市的款式,小组内自己商量,每个颜色和尺码的库存也由小组来确定;价格方面,公司只提供最低价格标准,最终价格由小组成员敲定;利益方面,小组内的利润、奖金不是由公司来决定的,而是自己干出来的,按照公式"奖金=销售额×毛利率×提成系数"计算奖金。

二是小组制的运作机制。小组成立时每人 2 万~5 万元的初始资金额度,保证小组业务正常启动;资金核算方面,3 个月以内小组可 100% 使用,4~6 个月,逐步递减到 70%;利益分配方面,小组长协同组员工作,决定组内提成比例,组内利益趋同;裂变保护方面,裂变后,新小组向原小组贡献月销售额的 10%,作为原小组的培养费,持续 1 年;小组每周每月进行销售排名,并且以季度排名进行末位淘汰。

三是发挥"末端决策能力"。第一,打通"部门墙",提高沟通效率;第二,责权利匹配,培养小组成员的"老板"意识,使其在试错中成长。

小组制,一方面通过给小组团队充分授权,让每个小组自行权衡销售量和上新等环节,从而提高运营效率;另一方面,细化到每个小组的销售额、库存周转率等指标的考核,将小组利润最大化,同时也降低了库存风险,这就是小组制的核心优势所在。

资料来源:孙春岭,"韩都衣舍:'小组制'模式",知乎专栏贝壳案例研究中心,2020年1月17日。

三、绩效考评控制的方法

(一) KPI绩效评价方法

KPI,是一种重要的绩效考核工具,它突出了对企业战略目标的实现起到直接控制作用的关键性领域、岗位职责、过程、因素、方法等的考核,抓住了重点和关键。它结合了目标管理和量化考核的思想,通过对目标层层分解的方法使得各级目标(包括团队目标和个人目标)不会偏离组织战略目标,可以很好地衡量团队绩效以及团队中个体的贡献,起到很好的价值评价和行为导向的作用。它于1999年被正式引入我国,随后成为企业绩效考核中运用最广泛的工具。

KPI依据20/80定律设计,用20%的定量化或行为化的要求完成至少80%的绩效产出,完成KPI就基本能达成公司总体目标。因此,KPI具有明确的战略导向的作用。确定KPI的另一个原则是SMART原则。[①]

KPI能够将员工个人目标与组织目标紧密联系在一起,帮助员工明确努力方向,提高员工的目标感知、目标认同感和控制感("三个因素"),KPI通过作用于这三个因素来调动员工的积极性,增强员工的工作意愿和努力程度。

KPI体系的建立,通常采用的是特性要因图分析法,又称"鱼骨图"分析法。由于问题的特性总是受到一些因素的影响,因此可以先找出这些因素,将这些因素与特性值一起按相互关联性整理成层次分明、条理清楚的图形,这样的图形就叫特性要因图。因其形状如鱼骨,所以又称鱼骨图,它是一种透过现象看本质的分析方法。

案例 5-22　　　　　　　　　　谷歌的员工考核制度

在人们的印象中,谷歌是一家富于创新、气氛自由,甚至"有些散漫"的互联网公司。然而,谷歌有着一套十分精密严谨、完全数值化、令人"压力山大"的内部目标考核制度——OKR。日前媒体曝光了谷歌的OKR目标考核制度。

OKR(Objectives and Key Results)的全称是目标与关键结果法,自1990年在互联网上诞生以来,特别是1999年由投资银行家、硅谷大佬约翰·多尔引入谷歌(Google)、领英(LinkedIn)、脸书(Facebook)等公司后,帮助这些公司从小公司做到了现在的规模。其实不仅仅是谷歌,大量的互联网公司、创意公司,如皮克斯动画工作室(Pixar Animation Studios),都曾经全部或部分采用这种方法。

---

① 具体解释请参看第四章风险评估中的"战略目标的制定原则"知识点。

2014年,谷歌风投公司的合伙人里克·克罗曾用一个多小时对外介绍谷歌的考核制度,这让我们有机会近距离地了解它。谷歌的目标考核按照季度和年度进行,OKR中的O(Objectives)是目标;KR(Key Results)是直接实现目标的关键行动。目标包含KPI指标和目标值,只不过这里的KPI指标没有吹毛求疵地追求KPI的规范性,而是强调目标的可衡量性,而不是空洞的目标。比如在网站建设上,不能说"计划让网站更漂亮",必须说让网站的"速度提高30%",或是"用户交互程度提升15%"。而且,谷歌要求目标要满足"有足够的野心"和"稍微挑战人的舒适度"的特点。

在每个季度末期,谷歌会对OKR考核进行打分,分值从0到1。一般的分值为0.6、0.7,如果获得1分,则表明目标制定得太简单;如果分值低于0.4,则员工需要反省哪里做错了。

在谷歌,包括CEO拉里·佩奇在内,所有人的OKR评分全部公开。在员工资料库中,任何人都可以查看同事的分数,每个季度的OKR目标的分值都可以一览无遗。这种公开考核评分的方式,虽然会让一些员工感觉到"压力山大",但是可以帮助各部门协调工作。

资料来源:改编自刘胜男,"Google的OKR制度能否破局传媒业考核难题?",《中国传媒科技》2015年1月15日。

(二) EVA绩效评价方法

EVA(经济增加值),衡量的是企业资本收益和资本成本之间的差额。EVA指标最重要的特点就是从股东角度重新定义企业的利润,考虑了企业投入的所有资本(包括股东权益资本)的成本。这种利润实质上就是属于投资者所有的真实利润,也就是经济学上所说的经济利润。EVA指标由于在计算上考虑了企业的股东权益资本成本,并且在利用会计信息时尽量进行调整以消除会计失真,因此能够更加真实地反映一个企业的业绩。更为重要的是,EVA指标的设计着眼于企业的长期发展,而不是像净利润一样仅仅是一种短视指标,因此,应用该指标能够鼓励经营者进行能给企业带来长远利益的投资决策,如新产品的研究和开发、人力资源的建设等。这样就能减少企业管理者短期行为的发生。此外,应用EVA能够建立有效的激励报酬系统,这种系统将管理者的报酬与从增加股东财富的角度衡量企业业绩的EVA指标相挂钩,能够正确引导管理者的努力方向,促使管理者充分关注企业的资本增值和长期经济效益。

> EVA的基础是我们长期以来一直熟知的我们称为利润的东西,也就是说企业为股东剩下的金钱,通常根本不是利润。只要某一企业的利润低于资金成本,该企业就处于亏损状态,尽管该企业仍要缴纳所得税,好像真的盈利了一样。相对于消耗的资源来说,企业对国民经济的贡献太少。在创造财富之前,企业一直在消耗财富。
>
> ——〔美〕彼得·德鲁克,管理学大师

不得不承认的是,尽管 EVA 评价系统具有很多独特的优势,但是也存在许多不足。第一,由于 EVA 评价系统所选择的评价指标是唯一的,即 EVA 指标,从而造成评价主体只关心管理者决策的结果,而无法了解驱动决策结果的过程因素,因此 EVA 评价系统只能为战略制定提供支持性信息,而为战略实施提供控制性信息这一目标则不易达成。第二,EVA 评价系统的另一个局限性在于 EVA 指标的计算。EVA 的计算本身就是一个复杂的问题,其难点反映在两个方面:其一,EVA 的会计调整;其二,资本成本的计算。这两个问题的存在增加了 EVA 计算的复杂程度,从而对 EVA 的应用造成了一定的负面影响。因此,要解决 EVA 的计算难点,就必须真正理解 EVA 的本质,同时结合我国企业的实际情况对 EVA 的计算公式进行本土化改造。只有这样,才能使 EVA 真正发挥作用。

资料介绍

中央企业 EVA 新政

"限制非主业投资,对非经常性收益如在股票、房产、期货方面的投资收益将会在计算中减半计算。"2010 年 1 月 7 日,国务院国资委在中央企业经营业绩考核工作会议上提出,将于 2010 年在中央企业层面全面推行 EVA 考核。

2012 年 12 月 29 日,国资委公布了最新修订的《中央企业负责人经营业绩考核暂行办法》,该办法指出,进一步强化业绩考核的价值导向,绝大多数中央企业 EVA 考核指标权重提高到 50%,利润总额指标权重下降为 20%。在计算企业利润总额以及 EVA 时,通过变卖企业主业优质资产所取得的非经常性收益将被全部扣除。业内人士指出,这意味着 EVA 已成为考核中央企业业绩的重要指挥棒,意在挤掉中央企业的泡沫。

2019 年 3 月 1 日,国资委修订印发了《中央企业负责人经营业绩考核办法》,对健全中央企业经营业绩考核体系将起到导向性作用。办法突出了分类考核和差异化考核,在考核指标设置方面,根据分功能定位考核要求:对商业类企业更加突出效益效率指标考核,将净利润替换为利润总额,保留经济增加值作为年度考核基本指标,将全员劳动生产率替换为总资产周转率,保留国有资本保值增值率作为任期考核基本指标;对公益类企业,年度考核取消利润总额指标,保留经济增加值指标,任期经济效益指标只考核国有资本保值增值率指标,年度和任期经济效益指标权重适度下调,相应提高社会效益指标权重。同时,为了突出高质量发展的考核要求,加强科技创新考核,新修订的考核办法将研发投入视同利润,在计算净利润、经济增加值指标时予以加回,引导企业建立研发投入稳定增长机制,鼓励企业加大研发投入。

资料来源:邢莉云,"央企 EVA 新政:股票期货投资收益打'半折'",《21 世纪经济报道》2010 年 1 月 7 日;刘丽靓,"提高 EVA 权重至 50%,央企利润将更加实在",《证券时报》2013 年 2 月 4 日;国资委网站,"国务院国资委有关负责人就《中央企业负责人经营业绩考核办法》答记者问",2019 年 3 月 7 日。

(三)平衡计分卡绩效评价方法

平衡计分卡(Balance Score Card,BSC),是常见的绩效考核方式之一。

1992年，哈佛商学院教授罗伯特·卡普兰和复兴全球战略集团创始人戴维·诺顿在《哈佛商业评论》上联合发表了一篇名为《BSC：驱动业绩的评价指标》的文章。该文章以1990年参与项目小组的12家公司试用这一新的绩效评价方法所得到的实证数据为基础。这篇文章在理论界和实务界引起了巨大轰动。之后，他们通过发表文章和出版著作等多种形式，进一步解释了企业在实践中应该如何运用BSC作为控制战略实施的重要工具。卡普兰和诺顿的这些文章与著作集中体现了BSC自产生以来的发展历程：不仅评价指标不断丰富和创新，而且系统本身也逐渐从单纯的绩效评价提升到了战略管理的高度。

BSC的基本思路，就是将影响企业运营的包括企业内部条件和外部环境、表面现象和深层实质、短期成果和长远发展的各种因素划分为财务、客户、内部流程、学习与成长等四个方面，并针对这四个主要方面，设计出相应的评价指标，以便系统、全面、迅速地反映企业的整体运营状况，为企业的平衡管理和战略实现服务，如图5-9所示。因此，BSC是以企业的战略为导向，以管理为核心，以各个方面相互影响、相互渗透为原则，建立起来的一种网络式的绩效评价系统。

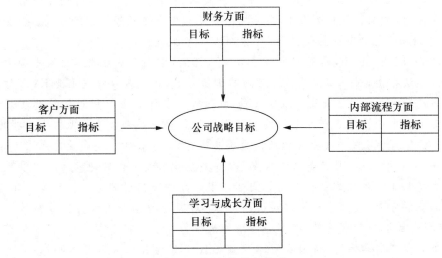

图 5-9 BSC 的基本形式

BSC作为一种绩效评价系统，其优点在于：① 将目标与战略具体化，加强了内部沟通；② 有效实现了指标间的平衡，强调了指标间的因果关系；③ 兼顾了不同相关利益者的利益，有利于获取和保持竞争优势；④ 兼顾非财务绩效计量，增强了过程控制和结果考核的联系。正是因为具备这些优点，BSC自20世纪90年代初产生以来，便迅速在西方受到广泛关注并取得长足发展。《哈佛商业评论》将BSC评论为过去75年来最具影响力的管理思想之一。越来越多的企业开始应用BSC，使其成为西方企业的一项重要管理工具。BSC适用于各种行业与组织，可以通过不同模式为不同目的服务，并创造出千变万化的具体结构和内容。

当然，BSC也有其自身的局限性，主要体现在以下三个方面：

第一，在评价目标的确定方面，尽管BSC从不同方面关注了客户、员工等利益相关者的利益,但忽略了通过利益相关者分析来认识企业的经营目标和发展战略,因而可能导致不能准确地确定提高利益相关者满意度的关键动因。

第二,在评价指标的选择方面,BSC对于如何选择特定的绩效评价指标并没有具体展开。在已有的相关文献中,几乎没有关于BSC如何将结果和方式相联系的指导性原则。正是这种因果关系的不明确,导致BSC遭到许多质疑。另外,非财务评价指标的设计和计算也是一个难题。

第三,在评价方法方面,BSC并没有给出明确的答案。一种可能的解释就是,BSC作为一种管理理论,其创新之处在于使经营者以一种正确认识企业绩效评价的视角,作出正确的战略规划并有效地加以执行;至于单个指标的计分方法、权重的确定并不是它所讨论的重点,但这恰恰是产生问题的一个重要领域。卡普兰和诺顿并没有说明如何对其所使用的不同指标进行权衡。不能明确表达如何在大量的指标中进行权衡,BSC就无法达到"平衡"。

案例 5-23　　　　　顺丰的 BSC 应用

1993年,顺丰诞生于广东顺德;2016年12月12日,顺丰取得证监会批文获准登陆A股市场;2017年2月24日,顺丰正式更名为顺丰控股。

经过多年的发展,顺丰已经成为国内领先的快递物流综合服务商,初步建立为客户提供一体化综合物流解决方案的能力,为客户提供仓储管理、销售预测、大数据分析、金融管理等一揽子解决方案。顺丰同时还是一家具有网络规模优势的智能物流运营商。经过多年潜心经营和前瞻性战略布局,顺丰已形成拥有"天网＋地网＋信息网"三网合一、可覆盖国内外的综合物流服务网络。

顺丰始终采用直营的经营模式,由总部对各分支机构实施统一经营、统一管理,保障了网络整体的运营质量。顺丰运用BSC,建立了四个维度的综合绩效评价指标体系:① 财务维度占24%,包括收入(占10%)、利润(占14%)和贷款回收率(监控指标)等几方面的指标。② 运营管理占26%,其中出错率占20%,具体包括失误率(占5%)、遗失率(占8%)和逾限率(占7%);运作时效性占6%,包括中转时效和运作效率。③ 客户方面占20%,具体指标有客户满意度(占4%)、客户投诉率(占8%,其中对收派员形象和礼仪方面的考核占5%)、月结客户增长率(占4%)和月结客户营业金额增长率(占4%)。④ 基础建设占30%,分为人力资源与团队建设(占15%)和制度执行及反馈情况(占15%),人力资源与团队建设又细化为人力资源合格率(占6%)、人才储备完成率(占3%)、团队氛围(占4%)和人均效能(占2%)等几个方面,此外,监控指标包括员工满意度和培训计划完成率。

独特的直营模式提高了顺丰的服务质量和市场地位,使其在快递服务质量和满意度等指标排名中连续多年位列前茅,带来了良好口碑和品牌溢价。这使得顺丰拥有较高的业务单价,在收入平稳增长的同时,保持了健康的收入水平。同时,由于直营模式下企业运营管理统一化、标准化,加上一贯重视人才培养和在信息化领域的投入,顺丰不断提高企业运营和内部流程管理的智能化水平。这不仅能保证公司经营管理的稳定性,还能确保在异常事件、运营时效及成本等方面的可控性。

资料来源:赵闯、沙秀娟,"顺丰速运的平衡计分卡应用",《财务与会计》2018年第3期。

本章小结

《企业内部控制基本规范》指出,企业应当结合风险评估结果,通过手工控制与自动控制、预防性控制与发现性控制相结合的方法,运用相应的控制措施,将风险控制在可承受度之内。控制措施一般包括:不相容职务分离控制、授权审批控制、会计系统控制、财产保护控制、预算控制、运营分析控制和绩效考评控制等。

企业应当根据内部控制目标,结合风险应对策略,综合运用控制措施,对各种业务和事项实施有效控制。企业应当建立重大风险预警机制和突发事件应急处理机制,明确风险预警标准,对可能发生的重大风险或突发事件,制定应急预案、明确责任人员、规范处置程序,确保突发事件得到及时妥善处理。

不相容职务分离控制要求企业全面系统地分析、梳理业务流程中所涉及的不相容职务,实施相应的分离措施,形成各司其职、各负其责、相互制约的工作机制。在实际中,企业还应该针对关键岗位实行轮岗或者强制休假制度。

授权审批控制要求企业根据常规授权和特别授权的规定,明确各岗位办理业务和事项的权限范围、审批程序和相应责任。企业应当编制常规授权的权限指引,规范特别授权的范围、权限、程序和责任,严格控制特别授权。企业各级管理人员应当在授权范围内行使职权和承担责任。企业对于重大的业务和事项,应当实行集体决策审批或者联签制度,任何个人不得单独进行决策或者擅自改变集体决策。

会计系统控制要求企业严格执行国家统一的会计准则制度,加强会计基础工作,明确会计凭证、会计账簿和财务会计报告的处理程序,保证会计资料真实完整。企业应当依法设置会计机构,配备会计从业人员。

财产保护控制要求企业建立财产日常管理制度和定期清查制度,采取财产记录、实物保管、定期盘点、账实核对等措施,确保财产安全。企业应当严格限制未经授权的人员接触和处置财产。

预算控制要求企业实施全面预算管理制度,明确各责任单位在预算管理中的职责权限,规范预算的编制、审定、下达和执行程序,强化预算约束。

运营分析控制要求企业建立运营情况分析制度,经理层应当综合运用生产、购销、投资、筹资、财务等方面的信息,通过因素分析、对比分析、趋势分析等方法,定期开展运营情况分析,发现存在的问题,及时查明原因并加以改进。

绩效考评控制要求企业建立和实施绩效考评制度,科学设置考核指标体系,对企业内部各责任单位和全体员工的业绩进行定期考核与客观评价,将考评结果作为确定员工薪酬以及职务晋升、评优、降级、调岗、辞退等的依据。

即测即评

学完本章内容后,学生可扫描右侧二维码完成客观题测验(共包含 10 个单选题、5 个多选题、5 个判断题),提交结果后即可看到答案及相关解析。

 思考题

1. 《企业内部控制基本规范》主要规定了哪几种最基本的控制活动?如何理解控制活动?
2. 何为不相容职务分离控制?它的内容包括什么?
3. 何为授权审批控制?它的基本原则包括哪些?
4. 何为会计系统控制?它的内容包括什么?
5. 何为财产保护控制?它的具体措施有哪些?
6. 预算控制的作用有哪些?有哪些方法?
7. 简要说明运营分析控制的基本流程和方法。
8. 简要说明绩效考评控制的基本流程和方法。

 案例分析

新鑫公司拟于 20×8 年在深交所中小企业板上市,为了符合证监会与深交所的监管要求,公司新修订了内部控制制度。公司内部控制制度的设计与运行情况如下:

(1) 单位财务处处长负责支票的签署,外出时其职责由副处长代为履行;副处长负责银行预留印鉴卡的保管和财务专用章的管理,外出时其职责由财务处处长代为履行;财务人员乙负责空白支票的管理,仅在出差期间交由财务处处长管理。负责签署支票的财务处处长的个人名章由其本人亲自掌管,仅在出差期间交由副处长代管。

(2) 关于货币资金支付的规定:部门或个人用款时,应提前向审批人提交申请,注明款项的用途、金额、支付方式或相关证明;对于金额在 10 000 元以下的用款申请,必须经过财务处副处长审批,金额在 10 000 元以上的用款申请,应经过财务处处长审批。出纳人员根据已经批准的支付申请,按规定办理货币资金支付手续,及时登记现金和银行存款日记账;货币资金支付后,应由专职的复核人员复核货币资金的批准范围、权限、程序、手续、金额、支付方式、时间等,发现问题后及时纠正。

(3) 公司领导规定当出纳、会计因事不在班时,为了不影响工作,出纳业务由主管会计代理。

(4) 关于仓库保管的规定:设立保管员岗位,由其负责登记存货明细账,以便对仓库中所有存货项目的验收、发、存进行永续记录。在收到验收部门送交的存货验收单后,保管员根据验收单登记存货领料单。平时,各车间或其他部门需要领取原材料时,都可以填写领料单,保管员根据领料单发出原材料。公司辅助材料的用量很少,因此领取辅助材料时,没有要求使用领料单,可直接到仓库领取。至于盘点,每年年终安排一次,由生产部门自行进行。

(5)公司销售部门经理张某经常外出,回来后填制"差旅费报销单",在"领导批示"栏直接签署同意,即予报销。

要求:指出新鑫公司新修订的内部控制制度是否存在不恰当之处;如果存在,提出改进建议。

技能训练题

请登录中央纪委网站,搜寻整理截止到搜寻日的所有中央巡视组反馈意见,并分组总结分析各种组织类型(如政府部门、事业单位、中央企业)存在的控制活动的典型问题。

21世纪经济与管理规划教材

财务管理系列

第六章

信息与沟通

【引言】

　　本章首先探讨了信息的类型与来源,解释了信息的收集与传递方式;接着介绍了内部沟通和外部沟通的方式,说明了反舞弊工作的内容以及反舞弊的具体措施;最后界定了信息技术和信息系统的内涵及其关系,阐述了内部控制对信息技术的利用和信息系统引发的风险。

【学习目标】

　　完成本章的学习后,您将能够:
　　1. 了解信息的作用、类型与来源,理解信息的收集与传递方式;
　　2. 了解沟通的意义,理解沟通的方式;
　　3. 理解反舞弊工作的重点内容,掌握反舞弊机制的具体措施;
　　4. 理解信息技术及信息系统的作用,掌握信息系统的主要风险。

案例引入
沃尔玛：企业成功源于沟通

2020年8月10日,《财富》杂志网站揭晓了2020年《财富》最新的世界500强排行榜。作为世界商超巨头,沃尔玛再次登顶世界500强榜首宝座,这已经是沃尔玛连续第七年获此殊荣,确实厉害!那么,沃尔玛为何如此成功呢?

沃尔玛总裁山姆·沃尔顿曾说过:"如果你必须将沃尔玛的管理体制浓缩成一种思想,那可能就是沟通。因为它是我们成功的真正关键之一。"

沃尔玛总部设在美国阿肯色州本顿维尔市。沃尔玛在只有几家店时就已经懂得分享信息的重要性了。如今,沃尔玛已发展成为跨国大公司,沟通对它来说显得更为重要。沃尔玛在电脑及卫星通信上花费数亿美元,每周六召开工作会议,行政管理人员每周花费大量的时间飞往各地视察各店,所有这一切都是为了沟通。在沃尔玛,每家分店经理和部门主管都知道与他们的分店有关的所有数字,如果需要,也能知道其他店的有关数字,从而始终对自己的经营状况及与其他店相比的情况有清楚的了解,同时鼓励他们争取更好的成绩,这也是沃尔玛制胜的法宝之一。

由于分店数量太多,每家分店的部门主管无法与本顿维尔总部的供应商代表充分沟通,于是沃尔玛就按部门举办研讨会,如运动用品部,从每一区域挑选该部门的一位主管,总共184位,集中到本顿维尔与总部采购人员沟通,再与供应商代表交换对产品优缺点的看法及下季度的计划。这些部门主管回到本地区后,再与附近商店同一部门的主管们分享其获得的信息。

山姆·沃尔顿认为让员工们了解公司业务进展情况,与员工共享信息,是让员工最大限度地干好本职工作的重要途径,是与员工沟通和联络感情的核心。沃尔玛正是通过共享信息和分担责任,满足了员工的沟通与交流需求,达到了以下目的:使员工产生责任感和参与感,意识到自己的工作在公司的重要性,感觉自己得到了公司的尊重和信任,从而积极主动地争取更好的成绩。另外,"与员工沟通"已经成了沃尔玛及时处理各类商业信息和商业创意的渠道,为沃尔玛及时抢占市场、作出市场反应赢得了宝贵的时间。

由此可见,信息与沟通的管理意义是显而易见的,沃尔玛不仅确保企业内部信息的有效沟通,也注重企业与外部进行有效的信息沟通。

资料来源:(1)高立法,虞旭清,《企业全面风险管理实务》,经济管理出版社2009年版;(2)挂云帆网2020年6月18日文章"沃尔玛的沟通管理 企业管理基础工作创新"。

企业的正常经营运转离不开资金流、物流和信息流的畅通及配合,其中信息流就像人体中的神经系统,负责识别有效信息、准确快速地传递信息,从而帮助决策者正确应对、采取有效措施。信息流不畅,会导致企业盲目判断,身处险境而毫不知情。因此,有效的信息与沟通是内部控制目标实现的重要保证。《企业内部控制基本规范》第三十八条指出,企业应当建立信息与沟通制度,明确内部控制相关信息的收集、处理和传递程序,确保信息及时沟通,促进内部控制有效运行。

那么，企业应关注哪些信息类型与来源？如何有效地收集与传递信息？信息技术在内部控制中起什么作用？信息技术的应用会给企业带来哪些风险？沟通存在哪些方式？如何进行有效沟通？本章将详细回答以上问题。

第一节 信 息

一、信息的类型

信息是指信息系统辨识、衡量、处理及报告的标的，来自企业内部或外部，包括获取外部的行业、经济、监控等方面的信息，以及内部的生产经营管理、财务等方面的信息。企业应准确识别、全面收集、不断完善获取信息的机制，随时掌握市场、竞争对手、行业变化等动态，并及时、有效地传达给相关负责人员，以便有足够的信息处理经营业务，对变化迅速作出反应。

（一）信息的类别

不同的信息有不同的特征，通常可以按照正式程度、来源、主客观因素将信息分为不同的类别。如图 6-1 所示，根据信息的正式程度可以将组织中的信息分为正式信息与非正式信息。其中，非正式信息是指在组织中通过非官方的、私下的沟通方式来传递的信息，其特点为信息交流速度快、效率高，并且能够满足员工的情感需要。正式信息根据其来源可以分为内部信息与外部信息。其中，内部信息来自组织中特定业务的内容，包括生产、销售、研发、人力资源等方面的信息；外部信息来自组织周围的环境，包括经济形势、

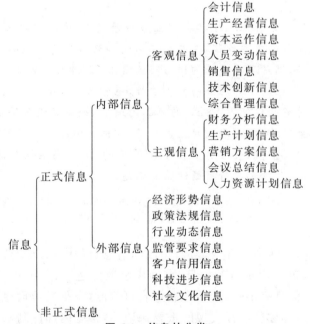

图 6-1 信息的分类

资料来源：李心合，《企业内部控制基本规范讲解》，大连出版社 2008 年版。

政策法规、行业动态、监管要求、客户信用、科技进步、社会文化等方面的信息。另外，内部信息可能是客观的，也可能是主观的。客观信息包括观察对象的初始信息、经观察者干预之后的效果信息、环境信息等，而不包含分析等信息处理活动；主观信息则对事物进行了处理，试图加入判断、预测的因素，在企业中主要表现为决策信息、指令信息、控制信息、目标信息等。

结合《企业内部控制基本规范》的规定，内部控制所需要的信息包括来自企业内部及外部的、与企业经营管理相关的财务信息及非财务信息。内部控制相关信息涵盖企业内部及外部、主观及客观、正式与非正式，并影响企业内部环境、风险评估、控制活动及内部监督的信息。因此，确定信息的收集内容时，应在内部控制覆盖的信息范围内，根据不同的信息需求收集不同类型的信息。

（二）企业组织层级划分及其信息需求

企业组织层级大体可以划分为三个层次，即决策层、管理层和执行层。决策层是组织的领导机关，一般由组织内部的决策性人物，如董事长、总经理、副总经理等组成。它负责确定组织的目标、纲领和实施方案，进行宏观控制。管理层是决策层的下属机构，包括采购、生产、销售、财务、人事等管理部门。其职责是把决策层制定的方针、政策贯彻到各个职能部门的工作中去，对日常工作进行组织、管理和协调。执行层在决策层的领导和管理层的协调下，通过各种技术手段，把组织目标转化为具体行动。

企业组织不同的层级所需要的主要信息类型是不同的，执行层的信息需求以客观信息为主，决策层的信息需求则以主观信息为主。基本规律是所处层级越高，其所需信息的筛选、加工处理的程度越高。例如，执行层从底层业务掘取数据信息，海量业务信息经过筛选成为管理信息，管理层通过对管理信息的不断加工处理生成决策层需要的指标信息，当然信息也会反向传递，成为各层级所需的有效信息类型，如图6-2所示。

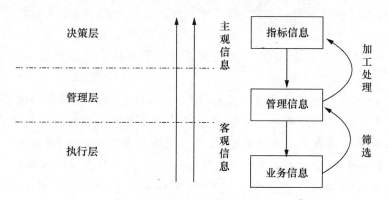

图6-2　组织层级及其信息需求

二、信息的收集

明确了企业需要什么样的信息，下一步我们就需要关注如何才能获取相关信息，即信息的收集。由于企业内外部信息的收集方式有较大的不同，因此我们分别进行讲解。

（一）内部信息的收集

《企业内部控制基本规范》第三十九条指出，企业可以通过财务会计资料、经营管理资料、调研报告、专项信息、内部刊物、办公网络等渠道，获取内部信息。这里我们将其简化地分为财务会计资料和其他内部信息资料。

1. 财务会计资料

财务会计资料是指通过对企业已经完成的资金运动进行全面系统的核算与监督，为外部与企业有经济利害关系的投资人、债权人和政府有关部门提供的反映企业财务状况与经营成果等经济信息的书面资料，一般主要指财务报告。根据《企业内部控制应用指引第 14 号——财务报告》第二条，财务报告是指反映企业某一特定日期财务状况和某一会计期间经营成果、现金流量的文件。根据会计准则的相关规定，财务报告具体包括资产负债表、利润表、现金流量表、所有者权益变动表、会计报表附注和财务情况说明书。

根据《企业内部控制应用指引第 14 号——财务报告》第十二条，企业编制财务报告，应当充分利用信息技术，提高工作效率和工作质量，减少或避免编制差错和人为调整因素。

案例 6-1　瑞幸咖啡造假被美国证监会罚款 1.8 亿美元

北京时间 2020 年 12 月 17 日，美国证券交易委员会（SEC）宣布，瑞幸咖啡此前严重虚报公司营业收入、费用和净运营亏损，以此欺骗投资者，试图使其看起来像是实现了快速增长和提高了盈利能力，并达到该公司的盈利预期。面对这项指控，瑞幸咖啡同意支付 1.8 亿美元的罚款。

美国证券交易委员会在起诉书中称，至少在 2019 年 4 月到 2020 年 1 月期间，瑞幸咖啡通过三个独立的购买计划，利用关联方对销售交易进行造假，故意捏造了超过 3 亿美元的零售额。起诉书称，瑞幸咖啡的某些员工试图通过将公司费用夸大逾 1.9 亿美元以创建一个虚假的运营数据库，并篡改会计和银行记录来反映造假的销售额，借此掩盖其欺诈行为。

2020 年 4 月，瑞幸咖啡自爆存在造假行为，并公布了 2019 年第二季度到第四季度期间存在的伪造交易行为，涉及销售额约 22 亿元。公司董事会已成立特别委员会，负责对 2019 年财报审计期间的问题展开调查，随后公司股价暴跌。当时，美国多家律师事务所对此发起了集体诉讼，以控告其违反了美国证券法，作出虚假和误导性陈述。

6 月 29 日，瑞幸咖啡正式在纳斯达克交易所停止交易，进入退市程序，结束了 400 多天的上市之旅，瑞幸咖啡的股价定格在了 1.38 美元，相较上市时 17 美元的发行价缩水了 90%。

7 月底，官方正式披露了对瑞幸咖啡财务造假事件的调查进展，发现自 2019 年 4 月起至 2019 年年末，瑞幸咖啡通过虚构商品券业务增加交易额 22.46 亿元，虚增收入 21.19 亿元，虚增成本费用 12.11 亿元，虚增利润 9.08 亿元。

7 月 31 日，中国证监会发布通报称：根据国务院金融委关于对资本市场财务造假行为"零容忍"的精神要求,证监会会同财政部、市场监管总局等部门,依法对瑞幸咖啡境内运营主体、关联方及相关第三方公司涉嫌违法违规行为进行了立案调查,同时根据国际证监会组织(IOSCO)跨境监管合作机制的安排,配合美国证券监管部门开展跨境协查。

目前,上述工作取得了重要进展。相关部门调查显示,瑞幸咖啡境内运营主体及相关管理人员、相关第三方公司存在大规模虚构交易,虚增收入、成本、费用,虚假宣传等行为,违反了我国《会计法》《反不正当竞争法》的相关规定。瑞幸咖啡境内关联的新三板挂牌公司神州优车股份有限公司、北京氢动益维科技股份有限公司信息披露存在违法行为,违反了我国《证券法》的相关规定。财政部、市场监管总局、证监会将依法对瑞幸咖啡境内运营主体及相关责任人、协助造假及帮助虚假宣传的多家第三方公司、两家新三板关联公司及相关责任人予以行政处罚。近日,证监会已向涉案当事人送达行政处罚事先告知书。相关责任主体如涉嫌犯罪的,将依法移送公安司法机关进一步追责。

中国证监会表示,严厉打击资本市场财务造假,保护投资者合法权益,是全球证券监管部门的共同职责。中国证监会将全面落实国务院金融委对资本市场违法犯罪行为"零容忍"的要求,继续加强与境内外监管执法部门的密切协作,依法稳妥推进瑞幸咖啡财务造假事件调查处置工作,严厉打击、绝不姑息,坚决维护公平公正市场秩序和法治健康市场生态。

资料来源:连建明,"瑞幸咖啡的财务造假案收到美国证监会天价罚单",《新民晚报》2020年12月17日。

2. 其他内部信息资料

公司各单位对收集、产生的各种信息进行必要的加工与分析,以满足向各级管理人员提供详细程度不同的有效信息的要求。

(1) 经营管理信息。下属单位及部门按照统计报表的要求,每月(或每周)通过公司信息系统自下而上地报送统计资料,公司规划部门对主要生产经营指标进行对比分析,形成月度、季度、年度生产经营运行监测报告,上报公司管理层。

(2) 规章制度信息。规章制度制定单位需要对下列事项进行全面论证:制度制定的依据和规范的对象;制度解决的主要问题;该项制度的安排与其他相关制度的衔接;制度颁发实施的条件与时机;制度执行中需要注意的问题。在形成制度文稿之前相关部门必须通过公司内部网络或电子邮件发布征求意见稿,征求职能部门和下属单位的意见,在广泛吸收意见的基础上对其进行完善,最后由管理层签发执行。

(3) 综合信息。审计部门或内部控制部门负责收集内部审计方面的相关信息与违规、舞弊的信息,对于重大、紧急情况等需要立即处理的信息,应及时报送公司管理层。总裁办公室负责公司重要综合管理信息的收集、编发,开展专题调研,及时掌握所属公司和其他部门工作动态,为管理层决策提供信息参考。下属单位负责职权范围内管理信息的收集、编发和制度制定,开展专题调研,及时掌握所属范围内的工作动态,按照公司的信息需求及时向总部提供各种所需的信息。

案例 6-2　信息混乱　车毁人亡

2008年4月28日凌晨4时48分,北京开往青岛的T195次旅客列车运行至山东省境内胶济铁路周村至王村间时因超速脱线,第9—17节车厢在铁路弯道处脱轨,侵入并行的另一条铁轨,和正常运行的烟台至徐州的5034次旅客列车相撞,造成71人死亡、416人受伤。

现已证实,事故线路是一条呈"S"形的临时线路,而超速被认为是这起事故的直接原因,但超速的背后则是信息传递混乱。行经此段的列车限速一个月内竟数次更改,而且指令传达不畅通,规章制度形同虚设。

事发前几天济南铁路局曾发文限速,但又迅速取消。潜伏巨大危险的临时铁路,儿戏般的调度管理,层层的疏忽与失职,最终导致了中国铁路史上最重大的惨祸之一。可见,基层安全意识薄弱,信息滞漏失误,现场管理存在严重漏洞,是导致这次风险事故发生的主要原因。

资料来源:高立法、虞旭清,《企业全面风险管理实务》,经济管理出版社2009年版。

(4) 员工提供的信息。公司设立举报电话、网上举报中心和电子举报信箱并对外公布,审计部门(或内部控制部门)与企业风险管理部门有专人跟进。在员工比较集中的地方还需设立举报箱,给员工提供信息举报、不服处分或处理申诉的渠道,并明确承诺:报告潜在违规或其他事件的员工不会受到任何报复或骚扰,任何进行报复或骚扰的员工都将会受到严重的纪律处分,并可终止雇用。此外,还要根据实际情况对员工的举报进行保护和奖励。公司组织开展合理化建议活动,听取员工的合理化建议和意见,对被采纳的建议实行奖励。

(5) 信息系统产生的信息。公司信息系统提供相关信息,公司职能部门、下属单位根据各自的权限共享这些信息,充分利用信息技术,提高工作效率和工作质量,减少或避免编制差错和人为调整因素。

当然,除了信息管理系统、内部报告、调研报告、专项会议、内部刊物、公司局域网这些信息收集渠道外,现代企业中必然存在其他可以选择的内部信息收集渠道,企业应结合自身特点充分利用各种渠道收集有价值的内部信息。

(二) 外部信息的收集

《企业内部控制基本规范》第三十九条指出,企业可以通过行业协会组织、社会中介机构、业务往来单位、市场调查、来信来访、网络媒体以及有关监管部门等渠道,获取外部信息。

1. 调查

调查用于获取潜在信息资源和关于现实资源的各种信息,最为常见的方法有问卷调查法和访问调查法。问卷调查法是将设计好的问卷发放给抽样选择的样本群体并在其给出回答后收回问卷。访问调查法则是与选取的样本当面

延伸阅读 6-1　上市公司并购中的尽职调查

交流,常用于用户需求的分析及相关信息的获取。因此,当需要了解客户需求、客户满意度、产品评价、面向的客户群体等信息时,企业可以采用调查的方式来收集信息。当然,这种方法对问卷设计或者访问者的技巧提出了较高要求,否则很难达成预期的信息收集目标。

2. 网络查询

网络查询是指在现代信息技术基础上的信息收集方式,常见的渠道有互联网、专业数据库、组织互联系统。通过互联网,企业可以获取相当多的外部公开信息,包括:经济形势、产业政策、资源供给等经济信息;法律法规、监管要求等法律信息;地区传统文化、教育水平等文化信息;科技发展、技术进步等科技信息。通过互联网获取信息具有便捷、成本较低等优点,但也由于信息源的不确定导致信息的可靠性有待商榷,因此应选取官方的网络媒体获取信息。网络查询的另一个渠道是专业数据库。专业数据库拥有具有版权的材料、权威的研究报告,这些都是从免费的互联网信息中无法获取的资源。通过专业数据库,企业可以更加迅速地收集到有深度的、高质量的信息。另外,电子商务的发展,使得企业与上游的供应商、下游的客户可以在"虚拟市场"中进行交易。在这个过程中,信息可以在组织中自由流动,信息学将这类技术称为组织互联系统。组织互联系统为企业提供有关客户需求、供应商供给等实时信息,大大便利了企业的信息收集活动。

3. 咨询

咨询是指企业从社会中介机构、专业协会组织、专家等相关单位和个人那里获取信息的过程。一般来说,企业咨询的社会中介机构、专业协会组织、专家在其相关领域(如经营管理、财务、法律、科技等)都有专长,常见的有行业协会组织、咨询公司、律师事务所等机构。这些单位和个人能为企业提供相关领域内较为权威和全面的信息,可以满足企业经营管理的需要,但同时也存在成本较高的缺点。

4. 交换和接收

交换和接收是指企业有时会出于某些原因与其他机构交换信息,或直接获取其他机构提供信息的信息收集方式。例如,与客户的信息互联就是一种典型的交换信息收集方式,企业通过与下游客户交换需求与供给信息来最大化客户需求信息的利用价值。而接收信息收集方式更多地发生在上下级组织之间,或者企业与监管机构之间。例如,对于母公司经营政策等信息,子公司通常只要接收即可;对于监管机构发布的各项监管要求,公司通常也是以接收为主。

5. 采访

采访主要用于获取潜在的信息资源,常见的有个别访问、座谈采访、现场观察、参加会议、电话采访和通信采访等方式。该类信息收集方式由于可以作深入的探索,能够就一些复杂的议题开展讨论,通常可以获取质量较高的信息,因此,可以用于重要客户反馈、新兴市场需求等信息的收集。但需要考虑的问题是采访对象和地点的代表性,以及采访者的个性和偏见等对信息质量的影响。

案例 6-3　　　　万达商业年会:以合作促创新

2019年9月19日,备受业界瞩目的2019万达商业年会在北京雁栖湖国际会展中心盛大开幕,本届商业年会由万达商业管理集团联合腾讯主办,上海丙晟科技有限公司协办,以"洞察消费趋势,科技赋能商业"为主题,经济学家、行业领袖、科技大咖与千余名商业领域精英亮相本次盛会,共同探讨新消费趋势下商业进阶之路,谋划商业地产存量时代科技赋能之道。

本届万达商业年会为期两天,设置了主题论坛、平行论坛、颁奖盛典、合作洽谈会和联谊活动等多个环节,吸引了品牌商、代理商、项目投资合作商等合作伙伴2万余人参与。

在年会开幕式上,万达商业管理集团总裁齐界致辞表示:"万达商业年会始于2008年,历经十余年的沉淀与发展,如今已成长为中国最具行业影响力的商业盛会。随着中国商业的发展与变革,万达商业年会也在积极推动商业数字化创新融合,为共筑共享共生的'商业生态系统'贡献力量。本届商业年会围绕'洞察消费趋势,科技赋能商业'的主题,就驱动经营能力提升、构建商业数字化等行业热点,与商业精英一同交流、探讨,共画商业发展远景,共谋商业经营韬略,共同打造合作平台。"开幕式上,万达商业管理集团代表与协会领导、企业代表共同出席了剪彩仪式,正式拉开了2019万达商业年会帷幕。

在当日大会品牌与代理商合作洽谈会现场,300余家国内外知名品牌现场办公,涵盖服装服饰、生活精品、餐饮美食及儿童体验等不同业态,5 000余家品牌及代理商现场开展选址、开店、加盟等方面的一站式洽谈,洽谈气氛异常热烈,全产业链资源在此交融交流、互联互通。目前万达商业管理集团合作品牌超过27 000家,旗下开业万达广场达295家,并以每年开业约50家的速度递增,拥有超级规模和品牌资源,使得万达商业年会产生了规模效应。今年特别设立的自由分享区成为小型发布会现场,20余家品牌争相亮相,展示各自在品牌经营、产品创新、营销变革上的创新模式,为品牌争取更多合作商机。

资料来源:转引自万达官网2019年9月23日报道,原标题为"洞察消费趋势 科技赋能商业 2019万达商业年会开幕"。

当然,不同企业需要的外部信息存在差异,各企业对每类信息的侧重点也存在差异。因此,企业应结合自身特点以及成本效益原则,使用适合的方式收集有价值的外部信息。

三、信息的处理

收集到有效信息后,需要对信息进行进一步的筛选、加工、处理,从而提高信息的有用性。《企业内部控制基本规范》第三十九条指出,企业应当对收集的各种内部信息和外部信息进行合理筛选、核对、整合,提高信息的有用性。我们参照《企业内部控制应用指引第14号——财务报告》第四章"财务报告的分析利用",以财务报告的分析利用为例解释信息的处理过程。

企业应当重视财务报告分析工作,定期召开财务分析会议,充分利用财务报告反映的综合信息,全面分析企业的经营管理状况和存在的问题,不断提高经营管理水平。企业财务分析会议应吸收有关部门负责人参加。总会计师或分管会计工作的负责人应当在财务分析和利用工作中发挥主导作用。

第二节 沟　　通

> 如果你必须将沃尔玛的管理体制浓缩成一种思想，那可能就是沟通。因为它是我们成功的真正关键之一。
>
> ——〔美〕山姆·沃尔顿，沃尔玛公司创始人

《企业内部控制基本规范》第四十条指出，企业应当将内部控制相关信息在企业内部各管理级次、责任单位、业务环节之间，以及企业与外部投资者、债权人、客户、供应商、中介机构和监管部门等有关方面之间进行沟通和反馈。信息沟通过程中发现的问题，应当及时报告并加以解决。重要信息应当及时传递给董事会、监事会和经理层。

视频讲解 6-1　沟通

由此可知，企业信息沟通不仅包括内部信息沟通，还包括外部信息沟通。内部信息沟通是指企业经营、管理所需的内部信息、外部信息在企业内部的传递与共享；外部信息沟通是指企业与利益相关者之间的信息沟通。

案例 6-4　　万科的信息与沟通体系

万科企业股份有限公司 2020 年年度报告披露了董事会对公司内部控制的自我评估报告。在自我评估报告中，对公司信息与沟通的阐述如下：

公司制定了包括《万科集团信息管理办法》《万科集团关键信息保密管理规范》等在内的各项制度，规范公司经营管理信息传递活动。在日常经营过程中，公司建立了定期与不定期的业务与管理快报、专项报告等信息沟通制度，便于全面、及时了解公司经营管理信息。

公司致力于信息安全管理体系建设，制定了一系列信息安全方针、策略和制度，以保护公司信息资产安全。通过持续运用信息化手段、优化信息流程、整合信息系统，不断提高管理决策及运营效力。万翼科技作为集团信息化工作的执行及管理机构，负责集团地产开发全过程数字化建造体系、数字化营销平台、员工协同办公平台、业务运行系统、财务管理系统、办公管理系统，以及各类信息系统的规划、开发与维护工作，面向全集团提供高效安全的云服务、数字化产品、系统服务与统一的数据平台和技术平台，不断深化技术和数据积累，积极研发和引进新科技；制定及落实集团信息安全管理制度及安全策略；提供集中的信息安全技术支撑，保障集团信息系统的安全性、数据的合规性及信息的安全流转，降低集团信息安全风险。

在与客户、合作伙伴、投资者和员工关系方面，公司已建立起较完整透明的沟通渠道，在完善沟通的同时发挥了对公司管理的监督作用。对客户，公司本着"以客户为中

心"的理念,贯彻"客户是我们的衣食父母"的方针,持续做好从总部到前线、从地产开发到物业服务及各新增业务场景的客户服务工作,通过网络方式的多种投诉沟通渠道,接收与倾听客户意见和反馈,持续开展围绕客户产品、服务感受的客户满意度评价工作,覆盖商业开发和运营、物流仓储服务、产业城镇、冰雪度假、养老、教育等领域;对投资者,其除了通过法定信息披露渠道获取公司信息,还可以通过电话、电子邮件、公司网站、直接到访公司、参与公司组织的网络路演和见面会等方式了解公司信息,公司建立网络辅助系统及时响应投资者的各类需求,保证投资者及时了解公司的经营动态,通过互动加强对公司的理解和信任;对员工,设立多种形式的内部沟通渠道,保证沟通顺畅有效;对外开展商业合作时,倡导合作共生共赢,保持良好的合作关系。公司要求所有供应商均须签订阳光合作协议,表明公司价值观和对员工的廉洁要求,明确公司廉正政策及举报渠道;重大节假日主动向员工、合作伙伴发出廉洁提示,共同营造阳光健康的廉正氛围。

资料来源:《万科企业股份有限公司 2020 年度内部控制评价报告》,2021 年 3 月 31 日。

一、内部沟通

企业内部控制相关信息应在企业内部各管理级次、责任单位、业务环节之间进行沟通和反馈,对于信息沟通过程中发现的问题应及时报告并加以解决。根据《企业内部控制应用指引第 17 号——内部信息传递》,内部信息传递是指企业内部各管理层级之间通过内部报告形式传递生产经营管理信息的过程。这个过程分解开来可分为内部报告的设计、使用,以及内部信息传递级须关注的风险。

(一)内部报告的设计

1. 设计依据

内部报告的设计应根据企业发展战略、风险控制和业绩考核要求,科学规范不同级次的内部报告指标体系,采用经营快报等多种形式,全面反映与企业生产经营管理相关的各种内外部信息,如图 6-3 所示。内部报告指标体系的设计应当与全面预算管理相结合,并随着环境与业务的变化不断进行修订和完善。设计内部报告指标体系时,应当关注企业预算的执行情况。

2. 外部信息收集

企业应当关注市场环境、政策变化等外部信息对企业生产经营管理的影响,广泛收集、分析、整理外部信息,并通过内部报告传递到企业内部相关管理层级,以便采取应对策略。

3. 报告渠道

企业应当拓宽内部报告渠道,通过落实奖励措施等多种有效方式,广泛收集合理化建议。企业应当制定严密的内部报告流程,充分利用信息技术,强化内部报告信息集成和共享,将内部报告纳入企业统一的信息平台,构建科学的内部报告网络体系。

4. 质量要求

企业内部各管理层级均应当指定专人负责内部报告工作,重要信息应及时上报,并

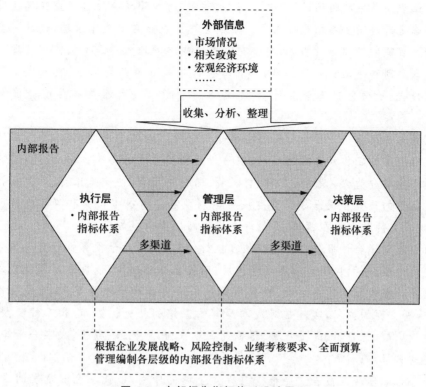

图 6-3　内部报告指标体系设计原理

可以直接向高级管理人员报告。企业应当建立内部报告审核制度,确保内部报告信息质量。内部报告应当简洁明了、通俗易懂、传递及时,便于企业各管理层级和全体员工掌握相关信息,正确履行职责。

案例 6-5　构建管理会计报告,为项目管理层提供有效信息

管理会计报告已经得到施工企业高层管理者的高度重视,中国交通建设股份有限公司(下称"中交集团")也不例外。中交集团正在使用的管理会计报告,为中交集团制定专业化和差异化经营战略、培育各板块的核心业务提供了决策性的资料。本文以中交集团下属中交第二航务工程局有限公司(下称"中交二航局")为例,讲述如何构建施工企业项目管理层的管理会计报告,从而解决项目部的管理困境,为项目管理者提供有效信息。

按照中交集团的组织管理架构,管理会计报告分别从业务单元、行业维度出发,以会计主体的资产负债表、利润表和现金流量表为基础,对各级单位报表中所涉及的财务指标进行分解和归集,形成反映各事业部、区域总部的财务状况、经营成果和现金流量以及各行业经营成果的管理会计报告。现阶段管理会计报告分为事业部管理会计报告、区域总部管理会计报告、行业管理会计报告三部分。以上三部分管理会计报告数据反映了各事业部对中交集团财务状况、经营成果和现金流量的贡献情况,有助于中交集团制定专业化和差异化的经营战略,培育各板块的核心业务,形成其核心竞争力。

中交二航局是中交集团的二级单位,中交二航局的管理会计报告是在集团管理会计报告的基础上再进行范围拓展和深化。项目管理的重点在于成本管理,设计一套施工企业项目成本管理的管理会计报告,能够有效提高成本管理水平。本文依据管理会计报告编制的基本原则和平衡计分卡工具,将管理会计报告分为四大部分:收入成本费用分析管理会计报告、专项分析管理会计报告、资金分析管理会计报告和业绩评价管理会计报告。

收入成本费用分析管理会计报告主要是根据项目的工程进度,将本月预算完成的工作量和实际完成的工作量进行对照,以便分析对项目盈亏的影响。中交二航局施工企业的项目成本主要分为六大类:人工费、材料费、船机使用费、协作施工费、其他直接费和间接费。各项目的预算应根据施工进度按月编制预算。将成本预算和实际执行进行对比分析,发现项目的盈亏点在哪里,为管理者提供高质量的报告。

专项分析管理会计报告主要是在预算执行的基础上,对于预算执行有大幅起落的成本费用进行专项分析,让项目管理者快速反应,提出相应对策,以便及时降低成本。专项分析管理会计报告应有其灵活性,根据预算报告的内容和管理需要,决定是否作专项分析,分析哪些方面的内容,实际是对成本预算的深挖和补充。例如,职工薪酬、材料的采购和消耗、协作施工费用、间接费用、租赁设备等方面,以图表、数据、文字分析等形式,进行多维度的分析。

资金分析管理会计报告主要根据权责发生制的原则,依托现金流量表的主线,对资金计划和计划执行进行系统的分析。通过资金分析管理会计报告,了解项目的资金流向、资金余缺,合理使用资金,保障生产正常进行。

业绩评价管理会计报告是依靠平衡计分卡工具来进行分析,将企业的战略目标从财务维度、内部运营维度、学习与成长维度和客户维度,通过设定目标来考核项目的业绩。财务维度是项目管理层最关心的维度,能全面、综合反映经营活动的最终价值。客户维度要求企业遵循"顾客就是上帝"的原则,向客户提供满意的产品和优质服务。内部运营维度要求企业必须生产客户需要的产品。学习与成长维度在衡量相关岗位追求营运效益的同时,为长远发展搭建积极健康的人才梯队。这四个方面相辅相成,存在一定的因果关系。

资料来源:乔东方等,"构建管理会计报告为项目管理层提供有效信息",《中国会计报》2016年第6期。

(二)内部报告的使用

在内部报告的使用方面,企业应该做到以下几点:

(1)充分利用。企业各级管理人员应当充分利用内部报告管理和指导企业的生产经营活动,及时反映全面预算执行情况,协调企业内部相关部门和各单位的运营进度,严格绩效考核办法和责任追究制度,确保企业实现发展目标。

(2)定期评估。企业应当建立内部报告的评估制度,定期对内部报告的形成和使用进行全面评估,重点关注内部报告的及时性、安全性和有效性。企业应当有效利用内部报告进行风险评估,准确识别和系统分析企业生产经营活动中的内外部风险,确定风险应对策略,实现对风险的有效控制。企业对于内部报告反映出的问题应当及时解决,涉及突出问题和重大风险的,应当启动应急预案。

(3) 注意保密。企业应当制定严格的内部报告保密制度,明确保密内容、保密措施、密级程度和传递范围,防止泄露商业秘密。

(三) 内部信息传递须关注的风险

企业内部信息传递至少应当关注下列风险:
(1) 内部报告系统缺失、功能不健全、内容不完整,可能影响生产经营的有序运行。
(2) 内部信息传递不通畅、不及时,可能导致决策失误、相关政策措施难以落实。
(3) 内部信息传递中泄露商业秘密,可能削弱企业核心竞争力。

案例 6-6　　　　　　　　　如何防控商业秘密泄露的风险?

商业秘密是企业的无形资产,体现了企业的核心竞争力,一旦企业的商业秘密被泄露,将对企业的安全和利益造成难以预估的重大损失。然而商场如战场,作为企业员工,稍有不慎就会泄露商业秘密,使竞争对手从中获利,危害企业的合法利益。那么,什么是商业秘密?商业秘密泄露又有哪些风险?企业又应如何防控商业秘密泄露的风险?

案例一:某经济学网站被发现刊登了一篇内容敏感的论文,经有关部门鉴定,该论文属于企业商业秘密。经查,论文作者为某大学在职研究生赵某,其同时也是某企业机关的科长。赵某在撰写硕士论文时,利用工作之便,未经领导审批,擅自引用了有关涉密文件。论文初稿完成后,赵某将论文提交导师杨某审阅,但未说明里面引用了企业商业秘密文件。杨某提议将该论文向有关学术期刊投稿,双方商定共署两人名字。随后,杨某通过电子邮件将文章投给某经济学网站及四家学术期刊,造成泄密。事情发生后,有关部门给予赵某党内警告、行政撤职处分,对杨某进行通报批评。

案例二:2009年7月5日,力拓集团上海办事处总经理、力拓铁矿石部门中国业务负责人胡士泰等四名员工因涉嫌窃取国家秘密被上海市国家安全局依法拘留。上海市国家安全局称,2009年以来,在中外进出口铁矿石谈判期间,胡士泰等人采取不正当手段,通过拉拢收买中国钢铁生产单位内部人员,刺探窃取了中国国家秘密,对中国国家经济安全和利益造成重大损害。

案例三:安徽某食品有限公司员工刘某等三人,与公司签订了劳动合同与保密协议。之后三人从该公司离职,并将所获取的商业秘密提供给上海一家公司用于市场经营。安徽这家公司得知后将三人起诉至法院。法院经依法审理判决各被告停止侵权,并赔偿原告经济损失122万元。

不同泄密案件的共同原因

在改革开放不断深入、国际经济发展逐步一体化的大背景下,一些企事业单位和科研院所在参加会议、讲学演讲、撰写论文、参观访问、提供咨询等合作交流中保密意识不强,缺乏清醒认识,只强调"开放""合作",将外方视同自己人,单位内部一些要害部门任由合作方人员出入，在召开内部会议时也允许外方人员旁听，随意向外方人员提供企业内部涉密资料，致使大量商业秘密被泄露。在对外合作交流中，要不断加强内部保密管理，进一步完善管控措施，只有这样才能从根本上避免泄密事件的发生。

破解难题

(1) 认真评估，做好保密审查。对于涉及商业秘密的项目，应尽量避免由外国组织、个人承担或参与合作。如果必须由外方承担或参与合作，则应当按照国家有关法律法规，报主管部门批准后再实施，不得擅自与外国组织或个人开展涉及国家秘密的科研合作。

(2) 规范审批，严格执行有关保密规定。在参加国内外科技成果交流活动中，应严格保护秘密事项安全，不得提供相应信息资料。若必须提供资料，则要从企业整体利益和对外经济合作的实际出发，严格保密审查。在国内外报刊、媒体上公开发表论文、专业报告等，须由提供单位报主管部门进行保密审查，主管领导审批后报保密工作部门备案。

(3) 加强企业重点岗位人员保密教育。在科技交流、合资合作和技措技改项目过程中，凡涉及秘密事项信息资料的，须与合作方和外来单位签订保密协议，明确涉密人员的保密义务和责任。在交流会议结束后，要及时回收会议资料。涉密科研项目的承担、合作单位，要加强对项目保密管理的监督检查。涉密人员离职、离岗应办理审批手续，签订保密承诺书，办理涉密载体（含涉密电子文档）、设备、物品、证件等的交接清退手续。

资料来源：搜狐网 2019 年 4 月 16 日文章，原标题为"小心！商业秘密就是这样被泄露的"。

二、外部沟通方式

企业应当将内部控制相关信息在企业与外部投资者、债权人、客户、供应商、中介机构和监管部门等有关方面之间进行沟通和反馈。信息沟通过程中发现的问题，应当及时报告并加以解决。

要实现良好的内部控制，不但要有适当的内部沟通，外部沟通也是必不可少的。企业有责任建立良好的外部沟通渠道，对外部有关方面的建议、投诉和收到的其他信息进行记录，并及时予以处理、反馈。有效的外部沟通既可以扩大企业的影响力，又可以使企业获得很多有效的内部控制的重要信息。外部沟通应当重点关注以下方面：

1. 与投资者和债权人的沟通

投资者和债权人是企业资本的提供者，也是企业风险的主要承担者。因此，企业有必要向他们及时报告企业的战略规划、经营方针、投融资计划、年度预算、经营成果、财务状况、利润分配方案以及重大担保、合并分立、资产重组等方面的信息。企业应当根据《公司法》《证券法》等法律法规以及企业章程的规定，通过股东大会、投资者会议、定期报告等方式，向投资者和债权人提供企业信息，听取他们的意见和要求，妥善处理企业与投资者和债权人之间的关系。

由证监会颁布的《上市公司与投资者关系工作指引》规定：上市公司与投资者关系工作的基本原则包括充分披露、合规披露、投资者机会均等、诚实守信、高效低耗、互动沟通,以此来促使公司管理层高度重视与投资者之间的沟通。企业应当多渠道、多层次地与投资者和债权人进行沟通,增加他们以及潜在投资者对企业的了解和信心。

案例 6-7　正荣地产荣获"最佳投资者关系企业(中国)"奖项

2020年10月20日,《亚洲企业管治》杂志揭晓"2020年第十届亚洲卓越企业大奖"评选结果,正荣地产荣获"最佳投资者关系企业(中国)"奖项,集团执行董事、董事长兼行政总裁黄仙枝获得"亚洲最佳首席执行官—投资者关系"大奖。正荣地产优秀的投资者关系管理、清晰的策略方向、优良的企业管治及业务的快速增长等再次得到市场的高度肯定。

亚洲卓越企业大奖旨在表扬在投资者关系、企业操守、企业社会责任、环保营运及财务表现等方面表现优秀的行业典范。其中,"最佳投资者关系企业(中国)"是嘉许过去一年在投资者关系中表现卓越,信息披露及时、透明及公平的企业;"亚洲最佳首席执行官—投资者关系"奖项则是表彰在带领公司董事会有效运作、提升股东价值、坚守高标准企业管治原则方面具有突出表现的企业家。

正荣地产一直高度重视与投资者的双向交流,致力于提升企业的透明度,与投资者建立长远关系。通过搭建多元化的投资者沟通渠道、定期组织投资者交流活动,正荣地产为投资者提供定期的经营业绩及最新发展动向等资讯,确保投资者及时了解企业信息。

2019年度,正荣地产在15个国家及地区举行了逾百次投资者活动,接待投资者逾1500人次,成功获得多家知名投资银行及券商股票及固定收益证券研究报告覆盖,投资者结构得以持续优化。2020年,即使受新冠肺炎疫情的影响,正荣地产仍积极通过线上方式与投资者保持沟通,在业内首创线上项目反向路演,利用虚拟实景技术,为因疫情出行受阻的投资者提供另类项目考察体验,打破投资者关系工作的地域界限。

凭借良好的经营业绩、稳健的盈利增长和审慎的投资原则,加上管理层和投资者关系团队在与投资者的沟通中作出的巨大努力,正荣地产不断扩大股东及投资者基础。在上市的短短两年内,债券投资者数量从个位数大幅增长到近200个,其中包括亚洲、欧洲和美国的机构投资者、银行和私人银行等。

资料来源:搜狐网2020年10月21日同名报道。

2. 与客户的沟通

客户是企业产品和服务的接受者或消费者,企业经营目标的实现依赖于客户的配合。企业可以通过座谈会、客户走访等多种形式,定期听取客户对消费偏好、销售政策、产品质量、售后服务、货款结算等方面的意见和建议,收集客户需求和客户意见,妥善解决可能存在的控制不当问题。

3. 与供应商的沟通

供应商处于供应链的上游,对企业的经营活动有很大的影响力。企业可以通过供需见面会、订货会、业务洽谈会等多种形式,与供应商就供货渠道、产品质量、技术性能、交易价格、信用政策、结算方式等问题进行沟通,及时发现可能存在的控制不当问题。

4. 与中介机构的沟通

这里的中介机构主要包括外部审计师和律师。外部审计师对企业的财务报告进行审计,通过一系列完善的审计程序通常能够发现企业日常经营以及财务报告中存在的问题。企业应当定期与外部审计师进行会晤,听取有关财务报表审计、内部控制等方面的建议,以保证内部控制的有效运行以及双方工作的协调。企业在组织经济活动时,不可避免与其他企业产生经济纠纷,因此需要聘请律师帮助处理,以保障企业的利益。同时,随着我国经济法规的日益健全与完善,企业需要熟悉经济法规的专业人员参与经济项目的制定与实施过程。企业可以根据法定要求和实际需要,聘请律师参与有关重大业务、项目和法律纠纷的处理,并保持与律师的有效沟通。

5. 与监管机构的沟通

监管机构对企业的经营方针和战略有重要的影响,企业应当及时向监管机构了解监管政策和监管要求及其变化,并相应完善自身的管理制度。同时,要认真了解自身存在的问题,积极反映诉求和建议,努力加强与监管机构的协调。

沟通是双向的,信息传递者在传递信息后任务并没有结束,还应积极从信息接收者那里获取反馈信息,以促进信息获取质量的改进和信息传递程序的优化。通过沟通,企业员工能够明确他人的信息需求,同时对自己的职责有更清晰的认识,从而有助于工作的顺利完成和效率的提高。

此外,根据《企业内部控制基本规范》第四十条,重要信息应当及时传递给董事会、监事会和经理层。此处的重要信息是在内外部信息收集、筛选、加工等活动的基础上确认的。企业应根据信息整合归类的结果,对"最重要的信息"建立特殊的传递机制,减少传递层级,确保此类信息在第一时间传递至相关管理层。例如,企业有时会遇到将对企业经营管理活动产生重大影响的突发事件,包括原材料涨价或供应商不能及时供货导致生产经营不能持续等事件。履行相关信息收集、处理的人员及部门在确定了信息的重要程度后应迅速、直接地向上级报告,使得董事会、监事会和经理层等企业高层能根据这些信息及时作出反应,最大限度地降低企业损失,保护企业利益。

三、反舞弊机制

> 坚持不敢腐、不能腐、不想腐一体推进,同时发力、同向发力、综合发力。
> ——习近平总书记在中国共产党第二十次全国代表大会上的报告

《企业内部控制基本规范》第四十二条指出,企业应当建立反舞弊机制,坚持惩防并举、重在预防的原则,明确反舞弊工作的重点领域、关键环节和有关机构在反舞弊工作中的职责权限,规范舞弊案件的举报、调查、处理、报告和补救程序。

案例 6-8　互联网企业也需要"中纪委"：中国三大互联网公司内部反腐加速

镜头一

腾讯公司今天内部通报了四起违反"腾讯高压线"的事件，均为腾讯自查。其中，2014年7月，公司一名员工收受西安一家代理商的贿赂，共计人民币数十万元。2015年3月，一名员工违规为外部用户解封 QQ 号码，共收取好处费人民币数十万元。腾讯反舞弊团队收到举报并调查证实后，随即解除这两名员工的劳动关系，并移送公安机关处理，检察院已经对收受代理商贿赂的员工批准逮捕。

另外两起案件发生在2014年12月。腾讯反舞弊团队内部调查证实，一名员工参股外部公司并担任该公司商务总监一职；另一名员工在职期间，持股两家与腾讯有合作关系或竞争关系的公司且未申报。因为以上行为违反了"腾讯高压线"，这两名员工也被解除劳动关系。

镜头二

2014年，阿里巴巴集团人力资源部原副总裁王某，因受贿260余万元被法院判处八年零六个月有期徒刑；而行贿者李某乃其早年的同窗好友，也因行贿被判处四年有期徒刑。

2015年3月25日，阿里巴巴公布了对26家淘宝店铺永久关店的处罚决定，原因是其不正当谋利。这是继淘宝于2012年5月公布首批被永久关店并已进入司法程序的9家网商名单后，阿里巴巴的又一次反腐行动。

镜头三

2014年，百度内部邮件披露，百度游戏事业部原总经理廖俊、搜索资源合作部负责人王庆伟、品牌展示广告部经理陈刚、展示广告运营规划部客服主管林汉超、联盟发展部总经理马国林，因涉嫌商业受贿或职务侵占被公司解除劳动合同，同时百度还主动向司法机关举报立案。目前，廖俊和林汉超已被检察机关批准逮捕，马国林已被警方刑事拘留并立案调查。

从上述镜头中不难发现，中国互联网行业在飞速发展的过程中暴露出了技术、管理、制度滞后等问题。主要原因如下：

首先，行业垄断太深，难免出现寻租、垄断、腐败。早在2010年，淘宝网就成立了廉政部，该机构专职反腐，由公司创始人之一的蒋芳担任负责人。该部门接受来自任何人的实名举报，并承诺一查到底，有处理、有公示，并且已查处公布数起内部腐败案，其中部分已经进入司法程序。除机构设置外，在阿里系内部还有制度规范——《阿里巴巴集团商业行为准则》，每个新员工在签订入职合同的同时必须签订遵守这一准则的协议。

其次，面对庞大的业务链条，只有健全公司制度，打造公平透明的平台，才能有效制止员工利用职务犯罪。企业只重视业务增长，而忽视制度建设，就会容易滋生腐败的土壤。"公司正在通过数据化、透明化的制度，尽最大可能减少资源配置当中的人为干预因素"，阿里巴巴集团秘书长邵晓锋表示。

最后，员工信念的迷失，侥幸心理的存在，对事件把握控制力上的懒散，导致其职务犯罪。企业必须培养员工正确的价值观,加强员工自律。在阿里系内部,《阿里巴巴集团商业行为准则》对财务利益、关联交易甚至接受礼品、款待等都作了详细规定。阿里巴巴集团各个部门加大培训力度,以培养新晋员工及老员工的企业价值观,更好地防范违规现象的出现。

资料来源:改编自速途网2015年4月14日同名报道,作者邢晓静。

(一) 反舞弊工作重点

根据《企业内部控制基本规范》,企业至少应当将下列情形作为反舞弊工作的重点:

(1) 未经授权或者采取其他不法方式侵占、挪用企业资产,牟取不当利益。

(2) 在财务会计报告和信息披露等方面存在的虚假记载、误导性陈述或者重大遗漏等。

(3) 董事、监事、经理及其他高级管理人员滥用职权。

(4) 相关机构或人员串通舞弊。

(二) 反舞弊具体措施

企业可以建立专门的反舞弊机构,对反舞弊事务进行归口管理。此外,应在以下几个方面建立防范舞弊的体系:

1. 营造良好的企业文化

企业文化对员工思想和行为都会产生一定的影响。企业舞弊行为是否产生,在很大程度上取决于企业文化建设的好坏。企业文化约束防线是防止企业经营舞弊和财务舞弊的重要一环。企业应创造一种积极向上的企业文化,通过企业文化氛围的营造,使企业员工自发形成为企业发展献身的精神,对不正当的舞弊行为通过这种软约束进行规制。通过培育企业员工的认同感和归属感,建立起员工与企业之间相互信任的关系。通过企业文化引导,依靠员工的自我管理、自我控制,实现企业的战略目标。此外,企业管理层的理念对企业文化的营造有着至关重要的作用,企业管理层的行为起到榜样和示范的作用,企业管理层应自觉遵守企业的道德规范,借以影响和培育员工的诚信意识,减少舞弊行为的发生。

此外,有效的规章制度是防止企业舞弊的重要条件。只有建立成文的、完善的企业管理规章制度,才能为员工树立明确的行为守则,从整体上透彻理解整个企业的目标和活动,从而引导员工行为趋向企业利益最大化。

2. 缓解员工压力

压力是产生舞弊的根源。现代社会竞争激烈,员工经常承受着巨大的工作压力、经济压力等。压力的存在,一定条件下有可能诱发舞弊行为。因此,缓解员工压力是防范舞弊的一个重要方面。企业可以开通心理咨询热线,使员工在重压之下有可以倾诉的地方;也可以举办心理讲座,给面临个人问题的员工提供免费咨询或其他服务,了解并帮助员工掌握缓解压力的办法。同时,这种做法还可以让企业管理层了解员工的内心想法,在一定程度上改善企业治理策略。

案例 6-9　　碧桂园的反舞弊机制

作为一家创立于1992年并自2007年起在香港上市的恒生指数成分股公司、《财富》世界500强企业集团，碧桂园在2019年的纳税额已达702亿元人民币。在杨国强主席提出的"我们要做有良心、有社会责任感的阳光企业"核心价值观的引导下，二十多年以来，集团一直秉承"诚实守信、合法合规"的经营理念，"希望社会因我们的存在而变得更加美好"。碧桂园的反舞弊机制包括以下方面：

（1）设立独立监督职能。集团设置独立的监督业务组织——集团审计监察中心，下设集团审计部和集团监察部，负责内部控制监督及反舞弊工作。中心日常业务直接向集团主席、副主席、总裁汇报，并定期将业务成果向审计委员会汇报。集团审计部通过开展内部验证和咨询活动，推动公司风险控制系统的建立健全及持续改善并监督促成其有效运行，为公司长期及有效的经营管理提供合理的保障；集团监察部通过建立反舞弊举报、调查及宣传机制，维护公司良好的经营环境，为公司持续健康发展保驾护航。

（2）建立反舞弊举报机制。集团监察部设立了监察举报热线及邮箱，用于接收违规违纪、疑似舞弊信息举报线索，并指定专人跟进、维护反舞弊举报渠道。在公司内部OA（办公自动化）系统及外部廉洁合作协议中公开举报渠道信息；对于举报人及举报线索内容实施严格保密政策；对于实名举报的案件，案件调查结果最终会反馈给实名举报人；提供线索一经查实，将给予举报人一定的经济奖励。

（3）建立诚信合作机制。公司在与外部单位签订采购合同、施工工程承包合同、项目合作协议等合约的同时，还将签订《阳光合作咨询函》《廉洁合作协议书》等有关廉洁合作的协议；集团建立《禁止"两类人员"经营我司业务或重新入职》制度，对因涉嫌犯罪已移送司法机关处理及因违规违纪被集团清退的人员，禁止经营我司业务或重新入职。

（4）建立内部控制自我评估体系。为进一步提升各区域风险管控水平，集团于2014年年末建立了关键领域内部控制自我评估体系。通过自我检查识别控制缺陷，主动采取行动进行缺陷整改，达到全员参与内部控制、防范降低风险的目的。

（5）成立集团审计部。集团审计部自2000年成立至今，已建立《内部审计制度及工作指引》《风险控制评价标准及流程》等制度、流程。集团审计部计划、组织开展风险导向的内部审计验证活动，包括但不限于合规审计、内部控制审计、经营绩效审计、财务审计、经济责任审计、重大事项审计、疑似舞弊审计。通过实施常规审计及专项审计项目，识别系统及流程管控缺陷，每季度向高管汇报及与集团各职能中心沟通提出系统性改进建议，并在集团高管会上通报各单位缺陷整改计划的贯彻执行情况，推动内部控制体系健全和持续改善，有效降低风险、减少损失。

（6）进行舞弊风险评估。集团审计部通过定期对关键领域、流程舞弊风险点进行评估，将舞弊风险点作为标准审计方案的评价内容，在开展常规、专项审计时重点关注，对审计过程中发现的疑似舞弊信息及时移交集团监察部作进一步的调查处理。

（7）确定反舞弊程序。集团监察部自2008年成立至今，已建立了一套系统的工作制度、流程，主要有《集团监察工作暂行规定》《集团查处违规违纪案件办法》《举报违规违纪行为暂行办法》《举报奖励制度》《案件通报宣传管理办法》等。对获取的内外举报信息及审计提供的疑点线索,遵循"凡举报必查"的宗旨开展专项调查,以事实、证据充分为依据,坚持办"铁案"的原则,对已查实违规违纪人员依照公司相关处罚原则进行处罚,严惩职务犯罪行为。

(8) 重视信息沟通与分享。集团监察部严格遵循案件办理规定,在疑似舞弊案件调查报告阶段,经与相关业务负责人对案件调查结果达成一致意见后,最终发出案件调查结果报告及涉案人员处罚决定。对于已查处的案件结果,及时通过集团OA系统对全体员工进行内部通报,并通过集团学习平台、高管会议及中高层培训等途径定期对典型案例进行宣贯,以案为鉴,警钟长鸣。

资料来源:根据碧桂园官网、反舞弊联盟官网的相关资料整理。

3. 评估舞弊风险

定期进行舞弊风险评估是企业预防舞弊的一个重要手段。企业可以通过风险评估,研究防范舞弊行为发生的制度及措施。风险评估的过程是企业确认并分析与其目标实现相关的风险的过程。企业设立风险评估的机制,可以识别、分析和管理与企业各项目标相关的风险,以便了解企业自身所面临的风险并加以适当的处理。

在实际工作中,管理层舞弊是很难被发现的,而影响管理层舞弊的一个主要因素就是管理层所承受的压力,特别是企业的财务状况或收益的稳定性可能会受到来自外界因素(如经济、政策、行业等因素)或企业自身经营情况的影响,比如:市场处于高度竞争状态或者已经趋于饱和,从而边际利润率急速下降;顾客需求发生了急剧变化,产品结构的调整跟不上,产品销售受到严重影响;经营不善导致破产、抵押物变现或恶意收购的威胁;经营净现金流量持续为负;等等。如果企业能够建立一个完善的风险评估系统,就可以及时发现、降低甚至化解风险,就会减轻管理层压力,从而在一定程度上降低管理层舞弊的可能性。

4. 完善企业治理结构

建立完善的企业治理结构,不仅可以改善企业管理,提高经营业绩,还可以遏制管理舞弊。目前我国上市企业的治理结构存在不健全、不完善的现象,比如:企业的董事长同时兼任总经理,"内部人控制"现象严重;监事会形同虚设;股东大会、董事会、经理层之间起不到制衡作用;等等。因此,要防范上市企业的管理舞弊行为,必须从源头抓起,从企业内部治理结构抓起。监管机构已经出台《上市企业章程指引》《上市企业治理准则》等管理规定,强制推行独立董事等制度规范企业治理结构,虽然取得了一定的成效,但依然存在独立董事不独立、形同虚设现象严重等问题。完善企业治理结构,可以从以下几个方面着手:首先,改善企业股权结构,这是健全企业治理结构的基础;其次,完善独立董事制度,将独立董事的作用发挥到实处;最后,要发挥监事会应有的作用。

5. 建立适当的舞弊监督程序

防范舞弊行为的一个重要方面就是要建立严格的监督机制,通过严格的检查监督制度及时发现舞弊行为,将损失降至最小。对舞弊监督检查的一个主要措施就是进行内部审计。首先,在企业内部控制制度设计与修订时,内部审计应全程参与,使企业的内部控制在建立之时就尽可能地考虑各种工作程序对舞弊行为的防范。其次,内部审计置身于企业内部,对企业实际的经营情况、财务状况有更为详尽的了解和把握,容易觉察企业的危险信号,对财务中的异常数据更加敏感,反应更加快捷,能及时发现并尽早控制各种舞弊行为。最后,内部审计的存在,会对舞弊主体产生一定程度的威慑作用。

6. 建立信息交流机制

有效的信息交流机制能够对防范和及时发现舞弊行为起到很好的作用。这种交流包括内部交流和内外交流两个方面。内部交流是指公司内部的信息交流沟通。如果信息交流机制不顺畅,就会产生信息不对称的问题,舞弊行为发生的概率就会增大。内外交流是指企业外部人员和企业内部人员的沟通。供应商、客户这些企业外部人员在某些情况下可以观察到舞弊者违反内部控制、道德表现不佳、个人消费奢靡等情形,如果内外沟通机制顺畅,他们就可以及时将信息反馈到企业内部,从而引起企业内部人员的重视,减少舞弊的发生。如果企业有举报热线或其他报告机制,人们就不会担心因报告舞弊而被报复,从而使信息沟通更加顺畅,更能及时发现舞弊行为。可以看出,如果企业信息交流体系完备而有效,就会大大提高舞弊被揭露的可能性,而舞弊暴露的概率增大,舞弊发生的可能性就会相应地降低。

7. 制定举报投诉制度

企业应当建立举报投诉制度和举报人保护制度,设置举报专线,明确举报投诉处理程序、办理时限和办结要求,确保举报、投诉成为企业有效掌握信息的重要途径,并且举报投诉制度和举报人保护制度应当及时传达至全体员工。

举报投诉制度是企业内部建立的、旨在鼓励员工以明示的方式进行举报、投诉,并由专门机构对举报内容进行调查处理的一系列政策、程序和方法。该制度属于内部控制框架中的信息与沟通要素,具有预防、制止、揭露组织活动中的违法违规行为,保证企业各项活动的合法性和合规性的功能。

延伸阅读 6-2　宝龙集团廉政宣传册

8. 加大舞弊结果处理力度

对发现的舞弊情况如何处理,处理是否严格,将极大地影响员工是否实施舞弊行为。舞弊结果处理越严格、越及时,员工进行舞弊的风险就越大,他们舞弊的可能性就越小。如果企业对舞弊行为处理不及时、惩罚不严格,那么员工就会存在侥幸心理,就会认为舞弊的风险小于舞弊所带来的收益,进而导致更多的舞弊行为。而严格的舞弊结果处理机制则可以很好地对舞弊行为起到威慑作用。因此,企业应对舞弊行为建立完备的处理机制,并对员工进行宣传教育,使之充分了解舞弊行为所带来的严重后果,同时企业对于发现的舞弊行为要按照规定严格处理。

案例 6-10　中集集团的三类舞弊治理措施

中国国际海运集装箱(集团)股份有限公司(以下简称"中集集团")1980 年 1 月创立于深圳,由招商局与丹麦宝隆洋行合资成立,初期由宝隆洋行派员管理,是改革开放后最早成立的中欧合资企业。1994 年公司在深圳证券交易所上市,2012 年 12 月在香港联交所上市,目前是 A+H 股公众上市公司,主要股东为招商局集团、中远集团和弘毅投资等。中集集团注重构建高效的治理结构,长期以来对于技术创新和管理效率的不懈追求,使其快速成长为在全球物流装备和能源装备制造等多个行业具有领先地位的企业。作为一家为全球市场服务的多元化跨国产业集团,中集集团在亚洲、北美、欧洲、澳洲等地区拥有 300 余家成员企业及 3 家上市公司、6 万多员工,客户和销售网络分布在全球 100 多个国家和地区。近 10 年来,中集集团总资产、净资产、销售额和净利润的年均增长率始终保持在较高水平。

中集集团内设审计监察部,作为制定廉洁制度、执行内部审计监督、督导内部控制建设、调查舞弊事件并监督履职人员从业行为的专门机构,以实现对集团风险的全方位控制。目前,中集集团纪委书记兼任审计监察部总经理,纪委办公室和监察分部合署办公,为集团建设廉洁健康的企业文化提供了坚强的领导和有力的组织保障。根据舞弊由动机(或压力)、机会和借口三要素产生的铁三角理论,中集集团制定了三类舞弊治理措施,即体系化的宣传与教育、制度的建立与完善、惩治与执法手段,不断提高员工的舞弊风险防范意识,致力于营造"不想舞弊、不能舞弊、不敢舞弊"的反舞弊大环境。

"不想舞弊"

中集集团注重开展全方面、多层次的廉洁从业警示教育和宣贯工作:定期对内部晋升人员和外部招聘的管理人员进行"中集集团干部的护身宝典——廉洁从业警示集"的培训;定期对新员工进行"企业内部控制与风险管理"的培训,培训内容包括对销售、采购等典型舞弊案件的剖析和警示;近年来,集团下属重点企业邀请所在地检察院给企业进行廉洁从业专题培训;集团还以在线学习、在线答题的方式开展廉洁从业制度宣贯活动,集团及成员企业相关高管人员全体参加;重大节日来临之前,集团纪委发布《关于重申反对节日期间收受节礼等不正之风的通知》。通过警钟长鸣,从正面积极营造风清气正的廉洁从业环境,帮助员工养成"不想舞弊"的自律习惯,坚守职业底线,正确对待各种利益诱惑,避免误入歧途。

"不能舞弊"

要想将"不想舞弊"上升为"不能舞弊",必须配以有效的监督和制衡机制,使得"不能舞弊"成为可能。为健全监督制度和内部控制体系,近年来,中集集团制定了《内部控制制度》《干部及敏感岗位人员监察制度》《干部及敏感岗位人员廉洁从业规定》《监察投诉举报管理办法》《董事、职员行为守则》《关于党员干部员工在商(公)务活动中收受礼品礼金的管理办法》等制度、规定和办法。通过书面的政策和程序严格管控舞弊风险,同时定期对舞弊风险级别高的重点部门、敏感岗位以及生产经营的薄弱环节,分类开展舞弊风险点识别及内部控制建设,控制舞弊的机会要素。

"不敢舞弊"

为有效遏制舞弊行为的发生,中集集团每年组织集团总部及所有成员企业的干部和敏感岗位员工签署《廉洁从业声明》,庄重承诺在从业过程中杜绝行贿受贿,并有专门的事后监督查办。为及时发现舞弊风险,防止"舞弊"有可乘之机,中集集团明确规定监察举报的渠道和内容,建立内外部举报投诉平台,并在高危岗位人员名片上印有廉政举报热线,受理任何人的举报。为防止"小节不惩、大节必失",定期对干部开展任期审计、评优审察和晋升监察,有舞弊行为的,取消评优、晋升资格,并按员工奖惩管理、内部行政处罚规定处理,涉嫌触犯刑法的,移送司法机关处理,绝不姑息养奸。同时,在审计过程中一旦发现被审计单位存在重大舞弊行为,就可行使内部控制达标和考核的一票否决权。通过自我承诺、受理举报和严厉的处罚措施"三管齐下",强化"不敢舞弊"的效力。

资料来源:根据中国企业反舞弊联盟官网相关资料整理。

第三节 信息技术与信息系统

一、信息技术与信息系统的内涵及关系

信息技术已经成为经济发展和社会进步的主导力量,特别是互联网、电子商务的迅猛发展和广泛应用,使人类步入了信息化时代。《企业内部控制基本规范》和《企业内部控制应用指引》中多次提到信息技术的利用。《企业内部控制基本规范》第四十一条指出,企业应当利用信息技术促进信息的集成与共享,充分发挥信息技术在信息与沟通中的作用。《企业内部控制应用指引第14号——财务报告》第十二条指出,企业编制财务报告,应当充分利用信息技术,提高工作效率和工作质量,减少或避免编制差错和人为调整因素。《企业内部控制应用指引第17号——内部信息传递》第六条指出,企业应当制定严密的内部报告流程,充分利用信息技术,强化内部报告信息集成和共享,将内部报告纳入企业统一信息平台,构建科学的内部报告网络体系。

什么是信息技术?信息技术是指管理和处理信息时所采用的各种技术的总称,它主要是应用计算机科学与通信技术来设计、开发、安装和实施信息系统及应用软件,也常被称为信息和通信技术,主要包括传感技术、计算机技术和通信技术等。

那么,信息系统又是什么?信息技术与信息系统的关系是什么?信息技术是信息系统的重要组成部分,是实现信息系统的重要工具,是信息系统与企业业务实务之间信息转化的桥梁。如果把企业比作一辆行驶中的汽车,那么信息系统就犹如汽车的表盘,通过信息技术实时监控企业的运转情况并准确地把相关信息反映出来。《企业内部控制应用指引第18号——信息系统》指出,信息系统是指企业利用计算机和通信技术,对内部控制进行集成、转化和提升所形成的信息化管理平台。信息技术和信息系统帮助我们更好地对企业进行内部控制,增加了新的控制手段,减少了人为因素,提高了信息收集处理的效率和效果,降低了人工处理的成本,提升了企业战略管理上下游的信息链,但同时也产生了一些新的问题。

案例 6-11　四川交投中油能源有限公司的智能风险管控体系

近年来,四川交投中油能源有限公司针对站点分布广、管理难度大、合资企业可利用信息工具少的实际情况,持续深挖信息系统在安全管理中的运用,构筑多重"防火墙",建

立智能风险管控体系,保障企业安全平稳运行。

利用电子巡检系统守住日常风险。利用PDA(手持式综合维护终端)设备、NFC(近场无线通信)射频识别技术、移动互联等信息工具,构建一个具备智能设备、智能记录、智能分类、自动上传、智能预警和智能分析等功能的综合巡检管理平台和体系,通过系统"四定"设置(定区域、定点位、定时长、定频率)确保巡检质量。该系统提升了巡检效率,智能设备终端的多媒体功能使巡检信息更为充实,有效地遏止了"假巡不巡"现象,进一步提高了对加油站的现场安全监管能力。

利用安全监督检查系统实现对隐患排查治理的闭环管理。电子巡检问题和各级各类检查信息均即时录入系统,遵循"谁主管、谁负责""直线责任、属地管理"和"分级管理"等原则,整改及验收任务通过系统自动流转,对责任人员产生待办提醒事项,检查发现问题的整改及验收实行"双闭环"管理。在中石油四川销售公司每次组织的体系审核和"回头看"检查中,上次发现的问题都得到了全面整改,安全监督检查系统发挥了较大作用。

通过预警平台实现"全天候、全过程、全覆盖"的风险管控。针对公司面临的经营舞弊风险、设施设备运行风险、人员操作不规范风险、未认真履职风险以及企业合规经营风险等问题,构建了经营管理、反舞弊、资金管理、安全监督、设施设备、合规管理等六大类54项预警评价指标体系,对现场操作、设备运行、商品、资金及合规性风险进行监测,自动产生预警信息,并实时推送至指挥中心大屏、岗位个人电脑端和手机移动端,实现用户端的同步跟踪处理,最大限度地预防各类风险及危机的发生。该系统正式运行以来,公司风险预警全天候、全过程、全覆盖,管控效率和质量大幅提升,管控节点和流程清晰明确且可追溯,员工不规范操作和舞弊行为得到有效控制,实现了风险管控智能化、信息化,提高了问题处理的及时性,弥补了空间距离的劣势,每年可节约人工、出差、管控等费用近百万元。预警平台自运行以来,共产生80 000余项预警信息,平台预警信息已从运行初期的15 000条/月降至目前的5 000条/月,同类型、重复性风险不断得到管控和消除,智能化管理程度得到跨越式提高,风险预警和隐患治理成效明显。

资料来源:改编自中国网2019年12月27日报道,原标题为"四川交投中油能源有限公司构筑多重'防火墙'建立智能风险管控体系",作者张簧立。

二、信息系统的风险

企业利用信息系统实施内部控制至少应当关注下列风险:

(1)信息系统缺乏或规划不合理,可能造成信息孤岛或重复建设,导致企业经营管理效率低下。

(2)系统开发不符合内部控制要求,授权管理不当,可能导致无法利用信息技术实施有效控制。

(3)系统运行维护和安全措施不到位,可能导致信息泄露或毁损,系统无法正常运行。

案例 6-12   光大证券的"乌龙指"事件

据中国之声《新闻纵横》报道,2013年8月30日下午,在"8·16光大证券事件"发生两周后,中国证监会正式通报了调查处理结果。光大证券被处以超过5亿元的罚款、创新业务暂停、直接责任人罚款并终身禁入证券市场等处罚。

又一个周五,距离"8·16光大证券事件"过去整整两周。下午股市闭市,证监会新闻发布例会召开。记者印象中,上一次看到稽查总队、法律部、机构部和处罚委的负责人齐齐出现,还是三个月前的"万福生科案"发布会。不过这一次,主角从平安证券变成了光大证券。

造成"8·16股市惊魂"的,是光大证券策略投资部自营业务的策略交易系统,该系统分订单生成和订单执行两个部分,前者由光大程序员设计,后者由铭创科技设计,专供光大一家使用。但谁都不知道,错误从一开始就存在。

订单生成系统中ETF(交易所交易基金)套利模块的"重下"功能(用于未成交股票的重新申报),在设计时错误地将"买入个股函数"写成"买入ETF一篮子股票函数"。订单执行系统错误地将市价委托订单的股票买入价格默认为"0",系统对市价委托订单是否超出账户授信额度不能进行正确校验。

这就是说,一个是因为按键的功能从A搞成了B;一个是设置错误的价格和没有校正功能;这两大硬伤,再加上整个部门像个独立王国一样,不在公司风控体系内,且系统实际运行还不到15个交易日,最终导致一个结果——早晚要出事,这也造成了证监会对光大证券违法行为的第一个认定:违反证券公司内部控制管理规定。

在事件过去两周后,证监会的这场专项发布会本不在记者的预料中,但从史无前例的长达两个多小时的问答、多达5页的处理情况和处理意见,到记者听到几乎全部事件完整经过和细节通报的过程,均体现了监管层对光大事件信息透明的决心。当然,未来还有许多问题留待解决。其中,对券商而言,是风控问题。出问题的高频交易系统目前国内只有为数不多的几家大型券商拥有,速度极快,以毫秒和微秒为单位,全电子化操作,没有人为监控环节,却能给公司带来丰厚收益,也因此几乎独立于公司而存在。未来风控和逐利,孰轻孰重,是每一家券商都必须思考的课题。

资料来源:改编自中国广播网2013年8月31日报道,原标题为"光大证券被罚五亿元 乌龙指事件起因是技术系统缺陷",作者丁飞、高庆秀。

三、信息系统的主要控制措施

《企业内部控制基本规范》第四十一条指出,企业应当加强对信息系统开发与维护、访问与变更、数据输入与输出、文件储存与保管、网络安全等方面的控制,保证信息系统安全稳定运行。《企业内部控制应用指引第18号——信息系统》第四条指出,企业应当重视信息系统在内部控制中的作用,根据内部控制要求,结合组织架构、业务范围、地域分布、技术能力等因素,制定信息系统建设整体规划,加大投入力度,有序组织信息系统开发、运行与维护,优化管理流程,防范经营风险,全面提升企业现代化管理水平。企业应当指定专门机构对信息系统建设实施归口管理,明确相关单位的职责权限,建立有效工作机制。企业可委托专业机构从事信息系统的开发、运行和维护工作。

(一)信息系统的开发

1. 合理规划

在信息系统的开发期,企业应当根据信息系统建设整体规划提出项目建设方案,明确建设目标、人员配备、职责分工、经费保障和进度安排等相关内容,按照规定的权限和程序审批后实施。

企业信息系统归口管理部门应当组织内部各单位提出开发需求和关键控制点,规范开发流程,明确系统设计、编程、安装调试、验收、上线等全过程的管理要求,严格按照建设方案、开发流程和相关要求组织开发工作。

2. 开发方式

企业开发信息系统,可以采取自行开发、外购调试、业务外包等方式。选定外购调试或业务外包方式的,应当采用公开招标等形式择优确定供应商或开发单位。

3. 开发内容

企业开发信息系统,应当将生产经营管理业务流程、关键控制点和处理规则嵌入系统程序,实现手工环境下难以实现的控制功能。在嵌入系统程序的过程中应该注意以下几点:

(1)操作权限分配。企业在系统开发过程中,应当按照不同业务的控制要求,通过信息系统中的权限管理功能控制用户的操作权限,避免将不相容职责的处理权限授予同一用户。

(2)检查和校对。企业应当针对不同数据的输入方式,考虑对进入系统数据的检查和校验功能。对于必需的后台操作,应当加强管理,建立规范的流程制度,对操作情况进行监控或者审计。

(3)操作日志。企业应当在信息系统中设置操作日志功能,确保操作的可审计性。对异常的或者违背内部控制要求的交易和数据,应当设计系统自动报告和跟踪处理机制。

4. 开发与跟踪

企业信息系统归口管理部门应当加强信息系统开发全过程的跟踪管理,组织开发单位与内部各单位的日常沟通和协调,督促开发单位按照建设方案、计划进度和质量要求完成编程工作,对配备的硬件设备和系统软件进行检查验收,组织系统上线运行等。

5. 测试验收

企业应当组织独立于开发单位的专业机构对开发完成的信息系统进行验收测试,确保在功能、性能、控制要求和安全性等方面符合开发需求。

6. 新系统培训

企业应当切实做好信息系统上线的各项准备工作,培训业务操作和系统管理人员,制定科学的上线计划和新旧系统转换方案,考虑应急预案,确保新旧系统顺利切换和平稳衔接。系统上线涉及数据迁移的,还应制定详细的数据迁移计划。

(二)信息系统的运行与维护

企业应当加强信息系统运行与维护的管理,制定信息系统工作程序、信息管理制度以及各模块子系统的具体操作规范,及时跟踪、发现和解决系统运行中存在的问题,确保信息系统按照规定的程序、制度和操作规范持续稳定运行。

企业应当建立信息系统变更管理流程,信息系统变更应当严格遵照管理流程进行操作。信息系统操作人员不得擅自进行系统软件的删除、修改等操作;不得擅自升级、改变系统软件版本;不得擅自改变软件系统环境配置。

1. 安全保护措施

企业应当根据业务性质、重要性程度、涉密情况等确定信息系统的安全等级,建立不同等级信息的授权使用制度,采用相应技术手段保证信息系统运行安全有序。企业应当建立信息系统安全保密和泄密责任追究制度。委托专业机构进行系统运行与维护管理的,应当审查该机构的资质,并与其签订服务合同和保密协议。企业应当采取安装安全软件等措施防范信息系统受到病毒等恶意软件的感染和破坏。

2. 用户管理制度

企业应当建立用户管理制度,加强对重要业务系统的访问权限管理,定期审阅系统账号,避免授权不当或存在非授权账号,禁止不相容职务用户账号的交叉操作。

3. 网络安全

企业应当综合利用防火墙、路由器等网络设备,漏洞扫描、入侵检测等软件技术,以及远程访问安全策略等手段,加强网络安全,防范来自网络的攻击和非法侵入。企业对于通过网络传输的涉密或关键数据,应当采取加密措施,确保信息传递的保密性、准确性和完整性。

4. 备份制度

企业应当建立系统数据定期备份制度,明确备份范围、频度、方法、责任人、存放地点、有效性检查等内容。

5. 物理措施

企业应当加强服务器等关键信息设备的管理,建立良好的物理环境,指定专人负责检查,及时处理异常情况。未经授权,任何人不得接触关键信息设备。

案例 6-13　　上市公司网站存漏洞被处罚

海曙区和义路上的一家大型企业负责人万万没有想到,企业居然因网站存在漏洞而被行政处罚。昨天,记者从海曙公安那里了解到,这是宁波市首例根据《中华人民共和国网络安全法》作出行政处罚的案子。

不久前,海曙区一家大型企业的门户网站遭遇黑客入侵,内部诸多数据信息泄露,企业因此遭受不小的损失。此事引起了海曙公安的重视,江厦派出所与海曙公安分局网安大队合作,共同对辖区内所有大型企业进行了一次网络安全排摸检查。

排查后,江厦派出所发现辖区有一家上市公司的门户网站,存在敏感信息泄露、安全漏洞未及时处理等问题。网安大队进一步检查后发现,这家企业的网站存在两大高危漏洞以及七个低危漏洞。于是,民警立刻对该企业的相关负责人进行约谈。

询问中民警了解到,这家企业的网络运营部门没有及时发现这些漏洞,也没有制定相关的网络安全应急预案。让企业没有料到的是,它们因此受到了处罚。

原来,《中华人民共和国网络安全法》第二十五条规定,网络运营者应当制定网络安全事件应急预案,及时处置系统漏洞、计算机病毒、网络攻击、网络侵入等安全风险。同时,第五十九条规定,网络运营者不履行本法第二十一条、第二十五条规定的网络安全保护义务的,由有关主管部门责令改正,给予警告;拒不改正或者导致危害网络安全等后果的,处一万元以上十万元以下罚款,对直接负责的主管人员处五千元以上五万元以下罚款。

据此,民警对这家企业进行了口头警告以及责令限期三日内改正的行政处罚,并督促企业尽快制定网络安全应急预案。

截至目前,海曙分局网安大队已经对辖区内745家大型企业的互联网门户网站进行了排查与网站漏洞扫描工作,帮助这些企业认识到了网络安全的重要性,让它们能够在未来对企业关键数据和信息资料进行自我维护与漏洞弥补,使这些信息免遭泄露,从而进一步维护企业的自身利益,也为企业发展营造一个良好的网络安全氛围。

资料来源:朱琳,"上市公司网站存漏洞被处罚",《现代金报》2019年3月4日。

企业应用信息系统的目的是建立一个信息传递和共享的平台,帮助企业获得或维持相对的竞争优势。信息系统的发展离不开信息技术的进步和人们对信息需求的增加,在信息化社会中,信息的需求无疑会持续增加,因此企业应当提高先进信息技术的应用水平,建设和完善自身的信息系统。

本章小结

《企业内部控制基本规范》第三十八条指出,企业应当建立信息与沟通制度,明确内部控制相关信息的收集、处理和传递程序,确保信息及时沟通,促进内部控制有效运行。

不同的信息有不同的特征,通常可以按照正式程度、来源、主客观因素将信息分为不同的类别。根据信息的正式程度可以将组织中的信息分为正式信息与非正式信息。正式信息根据其来源又可以分为内部信息与外部信息。另外,内部信息可能是客观的,也可能是主观的。

信息沟通按沟通的对象可以分为内部信息沟通和外部信息沟通。内部信息沟通指的是企业经营、管理所需的内部信息、外部信息在企业内部的传递与共享;外部信息沟通是指企业与利益相关者之间的信息沟通。

《企业内部控制基本规范》第四十二条指出,企业应当建立反舞弊机制,坚持惩防并举、重在预防的原则,明确反舞弊工作的重点领域、关键环节和有关机构在反舞弊工作中的职责权限,规范舞弊案件的举报、调查、处理、报告和补救程序。

企业至少应当将下列情形作为反舞弊工作的重点:① 未经授权或者采取其他不法方

式侵占、挪用企业资产,牟取不当利益;② 在财务会计报告和信息披露等方面存在的虚假记载、误导性陈述或者重大遗漏等;③ 董事、监事、经理及其他高级管理人员滥用职权;④ 相关机构或人员串通舞弊。

《企业内部控制应用指引第14号——财务报告》第十二条指出,企业编制财务报告,应当充分利用信息技术,提高工作效率和工作质量,减少或避免编制差错和人为调整因素。

《企业内部控制应用指引第17号——内部信息传递》第六条指出,企业应当制定严密的内部报告流程,充分利用信息技术,强化内部报告信息集成和共享,将内部报告纳入企业统一信息平台,构建科学的内部报告网络体系。

《企业内部控制应用指引第18号——信息系统》指出,信息系统是指企业利用计算机和通信技术,对内部控制进行集成、转化和提升所形成的信息化管理平台。企业利用信息系统实施内部控制至少应当关注下列风险:① 信息系统缺乏或规划不合理,可能造成信息孤岛或重复建设,导致企业经营管理效率低下;② 系统开发不符合内部控制要求,授权管理不当,可能导致无法利用信息技术实施有效控制;③ 系统运行维护和安全措施不到位,可能导致信息泄露或毁损,系统无法正常运行。因此,企业应当加强对信息系统的开发与维护、访问与变更、数据输入与输出、文件存储与保管、网络安全等方面的控制,保证信息系统安全稳定运行。

即测即评

学完本章内容后,学生可扫描右侧二维码完成客观题测验(共包含10个单选题、5个多选题、5个判断题),提交结果后即可看到答案及相关解析。

思考题

1. 信息的来源有哪些渠道?
2. 企业内部信息传递至少应当关注哪些风险?
3. 企业与外部进行沟通有哪些方式?
4. 根据《企业内部控制基本规范》的规定,企业至少应将哪些情形作为反舞弊工作的重点?
5. 简要说明反舞弊的具体措施。
6. 为什么说要将内部控制制度要求嵌入信息系统?
7. 企业利用信息系统实施内部控制至少应当关注哪些风险?

案例分析

2008年9月15日上午10时,拥有158年历史的美国第四大投资银行——雷曼兄弟公司,向法院申请破产保护,消息转瞬间通过电视、广播和网络传遍了地球的各个角落。令人匪夷所思的是,当天 10 时 10 分,德国国家发展银行居然按照外汇掉期协议的交易,通过计算机自动付款系统,向雷曼兄弟公司即将冻结的银行账户转入 3 亿欧元。毫无疑问,这笔钱将是"肉包子打狗,有去无回"。

转账风波曝光后,德国社会各界大为震惊。德国财政部长发誓,一定要查个水落石出,并严厉惩罚相关责任人。一家律师事务所受财政部的委托,进驻德国国家发展银行进行全面调查。

几天后,该律师事务所向国会和财政部递交了一份调查报告,调查报告并不复杂深奥,只是一一记载了被询问人员在这 10 分钟内忙了些什么。

CEO 乌尔里奇·施罗德:"我知道今天要按照协议约定转账,至于是否撤销这笔巨额交易,应该让董事会开会讨论决定。"

董事长保卢斯:"我们还没有得到风险评估报告,无法及时作出正确的决策。"

董事会秘书史里芬:"我打电话给国际业务部催要风险评估报告,可那里总是占线。我想,还是过一会儿再打吧。"

国际业务部经理克鲁克:"星期五晚上准备带全家人去听音乐会,我得提前打电话预订门票。"

国际业务部副经理伊梅尔曼:"忙于其他事情,没有时间去关心雷曼兄弟公司的消息。"

负责处理与雷曼兄弟公司业务的高级经理希特霍芬:"我让文员上网浏览新闻,一旦有雷曼兄弟公司的消息就立即报告,现在,我要去休息室喝杯咖啡了。"

文员施特鲁克:"10 时 3 分,我在网上看到雷曼兄弟公司向法院申请破产保护的新闻,马上跑到希特霍芬的办公室。当时,他不在办公室,我就写了张便条放在办公桌上,他回来后会看到的。"

结算部经理德尔布吕克:"今天是协议规定的交易日子,我没有接到停止交易的指令,那就按照原计划转账吧。"

结算部自动付款系统操作员曼斯坦因:"德尔布吕克让我执行转账操作,我什么也没问就做了。"

信贷部经理莫德尔:"我在走廊里碰到施特鲁克,他告诉我雷曼兄弟公司破产的消息。但是,我相信希特霍芬和其他职员的专业素养,一定不会犯低级错误,因此也没必要提醒他们。"

公关部经理贝克:"雷曼兄弟公司破产是板上钉钉的事。我本想跟乌尔里奇·施罗德谈谈这件事,但上午要会见几个克罗地亚的客人,觉得等下午再找他也不迟,反正不差这几个小时。"

德国经济评论家哈恩说,在这家银行,上到董事长,下到操作员,没有一个人是愚蠢的,可悲的是,几乎在同一时间,每个人都开了点小差,加在一起,就创造出了"德国最愚蠢的银行"。

案例来源:王伟,"德国最愚蠢的银行",《南方都市报》2011 年 5 月 27 日。

要求：根据上述案例，请你结合本章的相关知识点，回答以下问题：

（1）该银行为何会犯如此低级愚蠢的错误？

（2）通过本案例可以获得哪些有益的启示？

技能训练题

请搜寻整理最近十年媒体曝光的知名企业内部人舞弊事件，分析舞弊事件发生的原因，并提出有针对性的反舞弊措施。

21世纪经济与管理规划教材

财务管理系列

第七章

内 部 监 督

【引言】

本章首先介绍了内部监督机构的构成及职责,接着说明了内部监督的程序与方式,最后阐述了内部控制评价的主体、内容、程序与方法,并讲解了内部控制缺陷的类型及其认定。

【学习目标】

完成本章的学习后,您将能够:
1. 理解内部监督机构的构成及职责;
2. 理解内部监督的程序与方式;
3. 理解内部控制缺陷的类型及其认定;
4. 掌握内部控制评价的主体、内容、程序与方法。

案例引入
银行内部监管缺失致承兑汇票犯罪频发

据了解,银行承兑汇票不仅具有货币资金的可支付性以及实际流通功能,更重要的是可以通过贴现来套现未到期汇票。除去保证金和贴现利息,剩余部分的资金实际上成为一种变相的短期贷款,更加符合中小民营企业的短期资金需求。

"因此,一些中小企业申办银行承兑汇票的动力不是'用明天的钱支付今天的货款',而是'贴一点利息马上取得现金',将套现融资作为申办银行承兑汇票的唯一目的,直接跳出真实交易行为,以伪造购销合同等方式,骗取银行承兑汇票,并使得非法经营汇票贴现、协助骗取汇票、违规出具汇票等相关辅助性犯罪行为伴随滋生。"鹿城区检察院的检察官对《法制日报》记者分析说,承兑汇票业务之所以乱象丛生,作为汇票办理机构的银行不无责任。

"在办理银行承兑汇票业务时,银行承兑汇票的保证金实际上是以定期存款的形式存在银行,成为银行招揽存款的一个渠道,因此银行为完成存款任务,也鼓励企业使用银行承兑汇票",鹿城区检察院的检察官说。从已查处的骗取银行承兑汇票的案件来看,在实际审查承兑汇票申请中,银行存在审查不细、审查不严等问题,对虚假购销合同没有严格把关,对短期内多次承兑汇票没有限制,对缺乏增值税发票的申请同意进行承兑,甚至还出现个别银行工作人员帮助企业以全额保证金开具银行承兑汇票,贴现套现后,将贴现款再作为下一张银行承兑汇票的保证金,循环开具银行承兑汇票的情况,从而虚增银行存款金额,并助长了一些行业不正之风。

据该检察官介绍,在不符合条件的银行承兑汇票申请增多、虚构贸易背景以骗取银行承兑汇票情况常见的现实形势下,个别银行从业人员不仅没有严格履行审查职责,反而为谋取个人私利,帮助他人违规申办银行承兑汇票,甚至主动为他人出谋划策,使银行对承兑汇票的审查与监管更加无力,承兑汇票风险进一步扩大。

资料来源:改编自《法制日报》2011年4月28日同名报道,作者陈东升、王路坚。

从上述案例可以发现内部监督在企业内部控制与风险管理中的重要性。《企业内部控制基本规范》指出,企业应当根据本规范及其配套办法,制定内部控制监督制度,明确内部审计机构(或经授权的其他监督机构)和其他内部机构在内部监督中的职责权限,规范内部监督的程序、方法和要求;同时强调企业应当结合内部监督情况,定期对内部控制的有效性进行自我评价,出具内部控制自我评价报告。那么,企业内部监督机构是如何构成的?不同类型的内部监督机构分别都有哪些职责?内部审计机构应该如何发挥作用?企业应如何进行内部控制评价?本章将详细解答这些问题。

第一节 内部监督机构及其职责

按照监督主体的性质和职责,内部监督机构可以分为专职的内部监督机构和其他机

视频讲解 7-1 内部监督机构

延伸阅读 7-1 中国核电的大监督体系

构两类。

一方面,为保证内部监督的客观性,内部监督应由独立于控制执行的机构(如审计委员会、监事会、内部审计机构、内部控制机构等)进行监督检查,并根据需要开展日常监督和专项监督。另一方面,企业内部任何一个机构甚至个人,在内部控制建立与实施过程中都需承担相应的监督职责。比如,财会部门对采购部门的付款行为、销售部门的赊销行为等负有监督责任。下面主要介绍企业专职的内部监督机构职责。

一、审计委员会

随着安然等舞弊丑闻的发生,《SOX 法案》出台。该法案强调了公司内部控制的重要性,对公司治理、会计师行业监管、证券市场监管、企业风险管理等方面提出了许多新的严格要求,并设定了问责机制和相应的激励惩罚措施。该法案要求所有上市公司都必须设立审计委员会并将其作为法定的审计监督机构,其成员必须全部是独立董事,并至少有一名财务专家负责监管财务报告的编撰过程。

《SOX 法案》301 条款规定,审计委员会的主要职责是:① 对公司每一年度和季度的财务报表进行讨论并提出质疑;② 对公司的风险评估和管理政策予以评价;③ 评估公司对外发布的所有盈利信息和分析性预测信息的质量;④ 负责公司内部审计机构的建立及运行;⑤ 负责聘请会计师事务所,支付会计师事务所报酬并监督其工作,受聘的会计师事务所直接向审计委员会报告;⑥ 接受并处理本公司会计、内部控制或审计方面的投诉,包括发行证券公司收到的有关会计、内部控制或审计事项的投诉和发行证券公司的雇员对有疑问的会计与审计事项的匿名举报;⑦ 有权雇用独立的法律顾问、其他咨询顾问和外部审计师。可见,该法案规定下的审计委员会能够代表董事会审核财务报表,以此提高财务报告的质量,使非执行董事能够贡献独立的判断,并在企业经营管理中扮演积极的角色;通过提供沟通的渠道和讨论问题的平台提升外部审计人员的地位;通过向内部审计人员提供独立于管理人员的较大的独立性,强化内部审计职能的地位,增强公众对财务报表可靠性和客观性的信心。

2008 年 5 月,财政部与证监会、审计署、银监会、保监会联合颁布的《企业内部控制基本规范》,明确规定上市公司董事会应当设立审计委员会。2013 年 12 月,上海证券交易所制定了《上海证券交易所上市公司董事会审计委员会运作指引》,详细规定了审计委员会的人员构成、职责、会议以及相关信息的披露,强调了审计委员会监管的有效性。2018 年 9 月,证监会发布了修订的《上市公司治理准则》,对审计委员会的主要职责作了进一步强化。

> **资料介绍**
>
> **《上市公司治理准则》有关审计委员会的规定**
>
> 第三十八条 上市公司董事会应当设立审计委员会,并可以根据需要设立战略、提名、薪酬与考核等相关专门委员会。专门委员会对董事会负责,依照公司章程和董事会授权履行职责,专门委员会的提案应当提交董事会审议决定。
>
> 专门委员会成员全部由董事组成,其中审计委员会、提名委员会、薪酬与考核委员会中独立董事应当占多数并担任召集人,审计委员会的召集人应当为会计专业人士。
>
> 第三十九条 审计委员会的主要职责包括:① 监督及评估外部审计工作,提议聘请或者更换外部审计机构;② 监督及评估内部审计工作,负责内部审计与外部审计的协调;③ 审核公司的财务信息及其披露;④ 监督及评估公司的内部控制;⑤ 负责法律法规、公司章程和董事会授权的其他事项。
>
> 资料来源:证监会,《上市公司公司治理准则》,2018年9月。

审计委员会在公司治理过程中很大程度上起着在公司管理人员、董事会、内部审计人员和外部审计师之间架设桥梁的作用,对各个部门的责任履行情况享有一定的监督权,保证了其他各个部门责任的及时到位。审计委员会对上市公司内部控制的效率和效果与财务报告的可靠性进行监督,是公司治理结构的一种过程监督。因此,完善的审计委员会无疑对规范资本市场和公司治理运作发挥着无比重要的作用。

二、监事会

2018年9月证监会修订的《上市公司治理准则》第四十七条规定,监事会依法检查公司财务,监督董事、高级管理人员履职的合法合规性,行使公司章程规定的其他职权,维护上市公司及股东的合法权益。监事会可以独立聘请中介机构提供专业意见。第五十条规定,监事会发现董事、高级管理人员违反法律法规或者公司章程的,应当履行监督职责,并向董事会通报或者向股东大会报告,也可以直接向中国证监会及其派出机构、证券交易所或者其他部门报告。

2018年10月全国人大常委会修订的《公司法》也进一步明确了监事会的设立、组成、职权等相关事项,有关监事会的职权内容包括:① 检查公司财务;② 对董事、高级管理人员执行公司职务的行为进行监督,对违反法律、行政法规、公司章程或者股东会决议的董事、高级管理人员提出罢免的建议;③ 当董事、高级管理人员的行为损害公司的利益时,要求董事、高级管理人员予以纠正;④ 提议召开临时股东会会议,在董事会不履行本法规定的召集和主持股东会会议职责时召集和主持股东会会议;⑤ 向股东会会议提出提案;⑥ 依照本法第一百五十一条的规定,对董事、高级管理人员提起诉讼;⑦ 公司章程规定的其他职权。

可见,公司监事会的职能实质上是行使监督权。概括来说,其职能主要有两类:公司财务监督和违法违规行为监督。

案例 7-1　深圳上市公司监事会最佳实践案例——平安银行

2016 年 12 月 15 日,由中国上市公司协会、上海证券交易所、深圳证券交易所共同主办的"上市公司监事会最佳实践评选活动"颁奖典礼在北京举行。

此次评选活动是首次由自律组织开展的全国范围内针对上市公司监事会的评选活动,旨在推进上市公司监事会制度建设,倡导上市公司监事会规范履职,进一步提升监事会在公司治理中的地位和影响力,促进上市公司法人治理水平的不断提升。经上市公司自荐、地方协会推荐、公众投票、专家委员会评审等环节,最终产生"上市公司监事会最佳实践 20 强""上市公司监事会卓有成效 30 强"和"上市公司监事会积极进取 50 强"获奖单位。平安银行获得"上市公司监事会最佳实践 20 强"奖项。下面以平安银行 2019 年度监事会工作报告为主要依据介绍其监事会的工作。

2019 年,平安银行监事会本着对股东和员工负责的态度,依照《公司法》《证券法》、监管机构各类指引、本行章程及监事会各项规章制度要求,持续打造全方位、立体化的监督体系,通过会议监督、战略监督、巡检监督、履职监督、外审监督等手段对平安银行的公司治理机制及重要风险领域实行全覆盖的监督,同时借助内部控制机制,全面整合行内的监督资源,形成了查、处、督一体化的监督闭环,持续加大监督力度,拓展监督广度,提升监督深度,为平安银行业务稳健发展、强化风险控制、提升公司治理水平发挥了积极的促进作用。

1. 深化巡检监督,进一步提升监督实效

(1) 巡检进入常态,手段、工具持续创新。在 2017 年发现问题、2018 年整改问题的基础上,2019 年的巡检监督工作主要致力于加强重点督导和推动常态化机制建立。2019 年,监事会先后对全行 80 个经营单位及总行管理部门进行了现场巡检,直接深入一线,创新及丰富监督手段和工具,通过听取各单位报告、座谈调研、发放问卷、沟通访谈等方式,了解经营管理的实际情况,并就风险管理、内控合规、基础管理等发出巡检监督意见 50 份,进一步提升巡检监督的针对性、有效性,对全行风控管理的提升起到良好的推动作用。

(2) 聚焦重点领域,强化实质性监督。2019 年,监事会专项听取了风险、资产负债、零售、稽核四大重要条线的工作报告,检视并通报监事会上一年度监督意见和建议的整改落实情况。经检视,监事会 2018 年度对四大条线提出的 87 项监督意见和建议中,有 76 项意见和建议得到较好的落实,有效整改率超过 87%,取得良好的阶段性成果。同时,监事会针对 2019 年风控重点,聚焦风险管控、转型质量、合规管理、稳健发展等方面,向各条线提出了共 20 个方面 60 项监督意见和建议,并逐条督办落实。

(3) 完善评价机制,监督成果有效落地。监事会建立了系统化的监督反馈机制,对巡检监督意见进行清单化跟踪督办,由内审部门定期开展整改情况验证及评价,并纳入新一年度巡检监督意见。年度末,监事会综合各单位经营管理成果、风控合规管理实效、巡检监督意见整改落实情况等,形成年度巡检考评结果,在全行进行通报并督导各单位改进落实,推动巡检监督成效的提升。

2. 强化监督履职,进一步推升公司治理水平

(1) 高效参与"三会一层"的各类会议和活动。2019年,监事会共召开监事会会议6次、监事会专门委员会会议6次。监事会成员共出席股东大会2次,现场列席董事会会议6次,董事会专门委员会会议11次。审议通过17项议案,认真研究审议各项议案和专题报告,客观公正发表意见,恰当行使表决权。监事长及监事还直接参加了全行各类经营工作会议、合规内控与案防会议、风控会议等。监事会成员通过参加、列席各类会议和活动,使监事会更及时、全面地获取各类经营管理信息,并及时向董事会和经营层提出监督意见、建议或提示,进一步强化了履职监督职责。

(2) 扎实开展董事、监事、高管的履职监督和评价工作。根据监管有关规定,为规范和监督董事会、高管层履行职责,做好监事会自我约束,监事会于年内建立董事、监事履职档案,并围绕董事、监事参会、调研、发言、沟通等履职信息,以及高管绩效达成及履行忠实、勤勉义务的情况,组织开展上一年度董事、监事、高管履职评价工作。在评价过程中,监事会注重与各方的沟通协调,持续完善评价机制和履职档案,按时、保质地完成履职自评、互评、他评等评价环节,并通过履职评价向董事会、高管层及各监事提出了工作改进建议。年度履职评价情况,均按要求向监管部门和股东大会作了报告。

(3) 整合内控资源,形成监督闭环。监事会注重协调和推动稽核、合规、党群、纪检等内控管理部门加强联动,通过强化大数据分析、飞行检查、合规前置、整改督导、处罚问责等手段,将稽核、合规、纪检与监事会的"查、处、督"职能进一步整合,先后对新一贷中介渠道管理不严、贷款资金流向不合规、重要系统应用控制缺陷、按揭贷款存在虚假以及问题授信责任认定等事项进行重点排查、督促整改、问责检视,充分发挥内控职能,强化震慑力。

(4) 关注战略重点,借助外审问诊开方。一方面,监事会与外审机构保持定期和不定期的畅顺沟通机制,定期召开会议,获取报表内外的审计发现和风控信息。另一方面,针对监管和监事会关注重点,监事会联合外审机构进行专项检查,如年内联合普华永道中天会计师事务所对信用卡业务的风险管理情况开展了专项检查,围绕信用卡业务发展过程中存在的制度执行不到位、渠道管理不严格、服务投诉处理规范化仍有待提升等问题,提出了系列整改意见和建议,监督经营层持续完善制度、优化流程、改善服务,推动业务长远发展。

3. 加强自身建设,进一步提升监督能力

(1) 畅顺渠道,收集传达关键信息。为顺应全面监督体系的构建,监事会按照"监督前置、充分知情、结果导向"的原则,进一步畅顺了对公司、零售、风险、稽核、合规、财务、人力、办公室等职能条线以及各经营单位模块的信息收集,信息收集的时效和质量持续提升,为监事会提升监督质量、强化监督实效提供了必要的信息基础。

(2) 强化培训,提升监事履职水平。为提升监事履职能力、开阔视野,适应不断变化的金融形势,监事会将监事履职培训作为重点工作常抓不懈。2019年,监事会组织全体监事参加了以"金融科技"为主题的年度培训,培训内容涵盖集团战略与发展规划解读、生态圈金融、5G发展历程与前景等,取得了良好的培训效果。

(3) 加强交流、沟通、互动，共同提升。对内，监事会定期和不定期地通过会议、邮件、工作简报及"金橙圆桌会""不一样的监事会"群组等方式及时向董事会、经营层及监事传递各类信息。对外，监事会保持与监管部门的畅顺报告和沟通，及时获取各方指导和支持；同时，与多家商业银行监事会进行座谈和交流，加强对同业优秀经验和做法的学习与借鉴。

资料来源：平安银行股份有限公司2019年度监事会工作报告，深圳证券交易所2020年2月14日披露。

三、内部审计机构

2018年1月，审计署发布了修订的《审计署关于内部审计工作的规定》，对内部审计的定义进行了重新界定：内部审计是指对本单位及所属单位财政财务收支、经济活动、内部控制、风险管理实施独立、客观的监督、评价和建议，以促进单位完善治理、实现目标的活动。《审计署关于内部审计工作的规定》同时指出，内部审计机构应当在本单位党组织、主要负责人的直接领导下开展内部审计工作，向其负责并报告工作。

《审计署关于内部审计工作的规定》还对内部审计机构的职责与职权作出了明确的规定，其中第十二条明确内部审计机构或者履行内部审计职责的内设机构应当按照国家有关规定和本单位的要求，履行下列职责：① 对本单位及所属单位贯彻落实国家重大政策措施情况进行审计；② 对本单位及所属单位发展规划、战略决策、重大措施以及年度业务计划执行情况进行审计；③ 对本单位及所属单位财政财务收支进行审计；④ 对本单位及所属单位固定资产投资项目进行审计；⑤ 对本单位及所属单位的自然资源资产管理和生态环境保护责任的履行情况进行审计；⑥ 对本单位及所属单位的境外机构、境外资产和境外经济活动进行审计；⑦ 对本单位及所属单位经济管理和效益情况进行审计；⑧ 对本单位及所属单位内部控制及风险管理情况进行审计；⑨ 对本单位内部管理的领导人员履行经济责任情况进行审计；⑩ 协助本单位主要负责人督促落实审计发现问题的整改工作；⑪ 对本单位所属单位的内部审计工作进行指导、监督和管理；⑫ 国家有关规定和本单位要求办理的其他事项。

企业内部控制是一个过程，这个过程是通过纳入管理过程的大量制度及活动实现的，而要确保内部控制制度的切实执行，内部控制过程就必须被恰当地监督；而《审计署关于内部审计工作的规定》赋予了内部审计机构特有的独立性和对监督评价的客观性，决定了内部审计机构不同于企业的其他职能部门，是企业内部控制监督评价的执行主体。因此，内部审计是企业内部控制的重要组成部分，重视并强化内部审计可以促进内部监督制度的建立健全，从而保证内部控制的有效实施以及内部控制目标的实现。

案例 7-2   万达内部如何"防腐"？

万达身处腐败高发行业，截至2014年年底，公司资产高达5341亿元，拥有员工11万人，项目分布于上百个城市，动用资金大、管理链条长，从上到下各级管理人员都可能经受不住利益诱惑而铤而走险。但是,靠着万达完备的管控制度和超强的防腐高招,很多人看到钱摆摆手,一些人伸出半截的手又缩了回来,极个别伸出去的手被"砍断"了。这究竟是怎样的一些高招呢?

高招之一就是超强的审计。王健林曾在一次演讲中特别指出:万达建立了一支强大的审计队伍,他个人在集团中不分管具体业务,唯一管的部门就是审计部,审计部就相当于万达集团的"纪委"。这支队伍忠诚、严谨、能力强,在集团内树立了权威,具有很强的威慑力。

由此可以看出,在组织架构上,万达审计部门由王健林直管。其他企业的老板虽然管,却是"说管而不管"。但在万达,审计计划、审计问题、审计结论、审计建议都要直接向王健林本人汇报,审计部相对独立,自身没有业务,没有相关利益,不受任何人干扰。

万达信奉审计是一种哲学。没有约束,"人性本并不善"。所以,审计是必需的!在万达,对于腐败和舞弊始终都是保持高压的态势,任何人不得触摸,一旦触摸,发现一起处理一起。

万达的审计不仅仅是为了查处一些大案要案,其最主要目的是对企业的经营进行评价、改善经营、防范风险,促进企业资产的保值增值,实现企业价值的最大化。所以万达的审计,更接地气、更具针对性。

万达的审计要审什么?一是有权力的人;二是存在寻租空间和舞弊可能的业务环节。那么,又有哪些高招呢?

万达每年要审计一两百次,涉及上千家公司,业务领域全覆盖。审计前,审计人员会拿着王健林签署的审计指令,往总经理的桌子上一放,上面写着××公司委派××到你公司进行例行审计,请接待配合,落款:王健林。王健林对审计重视到什么程度?这里有个小故事:年初,百余份审计指令需要王健林签署,审计部总经理对王健林说,"您就别一个一个签了,授权他人代签吧",但王健林最后还是自己一张张地签了。

审计人员到各地后,都会在被审计公司举行一个全员参与的审前会议,包括保洁人员、司机都得参加,主要讲解万达审计的作用、审计的依据、查处的典型案例以及此行的目的,等等。据说,大家都瞪大眼睛听。他们到底讲了什么这么有吸引力呢?当然是万达的重要案例,这都是秘密啊……

2011年8月,审计部曾查处过一起职务侵占案。审计人员通过查阅办公系统发现,某项目的售楼广告在北京电视台娱乐频道每晚23点54分连播了8个月,每个月都支付了29.8万元的广告费,而万达的制度是如果一笔预算超过30万元,就得上报集团进行审批,所以一看就知道当事人研究透了公司制度,钻了空子。结果,审计人员发现当天23点54分根本没有播出任何广告,而且所签约的广告公司的工商注册法人代表后边三个字被篡改过,为了掩饰,当事人还加盖了一个公章。此案经过调查,发现是当事人将广告业务发包给自己注册的公司。

在后续处理这个案件的时候,王健林首先考虑到了审批过程中的官僚作风,对所有审批当事人都进行了处罚,包括项目公司前后两任总经理、营销副总、财务副总等。处罚他们,就是告诫大家,在利用权力审批的时候,一定要充分关注业务实质而非仅走形式上的流程。

万达的审计还有一个特点:严格区分问题的性质,区分"好人办错事,还是坏人办坏事"。事实上,很多问题是由大家对制度不熟悉、吃得不透、把握不准或是执行不到位造成的。对于这样的问题,审计部主张与被审计单位多沟通,通过沟通极大地提高了工作效率,各个系统整改的力度可能比审计要求的还大。

万达的审计要做什么?发现问题后,他们如何处理?就两个词——"一查到底、绝不手软"。各单位在审计后,通常会被出示三种意见:一是管理建议书,不处罚,只提管理建议;二是整改通知书,有处罚,但限于行政经济处罚;三是审计通报,开除责任人或移送司法机关。这就是万达审计的重要作用,不仅要揪出腐败现象,还要通过审计预防并力求在企业内部杜绝腐败,以促进制度与体制的健全和完善。

资料来源:根据万达集团官网相关资料整理。

四、内部控制机构

在企业实务中,虽然内部控制建设和完善工作的落脚点是一致的,但是具有内部控制成功经验的企业所采用的模式存在一定的差异。有的企业设置内部控制委员会,并在其统一部署下开展工作。集团企业中设立的内部控制委员会不仅承担着集团本部的内部控制工作,而且对下属分、子公司内部控制工作负有统筹协调的责任。有的企业单独成立一个部门来加强内部控制的建设与实施工作,比如许多银行专门成立合规部门或者风险控制部门或者风险管理部门。还有的企业指定已有的某个部门负责内部控制的建设与实施工作,通常是指定财务部门或者行政管理部门。不同的做法各有利弊,企业应该结合自身实际来加以设计。

2019年10月,国务院国资委印发的《关于加强中央企业内部控制体系建设与监督工作的实施意见》规定:进一步完善企业内部管控体制机制,中央企业主要领导人员是内控体系监管工作第一责任人,负责组织领导建立健全覆盖各业务领域、部门、岗位,涵盖各级子企业全面有效的内控体系。中央企业应明确专门职能部门或机构统筹内控体系工作职责;落实各业务部门内控体系有效运行责任;企业审计部门要加强内控体系监督检查工作,准确揭示风险隐患和内控缺陷,进一步发挥查错纠弊作用,促进企业不断优化内控体系。

案例 7-3　　　　　　　　　　长春长生内部监督失效案例

2018年7月15日,国家药品监督管理局发布通告指出,长春长生冻干人用狂犬病疫苗生产存在记录造假等行为。由此,长春长生疫苗造假事件引发市场轰动。10月,国家药品监督管理局和吉林省食品药品监督管理局对长春长生违法违规生产行为作出行政处罚,吊销其药品生产许可证并罚款91亿元。在此次疫苗事件中,长春长生内部监督失效是造成其内部控制失败直至走向毁灭的重要原因。

1. 内部监督失效

董事会对管理层的监督失效。长春长生的董事会和管理层人员的任命违背了不相容职务分离的原则。董事长高俊芳担任了总经理、财务总监,张洺豪副董事长兼任副总经理。董事会和管理层成员重叠,层级之间没有相互独立,这直接导致了董事会监督失效。

经理层对业务部门的监督失效。总经理高俊芳担任财务总监,其子张洺豪担任副总经理,其夫张友奎担任营销总监。从总经理到业务部门的管理者,张氏家族全部包揽,业务活动完全由张氏家族负责,不受任何监督。

监事会对董事会、管理层以及公司业务活动的监督失效。长春长生监事会成员仅三人且全部由公司职工担任。公司职工本身就受到管理层的制约,被管理者难以对管理者及业务活动进行监督。此外,监事会成员多为专科学历且专长的业务与内部监督毫不相关,根本不具备监督素质与能力。

2. 缺乏具有独立性、全局性、专业性的内部监督机构和人员

长春长生在治理结构和内部机构设置上没有单独设置审计部、内控部等专门的内部监督机构,各业务部门负责自己部门的内部监督。虽然业务部门熟悉自身业务活动,但是其并不具备专业的内部监督素质与能力,无法上升到对整体内部控制运行进行监督的高度,也极易出现包庇行为。因此,在董事会、监事会等机构失去监督效用的情况下,这种内部监督的效果微乎其微。

资料来源:陈丁冉、刘英,"医药企业内部控制失败的探索——基于长春长生'问题疫苗'事件的分析",《财会通讯》2019年第11期。

综上所述,企业内部控制组织体系如图7-1所示。

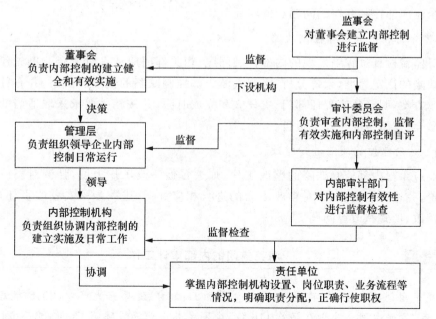

图 7-1 企业内部控制组织体系

第二节 内部监督程序与方式

一、内部监督的程序

企业内部监督的程序一般分为以下四个环节：

（一）建立健全内部监督制度

由于内部控制制度由人设计，难免存在漏洞，而内部控制制度也是靠人执行，因此在执行过程中可能会出现偏差。为此，企业需要建立健全内部监督制度，一方面，通过内部监督，可以检查出制度设计存在的漏洞，及时修订制度堵住漏洞；另一方面，通过内部监督，可以发现制度执行中出现的偏差，及时采取措施纠正偏差。这样的话，企业的内部控制制度就能得到持续的改进。而要发挥内部监督这一作用，企业首先需要建立健全内部监督制度，明确组织架构、岗位设置、权责划分、工作流程、方式方法等内容，尤其应制定内部控制缺陷的认定标准及整改机制。

（二）实施监督，查找内部控制问题

《企业内部控制基本规范》第四十七条规定，企业应当以书面或者其他适当的形式，妥善保存内部控制建立与实施过程中的相关记录或者资料，确保内部控制建立与实施过程的可验证性。也就是说，内部控制建立与实施过程应当"留有痕迹"。企业内部负责内部监督职责的相关部门及其岗位应根据制度的要求，按照规定的工作流程，采取合适的方式和方法，对企业内部控制建立与实施过程中的相关记录或者资料进行监督检查，以便发现企业内部控制存在的问题和薄弱环节。

（三）分析和报告内部控制缺陷

针对监督检查过程中发现的内部控制问题，相关部门应认真对照企业事先建立的内部控制缺陷的认定标准，系统分析、客观判断内部控制缺陷的性质和成因，并有针对性地提出整改方案，明确整改责任部门、责任人和完成时限，并按相关要求采取适当的形式及时向董事会、监事会或经理层报告。

（四）对内部控制缺陷进行整改

企业应重视内部控制缺陷的整改工作，加大督促整改工作力度，强调对整改效果的检查评价，并按照制度要求，对整改不力的进行相应处罚，进一步落实整改责任，避免出现重复整改、形式整改等问题。

案例7-4　　海亮集团的内部审计工作

海亮集团创建于1989年，主营有色金属加工、教育、健康三大产业，2018年营业收入1736亿元，位列中国企业500强第110位、中国民营企业500强第18位；旗下有境内外3家上市公司。海亮集团的诚信文化打造了良好的内控审计环境，2002年起在所属公司门口自挂"诚信承诺"牌匾，向供应商承诺逾期付款按照同期银行利率的10倍偿付。公司

审计部门1998年成立之初仅有区区几个人,至2019年已发展到40多人。

在治理结构层面规范内部审计定位

集团内控审计中心隶属于海亮集团董事会,各产业集团的内控审计部门直接隶属于本产业集团董事会,并接受集团内控审计中心的业务指导。集团历任内控审计中心负责人都是董事局成员,进入集团核心管理层,参与公司重大决策,并对集团重大事项拥有一票否决权。集团内控审计中心建立了《内部审计管理制度》《工程审计管理制度》等七项制度,形成了较为完整的制度体系。

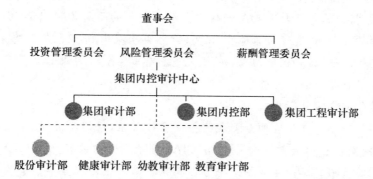

面对集团多元化的业务,内控审计中心与时俱进,从刚成立时的财务审计为主到现在覆盖公司主要业务领域,先后获得诸暨市、绍兴市、浙江省及全国内部审计先进单位荣誉称号,内控审计中心负责人为中国内部审计协会理事,获评浙江省"内审实务专家"。

聚焦审计价值创造

倒"二八"模式促进审计整改。审计发现问题并出具报告,工作量完成了约80%,但对企业的价值可能仅为20%;只有强化整改,才能真正实现剩余80%的价值,可以说审计整改是审计创造价值的核心。海亮集团探索了多种方法来实践倒"二八"整改体系,取得了较好的效果。一是强化"两会三签"。"两会"指审计进场时的开工会、审计结束时的闭工会;"三签"指意见交换书、审计报告书、整改计划书由被审计单位签字确认。与被审计单位充分沟通、促成被审计单位风险认同是整改的重要因素。相较于邮件、电话等远程沟通方式,面对面现场沟通的效果更好,审计组在审计开工、闭工会议期间,与被审计单位负责人、相关部门负责人沟通,充分听取被审计单位意见。意见交换书、审计报告书、整改计划书由被审计单位签字确认,落实审计发现及整改责任部门/责任人,加强了审计质量控制。二是进行风险等级量化,强化整改重点。在审计发现问题定性过程中引入风险等级量化标准,通过对风险等级的分类甄别,对被审计单位整改强制性提出要求:高风险必须整改,中风险原则上也需整改,低风险可自己评估整改成本后申请不整改。三是采取整改跟踪复核"4+1"模式,形成整改闭环。对于整改完成情况进行复核,采取"4+1"模式,即"被审计单位自检→审计经理复核→专项审计→后续常规审计+专人销号",保障整改到位,形成闭环,确保"责任不落实不放过、问题不解决不放过、整改不到位不放过"。四是量化审计人员考核。审计整改率纳入审计人员绩效考核,督促审计人员在提出审计整改建议及整改情况追踪时,能充分与被审计单位沟通,提高整改方案落地性。倒"二八"整改体系的实施,使得整改率逐年提升,2017年整改率达到92%(比2016

年提高21%),2018年达到96%。高风险即必须整改风险的整改率近100%。同时,企业内部控制体系也得到不断完善,其中2018年内控审计中心查处各类违规违纪案件14起,涉及人员处理24人,其中1人移送司法机关、14人解除劳动合同;提出审计建议288条,绝大部分得到整改,有效保障了集团的高速健康发展。

IT与内控"充分"融合。从2013年开始,内控审计中心结合海亮集团总部—产业集团—单体公司的管理架构,以及产业多元化、管理多层级等现状,牵头组织授权工作,逐步搭建起董事局主席、分管总裁、产业板块三级授权管理体系,以办公OA为载体,将内部控制关键控制点、授权等融入OA流程中。经过五年的不断优化完善,仅2018年就优化全集团流程826个,使流程数量减少36%,待办事项减少68%。集团对下属公司审批节点数由3058个减至1770个,减少42%。完成对集团所有板块的全覆盖,有力地促进了集团快速发展过程中的风险管理。

打造专业化的内审队伍

海亮集团打造了一支年轻的专业化内控及审计队伍,平均年龄仅31岁,全部为本科及以上学历,除刚毕业的大学生外全部有CIA(国际注册内部审计师)、CPA(注册会计师)、中级职称等证书。集团主要从三个方面持续提高队伍的专业性。首先,优化人才结构,审计队伍除包括具有财务背景的人员外,还有其他专业背景的人才加入。其次,持续完善知识结构,部门每月不少于两次的内部培训,不断推出财务、法务、工程管理、项目控制、信息技术等方面的专业培训课程。最后,引入科学合理的绩效考核机制,通过制定契合公司总体目标的考核标准,对内控及审计工作进行评价与考核,并与绩效奖励挂钩。

资料来源:傅怀全,"海亮文化名片中的内审色彩",《中国内部审计》2019年第8期。

二、内部监督的方式

内部监督的方式可以分为日常监督和专项监督两种。

(一)日常监督

日常监督是指企业对建立与实施内部控制的情况进行常规、持续的监督检查。它是企业对建立和实施内部控制的整体情况所进行的连续的、全面的、系统的、动态的监督。日常监督存在于单位管理活动之中,随环境的改变作出动态反应,能较快地辨别问题。日常监督的程度越高,其有效性就越高,企业所需的专项监督就越少。

日常监督是业务部门在进行日常业务时所作的监督,正如之前在不相容职责划分时所强调的那样,任何一项业务在划分流程时都应坚持"三权分离",即业务的决策权、执行权和监督权两两相分离,从而形成集体决策、高效执行与独立监督相结合的治理体系。通常所见的日常监督岗位如财务部门的稽核、生产部门的质检、采购部门的验收等。

有效的日常监督能够合理保证内部控制的有效性。一方面,组织内部应由相关部门定期、独立、持续地对各部门内部控制制度的设计和执行情况进行严格的检查及反馈,必要时向董事会和高级管理层报告,确保内部控制体系的持续有效性。另一方面,有效的内部控制体系可以促进日常监督的有效实施,提高内部监督的效果和效率。以奶业企业为例,驻站员监督检查就是日常监督中至关重要的一环,驻站员负责监督检查饲养环境、挤奶设施卫生、挤奶工艺程序等。然而,三鹿集团的驻站员监督检查不到位,也缺乏专门的监督机构对驻站员的工作进行日常监督。在这方面,蒙牛的做法值得借鉴:派驻奶站的工作人员定期轮岗,并增加"奶台"环节,检测合格后,再运送到加工厂;负责运输的车辆配有卫星定位系统,到了工厂之后进行二次检验,以及不定期地进行巡回检查。

案例 7-5 华为内部控制的三层防线

任正非在 2016 年 12 月举行的公司监管体系座谈会上发表讲话——《内外合规多打粮,保驾护航赢未来》。他在讲话中提到,公司发展得越快,管理覆盖就越不足,暂时的漏洞也会越多,因此,公司设置了内部控制的三层防线。

第一层防线,业务主管/流程负责人,是内部控制的第一责任人。在流程中建立内部控制意识和能力,不仅要做到流程的形式遵从,还要做到流程的实质遵从。流程的实质遵从,就是行权质量。落实流程责任制,流程负责人/业务主管要真正承担内部控制和风险监管的责任,95%的风险要在流程化作业中化解。业务主管必须具备两个能力:一是创造价值,二是做好内部控制。

第二层防线,内部控制及风险监管的行业部门,针对跨流程、跨领域的高风险事项进行拉通管理,既要负责方法论的建设及推广,也要做好各个层级的赋能。稽查体系聚焦事中,是业务主管的帮手,不能越俎代庖,业务主管仍是管理的责任人,稽查体系则是帮助业务主管管理好自己的业务,发现问题,推动问题改进,使问题有效地形成闭环。稽查和内部控制的作用是在帮助业务完成流程化作业的过程中实现监管。内部控制的责任不是在稽查部,也不是在内部控制部,这一点一定要明确。

第三层防线,内部审计部是司法部队,通过独立评估和事后调查建立冷威慑。冷威慑,就是让大家都不要做坏事,也不敢做坏事。审计抓住一个缝隙,不依不饶地深查到底,旁边碰到有大问题也暂时不管,而是沿着这个小问题把风险查清、查透。一个是纵向的,一个是横向的,没有规律,不按大小来排队,抓住什么就查什么,这样建立冷威慑。

资料来源:黄卫伟,《价值为纲——华为公司财经管理纲要》,中信出版社 2017 年版。

(二)专项监督

专项监督是对内部控制建立与实施的某一方面或者某些方面的情况进行不定期的、有针对性的监督检查。专项监督的范围和频率应根据风险评估结果以及日常监督的有效性等予以确定。一般来说,风险水平较高并且重要的控制,对其进行专项监督的频率应较高。

专项监督的主体以企业内部审计机构、内部控制职能部门为主,必要时,也可以聘请外部中介机构参与其中,但参与专项监督的人员必须具备相关专业知识和一定的工作经验,且不得参与对自身业务活动的监督检查。

案例 7-6　　三鹿集团的专项监督

2004年,在追查"大头娃娃"劣质奶粉的过程中,三鹿集团生产的三鹿婴儿奶粉被列入不合格奶粉和劣质奶粉"黑名单"。随后,三鹿婴儿奶粉及系列奶粉在全国遭到封杀,每天损失超过1000万元,三鹿集团陷入生存危机。经过快速、灵活、务实的紧急公关,三鹿集团成功化解了此次突发危机,还荣获2003—2004年度危机管理优秀企业称号。但遗憾的是,"大头娃娃"奶粉事件并没有让三鹿集团警醒。三鹿集团看到的只是农村奶粉市场的外部扩张机会,根本没有将关注点放在内部控制机制的完善上。2005年,在轰动一时的三鹿"早产奶"事件中,生产厂、销售部与仓库的工作人员在经济利益的驱动下,为了缩短物流时间,违背业务流程和相关法规,擅自将正在下线并处在检测过程中的三鹿原味酸牛奶提前出厂。三鹿集团本应开展业务流程专项大检查,但除将销售部门有关人员调离岗位、对三鹿酸奶销售直接负责人扣除20%的年薪之外,并没能从消除内部控制隐患的角度去解决问题。

资料来源:豆丁网,资料贡献者为apanghuang5。

专项监督主要关注以下两个方面:

(1) 高风险且重要的项目。审计部门依据日常监督的结果,对风险较高且重要的项目要进行专项监督。

(2) 内部控制环境变化。当内部控制环境发生变化时,要进行专项监督,以确定内部控制是否能适应新的内部控制环境。例如,业务流程改变和关键员工发生变化时,就要进行专项监督,以确保内部控制体系能正常运行。

(三) 日常监督和专项监督的联系

日常监督和专项监督应当有机结合,前者是后者的基础,后者是前者的有效补充。如果发现专项监督需要经常性地进行,那么企业有必要将其纳入日常监督,持续进行监控。通常,二者的某种组合会确保企业内部控制在一定时期内保持有效性。

案例 7-7　　创新构建"四位一体"合力监督机制

中国重汽集团泰安五岳专用汽车有限公司作为一家具有60多年历史的老牌国有企业,不断加强内部管理创新及审计监督机制创新。内部审计监督作为企业管理的再管理,实施管理创新升级、新旧动能转换,对规范企业运营、提高企业经济效益起到了重要作用。

公司法审部门在审计领域积极探索审计工作及内部控制、风险管理创新升级新模式,以财务收支审计、基建工程审计、绩效审计、经济责任审计为基础,兼容内部控制评价、风险管理审计,并将其贯穿公司治理层面和业务层面;将日常审计和专项审计相结合,形成审计监督的"点""面"网络覆盖;以内部制度流程测试、合同管理为抓手,并将其渗透到生产经营管理全过程,实现"人、财、物、产、供、销"的内部审计监督全覆盖;以审计报告和审计整改清单及跟踪审计实现问题整改和整改销号的闭环管理;从单打独斗的审计监督到与法律、纪检、监察等职能部门深度融合,形成资源共享的审计结果运用联动机制;以绩效审计、经济责任审计评价,完善党员领导干部聘任和责任追究机制,促进企业反腐倡廉和党风廉政建设。通过建立审计、法律、纪检、监察"四位一体"深度融合的合力监督机制,协同促进企业经济效益的提高和管理水平的提升,为企业依法治企、风险防控、提质增效和健康稳定发展保驾护航。

资料来源:张圣志、陈俊星,"创新构建'四位一体'合力监督机制",《中国内部审计》2019年第7期。

第三节 内部控制缺陷认定与内部控制评价

一、内部控制缺陷的认定

《企业内部控制基本规范》第四十五条指出,企业应当制定内部控制缺陷认定标准,对监督过程中发现的内部控制缺陷,应当分析缺陷的性质和产生的原因,提出整改方案,采取适当的形式及时向董事会、监事会或者经理层报告。内部控制缺陷,是指内部控制的设计存在漏洞,不能有效防范错误、舞弊及其他风险,或者内部控制的运行存在问题和偏差,不能及时发现并纠正错误、舞弊及其他风险的情形。内部控制缺陷按照不同的标准可以有不同的分类。一般来说,内部控制缺陷可按照以下标准分类:

1. 设计缺陷和运行缺陷

按照内部控制缺陷的来源,可以将内部控制缺陷分为设计缺陷和运行缺陷。内部控制存在设计缺陷和运行缺陷,会影响内部控制的设计有效性和运行有效性。

设计缺陷是指企业缺少为实现控制目标所必需的控制措施,或现存控制设计不适当,即使正常运行也难以实现控制目标。如果内部控制制度不健全,将会导致企业经营秩序混乱、账目不清、决策失误,降低抗风险能力;如果内部控制制度不符合企业生产经营活动的实际情况,将不能适应内部控制环境变化的需要。

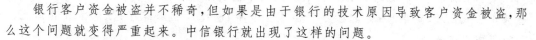

案例 7-8　　多名客户资金被盗,中信银行网银系统现重大漏洞

银行客户资金被盗并不稀奇,但如果是由于银行的技术原因导致客户资金被盗,那么这个问题就变得严重起来。中信银行就出现了这样的问题。

一、有漏洞的网银系统

信息系统对银行来说就是遍布全身的神经和血管,如果这个系统存在重大漏洞,对银行的威胁将是致命的。

正是由于网上银行业务发展迅猛,银监会才会把信息系统安全纳入监管视野,并相继出台了《银行业金融机构信息系统风险管理指引》和《商业银行信息科技风险管理指引》,强调在信息系统开发、测试和维护以及服务外包的过程中加强对客户信息的保护,保障客户数据安全和服务连续。知情人士透露,中信银行9名客户的网上银行账户被盗,而且是在短短一两天内发生,这说明中信银行确实没有足够重视网银的安全性问题,没有及时发现系统漏洞,致使犯罪分子作案得逞,客户资金遭受损失。

二、信贷管理系统存在功能缺陷

不仅仅是个人网上银行存在重大漏洞,中信银行的信贷管理系统也存在缺陷。

据有关人士透露,监管部门已经认定,中信银行的信贷管理系统存在缺陷,没有将集团客户认定环节设定在授信流程中,无法对集团客户授信进行有效的控制。

此外,该信贷管理系统还存在基础信息缺失、重要功能缺失、模块功能没有得到有效使用的情形,影响了系统功能的发挥。

对于银行而言,信贷管理系统控制着银行几乎所有的信贷资产,每一笔贷款都在信贷管理系统平台上审核、批准。中信银行信贷管理系统存在缺陷,这种影响是系统性的,使该行近万亿元贷款的安全受到考验。

资料来源:转引自《上海证券报》2009年12月17日同名报道,作者颖萌。

运行缺陷是指现存设计完好的控制没有按设计意图运行,或执行者没有获得必要授权,或缺乏胜任能力,难以有效地实施控制。有些企业表面上似乎建立健全了企业内部控制制度,但往往形同虚设,实际中有关人员依旧我行我素。此外,企业内部普遍存在授权不明、权责不清的情况,这也是内部控制不能有效运行的重要原因。

案例 7-9　套期保值越权操作致巨亏,董事长自掏 3 亿元赔偿损失

因"有事项在论证"而停牌两日的三普药业昨日晚间终于揭晓谜底,公司套期保值业务全部损失约 3.7 亿元。经自查发现,原因为公司相关人员未完全按照《保值业务内部控制制度》的有关规定执行,违反了公司《保值业务内部控制制度》中"选择合适的时机买入公司规定的品种"的规定,越权卖出了期铜。

公告显示,公司根据《保值业务内部控制制度》中"超越权限进行的资金拨付、证券交易等行为,由越权操作者对交易风险或者损失承担个人责任"等规定研究决定,由公司保值业务领导小组成员蒋锡培承担 3 亿元、蒋华君承担 5000 万元、陈海萍承担 1000 万元、蒋泽元承担 1000 万元的赔偿责任。

根据公开资料,蒋锡培为公司控股股东远东控股集团有限公司董事局主席、CEO,三普药业法人代表、董事长;蒋华君为三普药业董事、电缆产业总经理;陈海萍和蒋泽元同为采供中心副总监。

公司还表示,以上人员一致承认给公司造成了直接经济损失,并同意承担赔偿责任,均表示有能力履行赔偿,承诺赔偿款将于 2012 年 12 月 31 日前到账。

资料来源:陈雅琼,"套期保值越权操作致巨亏",《证券日报》2012 年 11 月 2 日。

2. 重大缺陷、重要缺陷和一般缺陷

按照影响内部控制缺陷的性质,可以将内部控制缺陷分为重大缺陷、重要缺陷和一般缺陷。内部控制缺陷的性质一般可以定义为影响企业内部控制目标实现的严重程度。

重大缺陷是指一个或多个控制缺陷的组合,可能导致企业严重偏离控制目标。当存在任何一个或多个内部控制重大缺陷时,应当在内部控制评价报告中作出内部控制无效的结论。

重要缺陷是指一个或多个控制缺陷的组合,其严重程度低于重大缺陷,但仍有可能导致企业偏离控制目标。重要缺陷的严重程度低于重大缺陷,不会严重危及内部控制的整体有效性,但也应当引起董事会、经理层的充分关注。

一般缺陷是指除重大缺陷、重要缺陷以外的其他控制缺陷。

3. 财务报告内部控制缺陷和非财务报告内部控制缺陷

按照影响内部控制目标的具体表现形式,还可以将内部控制缺陷分为财务报告内部控制缺陷和非财务报告内部控制缺陷。

财务报告内部控制是指针对财务报告目标而设计和实施的内部控制,财务报告内部控制的目标集中体现为财务报告的可靠性,因而财务报告内部控制缺陷主要是指不能合理保证财务报告可靠性的内部控制设计和运行缺陷。也可以这样说,财务报告内部控制缺陷,是指不能及时防止或发现并纠正财务报告错报的内部控制缺陷。

非财务报告内部控制缺陷是指影响除财务报告之外的内部控制目标(包括战略目标、经营目标、合规目标、资产安全目标)实现的内部控制设计和运行缺陷。

案例 7-10　海螺水泥的内部控制缺陷认定标准

1. 财务报告内部控制缺陷认定标准

公司确定的财务报告内部控制缺陷评价的定量标准如下:

指标名称	重大缺陷定量标准	重要缺陷定量标准	一般缺陷定量标准
内控缺陷或缺陷组合可能导致的财务报告错报	由该缺陷或缺陷组合可能导致的财务报告错报＞财务报表重要性水平(即公司期末合并财务报表的营业收入的2%或资产总额的2%或利润总额的5%)	财务报表重要性水平的50%＜由该缺陷或缺陷组合可能导致的财务报告错报≤财务报表重要性水平	由该缺陷或缺陷组合可能导致的财务报告错报≤财务报表重要性水平的50%

公司确定的财务报告内部控制缺陷评价的定性标准如下:

缺陷性质	定性标准
重大缺陷	①董事、监事和高级管理人员舞弊;②公司更正已经公布的财务报表;③注册会计师发现当期财务报表存在重大错报,而内部控制在运行过程中未能发现该错报;④公司审核委员会和监察审计室对内部控制的监督无效;⑤内部控制评价的结果特别是重大缺陷或重要缺陷未得到整改;⑥重要业务缺乏制度控制或制度出现系统性失效
重要缺陷	/

2. 非财务报告内部控制缺陷认定标准

公司确定的非财务报告内部控制缺陷评价的定量标准如下：

指标名称	重大缺陷定量标准	重要缺陷定量标准	一般缺陷定量标准
利润总额和现金流的不利影响	造成或可能造成年度利润总额变化的金额超过年度利润总额的3%（含3%）；对现金流产生或可能产生影响的金额（现金收入减少或者现金支出增加）超过年度现金流金额的3%（含3%）	造成或可能造成年度利润总额变化的金额介于年度利润总额的1.5%（含1.5%）至3%之间；对现金流产生或可能产生影响的金额（现金收入减少或者现金支出增加）介于年度现金流金额的1.5%（含1.5%）至3%之间	造成或可能造成年度利润总额变化的金额小于年度利润总额金额的1.5%；对现金流产生或可能产生影响的金额（现金收入减少或者现金支出增加）小于年度现金流金额的1.5%
声誉的影响范围和恢复程度	对企业声誉造成重大损害，需要大于等于1年的时间恢复声誉	对企业声誉造成一定损害，需要大于等于6个月且小于1年的时间恢复声誉	造成的声誉损害可以在6个月以内的时间恢复
违法违规或违反合同所导致的罚款或者赔偿金额①	违反法规，导致政府部门或者监管机构的罚款或者处罚金额大于主营业务收入（自产品销售）的0.08%（含0.08%）；重大商业纠纷、各类重大诉讼所导致的赔偿损失金额大于主营业务收入（自产品销售）的0.08%（含0.08%）	违反法规，导致政府部门或者监管机构的罚款或者处罚金额介于主营业务收入（自产品销售）的0.04%（含0.04%）至0.08%之间；重大商业纠纷、各类重大诉讼所导致的赔偿损失金额介于主营业务收入（自产品销售）的0.04%（含0.04%）至0.08%之间	违反法规，导致政府部门或者监管机构的罚款或者处罚金额小于主营业务收入（自产品销售）的0.04%；重大商业纠纷、各类重大诉讼所导致的赔偿损失金额小于主营业务收入（自产品销售）的0.04%
对供应商/客户关系的损害程度②	由于产品质量异议导致的损失金额大于主营业务收入（自产品销售）的0.08%（含0.08%）	由于产品质量异议导致的损失金额介于主营业务收入（自产品销售）的0.04%（含0.04%）至0.08%之间	由于产品质量异议导致的损失金额小于主营业务收入（自产品销售）的0.04%
员工积极性和稳定性的影响③	导致核心团队超过20%（含20%）的流失	导致核心团队10%（含10%）至20%的流失	导致核心团队不超过10%的流失
不能正常经营所造成的损失经营目标的实现程度	造成重要的业务/服务中断且恢复需要大于等于6个月的时间	企业日常业务受一些影响，造成个别业务/服务中断，但恢复时间大于等于3个月且小于6个月	对营运有一定影响，造成个别服务/业务中断，但可以在3个月内恢复
人身安全健康、环境受损④	发生安全事故造成一次工亡10人（含10人）以上；造成主要环境损害需要1年以上（含1年）的时间来恢复	发生安全事故造成一次工亡5至10人（含5人）；对环境造成中等影响需6个月至1年（含6个月）的时间才能恢复	发生安全事故造成一次工亡5人以下

注：①对违反法规遭受处罚或是由于纠纷（诉讼）产生的赔偿，考虑同业数据、历史数据、法规的处罚条文，以及公司目前签订的商业条款的累计；②对于产品质量造成的损失，考虑参考历史数据及财务数据；③对于核心团队的具体组成部分，考虑技术管理骨干、中层以上管理人员等，然后从核心团队的人数上考虑百分比，确定内部控制缺陷等级；④安全方面，考虑安全事故造成人员伤亡的人数，环境方面，考虑恢复对环境造成的损害所需要的时间。

公司确定的非财务报告内部控制缺陷评价的定性标准如下:

缺陷性质	定性标准
重大缺陷	① 负面消息在整个业务领域(包括延伸至产业链)内流传,或者被全国性媒体及公众媒体关注;② 损害与大供应商/大客户或潜在大供应商/大客户管理层的关系,严重影响与大供应商/大客户的关系;③ 较大程度损害整体员工的工作积极性,大大降低工作效率,对企业文化、企业凝聚力产生重大不利影响;④ 企业失去部分业务能力,情况需要付出较大的代价才能得以控制,但对企业存亡无重大影响;⑤ 受内部控制缺陷影响的部门/单位无法达成其部分的关键营运目标或业绩指标;⑥ 对环境产生重大损害;⑦ 大规模的公众投诉;⑧ 应采取重大的补救措施
重要缺陷	① 负面消息在行业内部流传,或者被地方媒体报道或关注;② 对大供应商/大客户的关系有明显影响,对一般供应商/客户有严重的影响;③ 损害多数员工的工作积极性并影响其工作效率,对企业文化、企业凝聚力产生某些重要的不利影响;④ 受内部控制缺陷影响的部门/单位较难达成其部分的关键营运目标或业绩指标;⑤ 对环境产生重要损害;⑥ 出现个别投诉事件;⑦ 应采取一定程度的补救措施
一般缺陷	① 负面消息在企业内部流传,对企业声誉造成轻微损害;② 收到供应商/客户的正式投诉,但对供应商/客户关系基本没有影响;③ 损害少数员工的工作积极性并影响其工作效率,对于企业文化、企业凝聚力方面几乎没有影响;④ 对环境造成一般损害

资料来源:节选自《安徽海螺水泥股份有限公司 2019 年度内部控制评价报告》。

二、内部控制评价

《企业内部控制基本规范》第四十六条规定,企业应当结合内部监督情况,定期对内部控制的有效性进行自我评价,出具内部控制自我评价报告。内部控制自我评价的方式、范围、程序和频率,由企业根据经营业务调整、经营环境变化、业务发展状况、实际风险水平等自行确定。可见,内部控制评价属于专项监督的一种形式。根据财政部、证监会、审计署、银监会、保监会 2010 年联合发布的《关于印发企业内部控制配套指引的通知》的要求,执行《企业内部控制基本规范》及企业内部控制配套指引的上市公司和非上市大中型企业,应当对内部控制的有效性进行自我评价,披露年度自我评价报告,同时应当聘请会计师事务所对财务报告内部控制的有效性进行审计并出具审计报告。可见,内部控制评价和内部控制审计已经成为上市公司和非上市大中型国有企业的强制性要求。

(一) 内部控制评价主体

《企业内部控制评价指引》第二条规定,内部控制评价是指企业董事会或类似权力机构对内部控制的有效性进行全面评价、形成评价结论、出具评价报告的过程。可见,企业内部控制评价的责任主体通常是董事会。

而《企业内部控制评价指引》第十二条指出,企业可以授权内部审计部门或专门机构(以下简称内部控制评价部门)负责内部控制评价的具体组织实施工作。因此,企业内部控制评价的实施主体一般由内部审计部门担任。

资料介绍

国务院国资委有关内部控制监督评价的最新规定

为深入贯彻习近平新时代中国特色社会主义思想和党的十九大精神，认真落实党中央、国务院关于防范化解重大风险和推动高质量发展的决策部署，充分发挥内部控制（以下简称内控）体系对中央企业强基固本作用，进一步提升中央企业防范化解重大风险能力，加快培育具有全球竞争力的世界一流企业，根据《中共中央 国务院关于深化国有企业改革的指导意见》《国务院关于印发改革国有资本授权经营体制方案的通知》《国务院办公厅关于加强和改进企业国有资产监督防止国有资产流失的意见》，国务院国资委2019年10月19日印发了《关于加强中央企业内部控制体系建设与监督工作的实施意见》（国资发监督规〔2019〕101号）。其中第四部分和第五部分涉及内控监督评价规定，具体内容如下：

四、加大企业监督评价力度，促进内控体系持续优化

（九）全面实施企业自评。督促所属企业每年以规范流程、消除盲区、有效运行为重点，对内控体系的有效性进行全面自评，客观、真实、准确揭示经营管理中存在的内控缺陷、风险和合规问题，形成自评报告，并经董事会或类似决策机构批准后按规定报送上级单位。

（十）加强集团监督评价。要在子企业全面自评的基础上，制定年度监督评价方案，围绕重点业务、关键环节和重要岗位，组织对所属企业内控体系有效性进行监督评价，确保每3年覆盖全部子企业。要将海外资产纳入监督评价范围，重点对海外项目的重大决策、重大项目安排、大额资金运作以及境外子企业公司治理等进行监督评价。

（十一）强化外部审计监督。要根据监督评价工作结果，结合自身实际情况，充分发挥外部审计的专业性和独立性，委托外部审计机构对部分子企业内控体系有效性开展专项审计，并出具内控体系审计报告。内控体系监管不到位、风险事件和合规问题频发的中央企业，必须聘请具有相应资质的社会中介机构进行审计评价，切实提升内控体系管控水平。

（十二）充分运用监督评价结果。要加大督促整改工作力度，指导所属企业明确整改责任部门、责任人和完成时限，对整改效果进行检查评价，按照内控体系一体化工作要求编制内控体系年度工作报告并及时报国资委，同时抄送企业纪委（纪检监察组）、组织人事部门等。指导所属企业建立健全与内控体系监督评价结果挂钩的考核机制，对内控制度不健全、内控体系执行不力、瞒报漏报谎报自评结果、整改落实不到位的单位或个人，应给予考核扣分、薪酬扣减或岗位调整等处理。

五、加强出资人监督，全面提升内控体系有效性

（十三）建立出资人监督检查工作机制。加强对中央企业国有资产监管政策制度执行情况的综合检查工作，建立内控体系定期抽查评价工作制度，每年组织专门力量对中央企业经营管理重要领域和关键环节开展内控体系有效性抽查评价，发现和堵塞管理漏洞，完善相关政策制度，并加大监督检查工作结果在各项国有资产监管及干部管理工作中的运用力度。

（十四）充分发挥企业内部监督力量。通过完善公司治理，健全相关制度，整合企业内部监督力量，发挥企业董事会或委派董事决策、审核和监督职责，有效利用企业监事会、内部审计、企业内部巡视巡察等监督检查工作成果，以及出资人监管和外部审计、纪检监察、巡视反馈问题情况，不断完善企业内控体系建设。

（十五）强化整改落实工作。进一步强化对企业重大风险隐患和内控缺陷整改工作跟踪检查力度，将企业整改落实情况纳入每年内控体系抽查评价范围，完善对中央企业提示函和通报工作制度，对整改不力的印发提示函和通报，进一步落实整改责任，避免出现重复整改、形式整改等问题。

（十六）加大责任追究力度。严格按照《中央企业违规经营投资责任追究实施办法（试行）》（国资委令第37号）等有关规定，及时发现并移交违规违纪违法经营投资问题线索，强化监督警示震慑作用。对中央企业存在重大风险隐患、内控缺陷和合规管理等问题失察，或虽发现但没有及时报告、处理，造成重大资产损失或其他严重不良后果的，要严肃追究企业集团的管控责任；对各级子企业未按规定履行内控体系建设职责、未执行或执行不力，以及瞒报、漏报、谎报或迟报重大风险及内控缺陷事件的，坚决追责问责，层层落实内控体系监督责任，有效防止国有资产流失。

（二）内部控制评价原则

《企业内部控制评价指引》第三条规定，企业实施内部控制评价至少应当遵循下列原则：

(1) 全面性原则。评价工作应当包括内部控制的设计与运行，涵盖企业及其所属单位的各种业务和事项。

(2) 重要性原则。评价工作应当在全面评价的基础上，关注重要业务单位、重大业务事项和高风险领域。

(3) 客观性原则。评价工作应当准确地揭示经营管理的风险状况，如实反映内部控制设计与运行的有效性。

（三）内部控制评价内容

企业应当根据《企业内部控制基本规范》、应用指引、评价指引以及本企业的内部控制制度，围绕内部环境、风险评估、控制活动、信息与沟通、内部监督等要素，确定内部控制评价的具体内容，对内部控制设计与运行情况进行全面评价。

1. 内部环境评价

企业组织开展内部环境评价，应当以组织架构、发展战略、人力资源、企业文化、社会责任等应用指引为依据，结合本企业的内部控制制度，对内部环境的设计及实际运行情况进行认定和评价。

2. 风险评估评价

企业组织开展风险评估机制评价，应当以《企业内部控制基本规范》有关风险评估的要求，以及各项应用指引中所列主要风险为依据，结合本企业的内部控制制度，对日常经营管理过程中的风险识别、风险分析、应对策略等进行认定和评价。

3. 控制活动评价

企业组织开展控制活动评价,应当以《企业内部控制基本规范》和各项应用指引中的控制措施为依据,结合本企业的内部控制制度,对相关控制措施的设计和运行情况进行认定和评价。

4. 信息与沟通评价

企业组织开展信息与沟通评价,应当以内部信息传递、财务报告、信息系统等相关应用指引为依据,结合本企业的内部控制制度,对信息收集、处理和传递的及时性、反舞弊机制的健全性、财务报告的真实性、信息系统的安全性,以及利用信息系统实施内部控制的有效性等进行认定和评价。

5. 内部监督评价

企业组织开展内部监督评价,应当以《企业内部控制基本规范》有关内部监督的要求,以及各项应用指引中有关日常管控的规定为依据,结合本企业的内部控制制度,对内部监督机制的有效性进行认定和评价,重点关注监事会、审计委员会、内部审计机构等是否在内部控制设计和运行中有效发挥监督作用。

(四)内部控制评价程序

《企业内部控制评价指引》第十二条规定,企业应当按照内部控制评价办法规定的程序,有序开展内部控制评价工作。内部控制评价程序一般包括:制定评价工作方案、组成评价工作组、实施现场测试、认定控制缺陷、汇总评价结果、编报评价报告等环节。

1. 制定评价工作方案

企业内部控制评价部门应当以内部控制目标为依据,结合企业内部监督情况和管理要求,分析企业经营管理过程中的影响内部控制目标实现的高风险领域和重要业务事项,确定检查评价方法,制定科学合理的评价工作方案,经董事会或其授权机构审批后实施。评价工作方案应当明确评价范围、工作任务、人员组织、进度安排和费用预算等相关内容。评价工作方案既可以以全面评价为主,又可以根据需要采用重点评价的方式。

2. 组成评价工作组

企业内部控制评价部门应当根据经批准的评价方案,组成内部控制评价工作组,具体实施内部控制评价工作。评价工作组应当吸收企业内部相关机构熟悉情况的业务骨干参加。评价工作组成员对本部门的内部控制评价工作应当实行回避制度。

3. 实施现场测试

内部控制评价工作组可以综合运用个别访谈法、调查问卷法、专题讨论法、穿行测试法、实地查验法、抽样法和比较分析法等各种方法,对被评价单位进行现场测试,充分收集被评价单位内部控制设计和运行是否有效的证据,按照评价的具体内容,如实填写评价工作底稿,研究分析内部控制缺陷。

4. 认定控制缺陷

内部控制缺陷的认定流程如下:

(1)评价工作组初步认定阶段。内部控制评价工作组根据现场测试获取的证据,对内部控制缺陷进行初步认定,并按其影响程度分为重大缺陷、重要缺陷和一般缺陷。

(2)工作组负责人审核阶段。首先,企业内部控制评价工作组依据质量交叉复核制度对评价结果进行复核;其次,评价工作组负责人对评价工作底稿进行严格审核,并对所认定的评价结果签字确认后,提交企业内部控制评价部门。

(3)内部控制评价部门综合分析全面复核阶段。企业内部控制评价部门应当编制内部控制缺陷认定汇总表,结合日常监督和专项监督发现的内部控制缺陷及其持续改进情况,对内部控制缺陷及其成因、表现形式和影响程度进行综合分析和全面复核,提出认定意见,并以适当的形式向董事会、监事会或者经理层报告。

5. 汇总评价结果

评价工作组全面复核和确认检查出来的各种问题,分析汇总评价结果,提出认定意见并编制评价报告。重大缺陷应当由董事会予以最终认定。企业对于认定的重大缺陷,应当及时采取应对策略,切实将风险控制在可承受度之内,并追究有关部门或相关人员的责任。

6. 编报评价报告

内部控制评价机构以认定的内部控制缺陷和汇总的评价结果为基础,综合内部控制工作整体情况,客观、公正、完整地编制内部控制评价报告,并报送企业经理层、董事会和监事会。《企业内部控制评价指引》要求,内部控制评价报告应当报经董事会或类似权力机构批准后对外披露或报送相关部门。企业应当以12月31日作为年度内部控制评价报告的基准日,并于基准日后4个月内发出内部控制评价报告。对于基准日至内部控制评价报告发出日之间发生的影响内部控制有效性的因素,企业应当根据其性质和影响程度对评价结论进行相应调整。

内部控制评价报告应当分别内部环境、风险评估、控制活动、信息与沟通、内部监督等要素进行设计,对内部控制评价过程、内部控制缺陷认定及整改情况、内部控制有效性的结论等相关内容作出披露。内部控制评价报告至少应当披露下列内容:① 董事会对内部控制报告真实性的声明;② 内部控制评价工作的总体情况;③ 内部控制评价的依据、范围、程序和方法;④ 内部控制缺陷及其认定;⑤ 内部控制缺陷的整改情况及重大缺陷拟采取的整改措施;⑥ 内部控制有效性的结论。另外,财政部会计司在《企业内部控制规范讲解 2010》中对内部控制评价报告的内容提供了进一步指引,包括探索引入使用内部控制评价表,作为对内部控制评价报告的进一步补充。所谓内部控制评价表,就是对评价过程中形成的评价工作底稿的全面整理和综合汇总。

案例 7-11　中粮生物科技股份有限公司 2019 年度内部控制评价报告

中粮生物科技股份有限公司全体股东:

根据《企业内部控制基本规范》及其配套指引的规定和其他内部控制监管要求(以下简称企业内部控制规范体系),结合中粮生物科技股份有限公司(以下简称公司)内部控制制度和评价办法,在内部控制日常监督和专项监督的基础上,我们对公司2019年12月31日(内部控制评价报告基准日)的内部控制有效性进行了评价。

一、重要声明

按照企业内部控制规范体系的规定,建立健全和有效实施内部控制,评价其有效性,并如实披露内部控制评价报告是公司董事会的责任。监事会对董事会建立和实施内部控制进行监督。经理层负责组织领导企业内部控制的日常运行。公司董事会、监事会及董事、监事、高级管理人员保证本报告内容不存在任何虚假记载、误导性陈述或重大遗漏,并对报告内容的真实性、准确性和完整性承担个别及连带法律责任。

公司内部控制的目标是合理保证经营管理合法合规、资产安全、财务报告及相关信息真实完整,提高经营效率和效果,促进实现发展战略。由于内部控制存在的固有局限性,故仅能为实现上述目标提供合理保证。此外,由于情况的变化可能导致内部控制变得不恰当,或对控制政策和程序遵循的程度降低,因此根据内部控制评价结果推测未来内部控制的有效性具有一定的风险。

二、内部控制评价结论

根据公司财务报告内部控制重大缺陷的认定情况,于内部控制评价报告基准日,不存在财务报告内部控制重大缺陷,董事会认为,公司已按照企业内部控制规范体系和相关规定的要求在所有重大方面保持了有效的财务报告内部控制。

根据公司非财务报告内部控制重大缺陷认定情况,于内部控制评价报告基准日,公司未发现非财务报告内部控制重大缺陷。

自内部控制评价报告基准日至内部控制评价报告发出日之间未出现影响内部控制有效性评价结论的因素。

三、内部控制评价工作情况

(一)内部控制评价范围

公司按照风险导向原则确定纳入评价范围的主要单位、业务和事项以及高风险领域。

(1)纳入评价范围的主要单位包括公司总部及各主要控股子公司。

指标	占比(%)
纳入评价范围单位的资产总额占公司合并财务报表资产总额之比	98.99
纳入评价范围单位的营业收入合计占公司合并财务报表营业收入总额之比	99.57

(2)纳入评价范围的主要业务和事项包括公司治理结构、发展战略、企业文化、人力资源、财务管理、全面预算、投融资与担保管理、生产管理、安全与环保管理、质量与食品安全管理、采购管理、销售管理、资产管理、研究与开发管理、工程项目管理、法务管理、内部信息传递、信息系统管理、行政事务管理、公共关系管理、仓储物流管理、审计监督与内部控制评价管理等业务板块。

(3)重点关注的高风险领域主要包括工程项目管理、资产搬迁与处置、安全与环保管理、投融资与担保管理、信息系统管理、资金管理等。

(4)上述纳入评价范围的单位、业务和事项以及高风险领域涵盖了公司经营管理的主要方面,不存在重大遗漏。

(5) 公司不存在法定豁免。

(二) 内部控制评价工作依据及内部控制缺陷认定标准

公司依据企业内部控制规范体系及深圳证券交易所《上市公司内部控制指引》,并结合公司内部控制制度文件和评价办法,组织开展了公司的内部控制评价工作。

公司董事会根据企业内部控制规范体系对重大缺陷、重要缺陷和一般缺陷的认定要求,结合公司规模、行业特征、风险偏好和风险承受度等因素,区分财务报告内部控制和非财务报告内部控制,研究确定了适用于本公司的内部控制缺陷具体认定标准,并与以前年度保持一致。公司确定的内部控制缺陷认定标准如下:

缺陷定性标准

类别	财务报告	非财务报告
重大缺陷	①董事、监事、高级管理人员重大舞弊;②更正已公布财务报表;③内部控制运行过程中未能发现财报重大错报;④内部审计监督无效;⑤重大偏离预算;⑥控制环境无效;⑦重大缺陷未能及时整改;⑧因会计差错导致监管机构处罚;⑨其他可能影响报表使用者正确判断的缺陷	①严重违规并被处以重罚或承担刑事责任;②重大安全事故;③生产故障造成整条生产线停产3天及以上;④负面消息各地流传,企业声誉遭受重大损害;⑤对环境造成永久污染或无法弥补的破坏
重要缺陷	①关键岗位人员舞弊;②可能对财务报表可靠性产生重大影响的监管职能失效;③重要缺陷未能及时纠正;④其他无法确定具体影响金额但重要程度类同的缺陷	①违规并被处罚;②生产故障造成单条生产线停产2天以内;③负面消息在某区域流传,对企业声誉造成较大损害;④对周围环境造成较重污染,需高额恢复成本
一般缺陷	不属于上述两类且无法确定影响金额的缺陷	①轻微违规并已整改;②生产短暂暂停并在半天内能够恢复;③负面消息内部流传,外部声誉无较大影响;④污染和破坏在可控范围内,未造成永久影响

缺陷定量标准

类别	财务报告	非财务报告
重大缺陷	税前利润5%≤潜在错报	潜在风险事件可能造成的直接财产损失在3 000万元(含3 000万元)以上
重要缺陷	税前利润2.5%≤潜在错报＜税前利润5%	潜在风险事件可能造成的直接财产损失在500万(含500万)～3 000万元
一般缺陷	错报＜税前利润2.5%	潜在风险事件可能造成的直接财产损失在500万元以下

说明:无。

(三) 内部控制缺陷认定及整改情况

1. 财务报告内部控制缺陷认定及整改情况

根据上述财务报告内部控制缺陷的认定标准,报告期内公司不存在财务报告内部控制重大缺陷、重要缺陷。

2. 非财务报告内部控制缺陷认定及整改情况

根据上述非财务报告内部控制缺陷的认定标准,报告期内未发现公司非财务报告内部控制重大缺陷、重要缺陷。

针对所识别出的非财务报告内部控制一般缺陷,公司根据责权归属均已制定详细的整改计划和措施,并落实整改完成。

四、其他内部控制相关重大事项说明

2019年度,公司根据业务发展和运营管理要求,在保障业务稳健发展的同时,创新管理模式,不断提升内部控制的质量与效率。

2020年,公司将继续完善内部控制体系,规范业务执行,强化内部控制监督检查,优化内部控制环境,通过对风险的事前防范、事中控制、事后监督和反馈纠正,加强内部控制管理、有效防范各类风险,促进公司健康、可持续发展。

董事长:佟毅

中粮生物科技股份有限公司 二〇二〇年四月二十八日

(五)内部控制评价方法

内部控制评价方法主要包括以下几种:

1. 个别访谈法

个别访谈法主要用于了解公司内部控制的现状,在企业层面评价及业务层面评价的了解阶段经常使用。访谈前应根据内部控制评价需求形成访谈提纲,撰写访谈纪要,记录访谈内容。为了保证访谈结果的真实性,应尽量访谈不同岗位的人员以获得更可靠的证据。如分别就公司是否建立了员工培训长效机制、培训是否能满足员工和业务岗位需要等议题对人力资源部主管和基层员工进行访谈。

2. 调查问卷法

调查问卷法主要用于企业层面评价。调查问卷应尽量扩大对象范围,包括企业各个层级的员工,应注意事先保密性,题目尽量简单易答(如答案只需为"是""否""有""没有"等)。比如,你对企业的核心价值观是否认同;你对企业未来的发展是否有信心;等等。

3. 穿行测试法

穿行测试法是指在企业业务流程中任意选取一份全过程的文件作为样本,并追踪该样本从最初起源直到最终在财务报表或其他经营管理报告中反映出来的过程,即该流程从起点到终点的全过程,以此了解控制措施设计的有效性,并识别出关键控制点。如针对销售交易,选取一批订单,追踪从订单处理→核准信用状况及赊销条款→填写订单并准备发货→编制货运单据→订单运送/递送追踪至客户或由客户提货→开具销售发票→复核发票的准确性并邮寄/送至客户→生成销售明细账→汇总销售明细账并过账至总账和应收账款明细账等交易的整个流程,考虑之前对相关控制的了解是否正确和完整,并确定相关控制是否得到执行。本方法主要用于对具体业务及其流程的测试与评价。

4. 抽样法

抽样法分为随机抽样和其他抽样。随机抽样,是指按随机原则从样本库中抽取一定数量的样本;其他抽样,是指人工任意选取或按某一特定标准从样本库中抽取一定数量的样本。使用抽样法时,首先要确定样本库的完整性(即样本库应包含符合控制测试的所有样本),其次要确定所抽取样本的充分性(即样本的数量应当能检验所测试的控制点的有效性),最后要确定所抽取样本的适当性(即获取的证据应当与所测试控制点的设计和运行相关,并能可靠地反映控制的实际运行情况)。

5. 实地查验法

实地查验法主要针对业务层面控制,它通过使用统一的测试工作表,将实际的业务与财务单证进行核对从而实施控制测试的方法,如实地盘点某种存货。

6. 比较分析法

比较分析法是指通过数据分析来识别评价关注点的方法。数据分析可以是与历史数据、行业(公司)标准数据或行业最优数据等进行比较。比如,针对具体客户的应收账款周转率进行横向或纵向比较,分析存在异常的应收客户款,进而对这些客户的赊销管理控制进行检查。

7. 专题讨论法

专题讨论法主要是集合有关专业人员就内部控制执行情况或控制问题进行分析,既可以是控制评价的手段,也可以是形成缺陷整改方案的途径。对于同时涉及财务、业务、信息技术等方面的控制缺陷,往往需要由内部控制管理部门组织召开专题讨论会议,综合内部各机构、各方面的意见,研究确定缺陷整改方案。

8. 标杆法

标杆法是指通过与行业内具有相同或相似经营活动的标杆企业进行比较,从而对内部控制设计有效性进行评价的方法。

9. 重新执行法

重新执行法是指评价人员根据有关资料和业务处理程序,以人工方式或使用计算机辅助审计技术,重新处理一遍业务,并比较其结果,进而判断企业内部控制执行的有效性,是一种通过对某一控制活动全过程的重新执行来评估内部控制执行情况的方法。

在实际评价过程中,以上这些方法可以配合使用。此外,也可以使用观察、检查等方法,还可以利用信息系统开发检查的方法,或利用实际工作的检查测试经验。对于企业通过系统采用自动控制、预防性控制的,应在方法上注意与人工控制、发现性控制相区别。

案例 7-12 **某公司销售管理内部控制项目评价标准表(节选)**

某公司销售管理部门拟对部门内部控制的有效性进行评价。针对这一目标,对销售与收款项目首先按照内部控制的五要素进行分解,然后再将每一个要素分解为具体的评分内容,采用具体的内部控制评价方法对其进行评价,明确其风险等级、评价方法以及权重,如下表所示。表中 H 代表高风险,M 代表中等风险,L 代表低风险。

销售管理内部控制项目评价标准表

内部控制要素	内部控制评价项目	风险等级	评价方法	权重
内部环境	部门是否建立了与公司内部控制管理秩序相一致的销售管理程序?	H	询问检查	5
	是否对全体销售人员进行了必要的销售管理程序培训?	M	询问检查	3
	公司是否与所有销售人员签订了保密协议书?	M	询问检查	3
	是否有完整的驻外销售分支机构的管理程序?	H	询问检查	5
风险评估	是否对本部门存在的高风险领域进行过评估?对相应的高风险领域是否提出了相应的控制办法?	H	询问检查	5
控制活动	部门是否定期编制各类销售计划?	M	询问检查	3
	是否对所有重要客户定期进行信用调查?	H	询问检查	5
	销售合同的签订是否经过评审并按授权获得了相应的批准?	H	询问检查	5
	销售人员是否定期与客户对账?对重要客户是否每月至少对账一次?对账差异能否得到及时处理?	H	询问检查	5
	销售人员是否不准收取客户的现金付款?	H	询问检查	5
	销售部门是否不直接控制公司的外部仓库?	M	询问	3
	是否与财务、内部控制人员共同对寄存客户方的产品进行定期盘点?	H	询问	5
	所有销售发货是否都经过信用部和财务部的批准?	H	询问检查	5
	发货单是否严格根据客户采购合同或采购订单签发?	M	检查测试	3
	销售折扣和降价销售是否严格按照内部授权审批进行?	H	检查	5
	销售人员部分或全部收入是否与销售回款、销售额等有关指标挂钩?	M	询问检查	3
	是否定期对销售人员进行利益冲突调查?	M	询问检查	3
信息与沟通	销售资料的管理是否符合公司档案管理规定并及时归档?	H	询问检查	5
	本部门是否定期与财务、物流等部门进行应收账款等的核对?	H	询问检查	5
	销售退货是否有完整的记录?	M	检查	3
	销售分支机构或销售分部掌握的公司客户档案是否及时得到更新并归入母公司客户档案内?	M	询问检查	3
	销售人员是否按公司要求建立销售台账?	M	询问检查	3
内部监督	内部控制部、财务部是否定期派人对本部门及驻外分支机构进行业务检查?	H	询问检查	5
	公司是否对销售计划的合理性及其执行情况进行考核?	L	检查	2
	公司内部控制经理和财务部是否按期对销售部及驻外销售机构的工作进行检查监督?	M	询问检查	3

本章小结

《企业内部控制基本规范》指出，企业应当根据本规范及其配套办法，制定内部控制监督制度，明确内部审计机构（或经授权的其他监督机构）和其他内部机构在内部监督中的职责权限，规范内部监督的程序、方法和要求；同时强调企业应当结合内部监督情况，定期对内部控制的有效性进行自我评价，出具内部控制自我评价报告。

按照监督主体的性质和职责，内部监督机构可以分为专职的内部监督机构和其他机构两类。一方面，为保证内部监督的客观性，内部监督应由独立于控制执行的机构（如审计委员会、监事会、内部审计机构、内部控制机构等）进行监督检查，并根据需要开展日常监督和专项监督。另一方面，企业内部任何一个机构甚至个人，在内部控制建立与实施过程中都需承担相应的监督职责。比如，财会部门对采购部门的付款行为、销售部门的赊销行为等负有监督责任。

根据 2018 年 9 月证监会修订的《上市公司治理准则》的规定，审计委员会的主要职责包括：① 监督及评估外部审计工作，提议聘请或者更换外部审计机构；② 监督及评估内部审计工作，负责内部审计与外部审计的协调；③ 审核公司的财务信息及其披露；④ 监督及评估公司的内部控制；⑤ 负责法律法规、公司章程和董事会授权的其他事项。

2018 年 10 月全国人大常委会修订的《公司法》进一步明确了监事会的职权，其内容主要包括：① 检查公司财务；② 对董事、高级管理人员执行公司职务的行为进行监督，对违反法律、行政法规、公司章程或者股东会决议的董事、高级管理人员提出罢免的建议；③ 当董事、高级管理人员的行为损害公司的利益时，要求董事、高级管理人员予以纠正；④ 提议召开临时股东会会议，在董事会不履行本法规定的召集和主持股东会会议职责时召集和主持股东会会议；⑤ 向股东会会议提出提案；⑥ 依照本法第一百五十一条的规定，对董事、高级管理人员提起诉讼；⑦ 公司章程规定的其他职权。

2018 年 1 月修订的《审计署关于内部审计工作的规定》对内部审计机构的职责作出了明确的规定，包括：① 对本单位及所属单位贯彻落实国家重大政策措施情况进行审计；② 对本单位及所属单位发展规划、战略决策、重大措施以及年度业务计划执行情况进行审计；③ 对本单位及所属单位财政财务收支进行审计；④ 对本单位及所属单位固定资产投资项目进行审计；⑤ 对本单位及所属单位的自然资源资产管理和生态环境保护责任的履行情况进行审计；⑥ 对本单位及所属单位的境外机构、境外资产和境外经济活动进行审计；⑦ 对本单位及所属单位经济管理和效益情况进行审计；⑧ 对本单位及所属单位内部控制及风险管理情况进行审计；⑨ 对本单位内部管理的领导人员履行经济责任情况进行审计；⑩ 协助本单位主要负责人督促落实审计发现问题的整改工作；⑪ 对本单位所属单位的内部审计工作进行指导、监督和管理；⑫ 国家有关规定和本单位要求办理的其他事项。

2019 年 10 月国务院国资委印发的《关于加强中央企业内部控制体系建设与监督工作的实施意见》强调，进一步完善企业内部管控体制机制，中央企业主要领导人员是内控体系监管工作第一责任人，负责组织领导建立健全覆盖各业务领域、部门、岗位，涵盖各级子企业全面有效的内控体系。中央企业应明确专门职能部门或机构统筹内控体系工作职责；落实各业务部门内控体系有效运行责任；企业审计部门要加强内控体系监督检查工作，准确揭示风险隐患和内控缺陷，进一步发挥查错纠弊作用，促进企业不断优化内控体系。

企业内部监督的程序一般分为以下四个环节：① 建立健全内部监督制度；② 实施监督，查找内部控制问题；③ 分析和报告内部控制缺陷；④ 对内部控制缺陷进行整改。

内部监督的方式可以分为日常监督和专项监督两种。日常监督是指企业对建立与实施内部控制的情况进行常规、持续的监督检查。专项监督是对内部控制建立与实施的某一方面或者某些方面的情况进行不定期的、有针对性的监督检查。专项监督的范围和频率应根据风险评估结果以及日常监督的有效性等予以确定。日常监督和专项监督应当有机结合，前者是后者的基础，后者是前者的有效补充。如果发现专项监督需要经常性地进行，那么企业就有必要将其纳入日常监督，进行持续的监控。

内部控制缺陷，是指内部控制的设计存在漏洞，不能有效防范错误、舞弊及其他风险，或者内部控制的运行存在问题和偏差，不能及时发现并纠正错误、舞弊及其他风险的情形。企业应制定内部控制缺陷认定标准。按照内部控制缺陷的来源，可以分为设计缺陷和运行缺陷；按照影响内部控制缺陷的性质，可以分为重大缺陷、重要缺陷和一般缺陷；按照影响内部控制目标的具体表现形式，可以分为财务报告内部控制缺陷和非财务报告内部控制缺陷。

企业内部控制评价是指企业董事会或类似权力机构对内部控制的有效性进行全面评价、形成评价结论、出具评价报告的过程。企业内部控制评价的责任主体通常是董事会，而实施主体一般由内部审计部门担任。企业实施内部控制评价至少应当遵循全面性原则、重要性原则和客观性原则。企业应当围绕内部环境、风险评估、控制活动、信息与沟通、内部监督等要素，确定内部控制评价的具体内容，对内部控制设计与运行情况进行全面评价。内部控制评价程序一般包括：制定评价工作方案、组成评价工作组、实施现场测试、认定控制缺陷、汇总评价结果、编报评价报告等环节。企业可以综合运用个别访谈法、调查问卷法、穿行测试法、抽样法、实地查验法、比较分析法、专题讨论法、标杆法、重新执行法等各种方法，对被评价单位进行现场测试，充分收集被评价单位内部控制设计和运行是否有效的证据。

即测即评

学完本章内容后，学生可扫描左侧二维码完成客观题测验（共包含 10 个单选题、5 个多选题、5 个判断题），提交结果后即可看到答案及相关解析。

思考题

1. 简要说明内部监督机构的构成及职责。

2. 简要说明内部监督的方式以及两者之间的关系。
3. 内部控制缺陷的类型有哪些？
4. 简述内部控制评价的程序。
5. 内部控制评价主要围绕哪些内容展开？
6. 内部控制评价可采用哪些方法？

案例分析

甲公司在上海证券交易所上市。甲公司根据财政部等五部委联合发布的《企业内部控制基本规范》《企业内部控制配套指引》制定了《公司内部控制手册》，并自2011年起实施内部控制评价，并由审计部牵头拟订内部控制评价方案。该方案摘要如下：

（1）关于内部控制评价的组织领导和职责分工。董事会及其审计委员会负责内部控制评价的领导和监督。经理层负责实施内部控制评价，并对本公司内部控制有效性负全责。审计部具体组织实施内部控制评价工作，拟订评价计划、组成评价工作组、实施现场评价、审定内部控制重大缺陷、草拟内部控制评价报告，及时向董事会、监事会或经理层报告。其他有关业务部门负责组织本部门的内部控制自查工作。

（2）关于内部控制评价的内容和方法。内部控制评价围绕内部环境、风险评估、控制活动、信息与沟通、内部监督等五要素展开。鉴于本公司已按《公司法》和公司章程建立了科学规范的组织架构，组织架构相关内容不再纳入企业层面的评价范围。同时，本着重要性原则，在实施业务层面评价时，主要评价上海证券交易所重点关注的对外担保、关联交易和信息披露等业务或事项。在内部控制评价中，可以采用个别访谈、调查问卷、专题讨论、穿行测试、实地查验、抽样和比较分析等方法。考虑到公司现阶段经营压力较大，为了减轻评价工作对正常经营活动的影响，在本次内部控制评价中，仅采用调查问卷法和专题讨论法实施测试及评价。

（3）关于实施现场评价。评价工作组应与被评价单位进行充分沟通，了解被评价单位的基本情况，合理调整已确定的评价范围、检查重点和抽样数量。评价人员要依据《企业内部控制基本规范》《企业内部控制配套指引》和《公司内部控制手册》实施现场检查测试，按要求填写评价工作底稿，记录测试过程及结果，并对发现的内部控制缺陷进行初步认定。现场评价结束后，评价工作组汇总评价人员的工作底稿，形成现场评价报告。现场评价报告无须和被评价单位沟通，只需评价工作组负责人审核、签字确认后报审计部。审计部应编制内部控制缺陷认定汇总表，对内部控制缺陷进行综合分析和全面复核。

（4）关于内部控制评价报告。审计部在完成现场评价和缺陷汇总、复核后，负责起草内部控制评价报告。评价报告应当包括：董事会对内部控制报告真实性的声明、内部控制评价工作的总体情况、内部控制评价的依据、内部控制评价的范围、内部控制评价的程序和方法、内部控制缺陷及其认定情况、内部控制缺陷的整改情况、内部控制有效性的结论等内容。对于重大缺陷及其整改情况，只进行内部通报，不对外披露。内部控制评价报告报董事会审定后对外披露。

要求：根据《企业内部控制基本规范》及《企业内部控制评价指引》，结合本章相关知识点，逐项判断甲公司内部控制评价方案中的(1)至(4)项内容是否存在不当之处；存在不当之处的，请逐项指出不当之处，并简要说明理由。

技能训练题

请登录证监会、上海证券交易所、深圳证券交易所网站，搜寻并下载最近一个年度上市公司内部控制评价报告，并区分不同行业，分析相同行业上市公司内部控制缺陷认定标准的科学合理性。

主要参考书目

1. 白万纲.大象善舞:向世界知名公司学习集团管控[M].北京:机械工业出版社,2008.
2. 财政部会计司.企业内部控制规范讲解2010[M].北京:经济科学出版社,2010.
3. 财政部会计资格评价中心.高级会计实务案例[M].北京:经济科学出版社,2020.
4. 财政部会计资格评价中心.高级会计实务全真模拟题[M].北京:经济科学出版社,2020.
5. 陈汉文,韩洪灵.商业伦理与会计职业道德[M].北京:中国人民大学出版社,2020.
6. 程新生.企业内部控制[M].3版.北京:高等教育出版社,2016.
7. 池国华.财务报表分析[M].北京:高等教育出版社,2019.
8. 池国华,朱荣.内部控制与风险管理[M].2版.北京:中国人民大学出版社,2018.
9. 方红星,池国华.内部控制[M].4版.大连:东北财经大学出版社,2019.
10. 胡为民.内部控制与企业风险管理:案例与评析[M].2版.北京:电子工业出版社,2013.
11. 黄卫伟.价值为纲:华为公司财经管理纲要[M].北京:中信出版社,2017.
12. 李维安,牛建波,等.CEO公司治理[M].2版.北京:北京大学出版社,2014.
13. 李连华.腐败治理的微观制度基础:内部控制中心论[M].厦门:厦门大学出版社,2019.
14. 李秉成.企业为什么会陷入财务危机:财务危机案例启示录[M].北京:机械工业出版社,2012.
15. 李心合.企业内部控制基本规范导读[M].大连:大连出版社,2008.
16. 李鸿谷.联想涅槃:中国企业全球化教科书[M].北京:中信出版社,2015.
17. 林斌,孙岩,陈莹.中国企业反舞弊调查报告(2019)[M].北京:中国财政经济出版社,2020.
18. 林钟高.内部控制风险免疫机理与效应研究[M].北京:中国财政经济出版社,2017.
19. 刘永泽,唐大鹏.行政事业单位内部控制实务操作指南[M].3版.大连:东北财经大学出版社,2016.
20. 汤谷良,高晨,卢闯.CEO计划与预算系统:领导力和执行力的工具[M].北京:北京大学出版社,2010.
21. 王健林.万达哲学[M].北京:中信出版社,2015.
22. 王千马,梁冬梅.新制造时代:李书福与吉利、沃尔沃的超级制造[M].北京:中信出版社,2017.
23. 吴晓波.大败局[M].杭州:浙江大学出版社,2019.
24. 晏维龙,李昆.监管学[M].北京:高等教育出版社,2016.
25. 杨雄胜,夏俊,等.内部控制评价:理论、实务与案例[M].大连:大连出版社,2009.
26. 杨有红.企业内部控制[M].北京:北京大学出版社,2019.
27. 叶康涛,冷元红,何建湘.兴衰三十年:中国企业30年成败模式[M].北京:中信出版社,2015.
28. 张先治,等.基于会计相关性的内部报告体系研究[M].上海:立信会计出版社,2015.
29. 郑石桥.内部控制基础理论研究[M].北京:中国国际广播出版社,2018.
30. 贝克.风险社会:新的现代性之路[M].张文杰,何博闻,译.南京:译林出版社,2018.
31. 塔勒布.黑天鹅:如何应对不可预知的未来[M].万丹,刘宁,译.北京:中信出版社,2019.

32. 达莫达兰.驾驭风险[M].时启亮,孙相云,杨广鹏,译.北京:中国人民大学出版社,2010.
33. 安东尼,戈文达拉扬.管理控制系统:第 11 版[M].赵玉涛,刘寅龙,杜晓阳,译.北京:机械工业出版社,2004.
34. COSO,企业风险管理:整合框架[M].方红星,王宏,译.大连:东北财经大学出版社,2005.
35. Treadway 委员会发起组织委员会.内部控制:整合框架[M].方红星,译.大连:东北财经大学出版社,2008.

附录　企业内部控制基本规范

第一章　总　　则

第一条　为了加强和规范企业内部控制,提高企业经营管理水平和风险防范能力,促进企业可持续发展,维护社会主义市场经济秩序和社会公众利益,根据《中华人民共和国公司法》《中华人民共和国证券法》《中华人民共和国会计法》和其他有关法律法规,制定本规范。

第二条　本规范适用于中华人民共和国境内设立的大中型企业。

小企业和其他单位可以参照本规范建立与实施内部控制。

大中型企业和小企业的划分标准根据国家有关规定执行。

第三条　本规范所称内部控制,是由企业董事会、监事会、经理层和全体员工实施的、旨在实现控制目标的过程。

内部控制的目标是合理保证企业经营管理合法合规、资产安全、财务报告及相关信息真实完整,提高经营效率和效果,促进企业实现发展战略。

第四条　企业建立与实施内部控制,应当遵循下列原则:

(一)全面性原则。内部控制应当贯穿决策、执行和监督全过程,覆盖企业及其所属单位的各种业务和事项。

(二)重要性原则。内部控制应当在全面控制的基础上,关注重要业务事项和高风险领域。

(三)制衡性原则。内部控制应当在治理结构、机构设置及权责分配、业务流程等方面形成相互制约、相互监督,同时兼顾运营效率。

(四)适应性原则。内部控制应当与企业经营规模、业务范围、竞争状况和风险水平等相适应,并随着情况的变化及时加以调整。

(五)成本效益原则。内部控制应当权衡实施成本与预期效益,以适当的成本实现有效控制。

第五条　企业建立与实施有效的内部控制,应当包括下列要素:

(一)内部环境。内部环境是企业实施内部控制的基础,一般包括治理结构、机构设置及权责分配、内部审计、人力资源政策、企业文化等。

(二)风险评估。风险评估是企业及时识别、系统分析经营活动中与实现内部控制目标相关的风险,合理确定风险应对策略。

(三)控制活动。控制活动是企业根据风险评估结果,采用相应的控制措施,将风险控制在可承受度之内。

(四)信息与沟通。信息与沟通是企业及时、准确地收集、传递与内部控制相关的信息,确保信息在企业内部、企业与外部之间进行有效沟通。

（五）内部监督。内部监督是企业对内部控制建立与实施情况进行监督检查,评价内部控制的有效性,发现内部控制缺陷,应当及时加以改进。

第六条 企业应当根据有关法律法规、本规范及其配套办法,制定本企业的内部控制制度并组织实施。

第七条 企业应当运用信息技术加强内部控制,建立与经营管理相适应的信息系统,促进内部控制流程与信息系统的有机结合,实现对业务和事项的自动控制,减少或消除人为操纵因素。

第八条 企业应当建立内部控制实施的激励约束机制,将各责任单位和全体员工实施内部控制的情况纳入绩效考评体系,促进内部控制的有效实施。

第九条 国务院有关部门可以根据法律法规、本规范及其配套办法,明确贯彻实施本规范的具体要求,对企业建立与实施内部控制的情况进行监督检查。

第十条 接受企业委托从事内部控制审计的会计师事务所,应当根据本规范及其配套办法和相关执业准则,对企业内部控制的有效性进行审计,出具审计报告。会计师事务所及其签字的从业人员应当对发表的内部控制审计意见负责。

为企业内部控制提供咨询的会计师事务所,不得同时为同一企业提供内部控制审计服务。

第二章 内部环境

第十一条 企业应当根据国家有关法律法规和企业章程,建立规范的公司治理结构和议事规则,明确决策、执行、监督等方面的职责权限,形成科学有效的职责分工和制衡机制。

股东(大)会享有法律法规和企业章程规定的合法权利,依法行使企业经营方针、筹资、投资、利润分配等重大事项的表决权。

董事会对股东(大)会负责,依法行使企业的经营决策权。

监事会对股东(大)会负责,监督企业董事、经理和其他高级管理人员依法履行职责。

经理层负责组织实施股东(大)会、董事会决议事项,主持企业的生产经营管理工作。

第十二条 董事会负责内部控制的建立健全和有效实施。监事会对董事会建立与实施内部控制进行监督。经理层负责组织领导企业内部控制的日常运行。

企业应当成立专门机构或者指定适当的机构具体负责组织协调内部控制的建立实施及日常工作。

第十三条 企业应当在董事会下设立审计委员会。审计委员会负责审查企业内部控制,监督内部控制的有效实施和内部控制自我评价情况,协调内部控制审计及其他相关事宜等。

审计委员会负责人应当具备相应的独立性、良好的职业操守和专业胜任能力。

第十四条 企业应当结合业务特点和内部控制要求设置内部机构,明确职责权限,将权利与责任落实到各责任单位。

企业应当通过编制内部管理手册,使全体员工掌握内部机构设置、岗位职责、业务流程等情况,明确权责分配,正确行使职权。

第十五条 企业应当加强内部审计工作,保证内部审计机构设置、人员配备和工作的独立性。

内部审计机构应当结合内部审计监督,对内部控制的有效性进行监督检查。内部审计机构对监督检查中发现的内部控制缺陷,应当按照企业内部审计工作程序进行报告;对监督检查中发现的内部控制重大缺陷,有权直接向董事会及其审计委员会、监事会报告。

第十六条 企业应当制定和实施有利于企业可持续发展的人力资源政策。人力资源政策应当包括下列内容:

(一)员工的聘用、培训、辞退与辞职。

(二)员工的薪酬、考核、晋升与奖惩。

(三)关键岗位员工的强制休假制度和定期岗位轮换制度。

(四)掌握国家秘密或重要商业秘密的员工离岗的限制性规定。

(五)有关人力资源管理的其他政策。

第十七条 企业应当将职业道德修养和专业胜任能力作为选拔和聘用员工的重要标准,切实加强员工培训和继续教育,不断提升员工素质。

第十八条 企业应当加强文化建设,培育积极向上的价值观和社会责任感,倡导诚实守信、爱岗敬业、开拓创新和团队协作精神,树立现代管理理念,强化风险意识。

董事、监事、经理及其他高级管理人员应当在企业文化建设中发挥主导作用。

企业员工应当遵守员工行为守则,认真履行岗位职责。

第十九条 企业应当加强法制教育,增强董事、监事、经理及其他高级管理人员和员工的法制观念,严格依法决策、依法办事、依法监督,建立健全法律顾问制度和重大法律纠纷案件备案制度。

第三章 风 险 评 估

第二十条 企业应当根据设定的控制目标,全面系统持续地收集相关信息,结合实际情况,及时进行风险评估。

第二十一条 企业开展风险评估,应当准确识别与实现控制目标相关的内部风险和外部风险,确定相应的风险承受度。

风险承受度是企业能够承担的风险限度,包括整体风险承受能力和业务层面的可接受风险水平。

第二十二条 企业识别内部风险,应当关注下列因素:

(一)董事、监事、经理及其他高级管理人员的职业操守、员工专业胜任能力等人力资源因素。

(二)组织机构、经营方式、资产管理、业务流程等管理因素。

(三)研究开发、技术投入、信息技术运用等自主创新因素。

(四)财务状况、经营成果、现金流量等财务因素。

(五)营运安全、员工健康、环境保护等安全环保因素。

（六）其他有关内部风险因素。

第二十三条　企业识别外部风险，应当关注下列因素：

（一）经济形势、产业政策、融资环境、市场竞争、资源供给等经济因素。

（二）法律法规、监管要求等法律因素。

（三）安全稳定、文化传统、社会信用、教育水平、消费者行为等社会因素。

（四）技术进步、工艺改进等科学技术因素。

（五）自然灾害、环境状况等自然环境因素。

（六）其他有关外部风险因素。

第二十四条　企业应当采用定性与定量相结合的方法，按照风险发生的可能性及其影响程度等，对识别的风险进行分析和排序，确定关注重点和优先控制的风险。

企业进行风险分析，应当充分吸收专业人员，组成风险分析团队，按照严格规范的程序开展工作，确保风险分析结果的准确性。

第二十五条　企业应当根据风险分析的结果，结合风险承受度，权衡风险与收益，确定风险应对策略。

企业应当合理分析、准确掌握董事、经理及其他高级管理人员、关键岗位员工的风险偏好，采取适当的控制措施，避免因个人风险偏好给企业经营带来重大损失。

第二十六条　企业应当综合运用风险规避、风险降低、风险分担和风险承受等风险应对策略，实现对风险的有效控制。

风险规避是企业对超出风险承受度的风险，通过放弃或者停止与该风险相关的业务活动以避免和减轻损失的策略。

风险降低是企业在权衡成本效益之后，准备采取适当的控制措施降低风险或者减轻损失，将风险控制在风险承受度之内的策略。

风险分担是企业准备借助他人力量，采取业务分包、购买保险等方式和适当的控制措施，将风险控制在风险承受度之内的策略。

风险承受是企业对风险承受度之内的风险，在权衡成本效益之后，不准备采取控制措施降低风险或者减轻损失的策略。

第二十七条　企业应当结合不同发展阶段和业务拓展情况，持续收集与风险变化相关的信息，进行风险识别和风险分析，及时调整风险应对策略。

第四章　控制活动

第二十八条　企业应当结合风险评估结果，通过手工控制与自动控制、预防性控制与发现性控制相结合的方法，运用相应的控制措施，将风险控制在可承受度之内。

控制措施一般包括：不相容职务分离控制、授权审批控制、会计系统控制、财产保护控制、预算控制、运营分析控制和绩效考评控制等。

第二十九条　不相容职务分离控制要求企业全面系统地分析、梳理业务流程中所涉及的不相容职务，实施相应的分离措施，形成各司其职、各负其责、相互制约的工作机制。

第三十条　授权审批控制要求企业根据常规授权和特别授权的规定，明确各岗位办理业务和事项的权限范围、审批程序和相应责任。

企业应当编制常规授权的权限指引，规范特别授权的范围、权限、程序和责任，严格控制特别授权。常规授权是指企业在日常经营管理活动中按照既定的职责和程序进行的授权。特别授权是指企业在特殊情况、特定条件下进行的授权。

企业各级管理人员应当在授权范围内行使职权和承担责任。

企业对于重大的业务和事项，应当实行集体决策审批或者联签制度，任何个人不得单独进行决策或者擅自改变集体决策。

第三十一条　会计系统控制要求企业严格执行国家统一的会计准则制度，加强会计基础工作，明确会计凭证、会计账簿和财务会计报告的处理程序，保证会计资料真实完整。

企业应当依法设置会计机构，配备会计从业人员。从事会计工作的人员，必须取得会计从业资格证书。会计机构负责人应当具备会计师以上专业技术职务资格。

大中型企业应当设置总会计师。设置总会计师的企业，不得设置与其职权重叠的副职。

第三十二条　财产保护控制要求企业建立财产日常管理制度和定期清查制度，采取财产记录、实物保管、定期盘点、账实核对等措施，确保财产安全。

企业应当严格限制未经授权的人员接触和处置财产。

第三十三条　预算控制要求企业实施全面预算管理制度，明确各责任单位在预算管理中的职责权限，规范预算的编制、审定、下达和执行程序，强化预算约束。

第三十四条　运营分析控制要求企业建立运营情况分析制度，经理层应当综合运用生产、购销、投资、筹资、财务等方面的信息，通过因素分析、对比分析、趋势分析等方法，定期开展运营情况分析，发现存在的问题，及时查明原因并加以改进。

第三十五条　绩效考评控制要求企业建立和实施绩效考评制度，科学设置考核指标体系，对企业内部各责任单位和全体员工的业绩进行定期考核和客观评价，将考评结果作为确定员工薪酬以及职务晋升、评优、降级、调岗、辞退等的依据。

第三十六条　企业应当根据内部控制目标，结合风险应对策略，综合运用控制措施，对各种业务和事项实施有效控制。

第三十七条　企业应当建立重大风险预警机制和突发事件应急处理机制，明确风险预警标准，对可能发生的重大风险或突发事件，制定应急预案、明确责任人员、规范处置程序，确保突发事件得到及时妥善处理。

第五章　信息与沟通

第三十八条　企业应当建立信息与沟通制度，明确内部控制相关信息的收集、处理和传递程序，确保信息及时沟通，促进内部控制有效运行。

第三十九条　企业应当对收集的各种内部信息和外部信息进行合理筛选、核对、整合，提高信息的有用性。

企业可以通过财务会计资料、经营管理资料、调研报告、专项信息、内部刊物、办公网络等渠道，获取内部信息。

企业可以通过行业协会组织、社会中介机构、业务往来单位、市场调查、来信来访、网络媒体以及有关监管部门等渠道,获取外部信息。

第四十条　企业应当将内部控制相关信息在企业内部各管理级次、责任单位、业务环节之间,以及企业与外部投资者、债权人、客户、供应商、中介机构和监管部门等有关方面之间进行沟通和反馈。信息沟通过程中发现的问题,应当及时报告并加以解决。

重要信息应当及时传递给董事会、监事会和经理层。

第四十一条　企业应当利用信息技术促进信息的集成与共享,充分发挥信息技术在信息与沟通中的作用。

企业应当加强对信息系统开发与维护、访问与变更、数据输入与输出、文件储存与保管、网络安全等方面的控制,保证信息系统安全稳定运行。

第四十二条　企业应当建立反舞弊机制,坚持惩防并举、重在预防的原则,明确反舞弊工作的重点领域、关键环节和有关机构在反舞弊工作中的职责权限,规范舞弊案件的举报、调查、处理、报告和补救程序。

企业至少应当将下列情形作为反舞弊工作的重点:

(一)未经授权或者采取其他不法方式侵占、挪用企业资产,牟取不当利益。

(二)在财务会计报告和信息披露等方面存在的虚假记载、误导性陈述或者重大遗漏等。

(三)董事、监事、经理及其他高级管理人员滥用职权。

(四)相关机构或人员串通舞弊。

第四十三条　企业应当建立举报投诉制度和举报人保护制度,设置举报专线,明确举报投诉处理程序、办理时限和办结要求,确保举报、投诉成为企业有效掌握信息的重要途径。

举报投诉制度和举报人保护制度应当及时传达至全体员工。

第六章　内　部　监　督

第四十四条　企业应当根据本规范及其配套办法,制定内部控制监督制度,明确内部审计机构(或经授权的其他监督机构)和其他内部机构在内部监督中的职责权限,规范内部监督的程序、方法和要求。

内部监督分为日常监督和专项监督。日常监督是指企业对建立与实施内部控制的情况进行常规、持续的监督检查;专项监督是指在企业发展战略、组织结构、经营活动、业务流程、关键岗位员工等发生较大调整或变化的情况下,对内部控制的某一或者某些方面进行有针对性的监督检查。

专项监督的范围和频率应当根据风险评估结果以及日常监督的有效性等予以确定。

第四十五条　企业应当制定内部控制缺陷认定标准,对监督过程中发现的内部控制缺陷,应当分析缺陷的性质和产生的原因,提出整改方案,采取适当的形式及时向董事会、监事会或者经理层报告。

内部控制缺陷包括设计缺陷和运行缺陷。企业应当跟踪内部控制缺陷整改情况,并就内部监督中发现的重大缺陷,追究相关责任单位或者责任人的责任。

第四十六条　企业应当结合内部监督情况,定期对内部控制的有效性进行自我评价,出具内部控制自我评价报告。

内部控制自我评价的方式、范围、程序和频率,由企业根据经营业务调整、经营环境变化、业务发展状况、实际风险水平等自行确定。

国家有关法律法规另有规定的,从其规定。

第四十七条 企业应当以书面或者其他适当的形式,妥善保存内部控制建立与实施过程中的相关记录或者资料,确保内部控制建立与实施过程的可验证性。

第七章 附 则

第四十八条 本规范由财政部会同国务院其他有关部门解释。

第四十九条 本规范的配套办法由财政部会同国务院其他有关部门另行制定。

第五十条 本规范自 2009 年 7 月 1 日起实施。

教辅申请说明

北京大学出版社本着"教材优先、学术为本"的出版宗旨，竭诚为广大高等院校师生服务。为更有针对性地提供服务，请您按照以下步骤通过**微信**提交教辅申请，我们会在 1~2 个工作日内将配套教辅资料发送到您的邮箱。

◎扫描下方二维码，或直接微信搜索公众号"北京大学经管书苑"，进行关注；

◎点击菜单栏"在线申请"—"教辅申请"，出现如右下界面：

◎将表格上的信息填写准确、完整后，点击提交；

◎信息核对无误后，教辅资源会及时发送给您；
如果填写有问题，工作人员会同您联系。

温馨提示：如果您不使用微信，则可以通过以下联系方式（任选其一），将您的姓名、院校、邮箱及教材使用信息反馈给我们，工作人员会同您进一步联系。

联系方式：

北京大学出版社经济与管理图书事业部
通信地址：北京市海淀区成府路 205 号，100871
电子邮箱：em@pup.cn
电　　话：010-62767312 /62757146
微　　信：北京大学经管书苑（pupembook）
网　　址：www.pup.cn